全国铁道职业教育教学指导委员会规划教材
高等职业教育城市轨道交通工程技术专业“十二五”规划教材

城市轨道交通隧道施工与维护

李术希　主编
曹　毅　主审

中国铁道出版社

2013年·北　京

内容简介

本书为高等职业教育城市轨道交通工程技术专业"十二五"规划教材，全书共分为11个项目，分别介绍了：城市轨道交通发展的历史及现状，城市隧道施工调查的内容及方法，盾构机的基本构造与选型，土压平衡式盾构机施工工法，泥水平衡式盾构机的施工工法，盾构隧道衬砌的制作、安装，盾构施工过程中常见疑难问题解决办法，浅埋暗挖法城市隧道施工工法，地下隧道的施工测量方法，隧道使用后的维护保养，隧道主要病害及防治。

本书可作为高职院校地铁与轻轨工程、土木工程、交通工程、隧道工程、铁道工程类专业教科书，也可用于岩土工程、工民建、道路等专业科技工作者及大中专院校师生、短训班学员的参考书，对从事地铁与轻轨工程勘察设计、施工、监理、监测和科学研究的人员也有一定的参考学习价值。

图书在版编目(CIP)数据

城市轨道交通隧道施工与维护/李术希主编. —北京：中国铁道出版社，2013.1

全国铁道职业教育教学指导委员会规划教材　高等职业教育城市轨道交通工程技术专业"十二五"规划教材

ISBN 978-7-113-15142-3

Ⅰ.①城…　Ⅱ.①李…　Ⅲ.①城市铁路－铁路隧道－隧道施工－高等职业教育－教材②城市铁路－铁路隧道－隧道维护－高等职业教育－教材　Ⅳ.①U239.5②U459.1

中国版本图书馆CIP数据核字(2012)第183700号

书　　名：城市轨道交通隧道施工与维护
作　　者：李术希　主编

策　　划：刘红梅　**电话：**010-51873133　**邮箱：**mm2005td@126.com　**读者热线：**400-668-0820
责任编辑：刘红梅
封面设计：崔丽芳
责任校对：焦桂荣
责任印制：李　佳

出版发行：中国铁道出版社(100054，北京市西城区右安门西街8号)
网　　址：http://www.51eds.com
印　　刷：北京新魏印刷厂
版　　次：2013年1月第1版　　2013年1月第1次印刷
开　　本：787 mm×1 092 mm　1/16　印张：17.75　字数：439千
印　　数：1～3 000册
书　　号：ISBN 978-7-113-15142-3
定　　价：36.00元

前言

QIAN YAN

目前，随着我国城市化进程的发展，城市人口大量增加，全国各地城市的市政交通建设发展迅猛，地面和地上高架交通发展已受到空间上制约，因此地下城市轨道交通建设成为了各大城市解决交通发展瓶劲的主要方向，全国大多数大中城市都已规划或实施地下轨道交通建设。目前北京、上海、广州、深圳、天津、南京、长春、大连、重庆、武汉、佛山、成都、西安、香港等已开通地铁运营线路，国家发改委最近批准建设地铁的城市已达到32个。我国城市地下轨道交通的高速发展，使我国已经成为世界上城市地铁线路最长的国家之一，也是盾构施工中地质条件和盾构结构形式最为复杂的国家，我国城市地铁盾构施工技术处于世界领先水平。

随着城市轨道交通建设的迅速发展，城市地铁隧道施工和维护的专业人才需求增加，各大中专院校相继开设了相关专业课程，市场上比较系统和专业的城市地铁盾构隧道施工教材较少。本书参编者部分来自城市地铁隧道建设的施工、监理、业主单位，书中所述的内容有较强的实用性和针对性。

本书以项目的形式编写，作者力求通俗易懂、便于自学、培训，兼顾系统性、准确性、科学性、实用性，可作为普通高等学校地铁与轻轨工程、土木工程、交通工程、隧道工程、铁道工程类专业教科书，也可用于岩土工程、工民建、道路等专业科技工作者及大中专院校师生、短训班学员的参考书。对从事地铁与轻轨工程勘察设计、施工、监理、监测和科学研究的人员也有一定的参考学习价值。

本书项目1介绍城市轨道交通发展的历史及现状；项目2介绍城市隧道施工调查的内容及方法；项目3介绍了盾构机的基本构造与选型；项目4介绍土压平衡式盾构机施工工法；项目5介绍泥水平衡式盾构机的施工工法；项目6介绍盾构隧道衬砌的制作、安装；项目7介绍盾构施工过程中常见疑难问题解决办法；项目8介绍浅埋暗挖法城市隧道施工工法；项目9介绍地铁隧道的施工测量方法；项目10介绍隧道使用后的维护保养；项目11介绍隧道主要病害及防治。内容力求实用、系统，读者通过本书的学习和实验，能够迅速地适应地铁隧道施工和维修养护的各种岗位。

本书由湖南高速铁路职业技术学院李术希主编、曹毅主审。具体编写分工如下：项目1、2、3由湖南高速铁路职业技术学院李术希编写；项目4、5由广东华隧建设股份有限公司赖伟文编写；项目6、7由李术希及天津铁道职业技术学院邢卫军共同编写；项目8由天津铁道职业技术学院周庆东、华南铁路建设监理公司刘宽林编写，项目9由天津铁道职业技术学院王虎妹编写，项目10、11由哈尔滨铁道职业学院冯浩龙编写，全书由李术希及刘宽林统稿。

本书编写过程中，广州盾构研究所陈和，广州地铁建设事业总部彭洪秋、陈令强、李靖坤、陈巨武，广州地铁维修中心邢良平，深圳地铁公司宋超群，广东华隧建设股份有限公司郭清华给予了大力支持和帮助，在此表示衷心感谢。

书中不足之处，恳请读者批评指正。

编　者

2013年1月

MU LU

目录

项目1 概　述

项目描述

地铁和轻轨都属于城市快速轨道交通的一部分，有运量大、快速、正点、低能耗、少污染、乘坐舒适方便等优点。目前，大中城市地面空间发展已基本趋于饱和，地面交通拥堵已成为许多城市很严峻的问题。为了能有效缓解地面交通拥堵及方便民众出行，开发城市地下空间成为解决城市交通问题的最有效办法之一。本项目主要介绍了我国城市轨道交通的发展、城市地下隧道施工的方法及特点。

学习目标

1. 知识目标

- 了解国内大中城市的轨道交通发展情况；
- 了解轨道交通在城市发展中的作用。

2. 技能目标

- 掌握目前城市地下隧道施工的主要工法；
- 掌握城市地下隧道施工各工法的特点。

3. 素质目标

- 对城市轨道交通有一定的了解，具备协作精神；
- 具备一定的协调、组织能力。

相关案例——国外各国城市轨道的发展

1829 年，法国巴黎引入较大的由马驱动的公共马车，1831 年纽约也引入了这种车辆。后来它迅速增长，但它缓慢颠簸、不舒适，且容易造成街道的车辆拥挤及阻塞。不久，人们发现将马车放在钢轨上行驶，可以提高行驶速度及平稳性，还可以利用由多匹马组成的马队来提高牵引力，增大车辆规模，降低运输成本及票价。因此，城市轨道公共交通的雏形是轨道公共马车。世界上第一条由马车牵引的城市街道铁路于 1832 年在美国纽约的第 4 大街建成运营。1863 年 1 月 10 日，世界上第一条用蒸汽机车牵引的地下铁道线路在英国伦敦建成通车，至今已有 140 多年的历史。由于列车在地下隧道内运行，隧道里烟雾熏人，尽管如此，当时的伦敦市民都乐于乘坐这种地下列车，因为在拥挤不堪的地面街道上乘坐公共马车，其条件和速度远不如地铁列车。世界上第一条地下铁道的诞生，为人口密集的大城市如何发展公共交通提供了宝贵的经验，特别是 1879 年电力驱动机车的研制成功，使地下客运环境和服务条件得到了空前地改善，地铁建设显示出了强大的生命力。从此以后，世界上一些著名的大城市开始相继建造地下铁道。

自 1863 年至 1899 年，有英国的伦敦和格拉斯哥，美国的纽约和波士顿，匈牙利的布达佩斯，奥地利的维也纳以及法国的巴黎共 5 个国家的 7 座城市率先建成了地下铁道。

1925 年至 1949 年，其间经历了第二次世界大战，各国都着眼于自身的安危，地铁建设处于低潮，但仍有日本的东京、大阪，苏联的莫斯科等少数城市在此期间修建了地铁。

第二次世界大战以后，1950 年至 1974 年的 24 年间，世界上地铁建设蓬勃发展。在此期间，有加拿大的多伦多、蒙特利尔，意大利的罗马、米兰，美国的费城、圣弗朗西，前苏联的列宁格勒、基辅，日本的名古屋、横滨，韩国的汉城(现为首尔)及中国的北京等约 30 座城市相继建成了地铁。

世界部分国家的第一条地铁运营时间及目前运营情况见表 1.1。

表 1.1　部分国家第一条地铁运营时间及目前运营情况

各国地铁	开始运营时间	运营线路(条)	运营里程(km)	运营车站(座)	年客运量(亿人次)
伦敦	1863 年	12	420	280	8 亿
纽约	1867 年	31	443.2	504	10 亿
巴黎	1891 年	19	330	458	12 亿
柏林	1902 年	10	165.5	166	6.6 亿
马德里	1919 年	13	281.58	281	9 亿
东京	1927 年	13	292.2	241	30 亿
莫斯科	1935 年	12	277.9	171	26 亿
汉城(现为首尔)	1974 年	9	317	293	22 亿
蒙特利尔	1966 年	4	64	68	3.5 亿

在 20 世纪 50～90 年代期间，世界范围内的城市地下铁道有迅速发展，其主要原因有：一是在战后以和平与发展为主流的年代里，亚洲、拉丁美洲、欧洲的城市化进程加快，数百万人口的城市不断增加；二是发达国家中的小汽车激增与城市街道通行能力之间的矛盾日益突出，空气严重污染，使得这些城市都面临着如何在较长的距离内，以最有效而快速的方式来输送大量乘客的问题。实践证明，只有通过建造地下铁道与轻轨系统，才能解决这一突出难题。据统计，目前世界上已有 40 多个国家建造了地下铁道，累计地铁线路总长度超过了6 000 km，年客运总量超过 230 亿人次。

典型工作任务 1　我国城市轨道交通的发展

1.1.1　工作任务

了解城市轨道交通的发展历史和我国各大城市地下轨道交通的发展规划。

1.1.2　相关配套知识

1. 城市轨道交通介绍

城市轨道交通系统包括快速铁路、地下铁道、轻轨三种形式。

快速铁路连接城市郊区与中心区，在郊区采取地面或全立交的高架方式，进入市中心区后进入地下运行。

"地铁"与"轻轨"的称谓主要来自于其交通容量的划分。一般认为,地铁为大容量交通体系(3万~6万人/h),轻轨为中容量交通体系(1万~4万人/h)。由此会给地铁与轻轨的工程设计标准如钢轨类型、线路坡度、曲线半径、车辆编组、牵引动力等带来差异。

轻轨线以高架线和地面线路为主,结合地形,不得已时也可采用地下线,以浅埋区间段为宜,一般不设地下车站。轻轨线路主要沿街道布线,时而转弯,时而高架或入地,线路的曲率半径小、坡度大。根据我国城市的特点和车辆的技术条件,建议正线运行速度不大于35 km/h,平曲线最小曲率半径为100 m,特殊地段可以采用半径50 m,最大坡度值为60‰。

早期的地铁线路大部分都设在地下,自20世纪70年代以来,地铁吸收了轻轨的一些技术优点,并且为了减少造价,只是在市区建筑物密集的地段设在地下,在城乡结合部和郊区等建筑场地和环境允许的情况下,线路和车站均建在地面和高架上。地铁线路沿主要交通干道布线,在商业、文化、政治中心和交通枢纽附近布置地下车站。由于地铁速度快、运量大,为了减少轮轨的磨耗,一般情况下地下铁道正线最小曲率半径为300~600 m,特殊地段为250~300 m。我国地铁设计规范规定,正线最大坡度采用30‰,困难地段为35‰,一般重车的最大坡度值为40‰~45‰,隧道线路要满足纵向排水要求,最小坡度一般不宜小于3‰。

线路设置方式对直接投资影响很大。同样规模的线路,地面、高架、地下三种不同的线路设置方式其直接投资比例一般为1∶3∶9。但若考虑对城市交通、环境、景观等综合影响,则地铁不一定全部在地下,轻轨不一定全部在地上。例如,广州地铁五号线(坦尾站—窖口站)为高架线路。又如,南京地铁1号线,南京站至三山街站之间区段经过城市中心地带,必须采用地下铁道的形式,而南京站以北和三山街站以南则采用高架线路的形式。

2. 城市轨道交通特点

城市轨道交通在20世纪之所以倍受青睐,是因为与道路交通相比,轨道交通具有运量大、速度快、时间准、污染少、安全舒适,且与城市道路无平面交叉等无可比拟的优势。

运量大:一辆公共汽车的载客量只有40~80人,轻轨一节车厢载客量为60~150人,地铁一节车厢载客量为150~200人,轻轨一般2~6辆编为一组,地铁为4~10辆一组,每小时单向输送能力公共汽车为2 000~5 000人,轻轨为5 000~40 000人,地铁达30 000~70 000人,轨道交通输送能力是公共汽车的2.5~14倍。

速度快:一般情况下,公共汽车时速为10~20 km,轻轨时速为20~40 km,地铁时速为40~50 km,最高可达70~120 km,轻轨和地铁的速度是公共汽车速度的2~6倍。

污染少:轨道交通以电力作为动力,是一种清洁、绿色的运输方式。

能耗少:轨道交通每公里能耗为道路交通的15%~40%。

占地少:按每小时输送5万人计算所需道路宽度是:小汽车180 m,公共汽车9 m,轨道交通综合占地仅为道路交通方式的1/3左右,而地铁和高架式轻轨几乎不占土地。

安全与环保:轨道交通工具的事故率大大低于道路交通工具,噪声和空气污染等环境保护方面也优于道路交通。

所以,城市轨道交通在满足城市居民交通需求的条件下,是社会总付出量最少的方式,也是满足人文和城市可持续发展要求的最佳方式。

3. 我国城市交通现状及存在的问题

我国自20世纪80年代以来,随着国民经济的高速发展,城市交通堵塞、事故频繁、污染严重等问题日益严重。近年来,尤其是在百万人口以上的大城市,虽然道路每年以3%~6%的速度增加，但机动车每年以 15%～20%的更高速度增长，因此交通拥挤现象十分普遍。

当前，我国大中城市普遍存在道路拥挤、车辆堵塞、交通秩序混乱的现象。概括起来，目前我国城市交通主要呈现出下列特点和问题。

(1)城市规模逐步扩大，运输压力沉重。改革开放以来，我国取得了持续高速经济增长和大规模城市化的辉煌成就，而大量人员出行和物资交流频繁，使得城市交通面临着沉重的压力。

(2)机动车增长加快，道路容量不足。最近几年城市机动车增长迅速，轿车、客车、面包车以至于摩托车增幅年平均在 15%以上，而与之对应的人均道路面积一直处于低水平状态，虽然近十年已经有了较快发展，人均道路面积由 2.8 m^2 上升到 6.6 m^2，但仍赶不上城市交通量年均 20%的增长速度。

(3)路网不合理，交通管理水平低下。我国现有城市路网大都密度低、干道间距过大、支路短缺、功能混乱，属于低速的交通系统，难以适应现代汽车交通的需要，交通控制管理和交通安全管理的现代化设施不能满足现实的需求。

(4)公共交通萎缩，出行结构不合理。从 20 世纪 80 年代后期开始，城市公共汽车交通持续萎缩，从运营效率到经营管理，从服务水平到经济效益，出现了全面的衰退。虽然公交车辆和线路长度增长许多，但公交车辆的运营速度不断下降，新增的运力被运输效率下降抵消。由于公共交通受到冲击，被转移出来的乘客便要寻找其他出行方式，这更进一步加剧出行结构的不合理。城市居民出行交通方式的比较见表 1.2。

表 1.2 城市居民出行交通方式的比较

交通方式	优点	缺点	最佳适用范围
自行车	出行方便、安全、无污染、噪声低、节能、低成本	速度慢、占地多、舒适性差、受天气影响大	适合短距离出行
私人汽车	出行方便、舒适、速度较快	污染大、运量少、成本高、受道路状况影响大、停车难、占地多	适合中长距离出行
公共汽车	密度大、线路多、安全、乘车方便、价格低、载客较多	速度慢、污染大、噪声大、能耗高、受道路状况影响大、拥挤、舒适性差、占地多、工作人员多	适合中距离及客流集中地方出行
轨道交通	运量大、低污染、低噪声、高速度、占地少、舒适、全天候、低价格	高投入、高维护成本、建设周期长、线路密度低	适合各种距离出行

(5)能耗高、污染严重，使得我国一些大城市环境形势日益严峻，大气污染日益加剧。全国 500 多座城市，大气质量达到一级标准的不到 1%，北京、西安、沈阳、上海、广州均列入世界十大空气污染最严重的城市。资料表明，一辆公共汽车可以代替 15～20 辆私人汽车，一个拥有 600 辆公共汽车的车队可以使街道上的小汽车减少 12 000 辆，这十分有利于缓解交通阻塞的状况。轿车载客的社会费用为公共交通的 6～8 倍，能耗高达 3～4 倍，空间占用量高 9 倍，环境污染损失高过 9 倍。交通运输虽然不能直接创造财富，但却能把生产、分配、交换和消费在空间上连接起来。越是发达的地区，交通运输的时间价值越高。根据上海市资料，由于交通拥挤所造成的经济损失占当年国民经济总值的 10%；而由于交通保障不力，使企业投入增加，生产率下降，这种间接的损失约为直接损失的 45%。

4. 加快发展我国城市轨道交通

我国现阶段的城市交通问题是社会经济发展的必然结果，根据中央关于国民经济和社会发展“十二五”计划和2020年远景目标,我国又将进入社会主义现代化建设的持续、稳定和快速发展时期。面对新时期,大城市的交通滞后,已经不是简单的靠拓宽和新建马路就能解决的问题。

(1)轨道交通建设必要性

现代城市在一天的客运高峰期间,旅客高度集中、流向大致相同的客流现象已很普遍,低运量的交通工具已远远不能满足民众出行的需要。而相对于其他公共交通方式,城市轨道交通具有用地省,运能大,节约能源、对环境的污染小、人均噪声小,乘座安全、舒适、方便、快捷等特点。现代城市需要有一个与其现代化生活相适应的现代化交通体系,要形成一个与城市发展布局高度协调的综合交通格局。要把长远规划目标同近期调整改善结合起来,近期应做好与城市交通量基本相适应的道路网络系统,逐步改善常规公共交通的服务管理质量,有机地配合好综合交通规划,拓展空间利用条件,重点发展以轨道交通为骨干的公共交通网络,积极引入具有大、中客运量的地铁和轻轨交通方式。

(2)轨道交通发展现状与展望

近十年来,我国许多大城市都纷纷策划修建大、中运量的地铁或轻轨交通项目。已有40多个大中城市不断投入大量人力和物力,进行了不同程度的轨道交通项目建设前期工作和可行性研究。从2005年到2020年的15年里,广东省将投资3 700亿元,建设23条铁路,线网总长近1 890 km,打造珠三角快速轨道交通网络,覆盖密度将接近巴黎都市圈和东京都市圈的水平。

北京地铁第一条线路始建于1965年7月1日,1969年10月1日第一条地铁线路建成通车,使北京成为中国第一个拥有地铁的城市,采用明挖回埋法施工,全长23.6 km,设19座车站。

天津地铁第一条线路始建于1970年4月7日,地铁工程由于中国当时实行的停缓建政策,再加上资金限制被迫停建。1981年重新启动,于1984年12月28日建成通车,2001年10月9日停止运营进行既有线改造,改造工程于2002年11月21日正式开工,并于2005年12月28日开通,改造后的地铁1号线全长26.188 km,其中高架线8.743 km,地面线1.509 km。

1908年上海第一条有轨电车线路建成,由静安寺行驶至外滩,全长6.04 km,这是中国最早的城市公共交通。上海地铁第一条线路于1995年4月10日正式运营,是继北京地铁、天津地铁建成通车后中国内地投入运营的第三个城市轨道交通系统,也是目前中国线路最长的城市轨道交通系统。

南京地铁1号线一期工程南起奥体中心,北至迈皋桥,形成南京主城区中轴线的快速交通走廊。工程于2000年底开工建设,2005年5月开始观光运行并逐渐延长观光运行线路长度,8月12日开始模拟试运行,9月3日全线正式建成并试运营。线路全长21.72 km,其中地下线14.33 km,地面线7.49 km。

目前,我国人口为100万以上的大城市有102座,其中已有重庆、成都、哈尔滨、武汉、长沙、沈阳、西安、杭州和宁波等32个城市的地铁及快速轨道交通建设项目获国家发改委批准。国家发改委基础产业司2011年3月份曾透露,全国有大量的大中城市正规划建设地铁,到2020年全国规划地铁总里程将达6 100 km。而据中国国际金融公司行业分析师行业报告分析,中国已有多个城市重新上报了十二五期间城市轨道交通建设规划,2009~2020年,城市轨道交通新增营业里程将达到6 560 km。预计到2020年,全国城市轨道交通累计营业里程将达到7 395 km。因此,在我国城市发展地铁及轻轨等城市轨道交通运输系统的前景是非常广阔的。根据发达国家经验，要使快速轨道交通承担客运交通的 50%～80%，100 万人口以上城市居民出行时间控制在 40 min 以内，中等城市为 30 min 以内，中等城市要修建轨道交通1～3 条，100 万人口以上的大城市则要修建 4～8 条。中国国务院于 2003 年下达了国办发〔2003〕81 号文件，明确指出城市快速轨道交通系统的建设要“坚持量力而行，有序发展”的原则，并规定申报建设地铁和轻轨的城市应达到下述基本条件，才予以立项：

①地方财政一般预算收入在 100 亿元以上。

②国内生产总值达到 1 000 亿元以上。

③城市总人口超过 700 万，城区人口在 300 万以上。

④规划线路的客流规模要达到单向高峰每小时 3 万人次以上。

为了克服交通堵塞、环境污染等“城市病”，必须加快发展以轨道交通为骨干的城市客运公共交通系统，这已成为人们的共识。为了建设生态型城市，实现可持续发展的和谐社会与城市，还应将“摊大饼式”即外延式水平方向扩展的城市发展模式改变为伸开的“手掌形模式”即内涵式立体扩展的模型。因此城市轨道交通将呈伸开的“手掌状”发展。

随着我国综合国力的不断增强，地铁和轻轨交通工程建设已呈现出快速发展的势头，各大城市均提出轨道交通作为城市交通的骨干，反复修订城市轨道交通线网规划、长期或远期规划线路里程。如北京线网规划总长达 703 km，上海线网规划总长达 970 km，广州线网规划总长达 600 km，南京线网规划总长达 617 km。到 2015 年中国城市轨道交通投入运营里程可达到 1 700 km 以上。我国部分城市的地铁建设运营情况见表 1.3。

表 1.3　我国部分城市的地铁建设运营情况

	北京	天津	上海	广州	南京
第一条线路建设时间	1965～1971 年	1970 年，后停，1983～1984 年	1990～1995 年	1993～1999 年	2000～2005 年
目前已运营的线路	1、2、4、5、8、10、13、15、八通线、昌平线、机场专线、大兴线、亦庄线、房山线	1、9	1、2、3、4、5、6、7、8、9、10、11	1、2、3、3 号线北延、4、5、8、APM	1、2、1 号线南延
已运营线路里程(km)	336	71.6	420	236	85
2011 年单日人流量(万人次)	727	24	700	784	125
长期或远期规划线路里程(km)	703	234.7	970	600	617

我国部分城市轨道交通线路图见图 1.1～1.4。

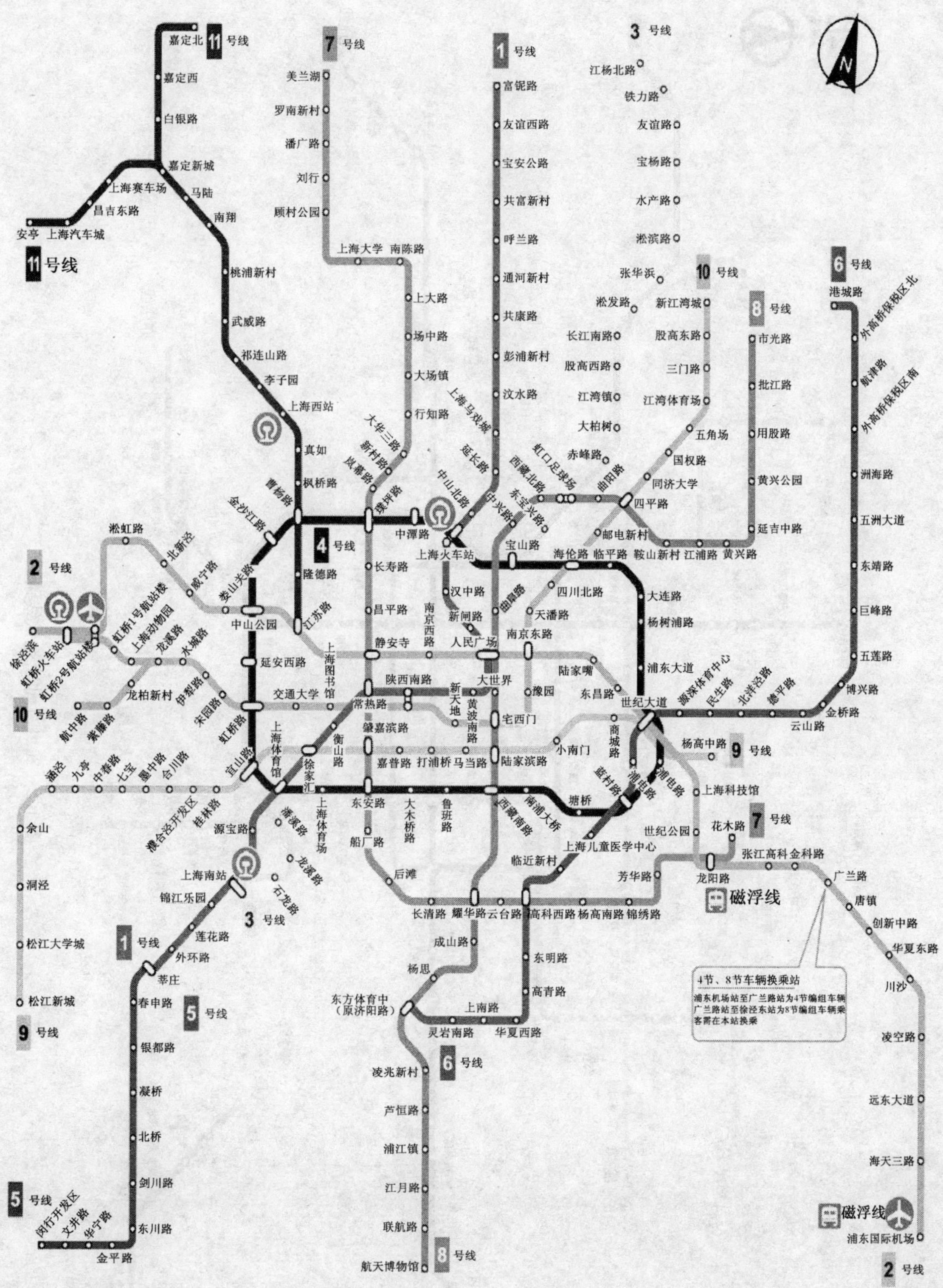

图 1.1　2011 年上海地铁线路图

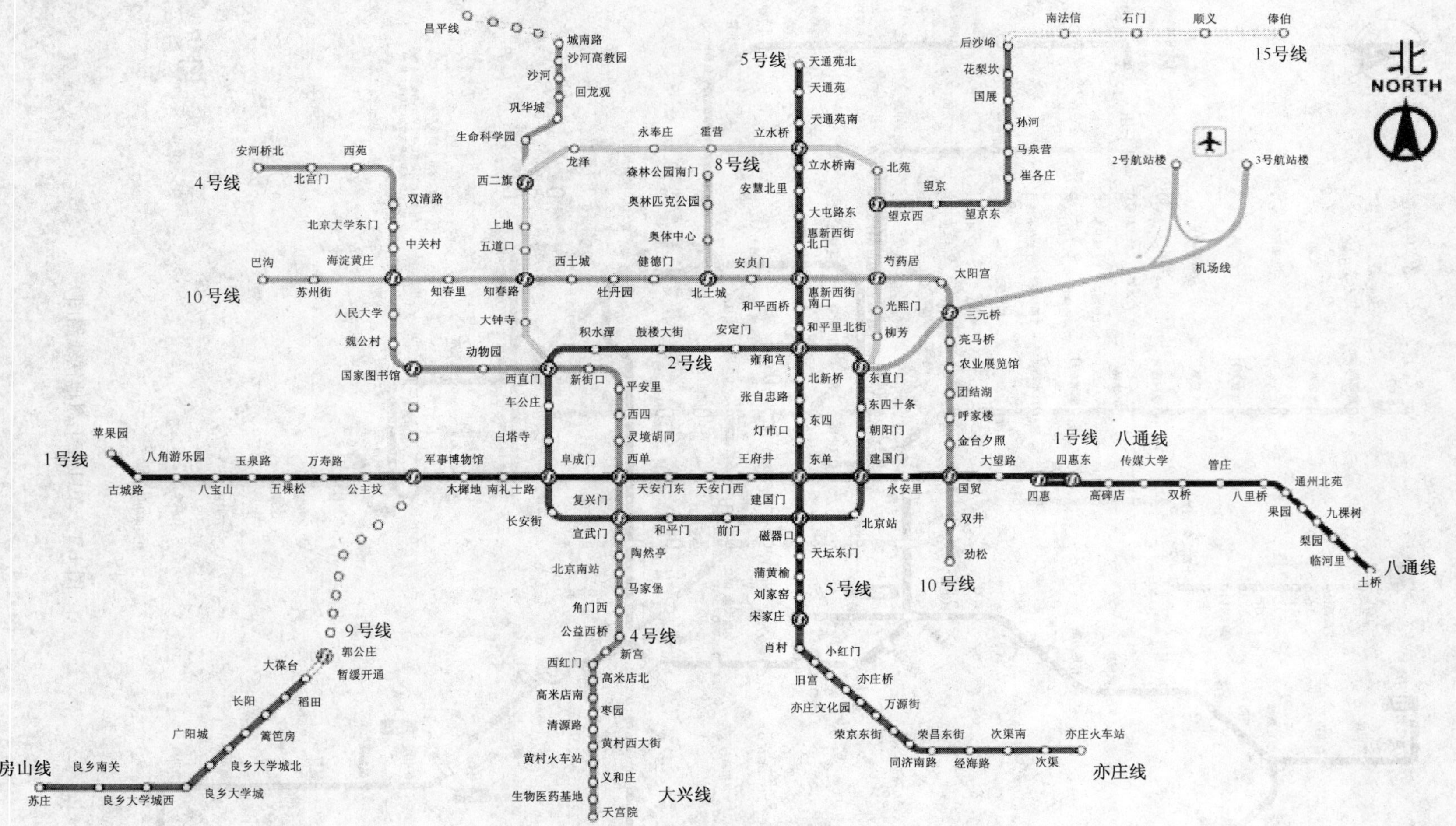

图 1.2　2011 年北京地铁线路图

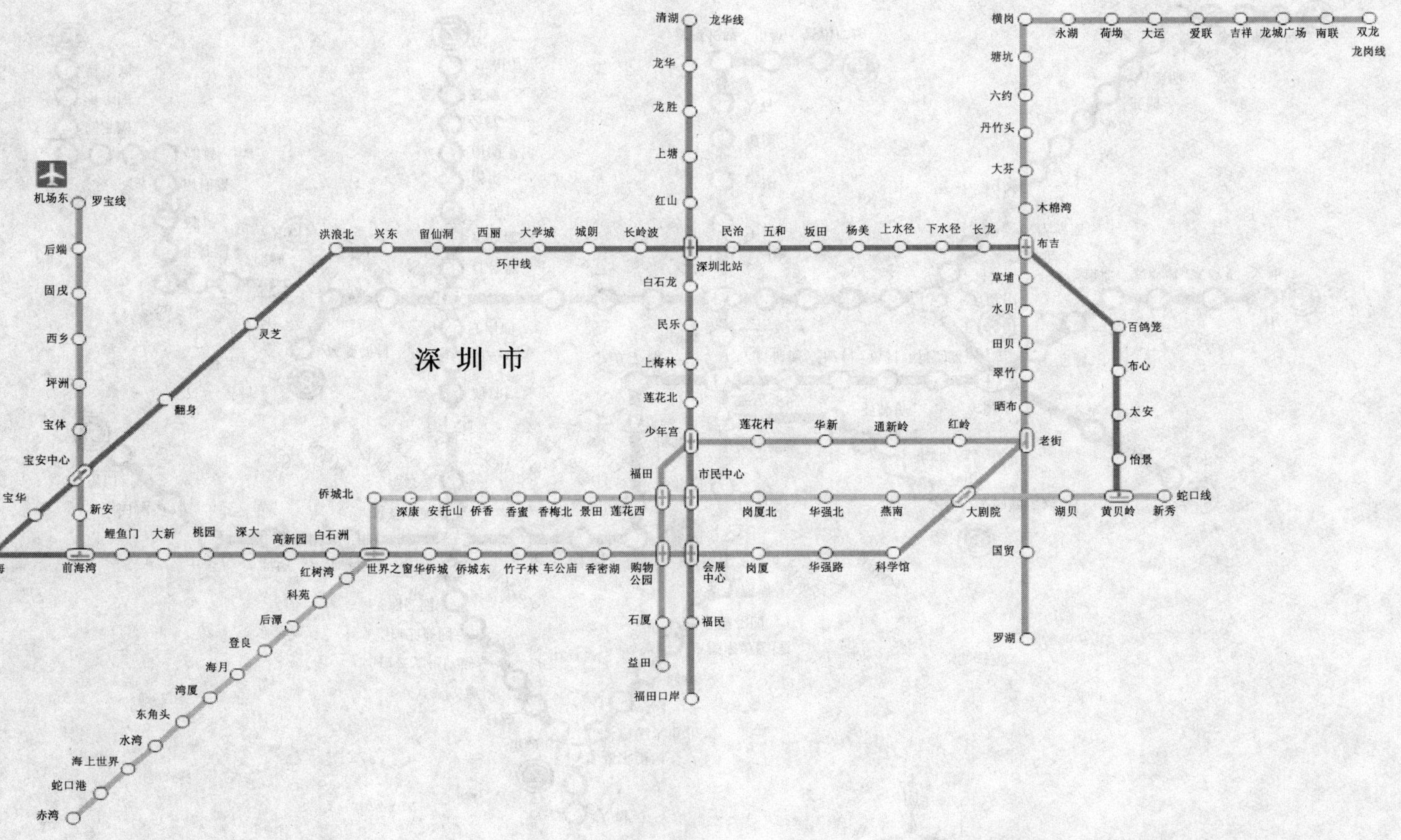

图 1.3　2011 年深圳地铁线路图

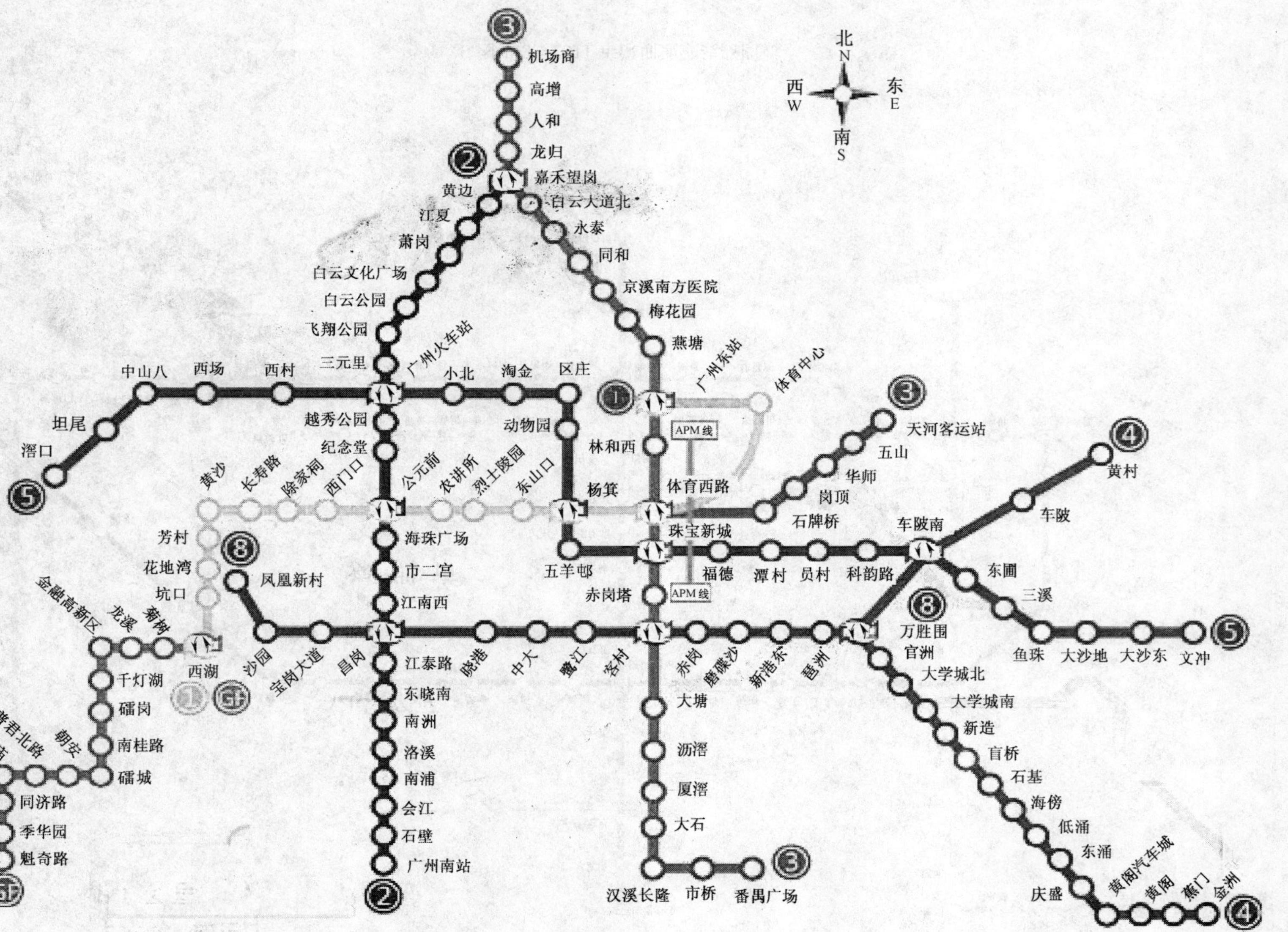

图 1.4　2012 年广州地铁线路图

典型工作任务2 城市地下隧道施工的方法及特点

1.2.1 工作任务

通过本任务的学习，达到以下目的：

1. 了解目前我国城市地下隧道施工的主要工法，并对各种工法的优缺点进行区别。

2. 初步了解盾构法施工工艺及盾构法施工的特点。

1.2.2 相关配套知识

城市地下隧道施工的方法主要有：盾构法、明(盖)挖法、暗挖法(矿山法、新奥法、浅埋暗挖法)、沉管法。

1. 盾构法地下隧道施工

盾构法(Shield Method)是利用盾构机在地面以下暗挖隧道施工中的一种全机械化施工方法，它是将盾构机械在地中推进，通过盾构外壳和管片支承四周围岩，防止发生往隧道内的坍塌，同时在开挖面前方用切削装置进行土体开挖，通过出土机械运出洞外，靠千斤顶在后部加压顶进，并拼装预制混凝土管片，形成隧道结构的一种机械化施工方法(见图1.5)。

例如：北京地铁五号线即采用了盾构法施工，地铁五号线是一条贯穿北京市中心的南北向地下交通大动脉，南起丰台区宋家庄，向北经蒲黄榆、崇文门、东单、东四、雍和宫止于昌平区太平庄北站，全长27.7 km。由于该路段地上大型建筑物密集，交通流量大，地下管网复杂，为减少对城市经济和市民生活的影响，经专家论证，决定在雍和宫至北新桥约700 m长的试验段率先采用盾构施工方法，并取得成功。

随着盾构法的优点日益显著，广州、深圳、上海等不少城市在地铁隧道的建设中都采用了盾构法施工，盾构工法已成为目前城市隧道施工最主要的施工工法，盾构法将在后续的任务中作详细介绍。

盾构法施工有以下优点：(1)地面作业很少(除竖井外)，隐蔽性好，噪声、振动等对环境影响小。(2)隧道施工费用和技术难度基本不受覆土深度的影响，适宜于建造深埋隧道。(3)穿越河底或海底时，不影响通航，也不受气候的影响。(4)穿越地面建筑群和地下管线密集的区域时，对周围环境影响较小。(5)自动化程度高、劳动强度低、施工速度较快。

盾构法施工存在缺点有：(1)施工设备费用高。(2)覆土较浅时，地表沉降较难控制。(3)施作小曲线率半径隧道时掘进较困难等。

2. 明(盖)挖法城市地下隧道施工

(1)明挖法地下隧道施工

明挖法是指修建地铁时，从地表向下开挖，形成露天的基坑修筑隧道衬砌，最后回填土石并恢复地面的方法。该法具有施工技术简单、作业面多、速度快、工程造价相对较低的特点。而且，由于技术成熟，明挖施工可以很好地保证工程质量，因此，在地面交通和环境要求允许的条件下，应尽可能采用明挖法施工。一般地铁工程建设中车站施工采用明挖法较多。明挖法的施工步骤见图1.6。

例如：上海地铁M8线黄兴路地铁车站位于上海市控江路、靖宇路交叉口东侧的控江路中心线下。该车站为地下2层岛式车站，长166.6 m，标准段宽17.2 m，南北端头井宽21.4 m。标准段为单柱双跨钢筋混凝土结构，端头井部分为双柱双跨结构，共有2个风井及3个出入

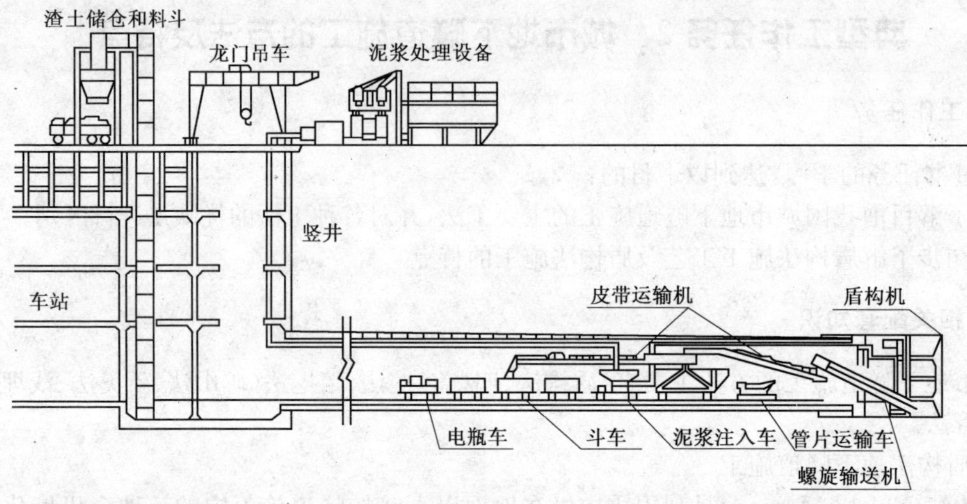

图 1.5　盾构法施工工艺流程

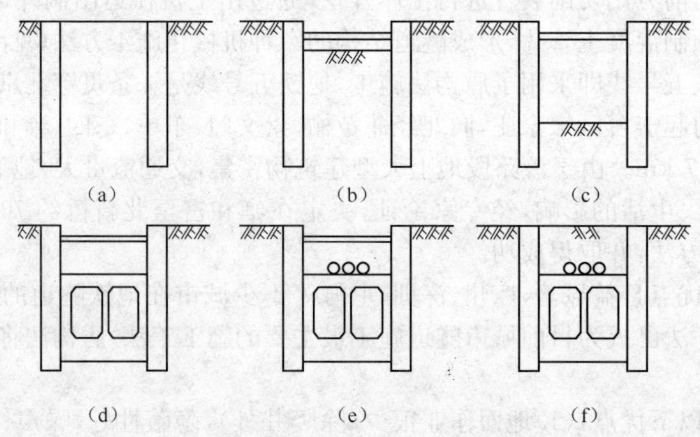

图 1.6　明挖法施工步骤

(a)基坑围护;(b)开挖及设第一道支撑;(c)开挖;(d)结构施工;(e)埋设物设置;(f)回填与路面恢复

口。车站主体采用地下连续墙作为基坑的围护结构,地下连续墙在标准段深 26.8 m,墙体厚 0.6 m。车站出入口、风井采用 SMW(SMW 工法是以多轴型钻掘搅拌机向一定深度进行钻掘,同时在钻头处喷出水泥系强化剂而与地基土反复混合搅拌,在各施工单元之间则采取重叠搭接施工,然后在水泥土混合体未硬结前插入 H 型钢或钢板作为其应力补强材,至水泥硬结,便形成一道具有一定强度和刚度的、连续完整的、无接缝的地下墙体。)桩作为基坑的围护结构。

(2)盖挖法城市地下隧道施工

盖挖法指先盖后挖,即先以临时路面或结构顶板维持地面畅通后再向下施工。在城市交通繁忙地带修建地铁车站时,往往需要占用道路,而地面交通不能中断,且需确保一定交通流量,这时可选用盖挖法。

按照主体结构的施工顺序,盖挖法可分为盖挖顺作法、盖挖逆作法和盖挖半逆作法。其特点都是在完成围护结构之后,需构筑一个覆盖结构承载行车、人流交通,并在其保护下完成基坑土方开挖和主体结构的施工。因此覆盖结构的设计和施工成为盖挖法的关键技术之一。

①盖挖顺作法

盖挖顺作法是在地表作业完成围护结构后，以定型的预制标准覆盖结构(包括纵、横梁和路面板)置于围护结构上维持交通，往下反复进行开挖和加设横撑，直至设计高程。依序由下而上施工主体结构和防水设施，回填土并恢复管线或埋设新的管线。最后，视需要拆除围护结构外露部分并恢复道路。其施工工序见图1.7。

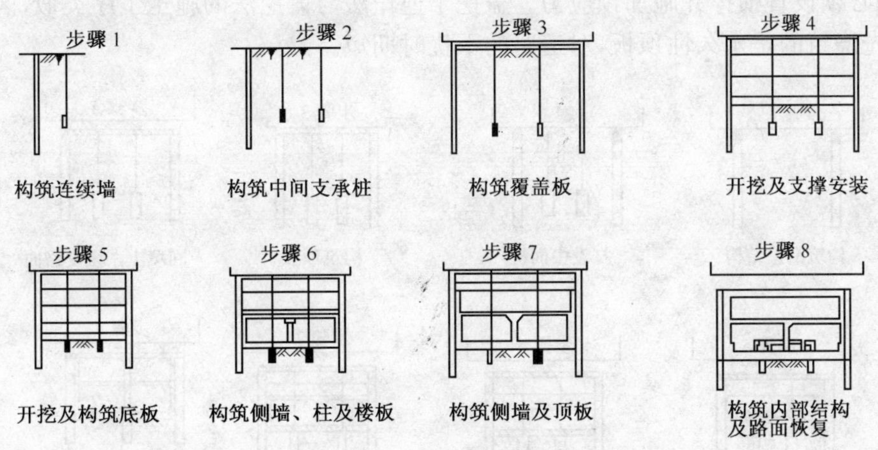

图1.7 盖挖顺作法的一般步骤

②盖挖逆作法

如果开挖面积较大、覆土较浅、周围沿线建筑物离的很近，为尽量防止因开挖基坑而引起临近建筑物的沉陷，或需尽快恢复路面交通，但又缺乏定型覆盖结构，常采用盖挖逆作法施工。

盖挖逆作法的施工顺序是：先在地表面向下做基坑的围护结构和中间桩柱(和盖挖顺作法一样，基坑围护结构多采用地下连续墙或帷幕桩，中间桩则多利用主体结构本身的中间立柱以降低工程造价)，随后即可开挖表层土体至主体结构顶板地面高程，利用未开挖的土体作为土模浇筑顶板。顶板可以作为一道强有力的横撑，以防止围护结构向基坑内变形，待回填土后将道路复原，恢复交通。以后的工作都是在顶板覆盖下进行，即自上而下逐层开挖并建造主体结构直至底板，主体结构的现浇梁板也是以土模浇注的。盖挖逆作法的施工步骤见图1.8。

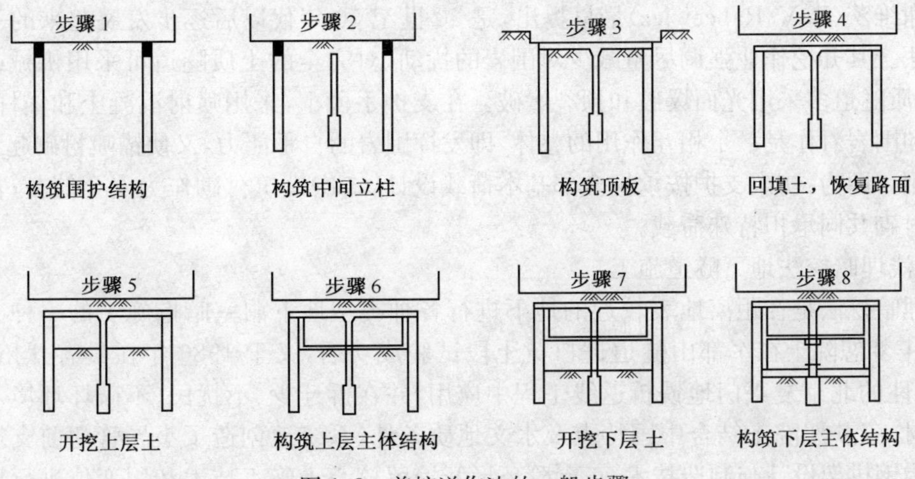

图1.8 盖挖逆作法的一般步骤

③盖挖半逆作法

盖挖半逆作法指先浇筑永久性顶板，恢复道路交通，然后从上向下挖土并逐层施作临时支撑，开挖至底部标高后，施作底板，再从下向上依次逐层浇筑各层结构板，同时拆除临时支撑。盖挖半逆作法的施工步骤见图 1.9。盖挖半逆作法与逆作法的区别仅在于顶板完成及恢复路面后，向下挖土至设计高程后先浇筑底板，再依次向上逐层浇筑侧墙、楼板。在半逆作法施工中，一般都必须设置横撑并施加预应力。盖挖半逆作法与盖挖法的施工工序类似，区别于盖挖半逆作法先浇筑的是永久性顶板，对道路的干扰时期短。

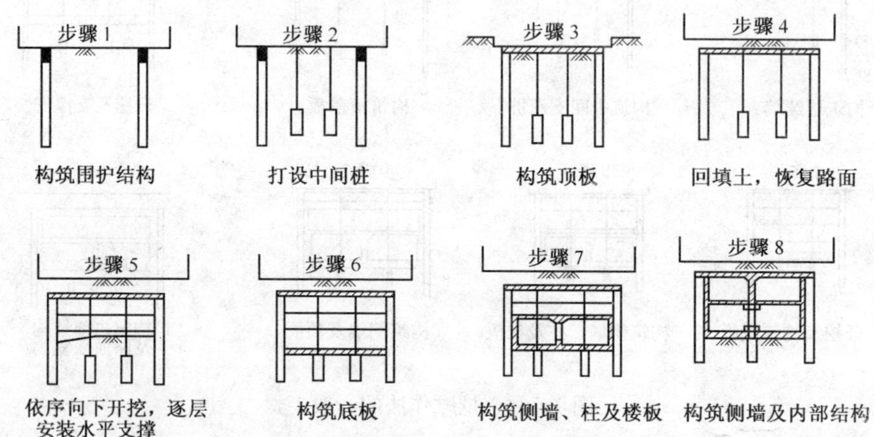

图 1.9　盖挖半逆作法的施工步骤

3. 暗挖法城市地下隧道施工

(1)矿山法地下隧道施工

矿山法(Mine Tunnelling Method)是采用钻爆方法进行隧道施工。当隧道穿越岩石地层时，通常采用钻眼爆破的方法进行开挖，在进行必要的临时支护及清除开挖出来的石碴之后，再修建永久性支护结构——衬砌。隧道的横断面视具体条件可分为几部分挖成，亦可一次挖成。由于这种方法与矿山下巷道的施工方法类似，故常称之为矿山法。

(2)新奥法地下隧道施工

新奥法(New Austrian Tunneling Method)是新奥地利隧道施工工法的简称，由奥地利学者拉布谢维茨(L. V. Rabcewicz)最早提出，是 20 世纪 50 年代以后逐步发展起来的一种隧道施工方法。其开挖作业强调尽量减少对围岩的扰动，对完全的土质隧道可采用机械或人工挖掘，对石质隧道多采用光面爆破和预裂爆破。在支护手段上，采用喷射混凝土和锚杆为衬砌，把衬砌和围岩看作是一个相互作用的整体，即发挥围岩的自承能力，又使锚喷衬砌起到加固围岩的作用。即为:初次支护按承担全部基本荷载设计，二次模筑衬砌作为安全储备;初次支护和二次衬砌共同承担特殊荷载。

(3)浅埋暗挖法地下隧道施工

浅埋暗挖法是在距离地表较近的地下进行各种类型地下洞室暗挖施工的一种方法。继 1984 年王梦恕院士在军都山隧道进口黄土段试验成功后，又于 1986 年在具有开拓性、风险性、复杂性的北京复兴门地铁折返线工程中应用，并在拆迁少、不扰民、不破坏环境下获得成功。同时，王梦恕院士结合中国特点及水文地质条件，系统地创造了小导管超前支护技术、8 字型网构钢拱架设计与制造技术、正台阶环形开挖留核心土施工技术和用变位进行反分析计算的方法，提出了“管超前、严注浆、短进尺、强支护、早封闭、勤量测”18 字方针，突出时空效应对防塌的重要作用，提出在软弱地层必须快速施工的理念，由此形成适用于软弱地层的地下工程设计、施工的浅埋暗挖法。

浅埋暗挖法沿用新奥法基本原理，初次支护按承担全部基本荷载设计，二次模筑衬砌作为安全储备，初次支护和二次衬砌共同承担特殊荷载。应用浅埋暗挖法设计、施工时，可同时采用多种辅助工法。如超前支护，改善加固围岩，调动部分围岩的自承能力；采用不同的开挖方法及时支护、封闭成环，使其与围岩共同作用形成联合支护体系；在施工过程中应用监控量测、信息反馈和优化设计，实现不塌方、少沉降、安全施工等，并形成多种综合配套技术。

由于造价低、拆迁少、灵活多变、无须太多专用设备及不干扰地面交通和周围环境等特点，浅埋暗挖法在全国类似地层和各种地下工程中得到广泛应用。在北京地铁复西区间、西单车站、国家计委地下停车场、首钢地下运输廊道、城市地下热力、电力管道、长安街地下过街通道、深圳地下过街通道及广州地铁一号线等地下工程中推广应用，并已形成一套完整的综合配套技术。

因地质、异形断面等原因，暗挖法隧道施工在地铁建设中也常常遇到，在后面的任务中将作详细介绍。

4. 沉管法隧道施工

(1)沉管法是将隧道管段分段预制，管段两端设临时止水头部，然后浮运至隧道轴线处，沉放在预先挖好的基槽内，完成管段间的水下连接，再移去临时止水头部，回填基槽保护沉管，铺设隧道内部设施，从而形成一个完整的水下通道。

(2)沉管隧道对地基要求较低，特别适用于软土地基、河床或海岸较浅，易于水上设施进行基槽开挖的工程。由于其埋深小，包括连接段在内的隧道线路总长较短，相对采用暗挖法和盾构法修建的隧道工期明显缩短。

(3)沉管法的优越性

①隧道埋深浅，隧道较短，总工程量小。

②管段比重小，对地质适应性强，能在流砂层中施工。

③管段在干坞中制作，能保证施工质量，结构水密性良好。

④沉管断面形状可圆可方，选择灵活。

⑤各种拖航设备的现代化，能够施作大断面多管隧道。

⑥管段接缝远少于其他方法修建的隧道，防水性能远比盾构好。

⑦沉管隧道段施工可与岸坡隧道平行或交叉作业，工期短。

⑧基槽开挖、管段预制、浮运沉放等各工序可平行作业，彼此干扰相对较少。

基于上述的优点，在大江、大河等宽阔水域下构筑隧道，沉管法称为最经济的水下穿越方案。据已有的实践经验，盾构法和沉管法优缺点比较列于表1.4。

表1.4 盾构法与沉管法的比较

项 目	盾构法	沉管法
地质条件	遇到砂质土层时，须采用气压或泥水加压施工	不怕流砂，基本上不受地质条件限制
水流速度	无关	水流很急时，须用水上作业平台施工
水上交通	无关	短期内采用局部的航道管理措施
隧道埋深	最大可达水下30 m左右	最深纪录达水下61 m

续上表

项　目	盾构法	沉管法
容纳车道数	在一个隧道断面内只能容纳 2 个车道，遇 4～6 车道时，须建多条隧道	一个隧道断面内可同时容纳 4～6 个车道，最多可达 8 个车道
渗漏水情况	接缝太多，难以做到不漏水	可做到不渗漏水
工程总量	覆盖厚，隧道较长，工程量较大	覆盖厚度仅 0～1.5 m，隧道较短，工程量小
现场工期	因大部分工程量在隧址上完成，现场工期较长	因 1/2 以上工程量在临时干坞(干坞：预制管段的场地，通常坞内设有混凝土搅拌站，集料、水泥、钢材等各种原材料的堆放场地与仓库，各种机械加工车间以及完善的交通、供电、供水、防火、防洪等机械和设备。)工完成，现场工期较短
工程单价	单位面积造价较高	单位面积造价较低
运营费用	不利于采用通风新技术，常年电耗较大	利于采用通风新技术（如诱导通风方式），大幅度地降低了运营费用

(4)沉管法水底隧道按断面形状分为圆形与矩形两大类。其施工及所用材料均有所不同。圆形沉管一般采用钢壳，20 世纪 50 年代后，多采用矩形钢筋混凝土沉管。

①圆形沉管施工时多数利用船厂的船坞制作钢壳，制成后滑行下水，并系泊于码头边上，进行水上钢筋混凝土作业。

②自荷兰的玛斯隧道(Mass，1942 年建成)首创矩形沉管以来，目前世界各国(除美国外)大都采用矩形沉管。圆形沉管与矩形沉管的优缺点见表 1.5。

表 1.5　圆形与矩形沉管的对比表

沉管类型	优　点	缺　点	图　例
圆形沉管	①圆形断面，受力合理，衬砌弯矩较小，在水深较大时，比较经济有利； ②沉管的底宽较小，基础处理较容易； ③钢壳既是浇筑混凝土的外模，又是浇筑隧道的外防水层，这种防水层不会在浮运过程中被碰损； ④当具备利用船厂设备的条件时，工期较短，在管段需要量较大时，更为明显	①圆形断面空间，常不能充分利用； ②耗钢量大，造价高； ③钢壳本身需作防锈处理	(a)　(b)　(c) (a)圆形；(b)八角形；(c)花篮形
矩形沉管	①不占用造船厂设备，不妨碍造船工业生产； ②空间利用率较高，可实现铁路、公路隧道； ③隧道全长较短，挖槽土方量少； ④一般不需钢壳，可节省钢材	①建造临时干坞的费用较大； ②由于矩形沉管干舷较小，要求在灌筑混凝土及浮运过程中，须有一系列严格控制措施(干舷：即管段在浮运过程中露出水面以上的高度)	(a)　(b) (a)六车道矩形沉管；(b)八车道矩形沉管

(5)沉管隧道一般由敞开段、暗埋段、岸边竖井及沉埋段等部分组成,见图1.10。在沉埋段两端,通常设置竖井作为沉埋段的起止点,竖井是沉管隧道的重要组成部分,它起着通风、供电、排水和监控作用。根据两岸地形和地质条件,也可将沉埋段与暗埋段直接相接而不设竖井。

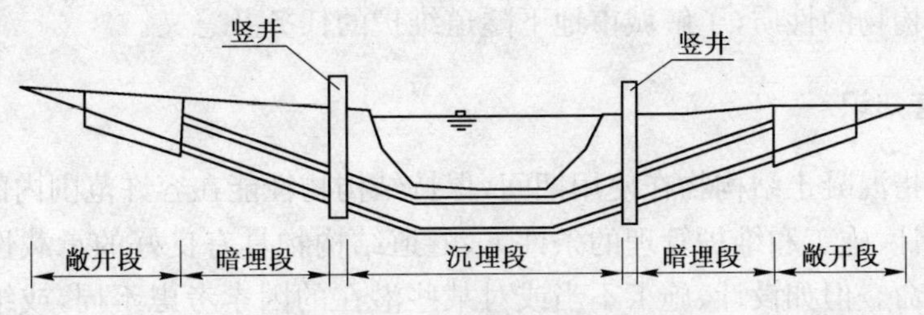

图1.10 沉管隧道纵断面

(6)沉管隧道施工主要工序:管节预制→基槽开挖→管段浮运和沉放→对接作业→内部装饰。

工程实例:广州珠江隧道是我国第一条公路与地铁合用的越江隧道,公路隧道全长1 238.5 m。河中段隧道埋置在河床下,不影响水面通航,河中沉管段全长457 m。

该沉管为多孔矩形钢筋混凝土结构,其中包括两个双车道机动车孔、一个地铁孔、一个电缆管廊。沉管断面为典型矩形断面,外形尺寸为33 m×7.956 m(宽×高),底板厚1.2 m、顶板厚1.0 m,两外侧墙分别为0.7 m和0.55 m、最长管节的混凝土量达12 000 m³。管段的基底坐落在河床的风化花岗岩层上。开槽时采用炸礁施工。基础处理采用灌砂法。通车14个月后最大沉降仅有5.8 mm。该隧道于1994年1月通车,总投资6亿多人民币。图1.11为广州地铁一号线黄沙至芳村段珠江水下隧道纵横断面。

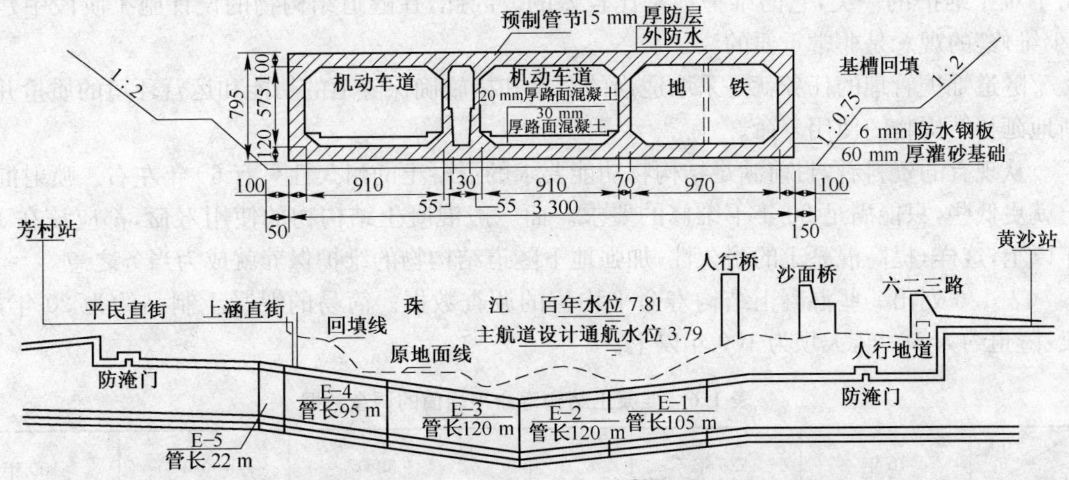

图1.11 广州地铁一号线黄沙至芳村珠江水下隧道纵、横断面图

沉管预制的干坞位于芳村珠江边南侧,是珠江隧道南出口,全长344 m,其中坞墩高度约为20 m,坞身长约150 m。坞身宽48~55 m,开挖底高程为-3.5 m,采用微差控制爆破技术进行大体积土体爆破开挖。

典型工作任务 3　城市地下隧道维护的任务及意义

1.3.1　工作任务

掌握隧道结构物的性质，了解城市地下隧道维护的任务及意义。

1.3.2　相关配套知识

维护管理是指混凝土结构物在使用期间，保持结构物性能在容许范围内的技术行为。

在合适的设计、施工和维护管理的条件下，隧道结构物具有良好的承载性、耐久性和满足耐久性的使用寿命。但如设计、施工不当或对某些潜在的因素考虑不周，或维护管理不善，就会出现劣化现象或加速劣化的发展，从而造成隧道结构物耐久性的降低或使用寿命的缩短。此外，地下隧道的使用环境良好与否，也是充分发挥地下隧道使用功能的重要条件之一。

对隧道结构物的要求是由其特殊的性质所决定的。隧道结构物与一般工程结构物在性质上有很大的不同。从维修管理角度看，隧道结构物的性质，概括地说，有以下几点是需要我们关注的：

(1)隐蔽性：地下结构与其他结构的最大的不同就是它的隐蔽性。隐蔽性使我们无法迅速发现结构物的变化，增加了判断结构物变化的“隐蔽”原因难度。

(2)环境影响：隧道的运营环境，如列车运行振动引起的结构疲劳、电力的迷流等对结构物使用寿命的影响，是不可忽视的。地下结构物除受自然环境的影响外，还受到地下环境，如围岩和地下水条件变动的影响。

(3)可维护性：工程结构一般都是可维护的，只是有的易于维护，有的难于维护而已。隧道属于难于维护的一类，它的维护性是比较差的。因此，在隧道结构物的设计施工阶段中建立“少维修”的观念是非常重要的。

隧道维护管理的任务就是采取适当的对策和措施确保隧道的功能和运营环境的质量并不断地延长结构物的使用寿命。

从现有的资料看，目前满足结构物功能要求的混凝土的耐久性只有 60 年左右。喷射混凝土就更低些，只能满足 30 年不维修的要求。而一般混凝土结构物的使用寿命，都应该在 100 年以上，这样，提高混凝土的耐久性，加强地下隧道结构物的维护保养就成为当务之急。

表 1.6 列出一些混凝土结构寿命平均值的调查数据。简易的混凝土制品约为 20 年，桥梁、隧道约为 50 年，大坝为 100 年以上。

表 1.6　混凝土结构寿命平均值的调查数据

结构＼年限	10 年	20 年	30 年	50 年	100 年	>100 年
大坝	0	0	2	28	82	88
桥梁	0	8	35	134	52	3
隧道	0	2	20	122	74	21
防洪堤	3	24	51	84	17	12
公共建筑	0	4	17	94	25	16

地铁隧道由于自然条件(地下水、地震、冻害等)的变化以及材料本身的劣化,容易发生较其他结构物更为严重的变异及病害现象(如开裂、错位、冻结、震灾、崩塌等),从而大大缩短了结构物的使用寿命。

我国地铁隧道的修建已有四十多年的历史,许多隧道都已经进入高维修管理阶段,维修管理任务将大幅度增长。研究如何将隧道维修管理的理论和方法运用到隧道的维修管理中去,改变"重工程、轻维护"、"重治理、轻检查"、"重晚期、忽视早期"等传统观念,建立"预防为主、早期发现、及时维护、对症下药"的基本观念,这是非常有现实意义的。

项目小结

本项目主要介绍我国主要城市地下隧道发展历史及规划,并对城市地下隧道施工的主要工法作了简要介绍和对比。

复习思考题

1. 城市地下隧道施工中采用盾构法施工有哪些主要的优点?

2. 按主体结构的施工顺序进行分类,盖挖法可以分为哪几种施工类型?他们的施工工序分别是怎样的?

项目 2　城市隧道施工调查

项目描述

城市隧道施工往往受地形、地貌、环境条件的限制，因此，必须事先对施工区域内的场地条件、地形及地质、周边建筑物及管线、环境保护等做出详细调查，这对线路选定、盾构选定、隧道规模及辅助工法的选定乃至设计、施工及维护管理等各阶段都有重要意义。本项目主要介绍施工场地的调查、地形及地质的调查、周边特殊建(构)筑物及管线的调查、环境保护的调查。

拟实现的教学目标

1. 能力目标

- 初步掌握城市施工调查内容及方法。

2. 知识目标

- 了解什么是城市施工调查的分类；
- 掌握城市隧道施工调查的方法。

3. 素质目标

- 养成严谨务实的工作作风；
- 具备良好的沟通能力和统计能力；
- 具备一定的走访调查及协调能力。

相关案例——广州地铁 9 号线土建工程施工 3 标

1. 工程概述

广州市轨道交通 9 号线 3 标段包括两站(花城路站、花果山公园站)三区间(广州北站—花城路站区间、花城路站—花果山公园站区间和花果山公园站—花都广场站区间)，其中，广花区间长约 1 020 m、花园区间长约 1 010 m、园花区间长约 1 600 m、花城路站长 213.8 m、花果山公园站长 276.05 m，工程总造价达 9.01 亿元，工期 36 个月，建设单位为广州市地下铁道总公司，监理单位为华南铁路建设监理公司，施工单位为广东华隧建设股份有限公司。

根据区间勘察报告显示，广园区间见洞率为 49.2%，园花区间见洞率约为 50%，溶洞极其发育。由于该标段地处花都区中心区域，地面交通繁华、人流密集、车流量大、商铺众多，大面积的施工围蔽必然对周边环境与交通产生较大的影响，所以为了尽可能地减小对周边环境与交通的影响以及方便盾构机的集中管理，经多次方案审查，决定将盾构机的始发放在花果山公园，由花果山公园站向两端始发。

2. 水文地质

本标段地下水位的变化受地形地貌、地层岩性、地下水补给来源及排泄等因素控制。广花区间位于广花盆地，地貌上属于河流冲洪积平原，地势平坦宽广；花园区间穿越剥蚀垄状残丘，勘察报告显示沿线地下水稳定水位埋深 0.30～9.40 m(标高 3.43～22.9 m)。园花区间场地为广花盆地山前冲洪积平原地貌，勘察报告显示地下水稳定水位埋深 1.20～6.20 m(高程 7.30～12.30 m)，平均埋深 2.15 m。

地下水位的变化与地下水的赋存、补给及排泄关系密切。每年 2 月起随降雨量增加与农灌水的增大，水位开始逐渐上升；6～9 月处于高水位时期(丰水期)；9 月以后随着降雨量与农灌水的减少，水位缓慢下降；12 月至次年 2 月处于低水位期(枯水期)。根据广花盆地监测资料，地下水位年变幅第四系孔隙水水位埋深为 0.39～1.53 m，岩溶水水位埋深为 0.55～1.30 m。岩溶水水位与第四系孔隙水水位接近，表明溶洞水体和砂层水体基本连通，溶洞失水会破坏洞体的稳定，同时也可能大范围影响地表稳定。

3. 地形地貌

花都区地势呈北高南低之势，北部丘陵绵亘，中部为浅丘台地，南部为广花盆地，形成东北向西南斜置的地形。按地貌成因和形态特征，本标段的地形大致可划分为冲洪积平原地貌单元和剥蚀垄状残丘地貌单元两种类型。其中秀全大道、公益大道地段为冲洪积平原区，地势较为平坦；临近电视塔公园、花果山公园的地段属剥蚀垄状残丘区，相对高差约 10～20 m。

4. 建筑物保护

本标段沿线区域有繁华商业地段、学校和民宅小区，建筑物众多。根据设计图纸，建筑物的保护范围为隧道两侧轮廓线外扩 $2H$(H 为隧道覆土埋深)，具体统计数量见表 2.1。

表 2.1　本标段保护建筑物一览表

工点名称	建筑物数量	总面积(m^2)
广花区间	29 栋	约 17 553
花园区间	31 栋	约 14 486
园花区间	49 栋	约 33 746
花城路站	16 栋	约 9 009
花果山公园站	10 栋	约 11 838
车站、区间汇总	135 栋	约 86 632

5. 地层情况

本标段地层情况统计见表 2.2。

表 2.2　地层统计表

形成年代	岩土分层	岩石名称	特征描述：颜色	特征描述：钻到率	特征描述：平均厚度/顶高程/底高程	特征描述：构成和其他特征	天然密度	天然含水率	孔隙比	岩层或土层地基系数：水平	岩层或土层地基系数：垂直	隧道围岩分级
				%	m		ρ g/cm³	w %	e	K_h MPa/m	K_v MPa/m	
Q_4^{ml}	<1>	人工填土层	杂色	97.87	2.32/31.9/6.6	主要为建筑垃圾和生活垃圾，欠压实	1.91	23.7	0.637	—	—	Ⅵ
Q_{3+4}^{al+pl} 冲洪积	<3－1>	粉细砂	浅灰、灰色、黑色	29.78	2.56/14.29/－16.09	主要由粉砂、细砂组成，饱和，松散～稍密	1.99	20.9	0.590	12	12	Ⅵ
	<3－2>	中砂、粗砂	灰白色、浅灰色	66.26	6.51/10.87/－18.75	级配一般～较好，局部含黏性土，饱和，稍密	2.05	16.7	0.498	15	15	Ⅵ
	<3－3>	砾砂	灰白色、浅灰色	33.89	5.25/10.21/－34.63	级配一般～较好，局部含黏性土，饱和，中密	2.08	13.4	0.493	20	20	Ⅵ
	<4N－1>	软塑粉质黏土	浅灰、褐黄色	10.63	2.99/9.17/－11.1	以黏粒为主，湿，软塑，为高压缩性土	1.78	40.5	1.015	12	13	Ⅵ
	<4N－2>	可塑粉质黏土	黄灰色、黄红色	71.43	2.78/13.61/－9.57	湿，可塑状，为中等压缩性土	1.9	27.4	0.773	20	20	Ⅵ
	<4N－3>	硬塑粉质黏土	灰白、黄灰	17.78	3.61/17.38/－6.72	稍湿，硬塑状，局部含少量粉细砂土	1.8	22.4	0.640	25	25	Ⅴ
	<4－2A>	淤泥	黑色、深灰色	1.06	1.84/12.2/5.34	含腐质物及少量砂土，为高压缩性土	1.5	60.5	1.850	5	5	Ⅵ
	<4－2B>	淤泥质土	黑色、深灰色	5.62	2.85/11.28/－12.79	软塑状，含腐质物及少量砂土，黏性一般	1.74	45.7	1.234	6	6	Ⅵ

续上表

形成年代	岩土分层	岩石名称	特征描述				天然密度	天然含水率	孔隙比	岩层或土层地基系数		隧道围岩分级
			颜色	钻到率	平均厚度/顶高程/底高程	构成和其他特征	ρ	w	e	水平 K_h	垂直 K_v	
				%	m		g/cm³	%		MPa/m	MPa/m	
Q^{el} 残积土	<5N−1>	可塑残积土(砂岩)	褐红、灰红、灰黄	4.4	4.02/7.6/−16.97	主要为粉质黏土,稍湿～湿,呈可塑状	1.96	28.7	0.758	22	22	Ⅵ
	<5N−2>	硬塑残积土(砂岩)	黄红、褐黄、灰黄	5.92	3.65/12.2/−14.47	主要为粉质黏土,呈硬塑～坚硬状	1.96	25.5	0.731	50	50	Ⅴ
	<5C−1A>	流塑～软塑残积土	灰黄色、深灰色	7.14	4.17/14.08/−23.97	炭质泥岩或灰岩风化残积而成,易污手	1.83	40.3	1.057	8	8	Ⅵ
	<5C−1B>	可塑残积土	灰黄色、青灰色	28.72	3.49/10.1/−17.01	炭质泥岩或灰岩风化残积而成,中等压缩性土	1.97	27.3	0.734	20	20	Ⅵ
	<5C−2>	硬塑残积土	灰黄色、黄褐色	8.97	5.68/17.77/−10.22	为粉质黏土,局部夹岩块,为低压缩性土	2.02	21.6	0.612	50	50	Ⅴ
C_1dc	<6>	泥质粉砂岩全风化	灰黄色、灰紫色	2.12	2.6/10.67/−13	岩芯呈坚硬密实土状,为低压缩性土	2.05	15.1	0.456	60	60	Ⅴ
C_1dc	<6C−1>	炭质灰岩全风化	浅灰黑色	0.6	2.6/4.55/1	岩芯呈坚硬密实土状,为低压缩性土	2.03	16.0	0.543	60	60	Ⅴ
C_{2+3}ht	<6C−2>	灰岩全风化	灰色、灰黄色	0.46	3.1/−3.95/−12.07	岩芯呈坚硬密实土状,局部夹岩石碎块	2.03	15.7	0.491	60	60	Ⅴ
C_1dc	<7>	泥质粉砂岩强风化	褐黄色、灰黄色	7.6	6.49/30.1/−35.63	风化裂隙、节理较发育,岩体较破碎,岩质软	2.00	23.6	0.666	60	60	Ⅳ
$_1$dc	<7C−1>	炭质灰岩强风化	浅灰黑色、灰黑色	3.95	5.52/17.44/−22	风化裂隙、节理较发育,岩体较破碎,岩质软	2.04	21.5	0.65	200	200	Ⅳ
C_{2+3}ht	<7C−2>	灰岩强风化	浅灰色、灰白色	0.76	5.85/0.89/−21.86	风化裂隙、节理较发育,岩质较软	2.04	22.0	0.7	200	200	Ⅳ
C_1dc	<7Y>	炭质页岩强风化	黑色、灰黑色	8.81	4.69/27.9/−18.56	风化裂隙、岩体较破碎,岩质软弱	2.01	—	—	200	200	Ⅳ

续上表

形成年代	岩土分层	岩石名称	特征描述				天然密度	天然含水率	孔隙比	岩层或土层地基系数		隧道围岩分级
			颜色	钻到率	平均厚度/顶高程/底高程	构成和其他特征	ρ	w	e	水平 K_h	垂直 K_v	
				%	m		g/cm³	%		MPa/m	MPa/m	
C_1dc	<8>	细砂岩中风化	灰～灰黄色	6.38	5.58/22.5/－17.29	泥质、钙质胶结，岩芯较破碎，岩质较硬脆	2.30	—	—	500	500	Ⅲ
C_1dc	<8C－1>	炭质灰岩中风化	深灰色、黑色	10.79	5.36/24.1/－18.92	岩性为炭质灰岩，隐晶质结构，RQD值很低	2.00	—	—	500	500	Ⅲ
$C_{2+3}ht$	<8C－2>	灰岩中风化	灰色，深灰色	31.3	1.16/14.35/－25.54	岩性为灰岩，隐晶质结构，岩质较硬	2.50	—	—	1 000	1 000	Ⅲ
C_1dc	<8Y>	炭质页岩中风化	灰色、浅灰色	12	6.1/24.9/－10.93	岩性为炭质页岩，岩质较软弱	2.45	—	—	500	500	Ⅲ
C_1dc	<9>	细砂岩微风化	灰白、灰～深灰色	2.43	6.82/17.77/－17.45	岩性为砂岩、砂质泥岩，岩芯较破碎～较完整	2.75	—	—	2 000	2 000	Ⅱ
C_1dc	<9C－1>	炭质灰岩微风化	深灰色、灰黑色	8.97	8.18/23.3/－19.82	岩性为炭质灰岩，隐晶质结构，岩质较硬	2.50	—	—	3 000	2 000	Ⅱ
$C_{2+3}ht$	<9C－2>	灰岩微风化	灰白色、浅灰色	86.78	7.8/10.7/－28.11	隐晶质结构，岩质较坚硬～坚硬	2.76	—	—	3 000	2 000	Ⅱ
	<10－2>	断层角砾岩	灰白色、浅灰色为主，局部红褐色	10.49	2.07/－1.54/－18.37	角砾状结构，角砾成分为灰岩，一般胶结紧密，抗力学性能较差，锤击易裂开	2.77	—	—	2 000	1 500	Ⅲ～Ⅴ

典型工作任务 1　施工场地调查

2.1.1　工作任务

掌握施工场地调查的主要内容及调查方法。

2.1.2　相关知识

施工场地调查的目的是为了安全、快速且经济地进行施工而得到必要的信息资料。与山岭隧道工法相比，城市地下隧道施工开始后难于改变工法。因此，应从各种角度仔细地进行调查。

施工场地调查包括：临时工程设施，工地的临时用地、用水、用电，施工材料、设备放置场地等布置。在城市修建地铁车站或线路一般沿街头布置，可利用面积往往不足。地铁车站与区间隧道从时间上错开施工，先施工车站及车站端头盾构工作井，然后再在工作井附近布置各种临时设施和材料渣土的堆放。地铁车站施工对场地需求受到施工方法的限制，明挖正作法要比盖挖逆作法占用施工场地大。地铁车站上面往往是城市人口密集的地方，在这些地方施工对于路面破坏的时间是有限制的，必须尽快完成地面作业转入地下，减少对城市交通和居民的干扰。

1. 施工场地的调查与布置

施工场地布置的基本原则：尽量减小施工用地范围，以满足施工生产和现场管理为主，少干扰既有道路交通；方便施工组织；生活、生产区域分开；经济合理，简洁美观，安全防火；充分利用既有交通，减少施工临时便道工程；严格遵守国家及相关部门的要求与规定。

(1)工地临时布置

工地临时房屋主要包括施工人员居住用房、办公用房、食堂及其他生活设施用房，以及实验养护室、工作棚及仓库。施工管理用房中，还要考虑按合同要求的现场业主代表、监理工程师、监测和设计单位代表的办公及生活用房。施工管理办公室及职工生活区和生产区应尽可能分开，以免受施工噪声粉尘干扰，符合城市安全、卫生管理的条例。最好是采用能多次利用的装配式临时房屋，有条件的可采用集装箱式便于搬运的生活办公用房，一般来说，它所摊销给工程的折旧费及运输、装拆费要比修建临时房屋节省。

(2)线路的调查

线路调查是为了调查工程区域环境道路情况，主要考虑施工运输、盾构机进场路线，及时进行相关整修、疏解交通等，并结合线路调查结果进行施工场地布置。

(3)工地仓库、材料堆场、渣土弃场

易受大气侵蚀的材料，如水泥、工具、机械配件、橡胶止水带及其粘贴材料、易散失的材料等，一般都储存在临时仓库中。钢筋、木材等一般放置料棚中，砂、石等一般堆放在露天的料场中。地铁区间隧道施工根据施工进度，留有预制钢筋混凝土管片堆放的场地，钢筋混凝土管片凹面向上，最多只能叠放三块，每块之间要加枕木垫块，保证运输、起吊、堆放过程中不出现碰损边角现象。粘贴防水橡胶垫必须在工棚内进行，保证一定的粘贴时的温湿度。粘贴好橡胶止水带的管片进入工作井以前应用防雨布遮挡，避免先期遇水膨胀失去防水性能。

各种主要材料的储备量，可以根据该种材料用量中最大的日平均需要量，乘以相应的储备定额日数确定，可按式(2.1)计算。

$$P=T\times K\times Q/D \tag{2.1}$$

式中　P ——材料或构件储备量；

Q ——材料或构件最大季度需要量；

T——材料储备定额日数(可根据以往施工统计资料，结合本工程所在地材料供应、采购、运输、气侯、情况确定)，不同材料储备定额日数应不同；

D——季度计划施工日数；

K——视施工进度变化确定的系数。

仓库、料场的需要面积，应分别按储存材料的种类及其需要的储备量确定，按式(2.2)计算。

$$F=(1/\alpha)\times(P/q) \tag{2.2}$$

式中　F ——某一材料仓库、料场所需面积；

α——考虑材料种类、仓库类型及装卸工作所必需的通道等因素后的仓库面积利用数，如表 2.3 所示；

P——材料或构件储备量(t 或 m^3)；

q——每单位面积上能储存某种材料的数量，参考表 2.4。

表 2.3　仓库面积利用系数

序号	仓库类型	系数 α 值
1	储存工具、机械配件、电工器材的通用仓库(内装货架、每两排货架间留成 1 m 宽过道，贯通仓库的主要通道，主要通道宽 2.5～3.5 m)	0.35～0.4
2	散装水泥仓库	0.60～0.90
3	堆放桶装及袋装的仓库	0.45～0.60
4	堆放木料或钢材的料棚	0.40～0.50
5	成堆放置材料的露天料场	0.50～0.60
6	堆放砂石类材料的露天料场	0.60～0.70

表 2.4　每单位面积所能储存材料数量和堆存方法

序号	材料名称	单位	每 m^2 所能堆放的数量	堆放高度(m)	包装类别	堆置方式	储存方法	备注
1	砾石、砂	m^3	1.50～2.00	1.50～2.00	散装	堆	露天	人工堆放
2	片石、块石	m^3	1.00	1.50	散装	堆	露天	机械堆放
3	普通砖	块	700	1.50	散装	堆	露天	
4	水泥	t	2.00～2.80	1.50～2.00	散装	积堆		
5	水泥	t	1.50	1.80	袋装	码放		
6	工字钢、槽钢	t	0.7～1.0	0.60		码堆		
7	角钢	t	2.00～3.00	1.00		码堆	露天	
8	铁皮、钢板	t	4.00～4.50	1.00		码堆		
9	钢筋	t	3.70～4.20	1.20		码堆		
10	盘条	t	1.50～1.90	1.00	捆装	堆放		
11	汽油	t	0.45～0.7	1.2～1.8	桶装	码堆		平放
12	圆木	t	0.85～1.3	2.0～3.0		码堆	露天	

地铁车站和隧道施工中要挖掘大量土石方，城市市区土方的堆集、外运都有很多困难。车站开挖一般在夜间施工，挖土机挖出土方直接装车运到郊外。隧道施工必须全天候作业，通常在洞口设置一定体积的泥浆槽，将白天挖掘的土方存放在泥浆槽内，晚上用载重卡车外运。泥浆处置不好可能污染环境，甚至受到城市环保部门的处罚。

地下铁道施工一般需要有压注浆材料搅拌、注浆材料、设备堆放场地。特别在隧道施工中，为防止地面沉降和维持开挖面稳定，施工中经常大量压注惰性或活性浆液，这些材料有的属水硬性的，必须放置施工棚内，浆液搅拌一般在洞口车站主体结构一侧。

(4)施工现场运输

地铁车站和隧道场内运输一般分为水平运输及垂直运输。水平运输是将材料或构件从仓库、料场或预制加工厂地运到使用地点，在城市里一般以载重汽车为主；垂直运输主要是修建地铁车站时，将材料设备吊放到已开挖基坑内；预制管片必须从工作井吊入隧道口，再由电瓶车运至工作面，由盾构机旋转臂将管片就位。场内运输的方式应根据工地的地形、地物，材料在场内的运距、运量以及周围道路和环境等因素选择。材料供应运输与施工进度要密切配合，做到场外运输与场内运输一气完成，即由场外运来的材料直接运至施工使用地点；或场内外运输紧密衔接，材料运到场内后不存入仓库、料场，由场内运输工具转运至使用地点。这样可以节省工地仓库、料场面积，减少工地装卸费用。

施工运输道路应按材料和构件运输的需要，沿其仓库和堆放场进行布置。运输道路的布置原则要求如下：

1)现场主要道路应尽可能利用已有道路或规划的永久性道路的路基，根据建筑总平面图上的永久性道路位置，先修筑路基，作为临时道路，工程结束后再修筑路面。

2)现场道路最好是环形布置，并与场外道路相接，保证车辆行驶畅通；如不能设置环形道路，应在路端设置倒车场地。

3)应满足材料、构件等运输要求，使道路通到各个堆场和仓库所在位置，且距离其装卸区越近越好。

4)应满足消防要求，使道路靠近建筑物、木料场等易燃地方，以便车辆直接开到消火栓处，消防车道宽度不小于3.5 m。

5)施工道路应避开拟建工程和地下管道等地方；否则，这些工程若与在建工程同时开工时，将切断临时道路，给施工带来困难。

6)道路布置应满足施工机械的要求。搅拌站的出料口处、固定式垂直运输机械旁、塔吊的服务范围内均应考虑运输道路的布置，以便于施工运输。

7)道路路面应高于施工现场地面标高0.1～0.2 m，两旁应有排水沟，一般沟深与底宽均不小于0.4 m，以便排除路面积水，保证运输。

8)道路的最小宽度和转弯半径如表2.5、表2.6所示。

表2.5 施工现场道路最小宽度

序号	车辆类别及要求	道路宽度(m)
1	汽车单行道	不小于3.0
2	汽车双行道	不小于6.0
3	平板拖车单行道	不小于4.0
4	平板拖车双行道	不小于8.0

表 2.6 施工现场道路最小转弯半径

车辆类型	路面内侧的最小曲线半径(m)		
	无拖车	有一辆拖车	有两辆拖车
小客车、三轮车	6		
一般二轴载重汽车	单车道 9 双车道 7	12	15
三轴载重汽车	12	15	18
重型载重汽车	12	15	18
超重载重汽车	15	18	21

(5)工地供电、供水和排水

1)供电

工地用电应尽可能利用当地电力供应,从当地电站、变电站或高压电网取得电能。工地用电包括各种电动施工机械和设备用电量,地铁车站、隧道内和地面办公室生活照明用电等。按各种电机、设备、照明及线路负荷计算出电力总负荷,按此负荷选择供电设备。城市地铁盾构施工属于不能停顿的施工,应保持来自两个不同电站的两路电源,当一路停电时,马上切换另一路供电。

①用电量计算

施工现场用电包括动力用电和照明用电,可由式(2.3)计算:

$$P=(1.05\sim1.10)(K_1\sum P_1/\cos\Phi+K_2\sum P_2+K_3\sum P_3+K_4\sum P_4) \tag{2.3}$$

式中 P——供电设备总需要容量(kW);

P_1——电动机额定功率(kW);

P_2——电焊机额定功率(kW);

P_3——室内照明容量(kW);

P_4——室外照明容量(kW);

$\cos\Phi$——电动机平均功率因数(在施工现场最高为 0.75~0.78,一般为 0.65~0.75);

K_1、K_2、K_3、K_4——分别为电动机、电焊机、室内照明、室外照明等设备的同期使用系数,K_1,K_2见表 2.7,K_3一般取 0.8,K_4一般取 1。

表 2.7 需要系数

用电器名称	数值	需要系数	
		K	数值
电动机	3~10 台	K_1	0.7
	11~30 台		0.6
	30 台以上		0.5
电焊机	3~10 台	K_2	0.6
	10 台以上		0.5

②选择电源和变压器

选择电源最经济的方案是利用施工现场附近已有的高压线或发电站及变电所,但事先必须将施工中需要的用电量向供电部门申请;如在新辟的地区施工不能利用已有的供电系统,则需自行解决发电设施。变压器容量可按式(2.4)计算:

$$P=K(\sum P_{max}/\cos\Phi) \tag{2.4}$$

式中 P——变压器的容量(kW);

K——功率损失系数,取1.05;

$\sum P_{max}$——各施工区的最大计算荷载(kW);

$\cos\Phi$——功率因数,取0.75。

根据计算所得容量值,可从常用变压器产品中选用合适的变压器,且使选定的额定电容量稍大于(或等于)计算的变压需要的容量值。

③变压器及配电线路的布置

单位工程的临时供电线路一般采用枝状布置,其要求如下:

a. 尽量利用已有的配电线路和已有变压器。

b. 若只设一台变压器,线路枝状布置,变压器一般设置在引入电源的安全区;若设多台变压器,各变压器作环状连接布置,每个变压器与用电点作枝状布置。

c. 变压器设在用电集中的地方,或者布置在现场边缘高压接入处,离地面应大于3 m,四周应设有高度大于1.7 m的护栏,并有明显的标志,不要把变压器布置在交通道口处。

d. 线路宜在路边布置,距建筑物应大于1.5 m。

e. 线路不应妨碍交通和机械施工、进场、装拆、吊装等。

f. 线路应避开堆场、临时设施、基槽及后期工程的地方。

g. 注意接线使用上的安全性。

2)供水和排水

工地临时用水通常包括施工用水、生活用水和消防用水。施工用水主要供应施工机械、运输工具及其他施工用水。隧道施工中的泥水平衡盾构、开挖基槽的循环多头钻机等施工设备用水量大,特别是泥浆制备、泥渣分离施工工艺需要大量用水。生活用水主要供工地施工人员洗衣物、洗浴、饮用及食堂炊事用水等。工地灭火主要用常备灭火器,消防用水供应工地全部消防栓灭火。

工地用水的水质应符合用途需要,用于拌制及养护混凝土和灰浆的水不能是酸性的,水中含盐量应不超过500 mg/L,且不得含有油脂、糖分及其他杂质。冲洗砂、石用水不得含有淤泥等杂质。饮用水应不含病菌及对健康有害的物质,须经卫生部门检查化验。

城市轨道施工用水应利用城市供水系统,优选自来水。

①施工用水量计算

施工用水量是指施工最高峰时期的某一天或高峰时期内平均每天需要的最大用水量,其计算公式(2.5)如下:

$$q_1=K_1\sum Q_1N_1K_2/(8\times 3\ 600) \tag{2.5}$$

式中 q_1——施工用水量;

K_1——未预见的施工用水系统,取1.05~1.15;

K_2——施工用水不均衡系数(现场用水取1.50,施工机械及运输机具取2.00,动力设备取1.1);

N_1——用水定额;

Q_1——最大用水日完成的工程量、附属加工厂产量及机械台数。

②生活用水量

生活用水量是指施工现场人数最多时期职工的生活用水，可按式(2.6)进行计算：

$$q_2 = Q_2 N_2 K_3/(8\times 3\,600) + Q_3 N_3 K_4/(24\times 3\,600) \tag{2.6}$$

式中　q_2——生活用水量；

Q_2——现场最高峰施工人数；

N_2——现场生活用水定额，每人每班用水量主要视当地气候而定，一般取 20～60 L/(人·班)；

K_3——现场生活用水不均衡系数，取 1.30～1.50；

Q_3——居住区最高峰职工及家属居民人数；

N_3——居住区昼夜生活用水定额，每人每昼夜均用水量随地区和有无室内卫生间设备而变化，一般取 100～120 L/(人·昼夜)；

K_4——居住区生活用水不均衡系数，取 2.00～2.50；

总用水量按式(2.7)计算：

$$Q = q_1 + q_2 \tag{2.7}$$

上述确定后的总用水量，还需增加 10% 的管网可能产生的漏水损失，即：

$$Q_{总} = 1.1Q$$

③临时供水管径的计算

当总用水量确定后，即可按式(2.8)计算供水管径：

$$D_i = \sqrt{4\,000 Q_i/(\pi v)} \tag{2.8}$$

式中　D_i——某管段的供水管直径(mm)；

Q_i——某管段用水量(L/s)，供水总管段按总用水量 $Q_{总}$ 计算，环状管网段布置的各管段采用环管内同一用水量计算，支状管段按各支管内的最大用水量计算；

v——管网中水流速度(m/s)，一般取 1.5～2.0。

当确定供水管网中各段供水管内的最大用水量及水流速度后，可选择适当的管径。

④供水管网的布置

临时给水管网一般有三种布置方式，即环状管网、枝状管网和混合管网。环状管网能够保证供水的可靠性，但管线长、造价高，适用于要求供水可靠的建筑项目；枝状管网由干管与支管组成，管线短、造价低，但供水可靠性差，故适用于一般中小型工程；混合管网是主要用水区及干管采用环状、其他用水区及支管采用枝状的混合形式，兼有两种管网的优点，一般适用于大型工程。

供水管网应在保证供水的前提下，使管道铺设越短越好，同时还应考虑在供水期间支管具有移动的可能性；布置管网时应尽量利用原有的供水管网和提前铺设永久性管网；管网的位置应避开拟建工程的地方，管网铺设要与土方平整进度计划协调好。

2. 施工临时借地

临时借地要由建设单位与被借地的单位或管理单位签定协议，再由建设单位移交给施工单位使用并在施工期间由施工单位维护管理。场地移交时应由被借地单位或场地管理单位、政府征地办、建设单位、施工承包单位、监理单位五方共同在现场确认无误后签定正式移交手续，例如广州轨道交通九号线三标花果山公园站的临时用地移交记录表，如表 2.8 所示。

表 2.8　广州轨道交通工程施工临时用地移交记录表

<table>
<tr><td>工程名称</td><td>广州市轨道交通 9 号线施工 3 标</td><td>工程地点</td><td>花都区云山大道与茶园路交界(花果山公园站)</td></tr>
<tr><td>交地日期</td><td></td><td>合同号</td><td>J11JZA090003</td></tr>
<tr><td>施工单位</td><td>广东华隧建设股份有限公司</td><td>监理单位</td><td>华南铁路建设监理公司</td></tr>
<tr><td>场地面积</td><td colspan="3">总用地面积　　　m²,本次移交面积　　　m²</td></tr>
<tr><td>交地地点</td><td colspan="3">依照《地铁工程临时借用地移交质量标准及移交程序》</td></tr>
<tr><td rowspan="7">附件</td><td colspan="2">附件名称</td><td>有　否</td></tr>
<tr><td colspan="2">1. 临时施工用地批准文件</td><td></td></tr>
<tr><td colspan="2">2. 现场图片</td><td></td></tr>
<tr><td colspan="2">3. 借(征)地协议</td><td></td></tr>
<tr><td colspan="2">4. 各权属单位土地分割图及坐标</td><td></td></tr>
<tr><td colspan="2">5. 移交场地的高程</td><td></td></tr>
<tr><td colspan="2">6.《地铁工程临时借用地移交质量标准及移交程序》</td><td></td></tr>
<tr><td>退地标准</td><td colspan="3"></td></tr>
<tr><td>场地说明</td><td colspan="3"></td></tr>
<tr><td>土建承包商意见</td><td colspan="3">签名及盖章:</td></tr>
<tr><td>监理单位
(签名并盖章)</td><td colspan="3">年　月　日</td></tr>
<tr><td>建设总部前期部
(签名)</td><td colspan="3">年　月　日</td></tr>
<tr><td>建设总部土建部
(签名)</td><td colspan="3">年　月　日</td></tr>
<tr><td>广州市花都区征地办
(签名)</td><td colspan="3">年　月　日</td></tr>
<tr><td>广州市花都区市政局
广场管理中心(签名)</td><td colspan="3">年　月　日</td></tr>
</table>

典型工作任务 2　地形及地质调查

2.2.1　工作任务

通过本工作任务的学习,理解地形地质及水文调查对隧道施工的重要性,了解不良地质条件对隧道施工的影响。

2.2.2　相关知识

城市隧道施工目前运用较多的工法为盾构法,而地形及地质条件对盾构法的设计及施工的难易程度影响很大,所以必须进行认真地调查。现在盾构机种类繁多,特性各异,适用的土质条件、环境条件也各不相同。如果不进行勘察,或勘察不细致,则可能造成设计不合理,施工中出现事故。例如:某存在一定坡度的盾构隧道,事前粗略的土质勘察和借鉴其他工程的土质勘察结果,把盾构穿越的地层定为粉砂层,但是遗漏了其中一小段地层为砂砾层(且地下水压较大)的客观事实，误认为整个路线上均为粉砂层，故选用了挤压式盾构施工，当穿越砂砾层部位时，出现了大量喷水现象。又如：盾构穿越沼泽地带时地层中可能会藏有甲烷气体，如果事先不认真勘察，施工中也不制定应急防范措施和储备应急设备，则施工中会出现事故，造成损失也在所难免。再如：施工前对盾构路线近旁的各种地下管道和设施勘察不充分，施工中也不跟踪监测，则施工中出现管道破裂(沉降引起)、基础受损，致使喷水、漏气、爆炸、地表建筑物倾斜或墙体开裂等事故也不少见。总之，因勘察工作疏忽，致使施工时发生事故的事例数不胜数，留下了惨痛的教训。

总的来说，事先不做勘察或者勘察不彻底，则施工中发生事故的概率较大，致使工期贻误、成本提高、有时还要大量赔款，严重时整个竖井或隧道报废。事先勘察是决定隧道施工成败的关键因素，我们必须慎重对待。

1. 地质勘察的阶段和要求

工程地质勘察工作一般分为选址勘察(可行性研究勘察)、初步勘察、详细勘察和施工中的地质勘察工作。

(1)选址勘察阶段

这一阶段的主要任务是根据建设任务书，收集与工程相关的水文地质、工程地质资料，并进行室内分析，提出可行性研究报告。这个阶段的主要工作有：

1)搜集区域地质构造、工程地质、水文地质、气象、地貌、地面、地下水动态、古河道以及物探等资料；

2)调查工程区域重要和高大建筑的地基资料、岩土资料以及有关工程施工经验；

3)编制地下工程的每个地貌单元的勘探资料；

4)对工程地质条件复杂，已有资料不能符合要求，但其他方面条件较好且倾向于选取的场地，应根据具体情况进行工程地质测绘及必要的勘探工作。

5)在收集和分析已有资料的基础上，通过踏勘，了解场地的地层、构造、岩石和土的性质、不良地质现象及地下水等工程地质条件；

6)评价比选方案并提交本阶段工程勘察报告，包括钻孔平面位置，工程地质纵剖面，必要的测试资料、附图及附表，工程地质、水文地质及市政环境资料。

选择线路时，应进行技术经济分析，一般情况下宜避开下列工程地质条件恶劣的地区或地段：

1)不良地质现象发育(如溶洞)，对场地稳定性有直接或潜在威胁的地段；

2)地基土性质严重不良的地段；

(2)初步勘察阶段

初步勘察应查明地下工程的水文地质及工程地质条件，对施工区域稳定性作出评价，同时应初步查明可能影响工程施工的不良地质和特殊地质的性质、特征、范围，并对不良地质现象的防治工程方案作出工程地质论证。主要工作如下：

1)搜集本项目可行性研究报告、有关工程性质及工程规模的文件。

2)初步查明地层、构造、岩石和土的性质，地下水埋藏条件、冻结深度。

3)划定不良地质和特殊地质地段，并初步查明其成因、类型、性质和分布范围及其对场地稳定性的影响程度和发展趋势，并提出治理意见。当场地条件复杂时，应进行工程地质测绘与调查。

4)分析已有地震资料，划分场地类型和类别，并确定土、石可挖性分级，围岩分级，对地下工程中重要车站、区间及不良地段，提供单独的勘察资料。

5)初步查明地面水位、流量、水质以及补给排泄条件，地下水的相互关系；查明地下水类型、埋藏条件、补给来源、历年最高水位、水质、流速、流向、地下水动态和周期变化规律，提出水质评价，进行水文地质分区。

6)初步勘察时，在搜集分析已有资料的基础上，根据需要和场地条件还应进行工程勘探、测试以及地球物理勘探工作。

(3)详细勘察阶段

这一阶段主要是根据初步设计鉴定意见，详细查明地下工程区域的工程地质和水文地质条件，提出设计所需的工程地质条件的各项技术参数，对线路地基做出岩土工程评价，为基础设计、地基处理和加固、不良地质现象的防治工程等具体方案做出论证和结论。

详细勘察的主要手段以勘探、原位测试和室内土工试验为主。详细勘察的勘探工作量，应按场地类别、建筑物特点及建筑物的安全等级和重要性来确定。对于复杂场地，必要时可选择具有代表性的地段布置适量的探井。这一阶段的主要内容包括：

1)对工程地质与水文地质复杂地段，特殊地段或者施工中特殊要求的地段，应重点勘察，提出评价和处理方案；对车站、出入口、通风道、水源、井、车辆段等进行单独详细勘察。

2)查明不良地质现象的成因、类型、分布范围、发展趋势及危害程度，提出评价与整治所需的岩土技术参数和整治方案建议。

3)查明线路范围各层岩土的类别、结构、厚度、坡度、工程特性，计算和评价地基的稳定性和承载力。

4)查明地下水的埋藏条件，判定地下水对建筑材料的腐蚀性。当需基坑降水设计时，尚应查明水位变化幅度与规律，提供地层的渗透性系数，并提出降水方法及有关计算参数。

5)提供为深基坑开挖的边坡稳定计算和支护设计所需的岩土技术参数，论证和评价基坑开挖、降水等对邻近工程和环境的影响。

(4)施工阶段的地质勘察

施工阶段的地质勘察应包含以下内容：

1)验证勘察资料的准确性，根据实际情况修正勘察报告中提供的技术参数；

2)解决施工中遇到的工程地质、水文地质问题；

3)对工程区域内重大建筑物及附近地面沉降进行监测。

4)绘制隧道竣工地质剖面图。

5)对地下水的动态进行长期观测。

6)对围岩、衬砌或管片岩体应力及变形进行观测。

2. 工程地质调查

工程地质调查的目的是查明工程区域内的工程地质条件，为新建、增建、改建地下工程的设计与施工提出可靠的地质资料。

(1)工程地质调查的方法

1)开展工程地质遥感分析判断，根据遥感平台资料，分析判断工程区域的地形、地貌、岩性、构造(褶皱、断裂)和不良地质(滑坡、岩堆、泥石流、岩溶、风沙地形、盐碱土、软土、黄土、冻土、采空区)等地质特征。

2)根据任务要求，对已有的地质资料进行分析研究，编写纲要，必要时选择有代表性的地段进行踏勘。

3)对工程区域内有第四纪地层覆盖的地段,宜先用物探探测,并有选择性地进行验证,而且要提供实测地质剖面和必要的岩土测试资料。

4)基岩裸露、半裸露区,宜采用路线地质追索法与横穿法相结合的方法进行调查与测绘,必要时可进行适量的勘探与测试。

5)地质复杂地区,宜采用编图的方法进行地质调查。

6)对工程设计与施工有重要影响的地质问题,应设专题进行研究。

(2)工程地质调查的内容

1)研究地貌

研究地貌基本特征,划分地貌基本成因类型与成因形态,分析其与基底岩性和新构造运动的关系。

2)调查各类土的工程地质特征

①土的堆积年代。按堆积年代,土可划分为三类:

a. 老堆积土,即第四纪晚更新世 Q_4 及其以前堆积的土层;

b. 一般堆积土,即第四纪全新世(文化期以前 Q_4)堆积的土层;

c. 新近堆土,即文化期以来新近堆积的土层 Q_4,一般呈欠固结状态。

②土的成因类型。根据地质成因土可划分为残积土、坡积土,洪积土,冲积土,淤积土,冰积土和风积土;根据有机质含量对土进行的分类,应符合表 2.9 的规定。

表 2.9 土按有机质含量分类

分类名称	有机质含量 W_u(%)	现场鉴别特征	说明
无机土	$W_u<5\%$		
有机质土	$5\%\leqslant W_u\leqslant 10\%$	灰黑色,有光泽,味臭,除腐殖质外尚含少量未完全分解的动植物体,浸水后水面出现气泡,干燥后体积收缩	1. 如能现场鉴别有机质土或地区资料时,可不做有机质含量测定 2. 当 $W>W_L$,$1.0\leqslant e<1.5$ 时,称为淤泥质土 3. 当 $W>W_L$,$e\geqslant 1.5$ 时,称为淤泥
泥炭质土	$10\%<W_u\leqslant 60\%$	深灰色或黑色,有腥臭味,能看到未完全分解的动植物结构,浸水膨胀,易崩解,有植物残渣浮于水中,干缩现象明显	根据地区特点和需要,可按 W_u 细分为: 弱泥炭质土($10\%<W_u\leqslant 25\%$) 中泥炭质土($25\%<W_u\leqslant 40\%$) 强泥炭质土($40\%<W_u\leqslant 60\%$)
泥炭	$W_u>60\%$	除有泥炭质土特征外,结构松散,暗无光泽,干缩现场极为明显	

注:W 为含水量,W_L为液限。

③土的粒度和塑性指数分类。按颗粒级配或塑性指数土可划分为碎石土、沙土、粉土和黏性土。碎石土和沙土的划分应符合表 2.10、2.11 的规定。

表 2.10　碎石土分类

名称	颗粒形状	颗粒级配
漂石	圆形及亚圆形为主	粒径大于 200 mm 的颗粒质量超过总质量的 50%
块石	棱角形为主	
卵石	圆形及亚圆形为主	粒径大于 20 mm 的颗粒质量超过总质量的 50%
碎石	棱角形为主	
圆砾	圆形及亚圆形为主	粒径大于 2 mm 的颗粒质量超过总质量的 50%
角砾	棱角形为主	

注：定名时，应根据颗粒级配，由大到小以最先符合者确定。

表 2.11　沙土分类

名称	颗粒级配
砾沙	粒径大于 2 mm 的颗粒质量占总质量的 25%～50%
粗沙	粒径大于 0.5 mm 的颗粒质量超过总质量的 50%
中沙	粒径大于 0.25 mm 的颗粒质量超过总质量的 50%
细沙	粒径大于 0.075 mm 的颗粒质量超过总质量的 85%
粉沙	粒径大于 0.075 mm 的颗粒质量超过总质量的 50%

注：定名时，应根据颗粒级配，由大到小以最先符合者确定

粒径大于 0.075 mm 的颗粒不超过全部质量 50%，且塑性指数等于或小于 10 的土，定为粉土；当塑性指数大于 10 且小于或等于 17 时，定为粉质黏土；当塑性指数大于 17 时，定为黏土。

④土的鉴定。应在现场观察描述的基础上，结合室内外试验，综合确定土的工程地质特征。土的描述应符合下列规定：

a. 碎石土应描述颗粒级配、形状、母岩成分、风化程度、填充物的性质与填充程度、密实度及层理特征等。

b. 沙土应描述颜色、矿物组成、颗粒级配、颗粒形状、黏性土含量、湿度、密实度及层理特征等。

c. 粉土应描述颜色、颗粒级配、包含物、湿度、密实度及层理特征等。

d. 黏性土应描述颜色、包含物、土层结构、层理特征及状态等。

e. 特殊性土除应描述上述相应土类规定的内容外，尚应描述反映其特殊成分、状态各结构的特征。如对淤泥需描述臭味，对人工填土应描述其物质成分，密实度与厚度的均匀程度、堆积年代等。

f. 对具有夹层、互层、夹薄层特征的土层尚应描述各层的厚度及层理特征。

⑤土体洞室。土体洞室的勘探、测试应符合下列要求：

a. 详勘勘探线应沿洞轴线，距洞壁外侧 1～3 m 交错布置。孔距宜取 50～100 m，跨越河道部位宜小于 50 m，洞口及地质条件复杂的地段不宜少于 3 个孔。勘探孔深度应达到洞底设计标高以下 1 倍洞径；当遇不良地质条件时，其深度可取底板以下 2～3 倍洞径。

b. 每一主要土层均应取样，有地下水时应采水样，当遇到有害气体时应采取措施，并进行成分分析。

c. 室内试验应包括土的颗粒级配、液限、塑限、含水量、容重、固结、抗剪强度等物理力学

性质试验；膨胀土应进行膨胀性试验；黄土应进行湿陷性试验，原位测试可采用触探、旁压试验或十字板剪切试验，必要时应测土的基床系数和气压。

d. 应查明地下水位、水量及含水层层位，并应测定各主要土层的渗透性，水压等。

e. 当需要时，可进行土体压力及衬砌变形的观测。

f. 位于市区的地下洞室施工时，应进行地面变形监测。

(3)工程地质调查中应特别注意的地层

在工程地质调查中，下列一些地层需要特别注意：崩塌性砂层、高水压的混有巨石的砾层、软弱粉质黏土层、缺氧、含有毒气体的地层，详见表 2.12。

表 2.12　地质调查中应注意的地层

应注意的地层	勘察重点	特别需要调查项目
崩塌性砂层	地层强度(抗剪强度)、细颗粒含量(百分率)、均匀系数、曲率系数、透水系数	现场试水试验、渗水系数、孔隙水压测定
高水压区含卵石砾层	卵石及砾石形状、尺寸、数量、硬度、均匀系数、曲率系数、透水系数、地下水流量、流速、孔隙水压	大直径钻孔、深基础试掘、抽水试验、渗透试验、测定孔隙水压
软弱粉质黏土层	灵敏度、黏度、地层强度(抗剪强度)、变形特性(变形系数)、e-longp 曲线、压实系数	单轴抗压强度试验(包括重塑)
含缺氧气体和有害气体的地层	含氧浓度、气体浓度、有机成分含量、有害物质(硫化氢含量)	水质分析、气体浓度测量、烧失量试验

1)崩塌性砂层

崩塌性砂层的特点是不均匀系数小、密实性差、渗水系数大、稳定性差，土压稍有失衡就会发生崩塌。对这种地层来说，当盾尾离开，背后注入浆液尚未填充到位之前的短暂时间间隔内，地层中出现空洞，此时砂层中容易出现崩塌直至地表出现凹陷。盾构在这种地层中推进时，为确保掘削面的稳定，必须设计出与地层条件相匹配的泥水(泥土)参数。泥水盾构的情形下，应恰当地选择泥水的密度、粒度级配、泥水的黏度等参数，详见本书的项目 5 泥水盾构一章的叙述；土压盾构情形下，应恰当地选择泥土的配比，添加材的注入量等参数，详见本书项目 4 土压盾构一章的叙述。为此，准确的掌握掘削土层的粒径级配构成、渗水性和地下水位等参数显得极为重要。这些参数是防止挡土墙接头部位涌水和保障管片密封材料止水性的依据，故这些勘察是很有必要的。

2)高水压砾层

这种地层多为江河下部含大卵石的高水压的砾层，掘削这种地层之前，必须弄清大小卵石的形状、数量硬度、地下水的流速、流量等参数，因为这些参数是设计盾构详细掘削构造(刀具材质、形状、切口形状等)的依据，必须详细勘察。当采用常规钻孔法难以获得上述参数时，可采用大口径钻孔和试掘深基础的方法来取得上述参数。此外，当竖井井底黏土层下方存在砾石层的情况下，开挖井底时因承压水的作用可能会出现井底隆起。对于这种情形来说，必须事先通过测量孔隙水压等方法，掌握承压水的压力，必要时应采取地层加固等措施予以防止。

3)软淤泥黏土层

该土层的特点是自然含水率比液限还大，故稍受外力作用就会发生扰动，且强度显著下降。对这种土层而言，不仅盾构掘进中保持土压平衡极为困难，而且往往会出现地层沉降，盾构通过后沉降长期不收敛，即沉降持续时间特别长。为防止出现这种现象必须对该地层进行加固，所以事先掌握土体的灵敏度和变形特性的勘察特别重要，因为这是合理进行加固的依据。

4)缺氧、含有毒气体的地层

盾构穿越含有过多未分解有机物的黏土层及缺氧和有毒气体的土层之前，应先分析水质，测定气体浓度，了解其含量。为了防范未然，盾构机上应配备各种监测装置及报警装置，以此确保作业安全。

3. 水文地质调查

水文地质调查主要是通过水文地质调查测绘、勘探及试验等，提出勘测区的水文地质条件，为工程设计提供合理的水文地质参数，以便采取措施，排除或防止地下水造成危害。

(1)水文地质调查方法

1)水文地质遥感判断解释

①划分主要地貌单元、成因类型、地貌形态及其与地质构造、地层岩性、地下水分布的关系；

②地质构造基本轮廓、新构造形迹、线性构造的位置及走向；

③判释各种水文地质现象：泉点、泉群、地下水溢出带和古河道的位置、各种岩溶形态和成因类型，圈定地下水体的范围，分析水系发育特征；

④分析地下水补给、径流、排泄关系等区域水文地质条件。

2)选择和布置水文地质调绘路线

①根据已有的地质图、地形图、水文地质图及航(卫)片水文地质判释资料，全面查明测区的水文地质条件。

②调绘路线布置在最典型、最有代表意义的地方——地层、构造、岩石与地貌变化最大、出露最多和最完善的地方。

3)布置水文地质观测点

①地质界线、构造线、岩浆岩与围岩接触带、假整合及不整合处、构造断裂带、典型的露头剖面处和岩性岩相变化带；

②地下水的天然露头(泉)和人工露头(井、钻孔、试坑、坑道等)处；

③地面水体和重要含水层界限及测流点；

④不良地质现象(岩溶、滑坡、陷落、冲沟、冲蚀、流沙、冰椎等)发育处；

⑤地貌形态控制点。

(2)水文地质调查的基本内容

1)地貌调查

地貌调查的重点是研究地貌形态与地下水的补给、径流与排泄条件，以及地下水的分布情况与埋藏条件的关系。

2)地层岩性调查

地层岩性调查是从水文地质观点出发，研究地层岩性及地质现象与地下水的联系，重点调查各年代地层的含水特征。

①松散地层：主要是指第四纪沉积物和部分第三纪沉积物，其空隙间常常埋藏着丰富的地下水；

②非可溶性岩石：地下水主要储存在由构造作用、成岩作用和风化作用产生的各种裂隙中；

③可溶性岩石：由于各地段影响岩溶发育的因素及作用程度不同，导致形成的岩溶差异很大，因而水文地质条件复杂。

3)地质构造调查

地质构造不但控制含水层和隔水层分布规律,而且对地下水的形成、富集有很大影响,因此,地质构造调查也是水文地质调查中的基本工作之一。

①对于断裂构造应着重调查断裂带的状况、性质、规模、宽度和填充情况。揭露断裂带与地下水形成、分布及富集之间的内在联系,确定其水文地质条件以及可能的富水部位、深度和富水程度;

②对于褶皱构造应查明其类型、规模形态及其主要含水层与褶皱构造的关系;

③对于构造体系应深入分析其形成年代,以及不同构造体系之间的复合与联合关系。阐明区域构造体系对地下水埋藏、分布和运动条件的控制作用,预测区域地下水的富集规律。

4)地下水露头调查

地下水露头包括泉、井、钻孔、既有坑道(隧道)等。泉是宝贵的地下水天然露头,它能综合地反映泉水所在地点的地质构造、岩性和水文地质条件;井是了解浅层地下水最宝贵的人工露头,尤其在平原地区及缺少地下水天然露头的地方,它能帮助我们充分了解浅层地下水的水质、水量;钻孔能帮助我们查明较深处的地质剖面、深层水和承压水的埋藏情况,提供水质、水量等资料;既有坑道(隧道)的施工情况能直观地帮助我们较准确、迅速地用工程地质比拟法掌握同一地区相近地质条件的地下工程水文地质条件、涌水量和水质等资料。因此,做好地下水露头调查是水文地质的一项重要工作。

5)地面水调查

地面水包括河流、溪沟、渠道、湖泊、池塘、水库、沼泽等。它们对建筑物的稳定往往有着很大的影响。地面水既是地下水的最终排泄归宿,也是地下水的补给来源,勘测中除查明其一般特征外,应着重查明地下水和地面水之间的相互补排关系。

6)水质调查

对代表性的地面水、地下水出露点,应根据使用目的采集水样,分项进行水质分析。

在查明工程场地水文地质条件的基础上,必要时应选择水文地质条件相似的既有工程,调查其受地下水危害的情况以及既有取水、排水设施的运行情况,并调查排出地下水对周边环境的影响,进行工程水文地质对比。

7)地铁工程水文地质调查

调查历年最高水位、最低水位和回灌水位,且分层查明地下水位、水量、含水层层位、地下水与地面水的水力联系和补给条件,测定有关地层的渗透性,并应按下列要求评价地下水对工程的影响。

①施工采取降、排水措施时,评估可能引起的两侧建筑物变形、市政道路的下沉与塌陷、地下水动态的变化、地下管线及各种设施的变形等不利影响,并提出防治措施;

②基坑下有承压水含水层时,评估承压水头对基坑稳定性的影响;

③线路通过含水粉细砂、粉土层时,评估开挖引起潜蚀、流沙、渗水的可能性;

④评估地下水对岩土的软化、崩解、湿陷、潜蚀等有害作用,必要时应进行抗浮验算;

⑤调查沿线人防工程、人工洞室的充水情况,评估对基坑和隧道的影响;

⑥评估地下水对支挡构筑物、路堑、边坡及路基稳定性的影响;

⑦采集水样进行水质分析,评价地下水水质对建筑物的腐蚀性。

4. 地形、地质调查应注意做好以下工作:

当隧道地区存在区域性断裂构造时,特别是存在全新活动的断裂和断层时,应调查新构造活动的痕迹、特点和与地震活动的关系，并查明其对隧道工程的影响程度。

当隧址区存在影响隧道方案的重大不良地质、特殊地质情况时，应进一步搜集调查地质资料，综合分析，预测隧道开挖后可能出现塌方、滑动、挤压、岩爆、突然涌水、流沙及瓦斯溢出等地段，并提出相应的工程措施，为方案比选和隧道设计提供依据。

水文地质条件复杂的隧道(含岩溶隧道)除按一般隧道进行调查、勘探、试验外，必要时还应进行水文地质动态观测或进行专题研究。

城市隧道穿越江河地段，应调查分析江河潮汐对地下水水位的变化；掌握河床以下的地质结构特征及其稳定性和水流冲刷对洞身稳定的影响。

濒临水库地区的隧道，应查明岸坡的稳定性、水库库容及水位(含浪高和壅水高)等。当隧道穿过岩溶洼地或坡立谷间的峰丛斜坡底部时，应查明洼地或坡立谷的季节性壅水的最高水位高程。

典型工作任务3　周边建(构)筑物及管线的调查

2.3.1　工作任务

隧道地表构造物及管线是城市隧道施工中主要风险源之一，地铁施工时需做好监测和鉴定工作，本工作任务要求掌握沿线的建(构)筑物及管线的调查方法与内容。

2.3.2　相关知识

在工程设计阶段必须考虑拟建工程区域的既有建(构)筑物和管线对工程设计的影响，出于经济成本或是安全风险的角度，工程设计应该避开某些重要的建筑物或管线，因为在地下施工过程中，极有可能引起地面沉降，危及周边建(构)筑物和地下管线的安全。为此，工程施工前必须对周围的既有建(构)筑物和管线做周密的调查。

1. 调查的主要项目

(1)对施工影响范围内的建筑物进行详细的调查，并清楚地列出房屋当前状况，包括建筑材料、建筑物的结构形式、基础状态、使用功能、垂直度及损坏情况。对建筑物的内外结构(包括建筑物的表面情况和维修情况)进行检测并记录。

(2)调查地下管线使用功能、结构特征及其与地下工程结构的相对位置。

(3)调查各种电缆线材的规格型号、使用要求、保护装置、外径、地下埋深以及地上架设的电杆高度、荷载情况、基础形式。

(4)对地面沉降很敏感的建筑，如烟囱、变电站、气柜、锅炉、电视塔、化工装置、铁路、江堤防洪闸、桥基等，要重点进行调查。

(5)调查重要的公路和道路基础。

(6)调查地下障碍物的状况，如废旧管道的结构、管径、长度、埋深、贮水量等。

2. 建(构)筑物调查方式

(1)走访：通过对沿线范围内建筑物的户主进行走访，耐心向户主详细询问该建筑物的施工年代、历史状况、基础形式以及尽可能多的图纸资料，对所有相关建(构)筑物，特别是有沉降、裂缝的建筑物照相存档，同时走访政府规划、国土、房产等管理部门，明确建筑物的法律地位和获取有关设计、规划资料，尽可能为房屋鉴定，提前做好施工准备。

(2)房屋鉴定：在明挖车站土方开挖前和盾构始发前，委托有资质的房屋鉴定评估单位对距土方开挖点 100 m 范围内，或盾构隧道埋深 2 倍范围内的所有建筑物进行第三方鉴定，在施工完毕或通过监测发现不利趋势时，由第三方重复鉴定并提交评估报告。

图 2.1 是花果山公园站周边建(构)筑物示意图，表 2.13 是花果山公园站周边建(构)筑物调查记录表。

图 2.1　花果山公园站周边建(构)筑物示意图

3. 对地下、地上管线的调查

管线调查：调查范围为盾构施工影响的范围，调查内容主要包括管线功能、类型、管线材料、接头形式等。

(1)走访：根据招标文件提供的初步资料，走访有关管线的业主或管理单位，以获取更多的管线设计施工资料，从而了解管线结构形式，更加明确管线的保护要求。实地调查中应邀请各管线权属单位的管理人员，管线的规划、设计、施工人员及当地居民等熟悉管线情况的人员协助。

(2)物探：对隧道上方及影响范围内，利用各种设备仪器等工具对地下管线进行科学的探测，除初步证实资料中的管线外，要了解管线的平面位置(坐标)、埋深(高程)、走向、规格、材质、特征点、附属物等，更应注意探测资料中没有的管线，获得必要的数据。

(3)坑探：根据资料和物探结果，用人工在沿线有管线埋藏的剖面横向或纵向开挖坑道，将管线暴露出来，以证实资料和物探结果的准确性。

(4)另外在车站围护结构施工前，参考有关单位提供的资料，沿围护结构横向和纵向拉槽探明及验证管线的位置、深度等有关情况，确保不错漏任何地下管线，从而影响正常施工。

(5)测量：采用全站仪对车站、区间等地面以上有关的建(构)筑物、管线等进行详细的测量，获得准确的测量数据，对地下管线探测的精度要求见表 2.14。

汇总成果：根据各种数据资料汇总，形成 1∶500 平面图和文字说明，作为详细分析所能预见到的问题，研究各种保护方案、措施的基础性文件。如表 2.15 所示就是广州地铁九号线花城路站周边管线调查成果表。

4. 地下管线调查前的准备工作

(1)必须全面收集和整理测区内已有的地下管线资料，包括各种地下管线图及技术说明等，并进行分析比较，确定其能否利用及需要补充的内容。

(2)现场踏勘时，应察看地下管线分布和出露情况、直埋管线的地面标志保存情况、当地

表 2.13 广州市轨道交通 9 号线施工 3 标花果山公园站周边建(构)筑物调查记录表

编号	建筑物名称	地址	业主/居委	占地面积(m^2)	结构类型	结构层楼	基础类型	桩长/埋深(m)	距车站基坑距离(m)	建筑年代
1	加油站办公楼	云山大道 59 号	中国石化	202	砖混	2	钢筋混凝土基础	2	28.4	2000 年
2	加油站宿舍楼	云山大道 58 号	中国石化	317	砖混	3	钢筋混凝土基础	3	44	2000 年
3	油库	办公楼后面	中国石化	404.8	卧式埋地	5 个油罐 30 m^3/个	天然基础	4	12.9	2000 年
4	全鸿花园 B3、B4 栋	茶园路 2 号	金鸿房地产	5 579	框架	7	独立桩基础		28	2001 年
5	全鸿花园 C 栋	茶园路 2 号	金鸿房地产	2 391	框架	6	独立桩基础		36.4	2001 年
6	全鸿花园 C1 栋	茶园路 2 号	金鸿房地产	3 090	框架	7	独立桩基础		30.4	2001 年

表 2.14　地下管线探测的精度要求

地下管线中心埋深(m)	水平位置限差(cm)	埋深限差(cm)
$h\leqslant 1$	±10	±15
$1<h\leqslant 2$	±15	$\pm(5+0.1h)$

注:对埋设于地下的给水、排水、燃气、热力、工业和电力、电信等管线,除管径小于 50 mm 的给水管道和管径小于200 mm的排水管道外,均应进行调查与测绘。

的地球物理条件及可能的干扰因素。

(3)制定地下管线调查、探测和测绘的实施计划

对线路沿线具有明显管线点的地下管线及其附属设施应进行实地调查、量测,记录管线点有关数据和填写管线调查表,并应符合下列规定:

1)实地调查时应查明管线的性质、类型、走向、电缆条数、材质、载体特征、敷设方式及日期、产权单位以及建筑和附属设施等。

2)在明显管线点上应测量地下管线的埋深。

3)当地下管线偏离窨井中心间距大于 0.2 m 时,应以管线在地面的投影位置设置管线测点,窨井作为专业管线附属物处理。

4)地下管廊、管沟或管线隧道应量测其外径或外壁断面尺寸。圆形断面可量测其内直径,矩形断面可量取内宽度和高度,并应获取对应结构的厚度,同时在图上进行标注,单位以毫米表示。

表 2.15　花城路站周边地下管线调查成果表

序号	管线名称	规格及材质	数量	管线位置
1	排水	砖,300×300	1	秀全大道北侧
2	电信	光纤,2 孔 200×100	2	秀全大道北侧
3	电信	光纤,6 孔 300×200	6	秀全大道北侧
4	电信	光纤,4 孔 200×200	4	秀全大道北侧
5	给水	铸铁,ϕ400	1	秀全大道北侧
6	电信	光纤,2 孔 15 050	1	秀全大道北侧
7	煤气	PVC 塑料,ϕ110	1	秀全大道北侧
8	排水	砖,2 000×1 000	1	秀全大道北侧
9	电力	铜,1 孔 ϕ50	1	秀全大道北侧
10	电力	铜,1 孔 ϕ50	1	秀全大道北侧
11	电力	铜,1 孔 ϕ50	1	秀全大道南侧
12	排水	混凝土,ϕ400	1	秀全大道南侧
13	电力	铜,1 孔 ϕ50	1	秀全大道南侧
14	排水	混凝土,800×600	1	秀全大道南侧
15	电信	光纤,1 孔 ϕ100	1	秀全大道南侧
16	电力	铜,8 孔 800×400	3	秀全大道南侧
17	电信	光纤,4 孔 200×200	2	花城路西侧

典型工作任务 4　环境保护调查

2.4.1　工作任务

了解地铁隧道施工中环境保护的相关内容。

2.4.2　相关知识

环境调查以生态环境、社会环境、生活环境等为主要内容，由于工程施工会产生噪声、震动、枯水、地面沉降、大气与地下水污染等问题，从而影响土地利用、交通运输、生态平衡、地上与地下建筑物以及人民生活环境，所以必须将施工期间及工程使用后对环境的不利影响限制在容许的程度之内。施工前，要调查当地社会环境、生态环境现状与水土保持的要求，并预测工程施工和运营后周围环境可能产生的变化。

1. 防治大气污染

工程施工中大气污染是环境污染的一个重要方面，主要的污染源有两个：一是粉尘污染，二是有害气体污染。粉尘污染主要是由传统施工方法如开挖、装渣、爆破或是地面扬尘所产生；有害气体污染是由爆破过程中产生大量的CO、施工机械排放的废气和地下管道泄漏的煤气所致。对大气污染的调查应了解其来源，粉尘及有害气体的种类，排放的时间、数量、浓度、规模，并对作业环境进行监测，提出防治、减轻有害气体排放及粉尘排放的措施。主要的措施有：

(1)施工现场的主要道路必须进行硬化处理，土方应集中堆放；裸露的场地和集中堆放的土方应采取覆盖、固化或绿化等措施。

(2)拆除建筑物、构筑物时，应采用隔离、洒水等措施，并应在规定期限内将废弃物清理完毕。

(3)施工现场土方作业应采取防止扬尘措施。

(4)从事土方、渣土和施工垃圾运输应采用密闭式运输车辆或采取覆盖措施；施工现场出入口处应采取措施保证车辆清洁。

(5)施工现场的材料和大模板等存放场地必须平整坚实。水泥和其他易飞扬的细颗粒建筑材料应密闭存放或采取覆盖等措施。

(6)施工现场混凝土搅拌场所应封闭、降尘。

(7)建筑物内施工垃圾的清运，必须采取相应容器或管道运输，严禁凌空抛掷。

(8)施工现场应设置密闭式垃圾站，施工垃圾、生活垃圾应分类存放，并应及时清运出场。

(9)城区、旅游景点、疗养区、重点文物保护地及人口密集区的施工现场应使用清洁能源。

(10)施工现场的机械设备、车辆的尾气排放应符合国家环保排放标准的要求。

(11)施工现场严禁焚烧各类废弃物。

2. 防治水土污染

水质污染是指被泥沙、化学浆液、机械设备的油渍污染的地下工程排水排入地下水道或河流时，对水质造成的不良影响。土壤污染是指土壤和污水或废弃物中有害成分相混合而产生的污染。对土壤、水质污染的调查必须查明该地下工程建设中所具有的污染排放设施、处理设施和正常作业条件下排放污染物的种类、数量、深度，并了解有关防治土壤和水质污染方面的技术资料，采取必要的措施防治水土污染。

(1)施工现场应设置排水沟及沉淀池，施工污水经沉淀后方可排入市政污水管网或河流。

(2)施工现场存放的油料和化学溶剂等物品应设有专门的库房，地面应做防渗漏处理。废弃的油料和化学溶剂应集中处理，不得随意倾倒。

(3)食堂应设置隔油池，并应及时清理。

(4)厕所的化粪池应做抗渗处理。

(5)食堂、淋浴间的下水管线应设置过滤网，并应与市政污水管线连接，保证排水通畅。

3. 防治施工噪声污染

施工噪声是指在施工过程中所产生的声音，诸如建筑工程机械噪声、爆破噪声等，噪声是各种频率和声强杂乱无序组合的声音，是一种令人不愉快，并对人体健康有害的声音，40 dB是正常环境的声音，超过 40 dB，就会影响人们的正常生活和工作，便称为噪声了。

(1)施工现场应按照现行国家标准《建筑施工场界环境噪声排放》(GB 12523—2011)制定降噪措施，并可由施工企业自行对施工现场的噪声进行监测和记录。

(2)施工现场的强噪声设备宜设置在远离居民区的一侧，并应采取降低噪声措施。

(3)对因生产工艺要求或其他特殊需要，确需在夜间进行超过噪声标准施工的，施工前建设单位应向有关部门提出申请，经批准后方可进行夜间施工。

(4)运输材料的车辆进入施工现场，严禁鸣笛，装卸材料应做到轻拿轻放。

项目小结

本项目所讲城市隧道施工内容包括了水文地质、临时用地、用水、用地、施工场地、地表建(构)物、管线、环保等调查，每一项调查的内容都影响施工项目是否顺利开展。尤其地表建(构)物及管线的调查关系到居民的日常生活，在施工过程中如发生地表沉降引起的地表建(构)物开裂和管线破损，都会引起很大的社会影响。因此，对施工调查工作应引起重视。

复习思考题

1. 地下管线的探测内容和精度要求分别是什么？

2. 简述一下隧道施工调查的目的和意义？

项目 3　盾构机的基本构造与选型

项目描述

目前,城市地下隧道施工的主要方法是盾构法施工。盾构机的基本构造由盾构壳体、刀盘、推进机构、管片拼装系统、出渣系统、导向系统、添加剂注入系统等组成。盾构机的外形有圆形、双圆、三圆、矩形、马蹄形等特殊形状。盾构机的选型,不仅要考虑地质情况,还要考虑到盾构的外径、隧道长度、工程施工工艺情况等。根据不同的城市地下隧道选用不同的盾构机进行施工,对施工质量、工期、投资控制有很大的帮助,盾构机选型工作是隧道施工成功的关键因素之一。本项目主要介绍盾构机的种类及特征、盾构机的构造、土压平衡盾构与泥水平衡盾构、盾构机的选型、盾构机的维护和检查。

拟实现的教学目标

1. 能力目标

- 初步掌握盾构机构造;
- 了解盾构机选型方法;
- 掌握地下铁道隧道盾构施工主要方法。

2. 知识目标

- 了解盾构机分类;
- 掌握盾构机选型应注意事项;
- 了解盾构机维护保养的方法。

3. 素质目标

- 具备对地下隧道工程施工图、盾构机械设备图的识图能力;
- 具备对盾构工程机械常用设备功能的认知能力;
- 具备地铁盾构隧道设备选型的初步选型能力。

相关案例——南京长江隧道盾构机选型

1. 工程概况

南京长江隧道工程为国家重点工程,其中隧道设计为双管盾构隧道,隧道江北进口里程为K3+390 m,梅子洲隧道出口里程为K6+900 m。隧道总长度3 150 m,其中盾构段自K3+600 m至K6+532.756 m,长度为2 932.756 m。隧道左线有一个半径为2 500 m的平面曲线,是该工程半径最小的平面曲线;右线有2个半径分别为3 700 m和4 900 m的平面曲线。盾构工作井处线间距最小,中心距为23.33 m,一般地段左右线线间距为35 m。隧道覆土厚度最大 30 m,最小 6.0 m(始发段)。江中段一般按最小覆土厚度不小于盾构直径控制,局部小于洞径,江中最小覆土厚度 10.2 m ,线路最大纵坡 4.5%、最小坡度 0.49%,最大坡长 1 130 m,最小坡长 290 m;隧道段共设 3 个竖曲线,最小竖曲线半径 R=7 000 m,盾构隧道衬砌采用外径 14.5 m、宽 2 m、厚 60 cm 的 C60 钢筋混凝土预制管片,抗渗等级为 p12。选用直径为 14.96 m 的泥水加压盾构机同向掘进,隧道内路面板采用预制、现浇相结合的方式施工。

2. 工程地质及水文地质

经勘察仅揭露白垩纪系及第四系地层,盾构隧道场地通过部位不存在断裂或破碎带。

(1)隧道穿越地层岩性

盾构隧道的地层岩性状况是盾构机选型的重要依据,南京长江隧道穿越的主要地层岩性有:

①细砂层 :主要矿物成分为石英、长石、云母,局部夹淤泥质粉质黏土层。

②淤泥质粉质黏土层: 高压缩性、低强度、易坍塌,渗透性一般。

③粉细砂层:灰色、饱和、稍密～中密,颗粒级配差,压缩性中等偏低,低强度、渗透性好,液化土。

④砾砂层: 主要矿物成分为石英、长石等,偶见白色小螺壳,砾石呈亚圆状～棱角状,压缩性能较好、承载力高、渗透性好、自稳性差,富含地下水。

(2)水文地质条件

隧道范围内的地表水主要为长江水,存在三种地下水:孔隙潜水、孔隙(微)承压水、基岩裂隙水。隧道穿越场地地形地貌为长江冲积平原区,主要为堤外滩地、堤内高漫滩、堤内低漫滩、长江水域及江心洲。

(3)盾构施工选型技术分析

南京长江隧道设计直径大,初步预测隧道开挖采用的盾构机直径将达到 15 m,由于盾构直径大,隧道围岩分布不均匀,因此盾构机的姿态控制难度大。隧道江底部分段覆土厚度仅为 10 m 左右,不足盾构隧道断面的一倍尺寸,且该处地层地质条件较差,在盾构掘进过程中地层隆陷风险大;同时盾构掘进中最大水土压力高达 0.75 MPa,在目前国内同类工程中是最大的,因此盾构机抵抗水土压力的要求更高。盾构隧道所在河段的江中地层主要为松散、稍密～中密的粉细砂地层,以及部分砾砂、卵石层,透水系数高达 10^{-3}～10^{-4} cm/s,江底施工风险大。按目前地质勘探探测,隧道还具有 500 m 左右的卵石层,通过对历史地质资料的推断和分析,在江底不排除存在地下障碍物的可能(比如孤石等);江中地段数百米长度为粉细砂、砾砂和卵石混合地层,掌子面岩性明显差异、上下软硬不均,易塌方冒顶;同时,卵石地层还容易造成土仓阻塞、刀具损坏等危及工程安全的风险。综合考虑隧道的掘进要求、地层地质情况、水压波动情况、设备检修和换刀风险等,考虑到泥水平衡盾构机能较好适应该地层,并能稳定地提供平衡掘进模式,有利于过江段的掘进安全,实际应用中选用泥水平衡盾构机。

典型工作任务 1 盾构机的种类及特征

3.1.1 工作任务

通过本任务的学习,了解盾构的分类方法。

3.1.2 相关知识

盾构的分类方法较多,可按盾构切削断面的形状、盾构自身构造的特征、尺寸的大小、功能、挖掘土体的方式、掘削面的挡土形式、稳定掘削面的加压方式、施工方法、适用土质的状况等多种方式分类，见表3.1。

表3.1　盾构分类表

1. 挖掘方式分类	2. 挡土方式分类	3. 稳定掘削面的加压方式分类	4. 组合命名分类
手掘式 半机械式 机械式	开放式 部分开放式 封闭式	压气式 泥水加压式 削土加压式 加水加压式 泥浆加压式 加泥加压式	盾构—全开放式—手掘式、半机械式、机械式 盾构—部分开放式—网格式 盾构—封闭式—泥水式—泥水＋面板、泥水＋辐条 盾构—封闭式—土压式—土压式—掘削土＋面板、掘削土＋辐条 盾构—封闭式—土压式—泥土式—泥土式—掘削土＋添加剂＋面板、掘削土＋添加材＋辐条 盾构—封闭式—土压式—泥土式—泥浆式—掘削土＋泥浆＋面板、掘削土＋泥浆＋辐条
5. 断面形状分类	**6. 尺寸大小分类**	**7. 施工方法分类**	**8. 适用土质分类**
圆形—半圆形、单圆形、双圆搭接形、三角搭接形 非圆形—矩形、马蹄形、椭圆形	超小型盾构 小型盾构 中型盾构 大型盾构 特大型盾构 超特大型盾构	一次衬砌盾构工法 二次衬砌盾构工法	软土盾构 硬土层、岩层盾构 复合盾构

1. 按挖掘土体的方式分类

按挖掘土体的方式，盾构可分手掘式盾构、半机械式盾构及机械式盾构三种。

(1)手掘式盾构：即掘削和出土均靠人工操作进行的方式。

(2)半机械盾构：即大部分掘削和出土作业由机械装置完成，但另一部分仍靠人工完成。

(3)机械式盾构：即掘削和出土等作业均由机械装备完成。

2. 按掘削面的挡土形式分类

按掘削面的挡土形式，盾构可分为开放式、部分开放式、封闭式三种。

(1)开放式：即掘削面敞开，并可直接看到掘削面的掘削方式。

(2)部分开放式：即掘削面不完全敞开，而是部分敞开的掘削方式。

(3)封闭式：即掘削面封闭不能直接看到掘削面，而是靠各种装置间接地掌握掘削面的方式。

3. 按加压稳定掘削面的形式分类

按加压稳定掘削面的形式，盾构可分为压气式、泥水加压式、削土加压式、加水式、加泥式、泥浆式六种。

(1)压气式：即向掘削面施加压缩空气，用该气压稳定掘削面。

(2)泥水加压式：即用外加泥水向掘削面加压稳定掘削面。

(3)削土加压式(也称土压平衡式):即用掘削下来的土体的土压稳定掘削面。

(4)加水式:即向掘削面注入高压水,通过该水压稳定掘削面。

(5)泥浆式:即向掘削面注入高浓度泥浆($\rho=1.4\ g/cm^3$)靠泥浆压力稳定掘削面。

(6)加泥式:即向掘削面注入润滑性泥土,使之与掘削下来的砂卵石混合,由该混合泥土对掘削面加压稳定掘削面。

4. 组合分类法

这种分类方式是把2、3两种分类方式组合起来命名分类的方法(表3.2)。这种分类法目前使用较为普遍,是隧道标准规范盾构篇中推荐的分类法。这种方式的实质是看盾构机中是否存在分隔掘削面和作业仓的隔板。

表3.2　盾构组合命名分类法

<table>
<tr><th></th><th colspan="2">盾构前方构造</th><th colspan="2">形　式</th><th>掘削面稳定机构</th></tr>
<tr><td rowspan="13">盾
构</td><td colspan="2" rowspan="6">封闭型</td><td rowspan="4">土压式</td><td rowspan="2">土压</td><td>掘削土+面板</td></tr>
<tr><td>掘削土+辐条</td></tr>
<tr><td rowspan="2">泥土</td><td>掘削土+添加材+面板</td></tr>
<tr><td>掘削土+添加材+辐条</td></tr>
<tr><td colspan="2" rowspan="2">泥水式</td><td>泥水+面板</td></tr>
<tr><td>泥水+辐条</td></tr>
<tr><td rowspan="7">开放型</td><td>部分开放开型</td><td colspan="2">网格式</td><td>隔板</td></tr>
<tr><td rowspan="6">全面开放型</td><td colspan="2" rowspan="2">手掘式</td><td>前檐</td></tr>
<tr><td>挡土装置</td></tr>
<tr><td colspan="2" rowspan="2">半机械式</td><td>前檐</td></tr>
<tr><td>挡土装置</td></tr>
<tr><td colspan="2" rowspan="2">机械式</td><td>面板</td></tr>
<tr><td>辐条</td></tr>
</table>

全开放式盾构不设隔板,其特点是掘削面敞开。掘削土体的形式可为手掘式、半机械式、机械式三种。这种盾构适用于掘削面可以自立的地层中。掘削面缺乏自立性时,可用压气等辅助工法防止掘削面坍落,稳定掘削面。

部分开放式盾构是隔板上开有取出掘削土砂出口的盾构,即网格式盾构,也称挤压式盾构。

封闭式盾构是一种设置封闭隔板的机械式盾构。掘削土砂是从位于掘削面和隔板之间的土仓内取出的,利用外加泥水压或者泥土压与掘削面上的土压平衡来维持掘削面的稳定,所以封闭式有泥水平衡式和土压平衡式两种。进而土压平衡式又可分为真正的土压平衡式和加泥平衡式;加泥平衡式又分为加泥和加泥浆两种平衡方式。

5. 按盾构切削断面形状分类

按盾构切削断面形状,盾构可分为圆形、非圆形两大类。圆形又可分为单圆形、半圆形、双圆搭接形、三圆搭接形。非圆形又分为马蹄形、矩形(长方形、正方形、凹、凸矩形)、椭圆形(纵向椭圆形、横向椭圆形)。

6. 按盾构机的尺寸大小分类

按盾构机的尺寸大小,盾构机可分为超小型、小型、中型、大型、特大型、超特大型。

超小型盾构系指 D(直径)$\leqslant$1 m 的盾构，

小型盾构系指 1 m$<D\leqslant$3.5 m 的盾构，

中型盾构系指 3.5 m$<D\leqslant$6 m 的盾构，

大型盾构系指 6 m$<D\leqslant$14 m 的盾构，

特大型盾构系指 14 m$<D\leqslant$17 m 的盾构，

超特大型盾构系指 $D>$17 m 的盾构

7. 按施工方法分类

按施工方法分类，盾构可分为一次衬砌盾构、二次衬砌盾构。

一次衬砌盾构工法：即盾构推进的同时现场拼装管片的工序。

二次衬砌盾构工法：即盾构推进后先拼装管片，然后再作内衬(二次衬砌)。

8. 按适用土分类

按适用土质，盾构可分为软土盾构、硬岩盾构及复合盾构。

软土盾构：即切削软土的盾构，

硬岩盾构：即掘削硬岩的盾构，

复合盾构：既可切削软土，又能掘削硬岩的盾构。

典型工作任务 2　盾构机构造

3.2.1　工作任务

通过本任务的学习，掌握土压平衡式盾构机和泥水平衡式盾构机的基本构造。

3.2.2　相关知识

从前面的介绍可以看出，盾构机的种类多种多样，有可以按掘削面不同敞开程度区分的全部敞开式(人工掘削式、半机械式、机械式)、半敞开式(挤压网格式)及封闭式(土压式、泥水式)盾构。概括起来说，盾构机通常由通用机构(外壳、掘削机构、推进机构、管片组装机构、挡土机构、排土机构及其他附属机构等部件)和专用机构组成。随着盾构技术的发展，一些新型的盾构机也在不断地研发出来，专用机构也会因机种的不同而不同。如对土压盾构，专用机构即为搅拌机构、添加材注入装置；而对泥水盾构，专用机构系指送排泥机构、搅拌机构。

下面以封闭式盾构为重点，介绍盾构的基本(共性)构造。

1. 外壳

显然，设置盾构外壳的目的是保护掘削、排土、推进、衬砌等所有作业设备、装置的安全。由于地下条件十分复杂，为了保证整个施工过程的安全，盾构机整个外壳用钢板制作，并用环形梁加固支承。

一台盾构机的外壳沿纵向从前到后可分为前、中、后三段，通常又把这三段分别称为切口、支承、盾尾三部分，如图 3.1 所示。

(1)切口

该部位装有掘削机械和挡土设备，故又称掘削挡土部。

对于全敞开式、部分敞开式盾构，通常切口的形状的上半部较下半部突出，呈帽檐状。突出的长度因地层的不同而异，一般为 300～1 000 mm，对上面的地层起到一定的支撑以及保护施工安全的作用。

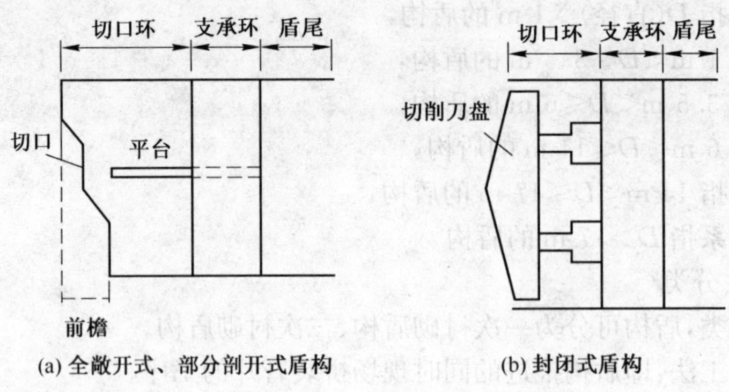

图 3.1　盾构机构成图

对于封闭式盾构，主要区别是在切口与支承之间设有一道隔板，使切口部与支承部完全隔开，即切口部得以封闭。切口部的前端装有掘削刀盘，刀盘后方至隔板止的空间称为土仓（或泥水仓）。刀盘背后土仓空间内设有搅拌装置。土仓底部设有进入螺旋输送机的排土口。土仓上留有添加材注入口。此外，当考虑更换刀具、拆除障碍物等作业需要时，应同时考虑利用压气工法和可以出入掘削面的形式，因此隔板上应考虑设置人孔和压气闸。

(2)支承

支承部即盾构的中央部位，是盾构的主体构造部。因为要支承盾构的全部荷载，所以该部位的前方和后方均设有环状梁和支柱，由梁和柱支承其全部荷载。一般把圆形断面盾构的外壳板的厚度定在 50～100 mm。

对敞开式、半敞开式盾构，该部位装有推动盾构机前进的盾构千斤顶，其推力经过外壳传到切口。中口径以上的盾构机的支承部还设有柱和平台，利用这些支柱可以组装出多种形式（H 形、井形、廾形等）的作业平台。

对封闭式盾构，支承部空间内装有刀盘驱动装置、排土装置、盾构千斤顶、中折机构、举重臂支承机构等诸多设备。

(3)盾尾

盾尾部即盾构的后部。盾尾部为管片拼装空间，该空间内装有拼装管片的举重臂。为了防止周围地层的土砂、地下水及背后注入的填充浆液窜入该部位，特设置盾尾密封装置。盾尾密封装置形式如图 3.2 所示。盾尾的内径与管片外径的差称为盾尾间隙，记作 x。其值的大小取决于管片的拼装裕度，曲线施工、摆动修正必需的裕度，主机外壳制作误差及管片的制作误差。一般取 x＝20～30 mm。

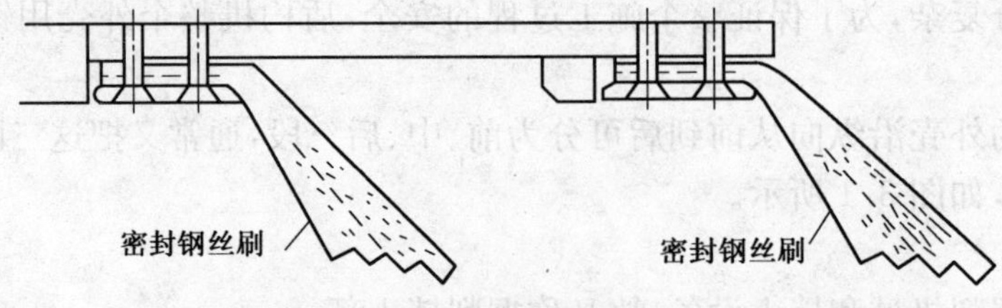

图 3.2　盾尾密封装置示意图

2. 掘削机构

对机械式盾构、封闭式（土压式、泥水式）盾构，掘削机构即掘削刀盘。

(1)刀盘与刀具

刀盘设置在盾构机的最前方,其功能是既能掘削地层的土体,又能对掘削面起一定支承作用,从而保证掘削土体的稳定。

刀盘刀具形状的参数及其前角、后角及高度,完全取决于土质条件。掘削形式有固定式和旋转式两种。

图 3.3 是常用的刀盘及 3 种掘削刀具(盘形滚刀、圆弧刮刀、齿形刀具)的正视图。齿形刀具主要用于砂、粉砂和黏土等软弱地层的掘削;圆弧刮刀和盘形滚刀主要用于砾石层、岩层和风化花岗岩等较硬地层的掘削。

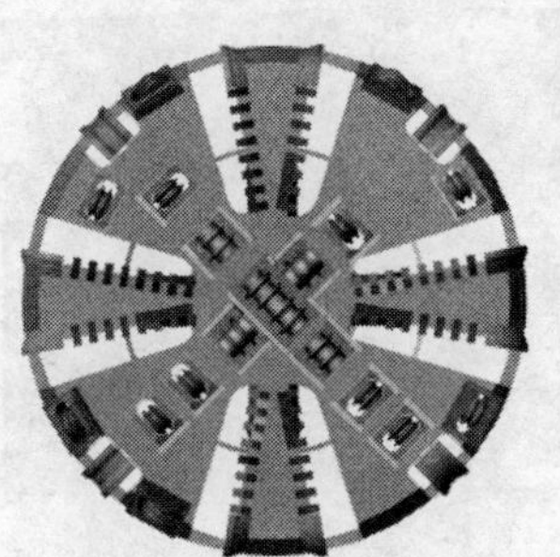

开口率:28%
中心刀:6 把(双刃盘型中心刀 ×3)
正滚刀:16 把双刃盘型
刮刀:16 把
切刀:64 把
四环扩孔刀:1 把

开口率:34%
中心刀:8 把(双刃盘型中心刀 ×4)
正滚刀:31 把单刃盘型滚刀
刮刀:16 把
切刀:64 把
四环扩孔刀:1 把

盘形滚刀

圆弧刮刀

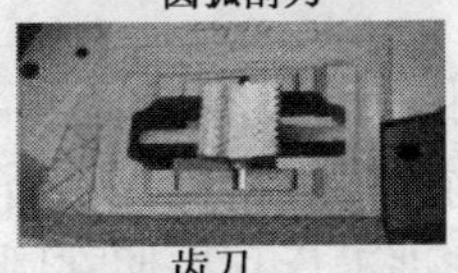

齿刀

图 3.3　刀具种类及安装的位置

(2)刀盘驱动机构

刀盘驱动机构是指向刀盘提供必要旋转扭矩的机构。该机构是由带减速机的油压马达或者电动机经过副齿轮,驱动装在掘削刀盘后面的齿轮或销锁。有时为了得到大的旋转力,也有利用油缸驱动刀盘旋转的方式。油压式对启动和掘削砾石层等情形较为有利;电动机式的优点是噪声小、维护管理容易、后方台车的规模也可相应得以缩减。两者各有优缺点,应根据实际需求选用。如图 3.4 所示。

(3)刀具使用中存在的问题

目前刀具存在的主要问题是,在砂卵地层长距离掘进时,掘削刀具的磨耗、破损、脱落等事故较多。显然,要避免上述事故,提高刀具的耐久性(寿命)是实现长距离掘进的关键,然而提高耐久性的根本又在于降低刀具的磨耗系数(mm/km)。磨耗系数的定义是刀具每掘进 1 km 时的刀具的磨耗量(mm)。显然磨耗量一定(通常允许值定在 10～20 mm)时,磨耗系数越小,可掘进的距离越长。

目前降低刀具的磨耗系数的措施大致有以下几种:

①选用硬度大的、抗剪性好的优质钢材制作刀刃,以便提高刀具自身的耐磨性。

②增加刀具的数量,即增加刀具的行数及每一行的刀具布设数量。

③采用长短刀具并用法。即长刀具磨损后,短刀具开始接替长刀具掘削。其长刀具与短刀具的高低差一般选定在 20～30 mm。

④采用超硬重型刀具,刀具背面实施硬化堆焊。

图 3.4 刀盘及动力系统示意图

3. 推进机构

盾构的推进机构提供盾构向前推进的动力。推进机构包括 30 个推进千斤顶和推进液压泵站。推进千斤顶按照在圆周上的区域分为五组(也有分四组的,或不等数量分组),每组六个千斤顶。通过调整每组千斤顶的不同推进速度(通过调整油压实现)来对盾构进行纠偏和调向。千斤顶的后端顶在管片上以提供盾构前进的反力。盾构推进系统如图 3.5 所示。

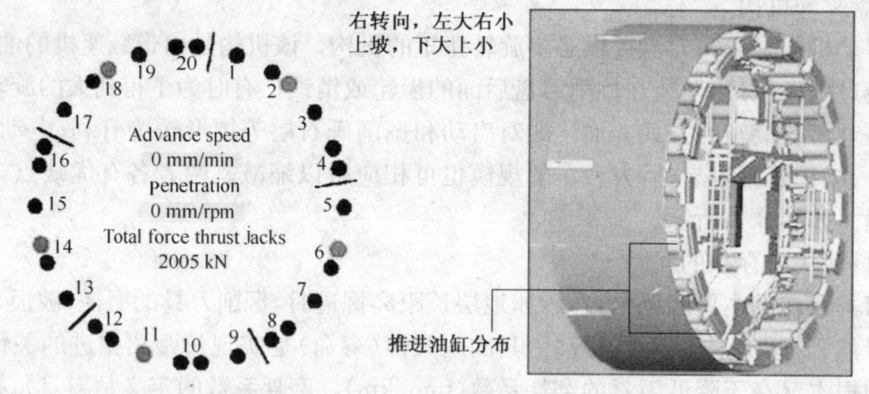

图 3.5 盾构推进系统示意图

(1)选择千斤顶的原则

①压力大、直径小的液压千斤顶;

②重量轻、耐久性好的、保养、维修及更换方便的千斤顶。

(2)千斤顶的布设方式

一般情况下盾构千斤顶应等间隔的设置在支承环的内侧紧靠盾构外壳的地方。但在一些特殊情况下,如土质不均匀、存在变向荷载等客观条件时,也可考虑非等间隔设置。千斤顶的伸缩方向应与盾构隧道轴线平行。

(3)千斤顶撑挡的设置

通常在千斤顶伸缩杆的顶端与管片的交界处，设置一个可使千斤顶推力均匀地作用在管环上的自由旋转的接头构件，即撑挡。盾构千斤顶伸缩杆的中心与撑挡中心的偏离允许值一般为 30～50 mm。千斤顶与撑挡的偏心状况见图 3.6。

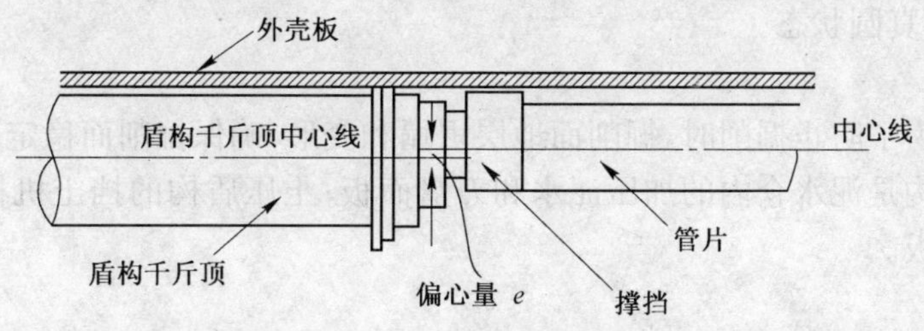

图 3.6　千斤顶与撑挡的偏心状况

(4)千斤顶的伸缩量及推进速度

考虑到在盾尾内部拼装管片、曲线施工等作业，盾构千斤顶的伸缩量一般可按管片宽度加 400～500 mm 设计。千斤顶的推进速度一般为 50～100 mm/min。

4. 管片拼装机构

管片拼装机构设置在盾构的尾部，由举重臂和真圆保持器构成。

隧道支护即为管片拼装。管片吊机将预制好、运抵后配套拖车的混凝土管片吊运到管片转运小车上，由管片转运小车将管片送至管片安装机下部，管片安装机抓取管片，旋转拼装成形，如图 3.7 所示。

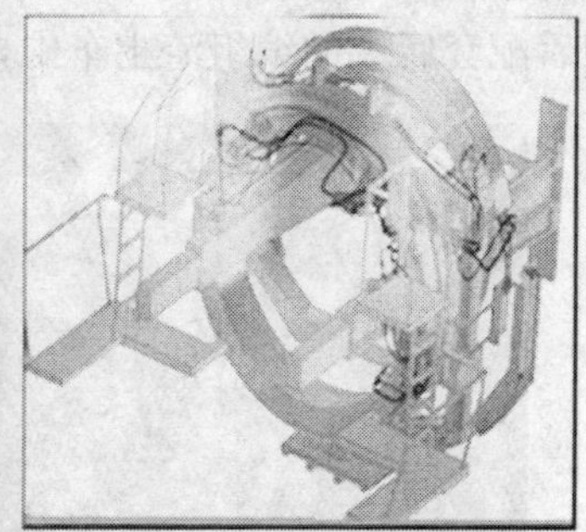

图 3.7　管片安装机构示意图

(1)举重臂

举重臂安装在盾尾，由一对举重油缸、大回转机构(可正反旋转 200°)、抓取机构(如真空吸盘)、平移机构和拼装机构等组成。管片安装机通过这些机构的协同动作把管片按所定形状安全、迅速地拼装成管环并安装到准确位置。

举重臂的推力、上提力、旋转力、旋转速度、臂的伸缩速度、前后滑动距离等性能指标，应据管片种类形状、重量、拼装方法等因素确定。推力通常定为管片最大重力的 5 倍，上提力为管片最大重力的 2 倍。

(2)真圆保持器(部分生产商生产的盾构机不安装)

当盾构向前推进时管片拼接环(管环)就从盾尾脱出，由于管片接头缝隙、自重力和作用土压的原因，管环会产生横向变形，使横断面成为椭圆形。当变形量大时，前面装好的管环和现拼的管环在连接时会出现高低不平，给安装纵向螺栓带来困难。为了避免管环的高低不平，需使用真圆保持器，修正、保持拼装后管环的正确（真圆）位置。

真圆保持器支柱上装有可上下伸缩的千斤顶，上下两端装有圆弧形的支架，该支架可在动力车架的伸出梁上滑动。当一环管环拼装结束后，就把真圆保持器移到该管环内，当支柱上的千斤顶使支架紧贴管环后，盾构就可推进。盾构推进后由于真圆保持器的作用，管环不会产生变形，并一直保持真圆状态。

5. 挡土机构

挡土机构是为了防止掘削时，掘削面地层坍塌和变形，确保掘削面稳定而设置的机构。泥水盾构的挡土机构是泥水仓内的加压泥水和刀盘面板；土压盾构的挡土机构是土仓内的掘削加压土和刀盘面板。

6. 排土机构

(1)土压式盾构排土机构

土压平衡式盾构机排土系统由螺旋输送机、排土控制器及盾构机以外的泥土运出设备构成。这里仅叙述螺旋输送机和排土控制器。

①螺旋输送机

螺旋输送机的功能是把土仓内的掘削土运出、经排土控制器送给盾构机外的泥土运出设备（至地表）。因此，螺旋输送机的始端（进土口）延伸到土仓底部靠隔板的位置上，末端（排土口）直接与排土控制器连接。

螺旋输送机安装于前体的底部，螺旋输送机从隔板到拖车沿中心线的上仰角一般约为23°。在掘进时，开挖的渣土在底部。刀盘切削到土仓内的渣土，先由泡沫泵注入泡沫，改良渣土的流动性，然后由螺旋机输送，从土仓内输出到皮带输送机上，再由皮带输送机将渣土输送到后配套后端的编组渣土车中，如图 3.8 所示。

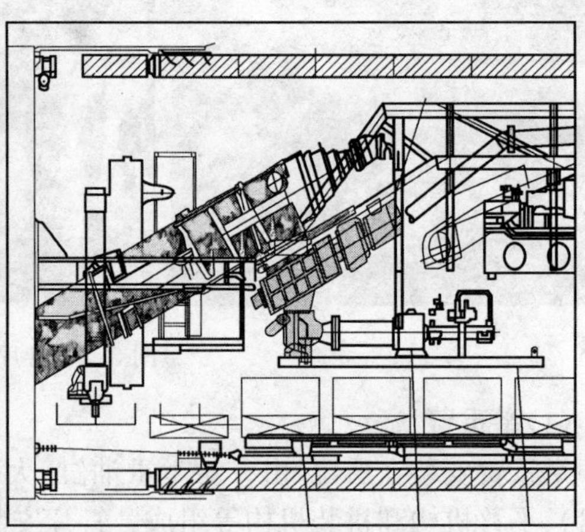

图 3.8　出渣系统示意图

在泥土具有良好塑流性的场合下，螺旋输送机的排土量与其转数成正比。因此，通常以螺旋输送机的转数为基础进行掘土量的管理。另外，还可以根据土压计的测量值与设定基准值的对比结果，增减转速维持土压平衡，即进行土压管理。

②排土控制器

排土控制器，即直接接在螺旋输送机后面的排土控制装置。其功能是控制螺旋输送机的排土量，调节螺旋输送机内土体密度，防止喷水；同时也有调节仓内土压，稳定掘削面的作用。

(2)泥水式盾构排土机构

泥水平衡盾构机泥水送入系统由设置在始发基地的泥水制作设备、泥水压送泵、泥水输送管、测量装置(流量、密度)及泥水仓壁上的注入口构成。泥水排放系统由排泥泵、测量装置(流量、密度)、中继排泥泵、泥水输送管及地表泥水储存池构成。为防止排泥泵的吸入口堵塞,特在土仓内吸入口的前方设置泥水旋转搅拌机。泥水盾构的掘削刀盘多为面板形,可根据对应地层和砾石粒径决定槽口的形状、大小及开口率。停止掘削时把阀门全部关闭,使泥水吸入量为零,以此防止掘削面的坍塌。

为使掘削面稳定,送排泥机构中还必须装备泥水量管理和测量掘削土量的仪器。通常靠调节泥水压送泵的转速调节泥水压力,由流量计和密度计测量结果推算掘削排土量。

7. 添加材注入机构(土压盾构)

对细粒成分(黏土、淤泥)少的地层,刀盘掘削下来的泥土的塑流性很难满足排土机构直接排放的条件,且抗渗性也差。为此必须向这种掘削泥土中注入添加材,以便改变其塑流性、抗渗性,使其达到排土机构可以排放的条件。通常使用的添加材有膨润土、黏土、陶土等天然矿物类材料、高吸水性树脂类材料、水溶性高分子类材料、表面活性类特殊气泡剂材料等。

添加材的注入装置有添加材配制设备、添加材注入泵、输送添加材的管线及设置在刀盘中心钻头前端的添加材注入口等。考虑到掘削泥土和添加材的搅拌混合效率,通常把注入口设在刀盘中心突出头的前面、辐条上或土仓隔板上。因为注入口直接与泥土接触,这样设置可以防止泥土和地下水涌入防护头和逆流防止阀。

注入口的设置数量与盾构的直径、刀盘的支承方式、刀盘的形状等条件有关,通常可按表3.3的要求设置,多个注入口的情形下,应注意保持各注入口的喷射量的均等。

表3.3　添加材注入口数量与盾构直径的关系

盾构直径(m)	添加材注入口数量	
	刀盘前面中心轴部	刀盘前面刀盘外周部
＜3	1	0～1
4～5	1	1～2
5～6	1	2～3
7～8	1	3～4
10	1	4～5

8. 搅拌机构

应该说搅拌机构是土压盾构和泥水盾构的专用机构。

土压盾构的搅拌机构的功能是搅拌注入添加材后的仓内掘削土砂,提高其塑流性,严防堆积粘固,利于排土效果的提高。该搅拌机构包括以下几个部分:

(1)掘削刀盘;

(2)掘削刀盘背面的搅拌叶片;

(3)螺旋输送机轴上的搅拌叶片;

(4)设在隔板上的固定、可动搅拌叶片;

(5)设置在仓内的单独驱动的搅拌叶片。

泥水盾构的搅拌机构的功能是使掘削下来的土砂均匀地混于泥水中,进而利于排泥泵将混有掘削土砂的浓泥浆排出。为防止排泥吸入口堵塞,特把旋转搅拌机设置在泥水仓内底部。

当然刀盘也具搅拌功能。

9. 油压机构

从前面的叙述可知，盾构机中千斤顶的用量较多，如：盾构机支承千斤顶、推进千斤顶、举重臂千斤顶、真圆保持器千斤顶等。所有千斤顶驱动均采用油压设备，即油压机。因盾构机中的油压机使用环境恶劣，所以必须经常检修，以便保证其正常工作。盾构机上油压回路如图3.9所示。

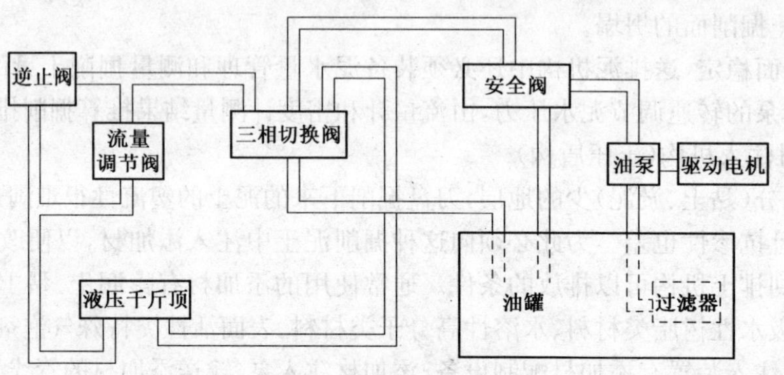

图3.9　油压回路构成示意图

液压油的黏度取决于油温。油温升高，黏度下降；油温下降，黏度上升。黏度大时管内摩擦损失大、动力损失大；黏度小时，易漏油，致使工作效率下降。油温以30～50 ℃为佳，因此，掘进时应经常利用油温计检测。

如果液压油中混入空气或者其他异物，会使油质劣化，出现气穴、油的氧化、油温上升，加速油的腐蚀，工作效率显著下降，严重时致使千斤顶停止工作等。因此，应定期滤除油中杂质或定期换油。此外，对油压回路也必须定期清扫，保持油路的畅通。

10. 电气设备

盾构机中的电气设备较多，特别是连接电缆既长又多。由于盾构机内的条件差，为避免事故发生，电气设备应选用防水性能、绝缘性能好的品牌和型号。连接电缆应选择抗老化、耐油、耐化学腐蚀的电缆。电气设备容易在洞内引发火灾，所以应使用不易燃的电缆。

11. 其他辅助机械或功能模板

(1)控制系统

控制系统为盾构的中枢神经系统，它通过各种传感器、PLC(可编程逻辑控制器)以及控制电脑收集、处理各项数据，并按照操作要求发出指令，使盾构按照掘进司机的意图进行掘进作业。图3.10即为某盾构机内部控制设备示意图。

(2)人仓系统

人员仓是在土仓保压期间，人员出入土仓进行维修和检查的转换通道，出入土仓的工具和材料也由此通过。其主要目的也是为了在人员和材料进入土仓时能够保持土仓中的土压。

人员仓包括主仓和准备仓，准备仓和主仓横向连接，准备仓的作用是放置准备作业需要的材料和工具等，也可作为出现紧急情况时人员出入通道。如图3.11所示。

(3)液压驱动系统

盾构的液压系统包括主驱动、推进系统(包括铰接系统)、螺旋输送机、管片安装机及辅助液压系统。

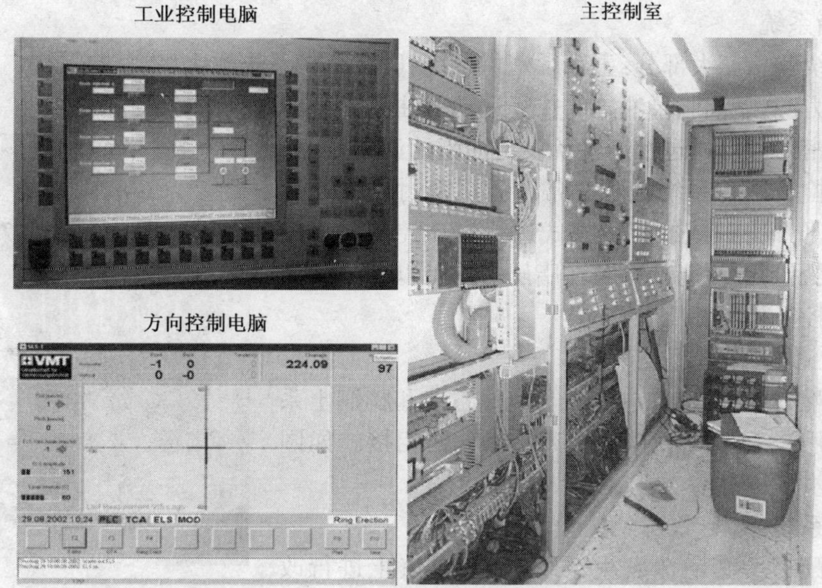

图 3.10　盾构控制系统示意图

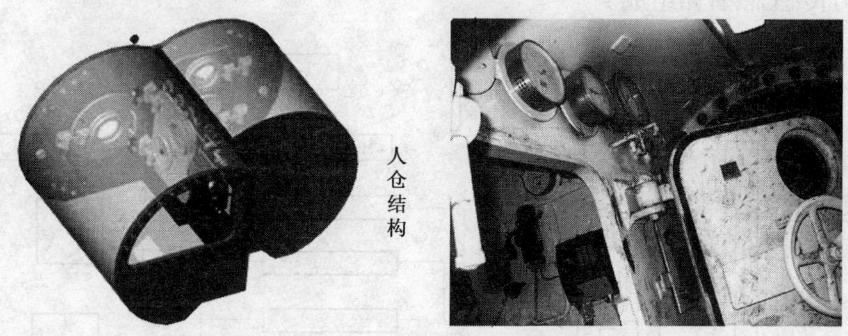

图 3.11　人仓结构示意图

主驱动系统和螺旋输送机液压系统共用一个泵站，安装在二号台车上。主驱动系统和螺旋输送机液压系统各自为一个独立的闭式循环系统，这样可以保证液压系统的高效率及系统的清洁。推进系统和管片安装机泵站安装在台车上。如图 3.12 所示。

(a) 液压系统　　(b) 主轴承及驱动马达

图 3.12　液压系统示意图

(4)注脂系统

注脂系统包括三大部分:主轴承密封系统、盾尾密封系统和主机润滑系统。三部分都以压缩空气为动力源,靠油脂泵油缸的往复运动将油脂输送到各个部位。

主轴承密封可以通过控制系统设定油脂的注入量,并可以从外面检查密封系统是否正常。盾尾密封可以通过PLC系统按照压力模式或行程模式进行自动控制和手动控制,对盾尾密封的注脂次数及注脂压力均可以在控制面板上进行监控。如图3.13所示。

图3.13　注脂系统示意图

(5)渣土改良系统

盾构机配有两套渣土改良系统:泡沫系统和膨润土系统。两者共用一套输送管路,在1号台车处相接。如图3.14所示。

①泡沫系统

盾构机配有一套泡沫发生系统,用于对渣土进行改良。泡沫系统主要由泡沫泵、高压水泵、电磁流量阀、泡沫发生器、压力传感器、管路组成。

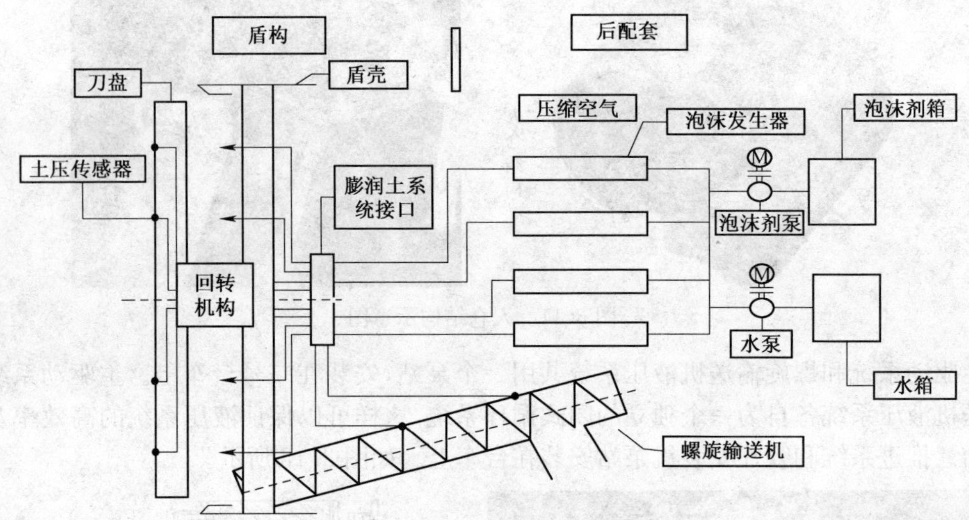

图3.14　渣土改良系统管路图

②膨润土系统

盾构机还配有一套膨润土注入系统。在确定不使用泡沫剂的情况下,关闭泡沫输送管道,同时将膨润土输送管道打开,通过输送泵将膨润土压入刀盘、土仓和螺旋输送机内,达到改良渣土目的。

(6)注浆系统

盾构机采用同步注浆系统,这样可以使管片后面的间隙及时得到充填,有效的保证隧道的施工质量及防止地面下沉。

盾构机配有两台液压驱动的注浆泵,将浆液泵入相应的注浆点,通过盾尾的注浆管道将浆液注入到开挖直径和管片外径之间的环形间隙。

注浆压力可以通过调节注浆泵工作频率在可调范围内实现连续调整,并通过注浆同步监测系统监测其压力变化。单个注浆点的注入量和注浆压力信息可以在主控室看到。在数据采集和显示程序的帮助下,随时可以储存和检索浆液注入的操作数据。如图 3.15 所示。

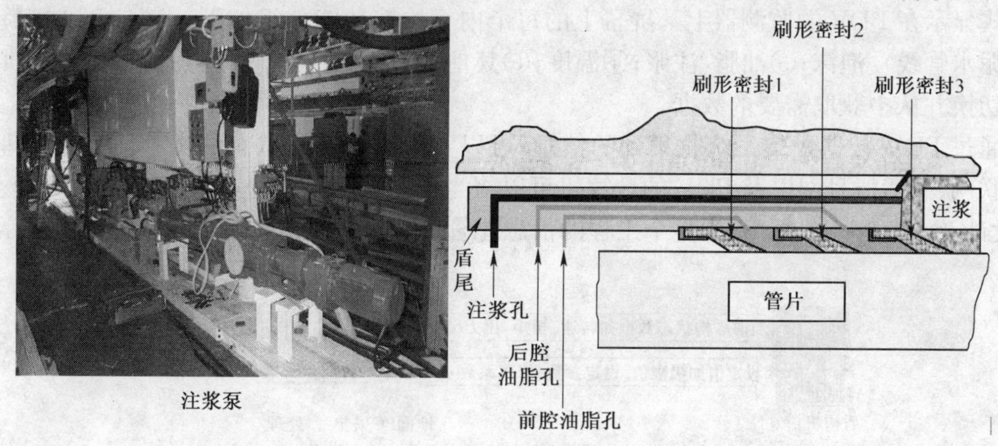

图 3.15　注浆系统示意图

(7)激光导向系统

激光导向系统提供盾构机的三维坐标和定向的连续动态信息,如图 3.16 所示。由隧道掘进软件计算盾构机的方位和坐标,并以图表和数字表格显示出来,使盾构机的位置一目了然。操作人员可以及时地根据导向系统提供的信息,快速、实时地对盾构的掘进方向及姿态进行调整,保证盾构掘进方向的正确。

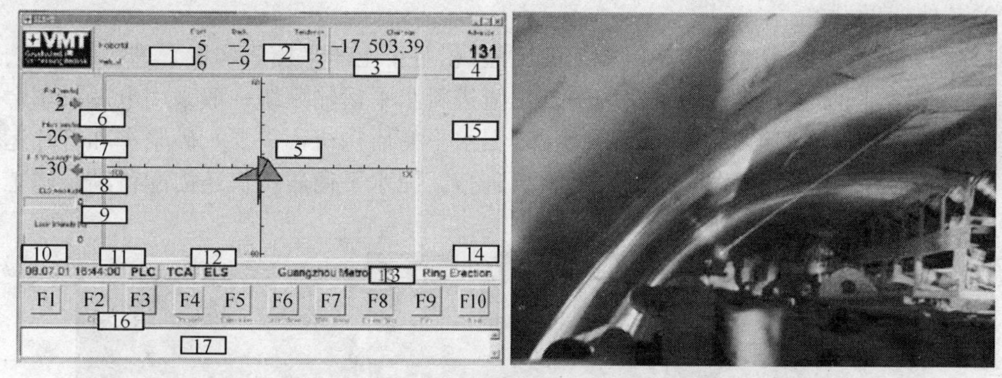

图 3.16　激光导向系统的动态信息示意图

在盾构掘进过程中激光导向系统的工作情况如图 3.17 所示。

图 3.17　激光导向工作情况演示

(8)PDV 数据采集系统

PDV 数据采集系统可采集、处理、储存、显示、评估与盾构机有关的数据。所有测量数据都可通过被时钟脉冲控制的测量传感器连续采集和显示。所有必须记录的测量值都可以图形的形式显示在 PDV 的监测器上。屏幕上的每个内容均按功能分组如下:①掘进;②螺旋输送机/(泥水管线)/泡沫;③油脂/注浆;④温度;⑤其他;⑥错误信息。掘进司机可在这些屏幕页之间切换并从中获取需要的数据。

通过 PDV 数据采集系统收集到的信息,可以实现对盾构机状态的实时信息化管理。通过互联网、电话拨号网以及 PDV 的计算机可以将当前的盾构机掘进状态数据传送至业主、监理、设计及施工等相关部门,为整个工程的信息化管理提供重要信息来源,如图 3.18 所示。

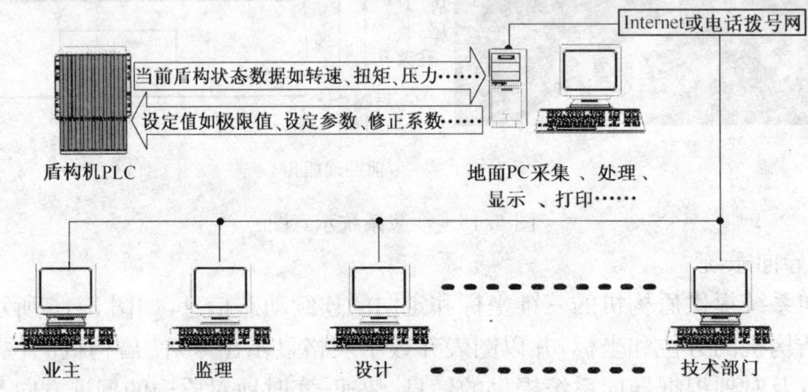

图 3.18　数据采集系统构成示意图

(9)其他辅助设备

其他配套系统主要指配合盾构机施工的出渣(相对于土压平衡盾构机)、进料的垂直、水平运输系统和背衬同步注浆浆液制备系统等。出渣进料水平运输系统一般采用电瓶机车牵引编组列车有轨运输进行,编组列车一般包括渣车(泥水平衡盾构机不需要)、砂浆车和管片运输车等。垂直运输系统一般采用大吨位门式起重机进行。泥水平衡盾构机还需配备满足施工要求的泥水分离系统,如图 3.19 所示。

图 3.19　盾构辅助设备示意图

典型工作任务3　土压平衡盾构与泥水平衡盾构

3.3.1　工作任务

通过本章的学习，了解土压平衡盾构和泥水平衡盾构两种盾构机构造、功能、使用情况。

3.3.2　相关知识

1. 土压平衡盾构

(1)土压平衡盾构简介

土压平衡式盾构又称削土密闭式或泥土加压式盾构，这种盾构是在局部气压盾构和泥水加压盾构的基础上发展起来的。该盾构的前端有一个全断面切削刀盘，在盾构中心或下部有长筒形螺旋运输机的进土口，其出口在密封仓外。其施工方法是保持开挖面的稳定，在切削刀盘后面的密封腔内充满开挖下来的土砂，并保持一定土压力。土压平衡式盾构掘进机几乎可以适应各种地层，并能有效的保持开挖面的稳定和减少地面的沉降，施工的安全性及可操作性高，其总体性能已在上海、广州、南京及深圳等地铁隧道建设中得到大量工程实践的证明。

(2)土压平衡盾构机的工作原理

土压平衡式盾构的基本原理：由刀盘切削土层，切削后的泥土进入土仓，土仓内的泥土与掘削面水土压力取得平衡的同时由螺旋输送机出土，通过控制螺旋输送机转速使出土速度与刀盘掘削速度相匹配，持续保持压力平衡并连续出土。土压平衡式盾构机工作原理如图 3.20 所示。

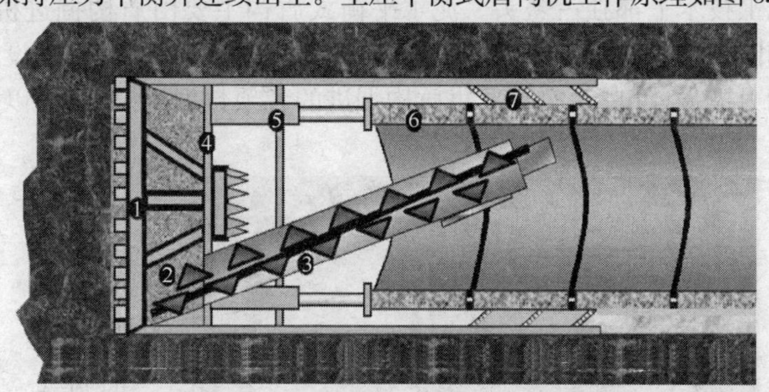

图 3.20　土压平衡式盾构机工作原理图

1—刀盘；2—土仓；3—螺旋输送机；4—土仓隔板；5—推进油缸；6—衬砌管片；7—盾尾密封刷

土压平衡盾构关键工序为掘进参数管理、管片拼装工艺、渣土改良处理、渣土外运管理、同步注浆、姿态及地表监测等。

土压平衡盾构可节省泥水盾构中所必须的泥水平衡及泥水处理装置的大量费用，土压平衡盾构机现在一般配有加水、加泥或加泡沫的装置，使用范围相当广泛。

(3)土压平衡盾构的三种掘进模式

根据地质条件、水位和压力情况，盾构机有敞开、闭合(EPB 式)和半敞开三种掘进模式，见图 3.21 所示。

敞开式：在前方掌子面足够稳定并且涌水能够被控制时，可以采用“敞开式”作业。

半敞开式：用于含水，且水压为 $1\sim1.5\times10^5$ Pa，掌子面可以稳定的地层中。半敞开式作业时隧道掘进速度近似于敞开式作业。

EPB 模式：用于围岩不稳定、水压压力高、水量大时。采用 EPB 模式施工时，可以用泡沫系统改善渣土的流动情况。

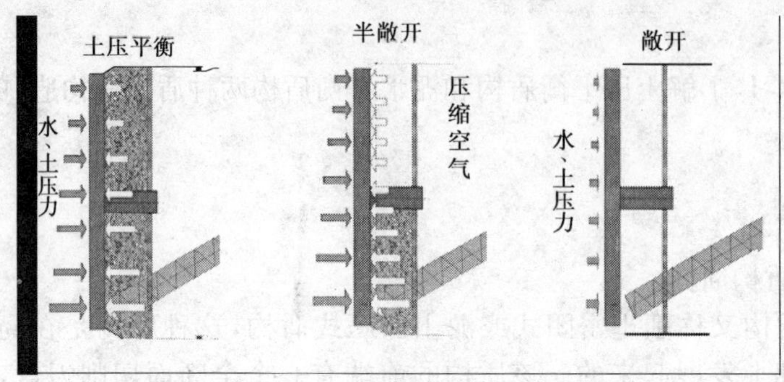

图 3.21　土压平衡式盾构的掘进模式示意图

2. 泥水平衡式盾构

(1)泥水平衡盾构简介

泥水加压平衡盾构工法是从地下连续墙以及钻孔桩等所使用的泥水工法中发展起来的，它起源于英国，日本在 1964 年前后开始着手泥水加压平衡盾构工法的研究。1969 年，日本铁道建设公司在京叶线森崎运河附近施工过程中，成功地实施了泥水加压平衡盾构工法。由于它的独特创举，很快在日本盛行起来。随着电子计算机和自动控制技术的不断发展，这一新技术在一些先进的欧美国家亦相继运用。在这一领域中，日本代表着当今世界的新潮流，无论是数量上，还是在施工技术上都独占鳌头。泥水平衡式盾构主要由盾构掘进机、掘进管理、泥水处理、泥水输送和同步壁后注浆等 5 大系统组成，如图 3.22 所示。各系统设计合理，操作规范方便，信息反馈能力极强，可自动实时采集盾构掘进的各项数据，并及时加以分析总结，以指导盾构施工。

图 3.22　泥水平衡式盾构机工作原理图

(2)泥水平衡式盾构机工作原理

泥水平衡盾构机是通过在支承环前面装置隔离板的密封仓中，注入适当压力的泥浆使其在开挖面形成泥膜，支承正面土体，并由安装在正面的刀盘切削土体表面泥膜，与泥水混合后，形成高密度泥浆，由排泥泵及管道输送至地面处理，整个过程通过建立在地面中央控制室内的泥水平衡自动控制系统统一管理。盾构掘进设有操作步骤设定，各操作步骤间设有联锁装置，可制约因误操作引起的事故，施工安全可靠。

典型工作任务 4　盾构机的选型

3.4.1　工作任务

通过本任务的学习，掌握地铁隧道施工盾构选型的基本方法，熟悉城市地铁隧道盾构施工中常用土压平衡和泥水平衡施工的优缺点。

3.4.2　相关知识

盾构机选型的成功与否是盾构工程施工成败的决定性因素，适用性和可靠性是盾构机选型的基本原则。盾构机选型时除了根据盾构隧道设计情况确定盾构直径、管片拼装方式等基本参数外，工程地质条件和水文条件是盾构机类型选择和性能设计应考虑的主要因素。通常，盾构机的设计使用寿命大于国内一般地铁工程的盾构标段划分长度，依托某个工程进行盾构机选型有很大的局限性，考虑到其在今后工程施工继续使用的可行性，盾构机选型不仅应充分考虑工程的施工需要，还要适当考虑一般地铁工程的普遍性要求，以使其具备相对更为广泛的适应性。在满足适用性和可靠性的前提下，还应考虑其先进性和经济性。

1. 盾构机选型的基本方法

盾构法由于具有施工进度快、安全性能高、隧道质量好、施工对周围环境影响小等优点，已越来越多地在城市地铁隧道施工中得到广泛应用。目前，我国城市地铁隧道施工盾构的种类主要有土压平衡盾构、泥水加压盾构两种。两种不同类型的盾构主要区别在于盾构机对土体支护的方法不同，而同一类型的盾构考虑到其适用性、先进性、经济性诸因素的影响，必须对其机构组成及其附属设施的配置进行详细的调查和研究，以满足不同工程项目特点的配置要求。目前，我国盾构机进口机型比较多，因此盾构选型时不仅要考虑到地质情况、盾构的外径、隧道的长度、工程的施工程序、劳动力情况等，还要综合研究工程施工环境、施工对环境的影响程度及其经济性等。根据目前我国城市地下轨道盾构机的使用情况，我们主要分析土压平衡盾构机和泥水平衡盾构机的选型。

2. 盾构掘进机选型依据

盾构掘进机选型依据按其重要性排列如下：①土质条件、岩性（抗压、抗拉、粒径、成层等各参数）；②开挖面稳定（自立性能）；③隧道埋深、地下水位；④设计隧道的断面；⑤环境条件、沿线场地（附近管线和建筑物及其结构特性）；⑥衬砌类型；⑦工期；⑧造价；⑨宜用的辅助工法；⑩设计路线、线形、坡度等。

3. 盾构掘进机选型的一般程序

综合盾构掘进机的特性与选型的依据，盾构掘进机选型的一般程序可用流程图来描述，如图 3.23 所示。

从该流程图可以看出，盾构掘进机选型首先要看该盾构掘进机是否有利于开挖面的稳定，其次才能考虑环境、工期、造价等限制因素，同时，还必须将宜用的辅助工法加以考虑，只有这样才能选择出一种较为合适的盾构掘进机。对砂质土类等自立性能较差的地层，应尽量使用密闭型的盾构施工；若为地下水较丰富且透水性较好的砂质土，则应优先考虑使用泥水平衡盾构；对黏性土、砂砾和软岩等强度较高，自立性能较好的地层，则可首先考虑土压平衡盾构。除了地质条件以外，盾构掘进机选型的制约条件还很多，如工期、造价、环境因素、线路技术指标、

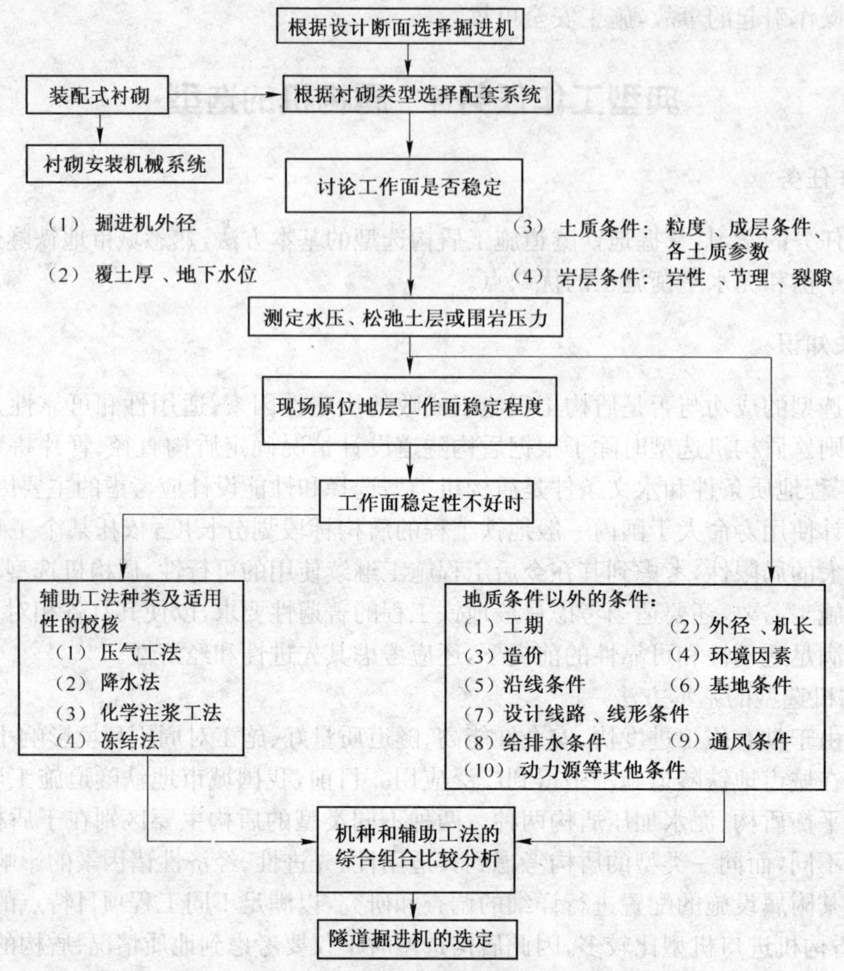

图 3.23　盾构机选型程序流程图

施工场地条件等。如隧道转弯曲率半径太小，就需考虑使用中间铰接的盾构机。例如直径为 6 m 的盾构，其长度为 6～7 m，如分为前后铰接的两段，显然增加了施工中转弯的灵活性。再如泥水平衡式的盾构掘进机必须配套大型的泥浆处理和循环系统，若需使用泥水平衡盾构开挖隧道，就必须具备较大的地面空间。

4. 盾构机选型与土质情况的关系

根据德国海瑞克盾构厂商的研究结论，常用的泥水与土压盾构选择应考虑的地层条件及颗粒尺寸因素如图 3.24 所示。

根据日本的经验，土压平衡和泥水平衡盾构所适应的地层条件不同，不同类型盾构对地层的适应性如表 3.4 所示。

详尽地掌握好各种盾构工法的特征是确定盾构工法的关键。其中，选择适合土质条件的且能确保工作面稳定的盾构机种及合理辅助工法最重要，表 3.4 列出盾构机种类与适用土质、辅助工法的关系。此外，盾构的外径、覆盖土厚度、线形(曲线施工时的曲率半径等)、掘进距离、工期、竖井用地、路线附近的重要构造物、障碍物等地域环境条件也至关重要。当然还应考虑安全性和成本，通常要求按上述综合考虑选定合适的盾构。这里对表 3.4 中所示的各种盾构的适用土质条件简介如下。

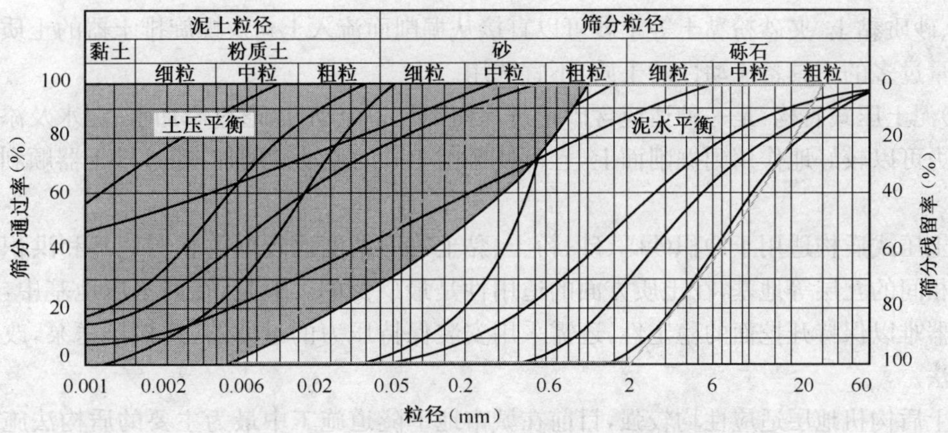

图 3.24　盾构对地层的适用性(各种松散土壤粒径筛分曲线)

表 3.4　不同类型盾构机对地层的适应性表

地质条件 \ 盾构类型			土压平衡盾构				泥水盾构	
			土压式		泥水压式			
土质		*N* 值	适应性	注意点	适应性	注意点	适应性	注意点
冲积黏土	腐殖土	0	×	—	△	地基变形	△	地基变形
	粉土、黏土	0～2	○	—	○	—	○	—
	砂质粉土	0～5	○	—	○	—	○	—
	砂质黏土	5～10	○	—	○	—	○	—
洪积黏土	粉土、黏土	10～20	△	切削砂土引起阻塞	○	—	○	—
	砂质粉土	15～25	△	切削砂土引起阻塞	○	—	○	—
	砂质黏土	25 以上	△	切削砂土引起阻塞	○	—	○	—
泥岩		50 以上	△	切削砂土引起阻塞	△	刀具磨损	△	刀具磨损
砂质土	混砂粉质黏土	10～15	○	—	○	—	○	—
	松砂	10～30	△	细粒成分含有量	○	—	○	—
	密实砂	30 以上	△	细粒成分含有量	○	—	○	—
砂砾与卵石	松砂砾	10～40	△	细粒成分含有量	○	—	○	—
	固结砂砾	40 以上	△	细粒成分含有量	○	刀具磨损	○	刀具磨损
	混卵石砂砾	—	△	细粒成分含有量	○	—	○	刀具规格
	巨砂或卵石	—	△	刀具规格	△	刀具规格	△	砾石破碎

注:①○指适合,△指使用时需要考虑辅助施工方法,辅助机械等,×指一般不适用。

②所谓泥岩,是指强度比较低的风化泥岩。

(1)泥水加压式盾构:一般比较适合于在河底、海底等高水压力条件下隧道的施工。

泥水加压式盾构适用于冲积形成砂砾、砂、粉砂、黏土层、弱固结的地基以及含水率高开挖面不稳定的地层和洪积形成的砂砾、砂、粉砂、黏土层以及含水很高固结松散易于发生涌水破坏的地层,是一种适用于多种土质条件的盾构机。但是对于难以维持开挖面稳定性的高透水性地基、砾石地基,有时也要考虑采用辅助施工方法。

(2)土压平衡式盾构:土压平衡式盾构适用于含水量和粒度组成比较适中的粉土、黏土、砂质粉土、砂质黏土、夹砂粉黏土等土砂可以直接从掘削面流入土仓及螺旋排土器的土质。但对含砂粒量过多的不具备流动性的土质,不宜选用。

(3)泥土压式盾构:是一种适应含砂量过高而不具备流动性,通过添加水、泥水及添加料使泥土压力可以较好地作用到掘削面上,且可使掘削土砂的流动性增加,通过排土器顺利排出的盾构。

泥土压式盾构适用于冲积砂砾、砂、粉土、黏土等固结度比较低的软弱地基和洪积地基以及软硬相间的互层等地基,在土质方面的适用性是最广泛的。但是,在高水压地基中,仅用螺旋排土器难以保持开挖面的稳定性,还需采用安装保持压力的过滤器,连接压送泵,改良切削土等方法。

以上盾构机地层适应性均较强,目前在城市地下隧道施工中最为主要的盾构法施工有土压平衡式盾构、泥水平衡式盾构两种,表 3.5 是较常用的地铁盾构机参数表。

表 3.5 城市地下隧道盾构机参数对比表

项目	名称	海瑞克盾构机技术参数	维尔特盾构机技术参数	三菱盾构机技术参数
概貌	设备总长	8 700 mm	9 500 mm	8 020 mm
	盾壳长度	7 565 mm	7 665 mm	7 670 mm
	总质量	520 t	510 t	470 t
	盾构形式	EPB(铰接式)	EPB(铰接式)	V 形平面铰接式
典型管片	外径	6 000 mm	6 000 mm	6 000 mm
	内径	5 400 mm	5 400 mm	5 400 mm
	宽度	1 500 mm	1 500 mm	1 500 mm
	数量	5+1	5+1	5+1
	质量	4.5 t(最大块)	4.5 t(最大块)	4.5 t(最大块)
	整环质量	20.15 t	20.15 t	20.15 t
刀盘	旋转方向	正/反	正/反	正/反
	开口率	29%～32%	辐条式开口率:27%	36%
推进系统	总推力	34 210 kN(每个千斤顶 1 140 kN)	36 000 kN	36 000 kN(每个千斤顶 1 500 kN)
	工作压力	30 MPa(最大工作压力 35 MPa)	35 MPa	35 MPa
	最大推力	39 890 kN(最大工作压力时)	36 000 kN	36 000 kN
	伸出行程	2 000 mm	2 100 mm	1 950 mm
	撑靴	橡胶垫板(弹簧传力可贴紧管片侧面施力)	橡胶垫板(弹簧传力可贴紧管片侧面施力)	橡胶垫板(弹簧传力可贴紧管片侧面施力)
铰接油缸	工作压力	30 MPa	30 MPa	35 MPa
	油缸尺寸	ϕ180 mm/ϕ80 mm	ϕ200 mm/ϕ100 mm	—
	行程	150 mm	200 mm	190 mm
	数量	14 个	14	16 个

典型工作任务 5　盾构机的维护和检查

3.5.1　工作任务

了解地铁隧道施工中盾构机日常维护和检查的主要工作内容。

3.5.2　相关知识

对盾构机进行维护和检查能及时发现盾构机存在问题和零配件老化等毛病，在盾构掘进中盾构机的状态决定了工期、投资、地面建筑(构)物的稳定等，所以盾构机的维护和检查显得尤为重要。

1. 刀盘、刀具的维护和检查

(1)刀盘的检查

刀盘是盾构机主要组件，因此，考虑到地质情况，有必要检查刀盘。经验表明，通过始发加固区后进行第一次刀具/刀盘的检查是必要的；之后，刀盘必须进行定期检查。如果刀具贯入度降低，同时推进压力和扭矩增加，则有必要对刀盘进行及时检查。这种状况可能是由于掘削面的地质变化引起的。如果忽略了上述指标，会引起刀盘的高度磨损。

有关检查频率可以参考表 3.6 的建议。在检查过程中，应检查刀盘是否存在损伤。重点检查内容包括刮刀、抗磨损设备。要检查切割工具，如软土刀具、刮刀座等的磨损情况，并记录在刀盘检查表上。维修材料的完整和刀具转动扭矩也应检查。用损坏的或者不完整刀具掘进，会导致刀盘严重损坏。

表 3.6　有关检查频率的建议

描　述	要求检查次数
新岩石，微风岩石	每天一次
中风化的岩石	每天一次
全风化的岩石，残积土	2～3 天一次
混合表面	每天一次

然而根据实际遇到的地质情况不同，要求检查的次数变化很大；在掘进工作初期，根据短交替间隔情况下的测试，确定最佳检查间隔。只要地质情况改变，就有必要检查刀盘。

(2)刀具刀盘检查过程中所用缩写词的解释如表 3.7 所示。

表 3.7　刀具刀盘检查过程中所用缩写词的解释对应表

N：正常磨损 刀圈的正常磨损是指刀圈一致的磨损情况，超出了指定值。该值可用标尺测量。	

续上表

F:刀圈被磨平 如果刀圈不是在隧道正面滚动,由于隧道正面和刀圈之间产生相对移动,从而使刀圈一侧磨损 ,这会导致刀具环被磨平。	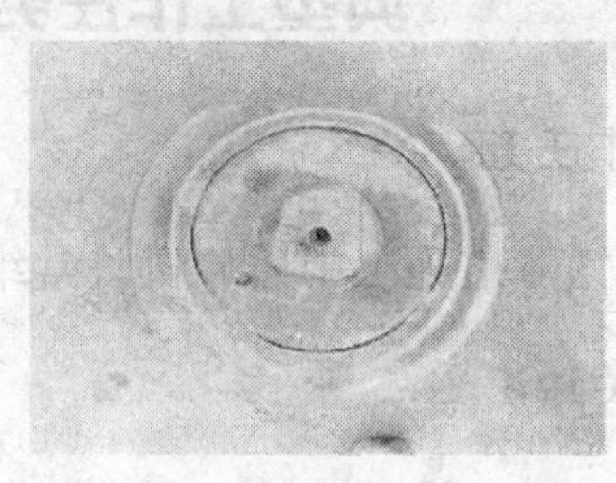
G:刀圈损坏 由于接触压力太大,或滚过一个坚硬的物体,可能会损坏刀圈。如果刀圈两点之间损坏,则整个圈或部分刀圈就会在挖掘仓遗失。	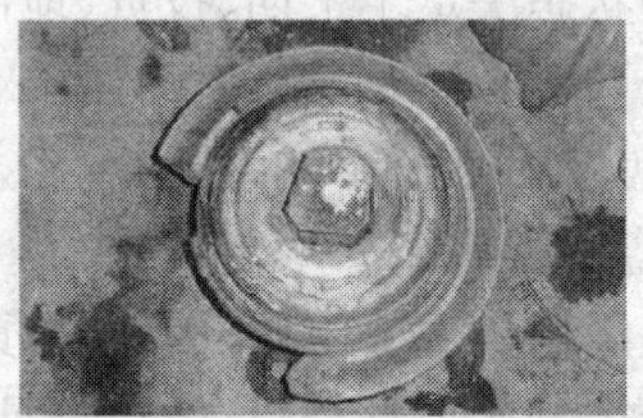
C:碎裂 如果是单个"碎片"从刀圈破损脱落,而整个刀圈没有破损,这种情况叫"碎裂"。	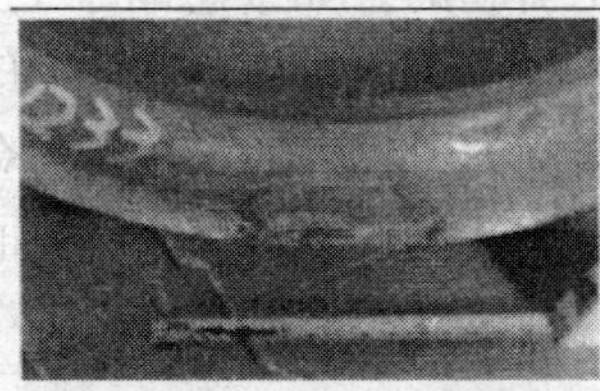
P:轮缘磨圆 如果接触隧道正面的刀圈工作面扩大并变成蘑菇形状,这种情况称之为蘑菇状刀圈。	
N:挡圈的遗失或磨损 挡圈要防止刀圈向刀轴的平移。如果刀圈遗失,或可能因强烈磨损而遗失,则刀圈必须得更换。	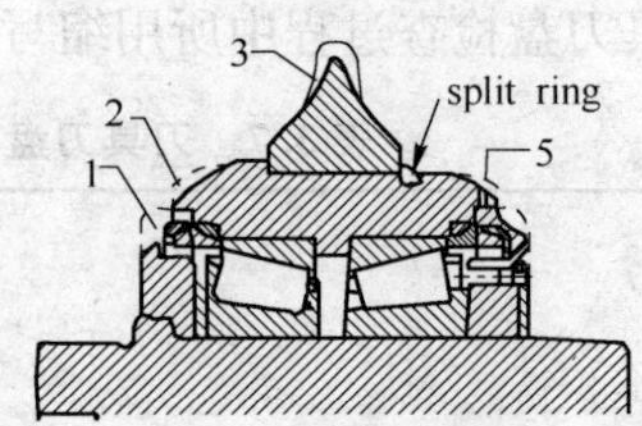
U:漏油 密封缺陷会导致润滑油的耗尽,密封衬环或轮毂的破损无法发现。这些部位的严重破损会导致润滑油的泄漏	

续上表

Z:损坏的刀体 刀体完全被损坏,刀体的部件已不可能再使用。其主要原因是被磨平的刀圈未及时发现,这种情形极易损坏刀盘。	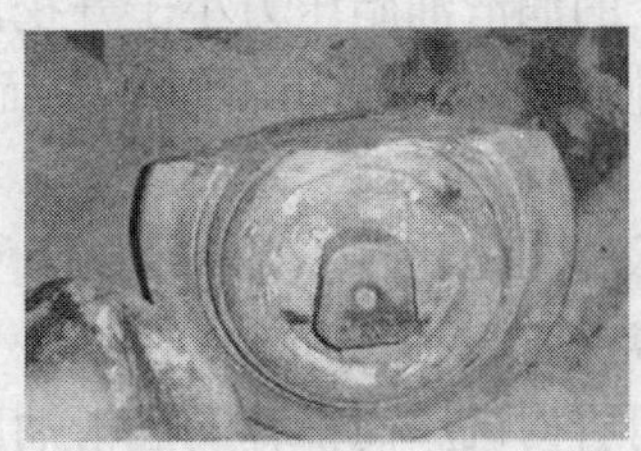
H:轮毂磨损 在强烈磨蚀性的土质中闭合式掘进,以及刀盘的磨损的钢结构,尤其周边结构,都会导致轮毂的强烈磨损。	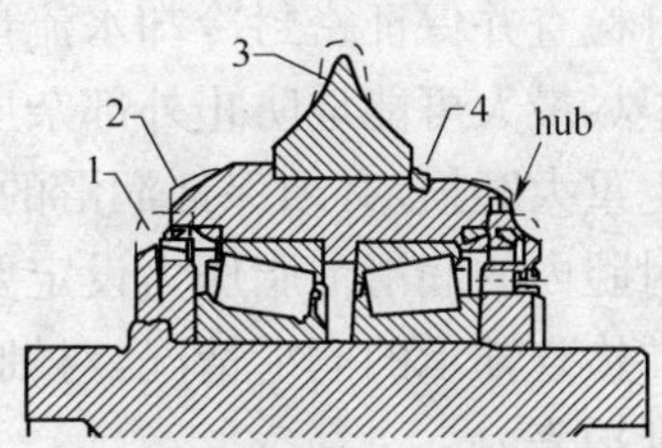
S:密封端盖的磨损 对于密封端盖磨损的解释说明,请参看H"轮毂磨损"。	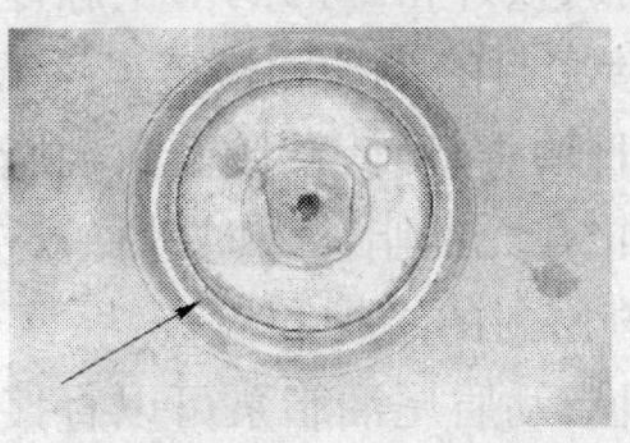
E:非轮毂或密封固定器因素 刀具滚过金属物质(遗失刀具环部件、螺丝等)会损坏轮毂或密封端盖,轮毂和密封会分别被卡住,这会阻止刀具盘绕着其轴心自由旋转。	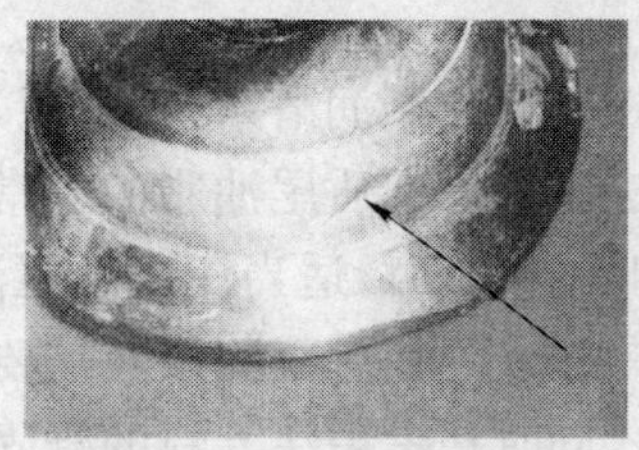
MF:多重磨平 在掘进时刀具盘只轻微旋转,并在一个点上保持的时间太久。	

2. 主轴承系统的维护和检查

如果盾构主轴承系统出现问题,就会使刀盘无法转动或转动扭矩减小,导致盾构机切削功能失去或降低而无法正常推进。因此,对主轴承系统的日常维护和检查是非常必要的。

(1)主轴承系统故障原因分析

①盾构刀盘轴承密封失效,砂土等杂质进入轴承内,使轴承卡死。滚柱无法在滚道内滚

动,轴承损坏。

②封腔的润滑油脂压力小于开挖面平衡压力,易引起盾构下面的泥土或地下水夹着杂质进入轴承,使轴承磨损,间隙增大,从而导致保持架受外力破坏而使滚柱散乱,轴承无法转动而损坏。

③轴承的润滑状态不好,使轴承磨损严重,进而损坏。

(2)日常检查及保养措施

①使用盾构机厂商推荐的润滑油脂。

②每天检查内密封油脂的注入状况。

③每日检查并保证密封冷却水流量正常,防止外密封温度升高。

④为了尽最大可能地防止外部杂质入侵刀盘驱动的前部密封,从而避免密封和密封的轴承座圈发生重大磨损,必须保证润滑的油脂的正常注入量。

⑤密封腔内的润滑油脂压力设定要略高于开挖面平衡压力,并经常检查油脂压力。

⑥经常检查轴承的润滑情况,对轴承的润滑油定期取样检查,并将检查的油脂润滑状况记录到日常维护表内。

⑦任何时候外密封的润滑量脉冲监控都不允许采用长时间的解除连锁或短接。

3. 铰接密封的维护和检查

(1)每日检查,确认铰接密封油脂注入正常。

(2)禁止在无油脂注入时进行铰接操作。

4. 尾刷密封的维护和检查

盾构机启动盾尾油脂泵可以直接将盾尾油脂从油脂桶里泵送到密封点。每道尾刷腔室有一定条数的油脂管路,通过那些管路,可以向盾尾供应盾尾密封脂。施作过程中应注意以下几点:

(1)在控制室控制润滑系统,可以采用自动或手动模式。

(2)掘进中需确保盾尾油脂的正常注入。

(3)长时间停机时,适当注入盾尾油脂以防止尾刷被水泥浆凝固。

(4)盾尾注入的快速凝固浆液需要考虑到达尾刷的流动时间,防止尾刷或尾刷内部空腔凝固混凝土块,同时在考虑注入料的凝固时间内,适时前移一点盾尾,防止尾刷与注入材料凝结而损坏。

(5)注浆压力必须小于尾刷密封压力,以免浆液窜入密封腔室。

5. 推进系统的维护和检查

推进系统故障会直接导致盾构无法正常推进。

(1)故障原因分析

①推进油泵损坏,无法输出需要的压力。

②推进主溢流阀损坏或者磨损导致泄漏,无法建立需要的压力。

③千斤顶内密封出现故障而导致泄漏,无法建立需要的压力。

④换向阀不动作,使千斤顶无法伸缩。

⑤油温过高,连锁保护开关起作用,从而使千斤顶不能动作。

⑥刀盘未转动、螺旋机未转动等连锁保护开关起作用,从而使千斤顶不能动作。

⑦先导泵损坏,无法建立控制油压,无法对液压系统进行控制。

⑧管路内混入异物,堵塞油路,使液压油无法到达。

⑨滤油器堵塞。

(2)日常检查和保养措施

①定期检查盾构机的液压系统,及时更换损坏磨损的密封圈或其他部件。

②不使系统长期工作在较高压力环境下。

③保证油温不致过高,冷却系统要常开。

④保证液压油的清洁,避免杂物混入油箱内,拆装液压元件时保持系统的清洁。

⑤发现故障及时修理,不随便将盾构的连锁开关短接,不强行启动盾构设备。

⑥按操作方法正确使用,按要求正确设定、调试系统的压力。

6. 吊机的维护和检查

①吊机必须由经验丰富的技术人员进行检查,至少每年一次。常规检查主要包括外观检查和功能检查,功能检查包括确定组件和设备状态检查,如损坏、磨损、侵蚀或其他变化检查,及确定安全设备和刹车的完整性和有效性的检查。

②定期检查吊机变速箱内齿轮油液位及目测观察油品状况.

③进行负载检查时应在整个吊机运行范围内检查整个承载装置。

④定期检查机械停止以及悬吊设备。

⑤如发现吊机存在功能缺陷或无规律运动,必须立即停止作业并处理问题。

⑥如发现悬吊设备存在损坏,应立即更换相应元件。

⑦必要时拆除吊机检查磨损部件。

7. 皮带运输机的维护和检查

皮带运输机打滑,驱动辊旋转而皮带不转,螺旋输送机排出的土堆积在皮带运输机的进料口,甚至堆积在隧道内,影响盾构推进。

(1)原因分析

①皮带的张紧程度不够。

②皮带运输机的刮板刮土不干净,黏附在皮带上的土被带到驱动辊上,使皮带打滑。

③在螺旋机中加水过多,或排出的土太湿,或湿土流到皮带反面,引起皮带打滑。

④推进结束时未将皮带机上的土排干净就停机,下一次皮带运输机重载启动,使皮带打滑。

(2)日常检查和维护

①在皮带安装并运行了一段时间后,皮带会变松,应将皮带张紧重新调节到适当的位置。

②经常调整刮板的位置,使刮板与皮带间的空隙保持在 1～1.5 mm 之间。

③注意观察螺旋机内排出的土的干湿程度,调整加水流量。

④每次推进完毕,应将皮带运输机上的土全部排入土箱,皮带运输机启动时应是空载启动。

项目小结

本项目介绍盾构机的基本构造,并初步介绍了泥水平衡及土压平衡两种最常用的盾构机,在此基础上阐述了盾构机的选型及维修等内容。

复习思考题

1. 根据盾构机的特性，盾构机可分为几大类？
2. 各种盾构机构造的不同点是什么？
3. 盾构机的选型应注意的事项？
4. 盾构机日常检查及维护的内容有哪些？

项目 4　土压平衡式盾构施工

项目描述

城市隧道施工往往受地形、地貌、环境条件的限制，因而盾构工法在近年来得到迅速发展，土压平衡式盾构工法就是其中很重要的一种，近年来更是得到广泛运用。施工人员必须掌握土压平衡盾构施工技术，这样才能在面对复杂地质条件时合理地选择施工方法，进而安全、优质、高效地完成隧道施工。本项目主要介绍施工组织设计、施工场地布置、盾构机始发前的安装、调试、验收、盾构机始发、盾构机掘进参数的管理、添加剂的管理、管片的选型与拼装、管片壁后注浆、盾构机到达。

拟实现的教学目标

1. 能力目标

- 初步掌握土压平衡式盾构施工技术。

2. 知识目标

- 了解什么是土压平衡式盾构；
- 掌握土压平衡式盾构施工技术。

3. 素质目标

- 养成严谨务实的工作作风；
- 具备良好的协作精神；
- 具备一定的组织协调能力。

相关案例

1. 深圳市地铁二号线工程 2203 标段

深圳市地铁二号线工程 2203 标段位于深圳市南山区，主要由两个车站（南山商业中心站和登良路站）和两个盾构区间（登—南区间和南—科区间）组成，左右双线全长约 4 000 m，主要附属工程包括两个联络通道兼废水泵房（YDK8＋993.414 和 YDK10＋240.000）和 8 个洞门。目前，登—南区间起止里程约为 YDK8＋649.580～YDK9＋409.140，南—科区间起止里程约为 YDK9＋629.740～YDK10＋850.200，均采用土压盾构法施工。工程概况如图 4.1 所示。

本工程左右线隧道平面最大曲线半径为 1 000 m，最小曲线半径为 400 m，左右线线间距 13.2～14.2 m，区间隧道最大线路纵坡为 28‰，最小纵坡为 2.000‰，竖曲线半径最大为 5 000 m，最小为 3 000 m。隧道拱顶埋深为 9～19 m。

本工程所用管片规格均为 1.5 m 宽，共计 2 660 环，其中标准环 1 806 环（包括联络通道所

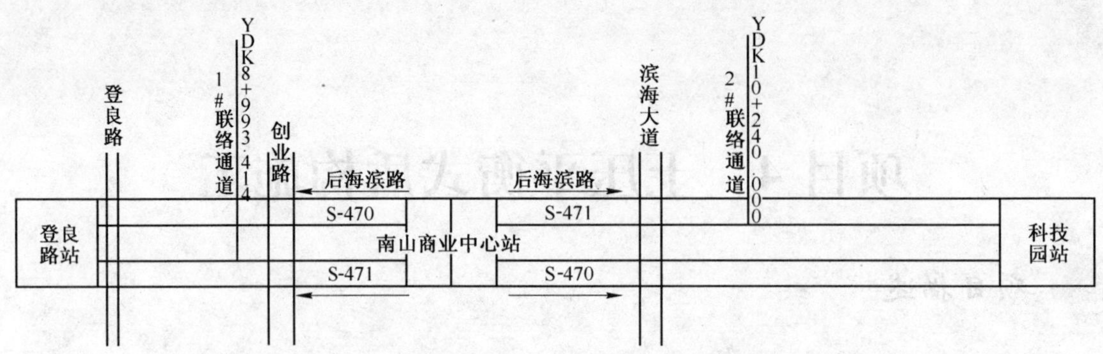

图 4.1　深圳市地铁二号线工程 2203 标段工程概况示意图

用的 8 环特殊环)，左转环 260 环，右转环 594 环。

本工程所用盾构机为德国海瑞克土压盾构机，编号 S-470 和 S-471，两台盾构机均从南山商业中心站始发，先进行左线掘进，左线结束后，从到达井吊出，再从南山商业中心站二次始发，进行右线掘进。

2. 成都地铁二号线土建 22 标

本标段主体工程由 1 个始发工作井和 2 个盾构区间组成，主要附属工程包括 8 个洞门、3 个联络通道(不含污水泵房)、盾构机过站两次。盾构始发场地位于经干院站，工程交通条件便利；盾构吊出位于东洪路站内。区间隧道纵坡坡度 2‰～28‰。隧道顶部埋深为 9.8～25 m，最小平面曲线半径 400 m。

东洪路站—东部副中心站—经干院站区间，隧道起于经干院西端头，止于东洪路站南端头。线路出经干院站后以 500 m 的曲线进入老成渝路，沿老成渝路向西北行进一段，期间经过1 000 m和 1 500 m 的两个短曲线，以直线进入东部副中心站；线路从东部副中心站出来后沿老成渝路继续向西北行进一段后，经过 400 m 和 500 m 的两个曲线段后，沿东洪路进入东洪路站南端头，工程缩略图见图 4.2。

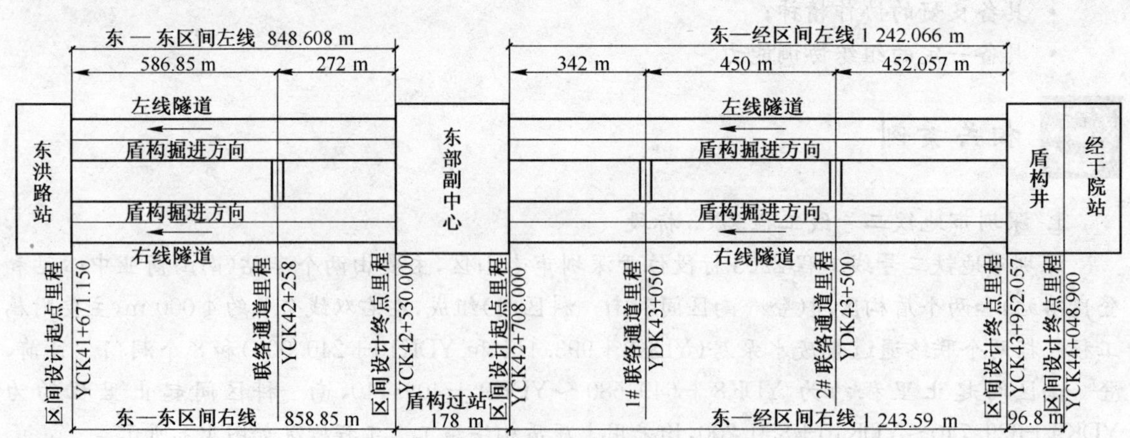

图 4.2　成都地铁二号线土建 22 标工程缩略图

区间隧道为盾构法施工。衬砌采用环宽为 1 500 mm 和 1 200 mm 的钢筋混凝土管片(局部钢管片)，内径为 5 400 mm，外径为 6 000 mm，强度等级 C50，抗渗等级 P12，管片组装方式采用“3+2+1”错缝拼装。管片连接采用12根M24环向螺栓和10根M24纵向螺栓，接缝之间采用高弹性三元乙丙橡胶密封止水条防水。管片与围岩之间的环缝采用同步注浆及二次补浆充填，防止地面沉降。

典型工作任务1 概 述

4.1.1 工作任务

掌握土压平衡盾构机施工的基本原理和构造，掌握土压平衡盾构机施工的工艺流程。

4.1.2 相关配套知识

1. 土压平衡式盾构技术简介

土压平衡式盾构又称削土密闭式盾构或泥土加压式盾构，这种盾构是在局部气压盾构和泥水加压盾构的基础上发展起来的。该盾构的前端有一个全断面切削刀盘，在盾构中心或下部有长筒形螺旋运输机的进土口，其出口在密封仓外，是一个在钢壳体保护下完成隧道掘进、管片拼装作业的机电一体化设备。

土压平衡式盾构(EPBS)自1974年在日本首次使用以来，以其独特的优势已广泛用于世界各地的隧道工程中。1984年上海市隧道工程公司首次从日本引进ϕ4.36 m土压式平衡盾构，1988年上海又自行研制了ϕ4.35 m加泥式土压平衡盾构，并成功地穿越了软弱黏土和砂性土交错的复杂地层，建成了上海市电缆过江隧道。

在地铁建设领域，自1991年上海采用7台直径6.34 m的土压平衡盾构进行地铁1号线工程施工以来，土压平衡盾构施工技术在国内已日趋成熟，并在国内地铁、城际轨道、公路隧道、过江隧道、供水管道及其隧道工程施工中得到广泛应用。图4.3、4.4就是在广州地铁施工中使用的典型的海瑞克土压平衡式盾构机的示意图。

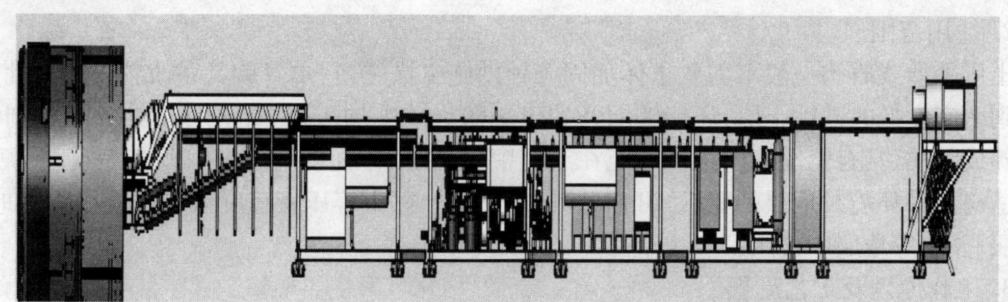

图4.3 在广州地铁施工中使用的典型的海瑞克土压平衡式盾构机示意图

土压平衡式盾构掘进机几乎适用于全部的软弱地层，并能有效地保持开挖面的稳定和减少地面的沉降，施工的安全性及可操作性高，其总体性能已在上海、广州、南京及深圳等地铁隧道建设中得到大量证明。土压平衡式盾构主体构造见图4.5。

土压平衡式盾构主要由以下几部分组成：盾构壳体、刀盘及驱动系统、螺旋运输机、管片拼装机、推进系统、皮带运输机、人闸系统、液压系统、电气控制系统、润滑系统、加泥系统、水冷却系统、盾尾密封系统、注浆系统、车架、吊运机等。

图 4.4 德国海瑞克土压盾构机(编号 S-471)出厂图片

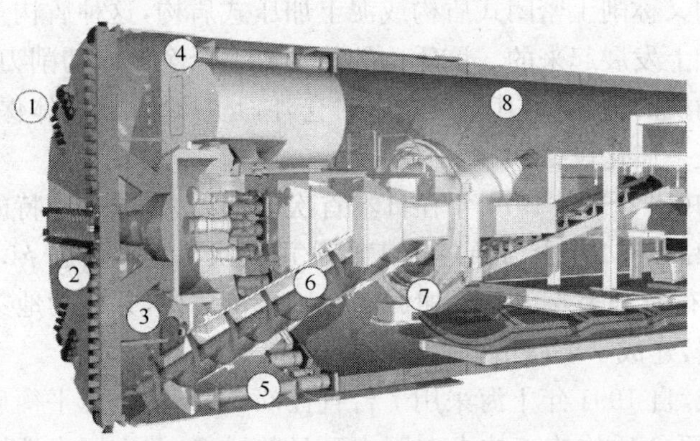

图 4.5 土压平衡式盾构的主体构造图

1—隧道面;2—刀盘;3—土仓;4—耐压防水壁;5—推力油缸;
6—螺旋机;7—混凝土管片;8—盾尾钢壳

2. 适用范围

土压平衡式盾构一般不需要土体加固等辅助施工措施,它本身就具备改善土体的性能,如果遇到密实度低的砂性土层,还能够向开挖出来的土砂中加入适量的水或泥浆、添加剂等,通过搅拌成匀质、具有流动性的土体填充在土仓中,保证工作面的稳定,所以土压式平衡盾构机能够适应多种环境及地层的要求,可在砂砾、砂、粉砂、黏土等压密程度低、软、硬相间的地层以及砾层、砂层等地层中使用。

3. 工作原理及工艺流程

其施工原理是将盾构机前面的刀盘切削下来的渣土充填在土仓内,通过土仓充填的渣土压力平衡切削面的水、土压力,在切削面形成一个水土压力的动态平衡,以减少盾构推进对地层土体的扰动,从而控制地表沉降。

渣土由盾构机底部的螺旋运输机排出,渣土的单位时间出土量由刀盘的切削速度决定,具体由螺旋运输机的转速来控制。出土量要密切配合刀盘的切削速度,以保持密封仓内始终充满泥土而又不致过于饱满,以达到切削面水土压力的平衡。

土压平衡式盾构机施工工艺流程如图 4.6 所示。

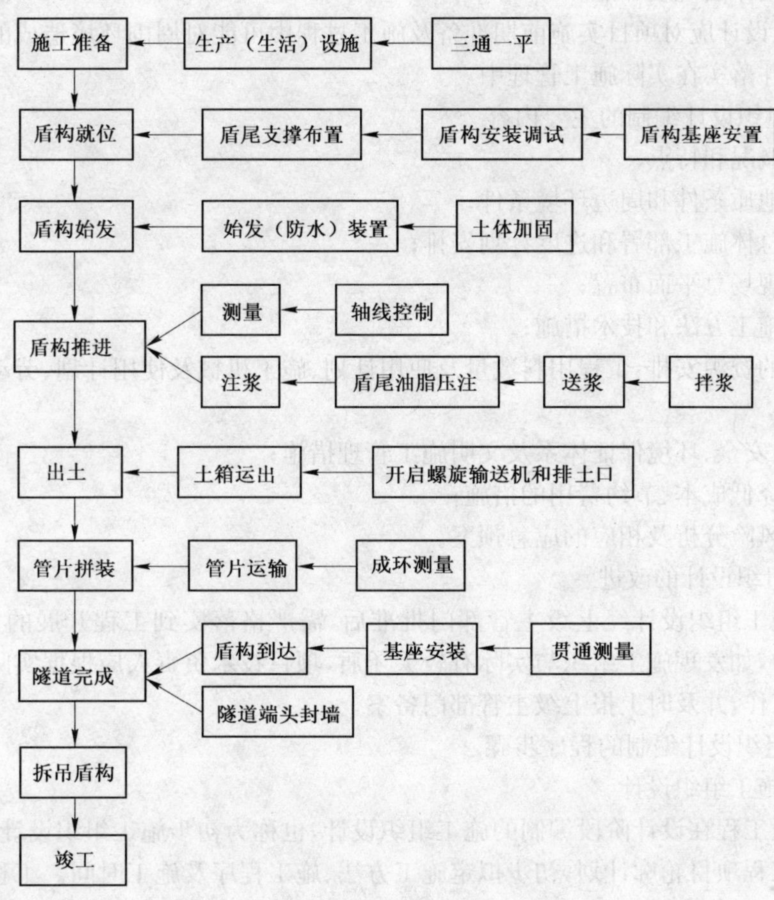

图 4.6　土压平衡式盾构施工工艺流程图

典型工作任务 2　施工组织设计

4.2.1　工作任务

掌握盾构施工组织设计的内容和重要意义。

4.2.2　相关配套知识

1. 施工组织设计编制的目的和要求

施工组织设计是用来指导施工项目全过程各项活动的技术、经济和组织的综合性文件，是施工技术与施工项目管理有机结合的产物，它是工程开工后施工活动能有序、高效、科学合理地进行的保证。

2. 施工组织设计的编制依据

土压平衡式盾构隧道施工组织设计的编制依据如下：

(1)业主的各类要求：质量、安全、进度、文明、施工等；

(2)施工区域周围实际环境状况；

(3)工程的设计及相关标准；

(4)相关法律法规及标准。

施工组织设计应对项目实施前期准备及施工过程中可能对周围环境造成的影响提出可行的控制措施，并落实在实际施工管理中。

3. 施工组织设计编制的主要内容

(1)工程概况和特点；

(2)工程地质条件和周边环境条件；

(3)工程总体施工部署和进度计划安排；

(4)施工现场总平面布置；

(5)主要施工方法和技术措施；

(6)主要的资源安排：工程用料数量及使用计划、施工机械及使用计划、劳动力组织及使用计划；

(7)质量、安全、环境保证体系及文明施工管理措施；

(8)项目降低成本、节约费用的措施；

(9)工程风险分析及相应的应急预案。

4. 施工组织设计的改进

项目的施工组织设计经上级主管部门批准后，需严格落实到工程开展的每一道工序中。在实施过程中，如发现施工组织与实际有较大矛盾，项目技术负责人应根据实际情况进行施工组织的改进工作，并及时上报上级主管部门备案。

5. 施工组织设计编制的程序步骤

(1)初步施工组织设计

轨道交通工程在设计阶段编制的施工组织设计，也称为初步施工组织设计，内容主要是制定一个地铁工程项目轮廓计划，初步拟定施工方法、施工程序及施工时间。工程结构计算和设计与施工方法密切相关，只有拟定了施工方法，结构设计工作才能进行。工程概算也要依据一定的施工方法、施工程序、施工时间进行编制。虽然这个阶段的施工组织设计不可能编制得很详细具体，但它是把整个地铁设计付诸实施的战略性决策，应当力求切合实际。

(2)指导性施工组织设计

施工单位在参加施工投标时，应根据工程招标文件的要求，结合本单位的具体条件，实事求是的编写施工组织设计。中标后，在施工开始之前，施工单位还必须进一步重新审查、修订或重新编写施工组织设计，这个阶段的施工组织设计称为指导性施工组织设计，是组织地铁工程施工的总计划。施工中所有的工作都要依据这个计划进行，这个阶段的施工组织设计的主要任务是：①制定最合适的施工方法和施工程序，以保证在承包合同设定的工期内完成或提前完成施工任务；②及时周密地做好施工准备工作、供应工作和服务工作；③合理的组织劳动力和生产机具，使其需要量没有骤增骤减的现象，同时尽量发挥其工作效率；④在施工场地内合理地布置生产、生活、交通等一切设施，最大限度的节约临时用地，节省生产时间，同时方便生活；⑤制定施工进度计划及劳动力、机具、材料供应计划，详细到按月安排，以便于具体进行组织供应工作。

(3)实施性施工组织设计

施工单位根据各分部工程(以车站为例：连续墙施工、挖土和支撑、顶板和楼板浇筑、站台施工、出入口施工等)的具体情况，及分工负责施工的队或班组的人力、机具等配备情况，编制分部工程施工组织设计，也称为实施性施工组织设计。实施性施工组织设计的任务是把施工前编制的指导性施工组织设计分期、分部付诸实施。具体任务为:①具体制定各工作日程的施工进度计划;②依具体的施工计划,具体计算劳动力、机具、材料等日程需要量,并规定工作班组及机械在作业过程中的移动线路和过程;③按各施工工序具体考虑施工方法、机具、人员等施工细节;④合理划分各工序,劳动力组织、机具配备既要适应施工方法的需要,还要考虑适应工作班组的设备情况,要最有效地发挥班组工作效率,同时便于实行分项承包和结算,还要切实保证工程质量和施工安全;⑤要考虑到可能发生意外的情况,留有调节计划的余地。

(4)单位工程或分部工程的施工组织设计编制程序见图 4.7。

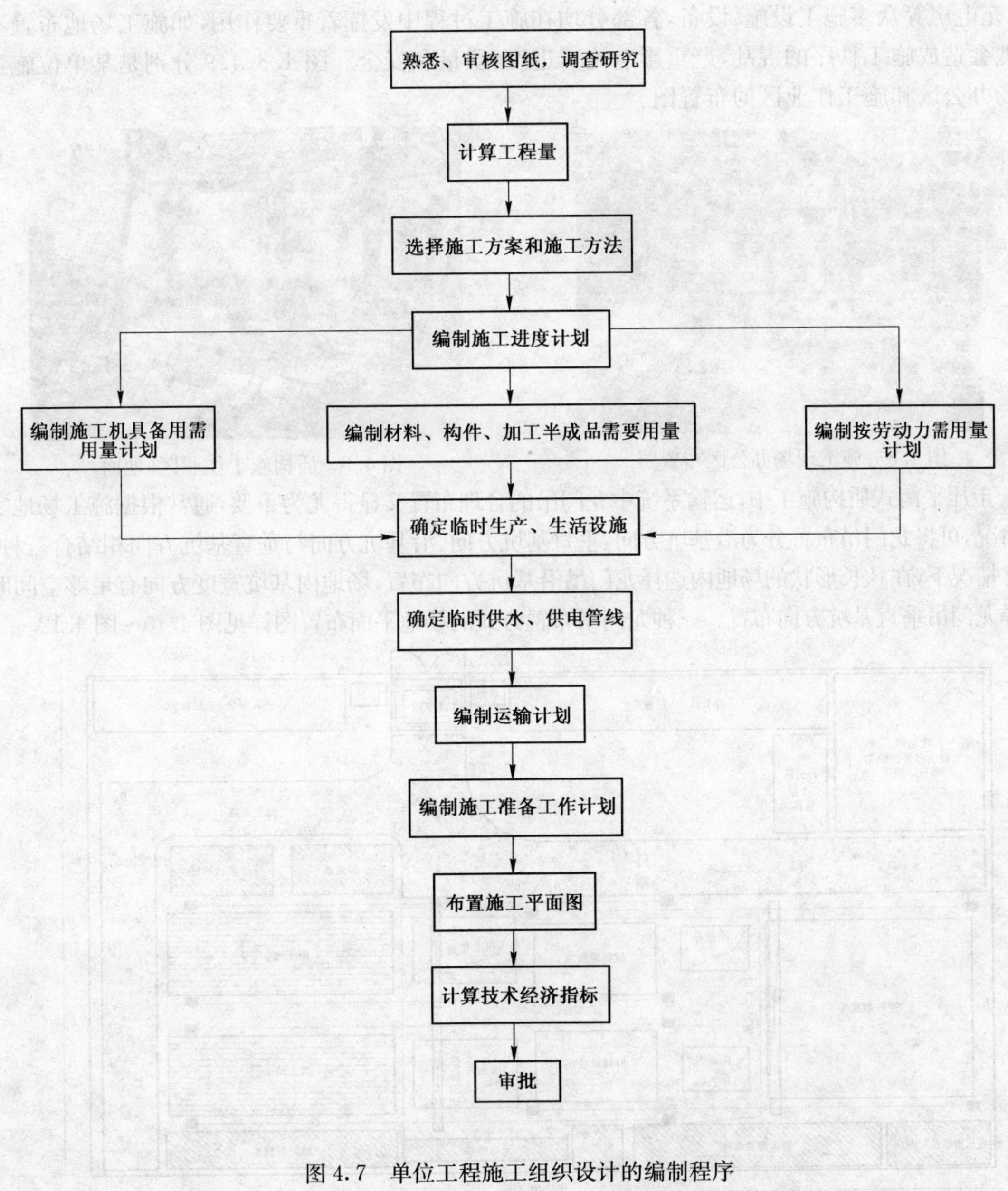

图 4.7　单位工程施工组织设计的编制程序

典型工作任务 3　施工场地布置

4.3.1　工作任务

了解盾构施工场地的合理布置要求及其意义。

4.3.2　相关配套知识

施工场地平面布置是施工组织设计的重要组成部分之一，它对指导现场文明施工有着重要意义。土压平衡式盾构施工现场布置有现场办公室、龙门吊、渣土池、管片堆场、搅拌站、仓库、充电房等众多施工设施、设备，各部分均在施工过程中发挥着重要作用，如施工场地布置不合理会造成施工秩序的混乱，严重影响施工进度、质量和安全。图 4.8、4.9 分别是某单位施工现场办公区和施工作业区的布置图。

图 4.8　施工现场办公区布置图

图 4.9　盾构施工作业区(地面)

土压平衡式盾构施工中，运输系统中龙门吊的合理布置又显得尤为重要，通常根据施工场地实际情况，可将龙门吊布置分为沿基坑方向、垂直基坑方向、沿基坑方向与垂直基坑方向相结合三种。通常情况下，在狭长形状的场地内选择龙门吊沿基坑方向布置，场地内基坑宽度方向有足够空间时选择龙门吊垂直基坑方向布置。三种龙门吊布置方式的场地平面布置图详见图 4.10～图 4.12。

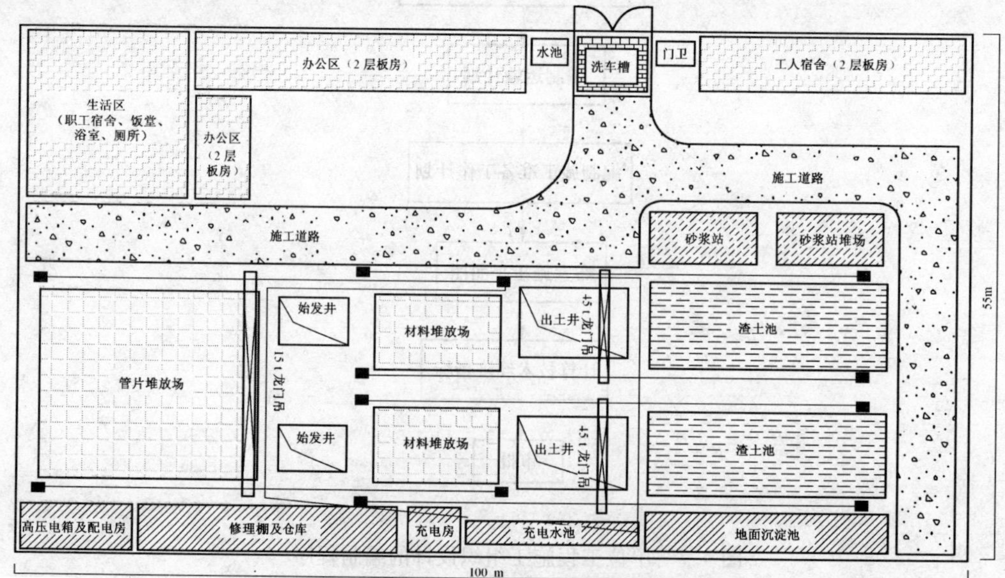

图 4.10　龙门吊沿基坑方向的场地平面布置图

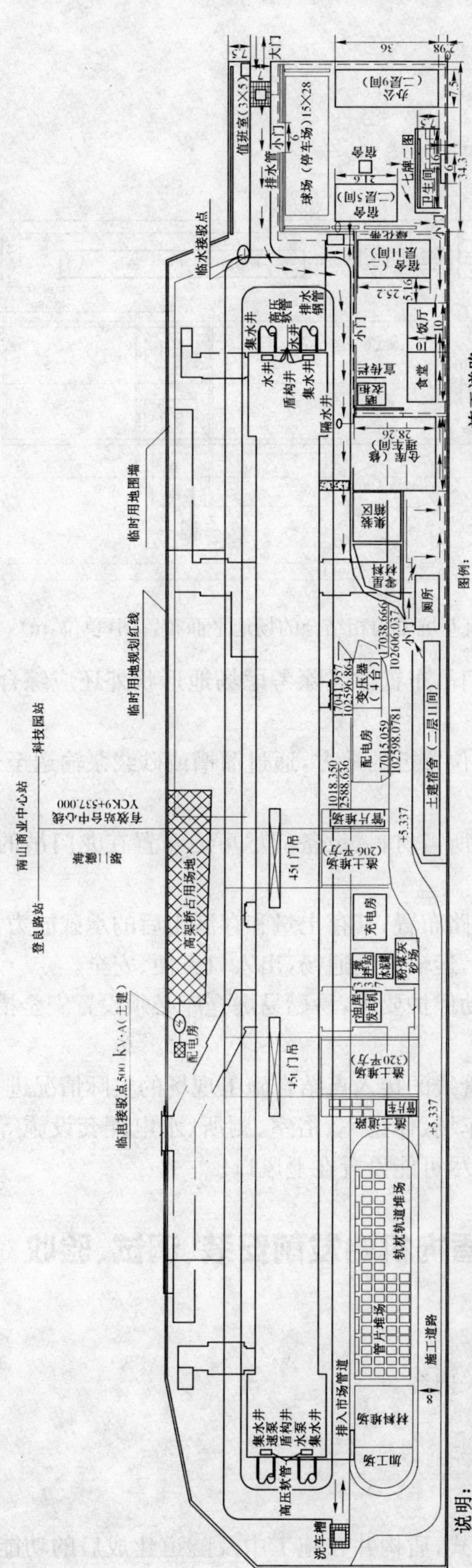

图例：

说明：

1. 本图为南山商业中心站盾构施工阶段的施工总图平面布置图。
2. 本站业主提供2个2 000 kV·A个、2个630 kV·A和1个水源
3. 用水用电线路布置如图所示，水管采用镀锌钢管埋地铺设，电缆沿电缆沟铺设
4. 项目经理部具体位置如图。

图 4.11　龙门吊垂直基坑方向的场地平面布置图

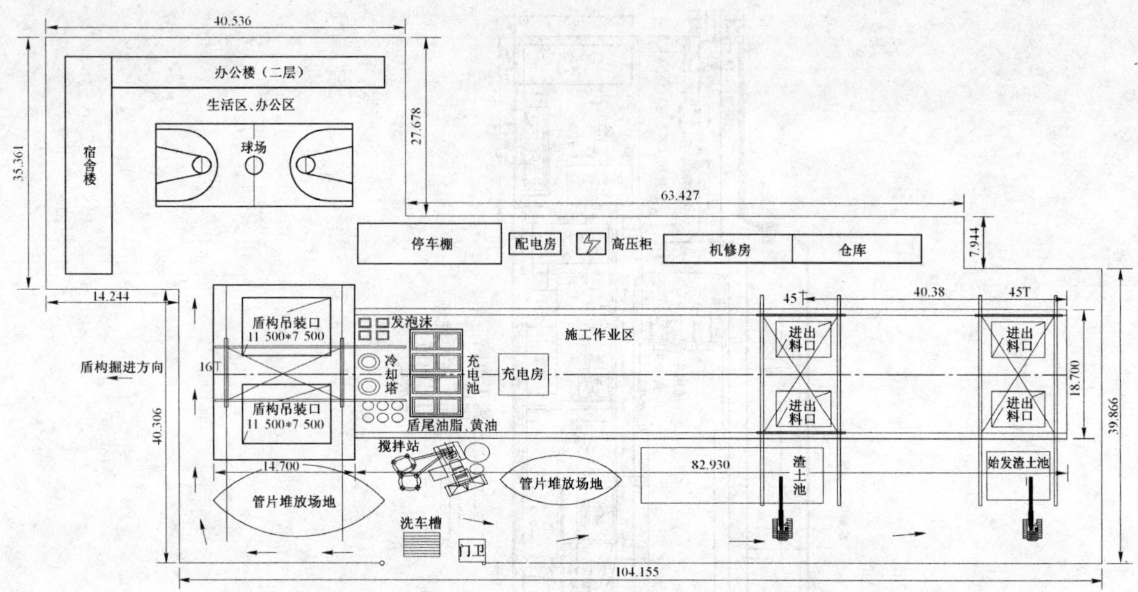

图 4.12　龙门吊沿基坑与垂直基坑方向相结合的场地平面布置图(单位:m)

影响施工场地布置的因素众多,龙门吊布置方式除考虑场地形状外还应综合考虑场地周边环境、设备选型等因素。

搅拌站应尽可能的布置在距离放浆位置近的地方,通过溜槽或砂浆泵输送至运浆车内,搅拌站生产能力需满足施工需要。

轨道、轨枕、充电池管片及其他施工所需材料、设备应尽可地布置在龙门吊的有效吊装范围内,以减少二次搬运,提高施工效率。

渣土池应结合龙门吊及场内运输道路布置,其存土量和存满土后的承载能力需进行验算。

场内施工便道应满足车辆行驶要求,运输方便通畅,出入口方便、安全。

施工区域布置应满足安全防火、劳动保护要求,易燃易爆仓库必须设置安全措施,氧气、乙炔分开放置。

供电线路、给排水安排应根据市政管线的接入点结合施工现场的实际情况进行布置。

生活区域临时设施包括办公室、停车场、休息室、浴室、厕所、水电配套设施等。生活区域原则上应设置在施工区域以外的地方并尽可能设置在上风口。

典型工作任务 4　盾构机始发前安装、调试、验收

4.4.1　工作任务

掌握盾构机始发的安装、调试的相关内容。

4.4.2　相关配套知识

1. 盾构机始发前的安装

盾构机的种类,盾构始发、到达的方式,盾构井在施工中及隧道建成后的功能决定了盾构井形式、尺寸各异。盾构机始发前的安装一般有两种方式:一种是盾构主体分体吊装下井后,

在竖井内进行组装、调试；另一种是盾构机主体在地面进行组装后，通过提升装置将盾构机整体吊装下井，在竖井内与后配套台车进行连接，然后进行盾构机调试。两种方式的安装流程图见图4.13、4.14、4.15、4.16。

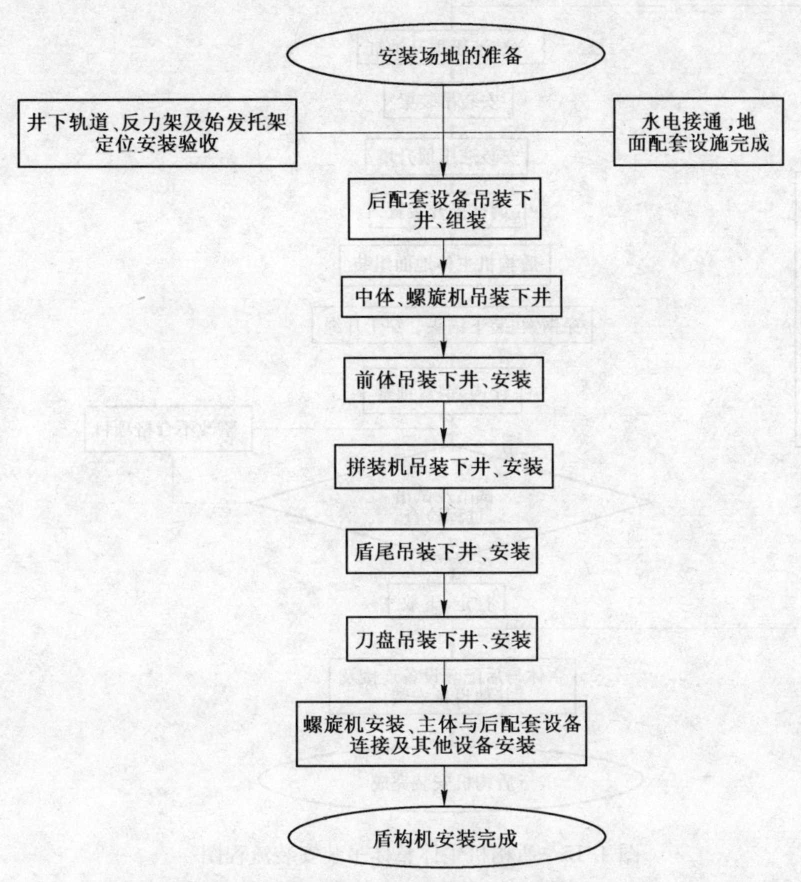

图4.13　盾构机主体分体吊装安装流程图

(a)　(b)

图4.14　盾构机主体分体吊装施工现场图片

盾构主体分体吊装下井的安装方法是传统的施工工法，施工简单、易行。但采用该

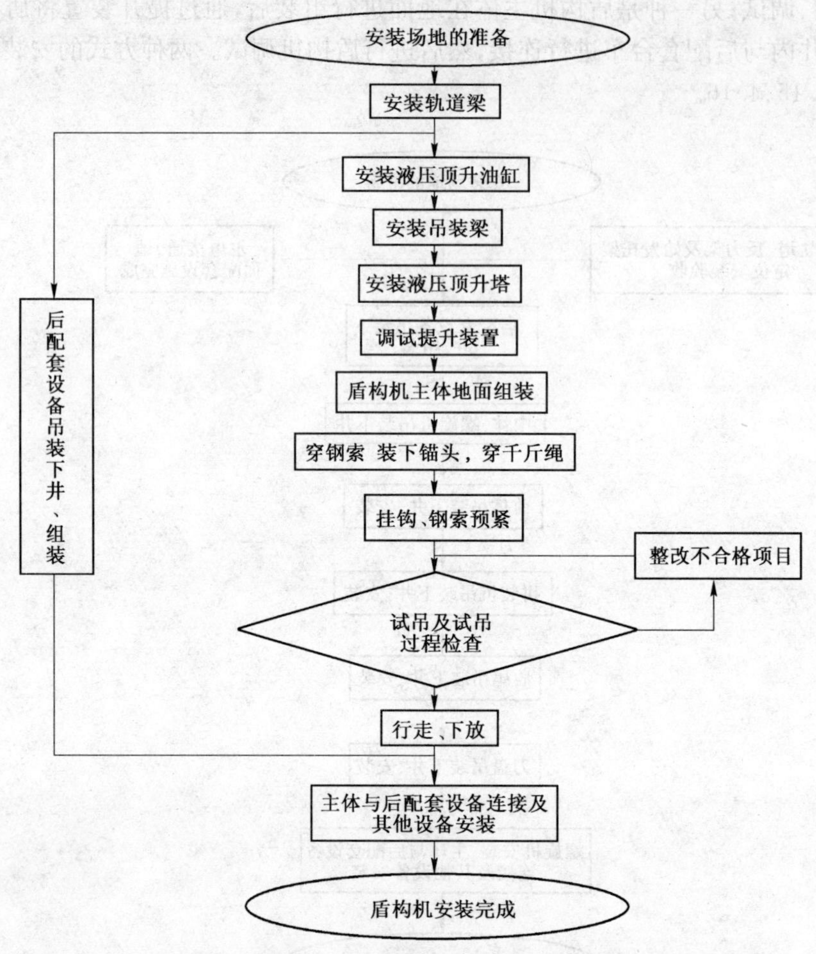

图 4.15　盾构机主体整体吊装安装流程图

图 4.16　盾构机整体吊装施工现场图片

技术施工时，占用井口时间长，不能与其他工序进行交叉作业，对于需要焊接组装、切割解体的盾构机，则需要在始发井底部预留沟槽作为盾体底部焊接或切割的作业空间，或是在盾构机的两侧焊接牛腿，用千斤顶将盾构机整体顶升后进行盾体底部焊接或切割的作业，或是在盾构机托架上安装翻滚装置，将盾构机侧翻后进行盾体底部焊接或切割的作业，再将盾构机复位。

盾构机主体在地面进行组装，通过提升装置将盾构机整体吊装下井的方法可以适用于不同的盾构井形式、尺寸及周边环境下的盾构机上下井施工，占用盾构井时间少，可与其他工序交叉作业，加快施工进度，但需增加一套盾构机整体提升装置。

2. 盾构机始发前的调试

盾构机组装完成后，需要进行各项内容的调试工作，以确保盾构机能够顺利始发及在正常掘进施工时各部分系统性能的稳定性和可靠性。

在所有的电气、液压及其他各种管线连接完成，液压油、润滑油脂、发泡剂、盾尾密封油脂等按要求充填完毕，且确保盾构机调试所需的电和水均接入盾构机后就可以进行调试和验收工作。

调试工作需按照每一个子系统单独进行，要认真仔细地对每一个子系统进行各项功能调试，具体的调试应按照盾构机生产厂家提供的验收表格去完成。

盾构机组装完成后调试检查的主要内容如下(以海瑞克 ϕ6280 土压盾构机为例)。

(1)机械、液压部分

1)盾体

①外观检查，主要包括盾体总体外观有无变形、耐磨焊磨损情况、土仓壁及气仓壁开口处的外观检查。

②盾体上润滑注射孔的外观检查，是否堵塞。

③气仓壁上压力调节装置外观检查。

④土仓仓门的密封、气仓仓门的密封、人闸密闭性。

⑤推进油缸功能检查，管片安装模式下单组油缸伸缩时间。

⑥铰接油缸功能检查，伸出和缩回的时间检查。

⑦盾尾外观检查，主要是尾刷的安装质量、注脂孔是否畅通、注浆孔是否畅通、注浆用压力传感器是否正常。

2)刀盘

①刀盘运转偏心度检查。

②刀盘对盾体的超挖量检查。

③耐磨焊的外观检查。

④回转接头的外观检查。

⑤刀具的检查，各种规格刀具数量、刀具紧固螺栓的松紧性。

3)刀盘驱动

①刀盘驱动马达外观检查。

②变速箱齿轮油液位检查，要求为液位管 2/3 位置。

③主驱动齿轮油检查，主要包括主轴承齿轮油油位、油位开关是否正常、漏油检查。

④主轴承油脂泵功能检查，主要包括液位控制报警开关功能、自动注入功能检查。

⑤油脂分配器外观检查。

⑥刀盘主驱动功能检查，主要包括刀盘最大转速测量、1 挡正逆时针旋转、2 挡正逆时针旋转、控制盒上的左/右点动操作。

4)拼装机(空载调试)

①纵向走行油缸过载溢流阀动作功能。

②马达加速、急停、从低速加速到最高转速的时间、最大转速。

③左/右旋转角度限制。

④主伸缩油缸行程、伸出/缩回时间。

⑤纵向油缸行程、伸出/缩回时间。

⑥安装头倾斜动作，前/后、左/右。

⑦抓取管片的夹紧动作。

⑧夹紧系统防误松开措施。

5)回路系统

①各种手动阀的开闭。

②回油滤清器的检查。

③油温传感器、1 号和 2 号油箱液位传感器报警功能。

④盾尾排污系统运作。

⑤空气系统，空压机运作。

6)台车部分

①管片输送小车(始发进入 5～7 环后安装)：纵向油缸行程、伸出/缩回时间，操作安全性检查，顶伸油缸的行程，检查管片从输送小车转移到管片拼装机上是否正常。

②管片吊机：框架结构外观、纵向行走时有无碰撞、制动撞块动作功能，快慢挡位转换、纵向往复行走一周的时间，电源电缆保护、止脱销有无安装、满足装运管片空间高度。

③油脂泵：油脂液位控制开关、手动开关、满足更换油桶的空间。

④注浆泵及浆液罐：控制柜的动作、管路畅通，初始运动前活塞水箱加满水，浆液罐的搅拌功能、维修控制盒的作用。

⑤悬臂葫芦的动作。

⑥伸缩管功能：限位开关的动作、过载压力卸荷功能，伸缩功能、人员的安全性。

⑦台车结构外观检查：走道、平台、扶手、楼梯、爬梯是否正常。

⑧自动导向系统激光束通道有无遮挡。

7)人闸系统：外观检查、仓门开闭是否正常、压缩空气装置外观、系统密闭性。

(2)电气部分

1)强电部分

①高压电接入前，高压电缆需通过耐压测试与绝缘测试，均合格后方准投入通电使用；

②高压电通电前，确保所有电缆连接正确，并确保线耳、接头锁紧。

2)弱电部分

①确保所有信号线、24 V 电源线等线路连接正确。

②确保各控制电路、电磁阀继电器、传感器均正常工作。

③确保 PLC 程序运行正确，各系统无故障运行。

3. 盾构机始发前的验收

在盾构始发前应按盾构主要功能及使用要求制定现场验收大纲，验收的项目主要包括：盾构壳体、切削刀盘、拼装机、螺旋输送机、皮带运输机、同步注浆系统、集中润滑系统、液压系统、铰接装置，电气系统、渣土改良系统、盾尾密封系统等。

盾构各系统验收合格并确认正常运转后，方可开始掘进施工。

典型工作任务 5　盾构机始发

4.5.1　工作任务

掌握盾构始发时托架、反力架等始发辅助措施的安装。

4.5.2　相关配套知识

盾构的始发是盾构法施工的重要环节，涉及到工作井洞门的形式、盾构内设备的布置、始发端头土体加固方法、防止及减少地面沉降等技术方案。所以盾构始发的施工技术、方法、措施合理，能减少许多“后患”，保证施工的速度和安全。

1. 常规盾构始发形式

常规的盾构始发形式示意图详见图 4.17。

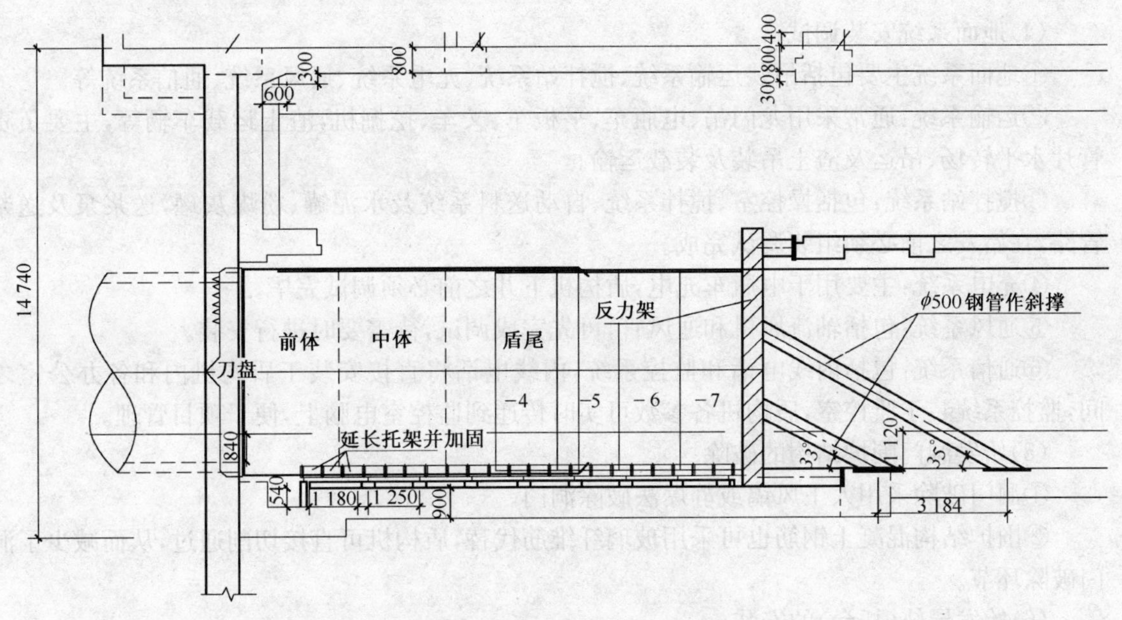

图 4.17　盾构机始发示意图(单位：mm)

(1)轨道铺设、基座安装

轨枕的铺设位置要准确，固定钢轨的压板、螺栓要坚固，定期检查并复紧。基座可采用钢结构，也可采用现浇钢筋混凝土结构。采用钢结构形式时，加工精度要求为±1 mm，拼装精度要求为±2 mm；基座安装精度要求为水平方向±5 mm，垂直方向±2 mm。高度采用钢板垫块进行调节，基座前后左右均采用钢结构与盾构井主体结构锲紧，通过与盾构井底板预埋钢板焊接固定。

(2)盾构机下井、组装、调试

①应根据盾构部件情况和现场场地条件制定盾构下井组装调试方案。盾构机下井吊装时，应根据最大部件尺寸、最重部件规格和现场施工条件选择盾构吊装设备，应对地下管线、周围环境、交通做好防护工作。

②盾构机组装过程是与下井过程紧紧联系的，在只有一个盾构井的情况下，先将台车吊装

下井，由最后一节台车开始依次吊装，并将台车往后拉至其预定位置，台车下井后开始连接。而盾构机盾体一般是通过两台吊机配合吊装下井。

③盾构机拼装和连接完毕后，即可进行空载调试，空载调试主要是检查设备是否正常运转。主要调试内容为：液压系统、润滑系统、冷却系统、配电系统、变速系统、管片拼装机以及各种仪表的校正等。

④通常试掘进时间即为对设备负载调试。负载调试时将采取严格的技术和管理措施保证施工安全、工程质量和线形精度。负载调试待安装好负环管片、洞门凿除和洞门密封环板完成后进行。

(3)反力架安装

反力架由钢环、反力架框及钢支撑组成，钢环精度要求：环面平整度 5 mm，使混凝土管片受力均匀。钢环后部用型钢制作反力架框，钢环与反力架框之间焊接固定，在反力架后用足够强度的钢支撑，盾构掘进时的后座反向力由其传递至盾构井结构，钢支撑需焊接在预埋的钢板上。

(4)地面系统安装调试

①地面系统主要包括吊装运输系统、搅拌站系统、充电系统、通风系统、通信系统等。

②运输系统：通常采用龙门吊、电瓶车、平板车、叉车、挖掘机，渣土运载车辆等，主要负责管片水平转场、吊运及渣土吊装及装载运输。

③搅拌站系统：包括操控室、搅拌系统、自动送料系统及水泥罐、粉煤灰罐，送浆泵及送浆管路，在始发之前必须组装调试完成。

④充电系统：主要用于电瓶车充电，盾构机下井之前必须调试完毕。

⑤通风系统：包括轴流风机和通风管，可先完成调试，待需要时进行安装。

⑥通信系统：包括内线电话和监控系统，内线电话将直接安装于盾构机内和各办公室之间，监控系统装于监控室，盾构机各参数可实时传递到监控室电脑上，便于项目管理。

(5)始发洞门围护结构的破除

①洞门破除采用人工风镐或静爆法破除洞门。

②围护结构混凝土钢筋也可采用玻璃纤维筋代替，盾构机可直接切削通过，从而减少了洞门破除环节。

(6)始发导轨(托台)的安装

在围护结构破除后，盾构基座端部距离洞口围岩必然会产生一定的空隙，为保证盾构在始发时不至于因重心悬空而产生“叩头”现象，需要在始发洞内安设洞口始发导轨(托台)。安设始发导轨时应在导轨的末端预留足够的空间，以保证盾构在始发时，不致因安设始发导轨而影响刀盘旋转。

(7)洞门帘板安装

洞门帘板的压板按种类分为扇形压板和折页式压板两种，宜优先采用折页式压板。盾构机进洞前，在预埋好的环板上依次安装螺栓、帘布橡胶板、环板及折页式压板，最后拧紧螺母，具体如图 4.18 所示。

(8)负环管片安装

①负环数量可根据盾构井结构和反力架位置确定。为方便负环管片拆除，负环管片宜采用通缝拼装方式。

②第一环负环定位对后面的管片拼装起着基准面的作用。为了确保管片外弧面与壳体间

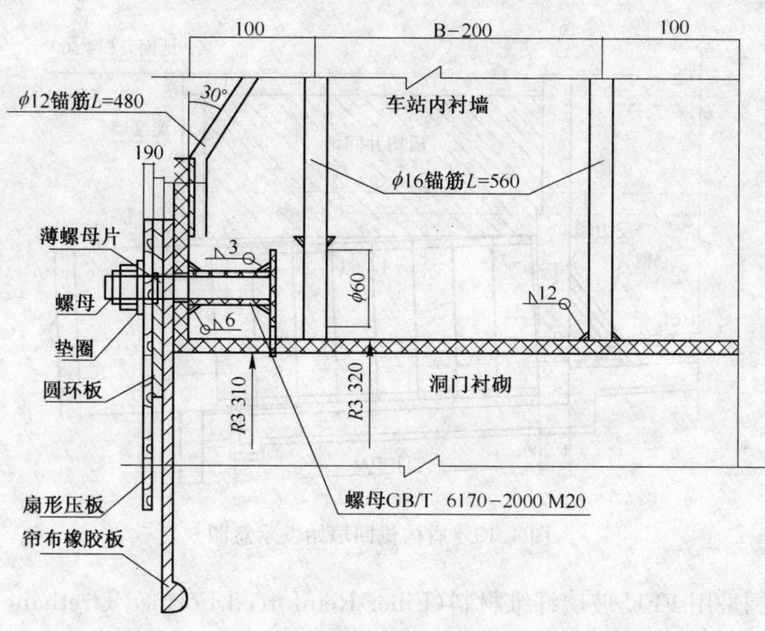

图4.18　洞门密封环板安装图

隙，可在落底块下部位置的盾尾壳体上焊接垫块（在拼装零环前按要求拆除），落底块精确定位后再拼装其余管片。拼装相邻块管片时必须采用型钢支撑上部管片，以防止相邻块管片下坠。拼装完成后，用千斤顶将管片整体后推至反力架，确保负环端面与反力架立面平行，对可能存在的缝隙要用钢片填塞，上下左右无缝接触均匀受力，最后用纵向管片螺拴将管片固定在反力架上。其他负环管片在盾构向前推进的过程中拼装，管片环向和纵向螺栓均需连接牢固。

(9)盾构机始发

完全清除洞门混凝土后，确认洞门环板、活动压板和橡胶帘板与盾构机刀盘不冲突，盾构机即可向前推进，使用推进千斤顶使盾构机进入洞门，在盾构机进入洞门的过程中，需延长导向轨道，并注意活动压板和橡胶帘板的安全。当盾构机的刀盘碰壁后，及时调整活动压板转动轴与盾构筒体的间隙，一般为10～20 mm。

盾构机碰土体前应先将刀盘转动，推进速度一般控制在3～10 mm/min；推力选择应考虑反力架设计承受能力，一般宜小于800 t；扭矩不宜过大，防止盾构机侧向滚动。

(10)盾尾通过洞门帘板后进行回填注浆

当盾尾通过洞门密封后，立即调整压板，尽量减少压板和管片之间的间隙；在盾尾离开帘板1 m后进行回填注浆，注浆压力不得大于0.1 MPa。在注浆过程中，洞门外侧应安排人员注意观察，如发现漏浆现象需马上采取有效措施处理。

2. 非常规盾构始发形式

(1)回填始发

在开挖完成的基坑内，先完成盾构安装、反力装置施工及垂直运输出入通道的构筑，然后将基坑回填，把盾构埋置于回填土中，仅留出垂直运输出入通道口。这样盾构就在回填土中进行密闭始发掘进施工。回填始发示意图见图4.19。

(2)“SEW(Shield Earth Retaining Wall System)工法”始发

“SEW(Shield Earth Retaining Wall System)工法”是指在盾构隧道施工中，在隧道的盾

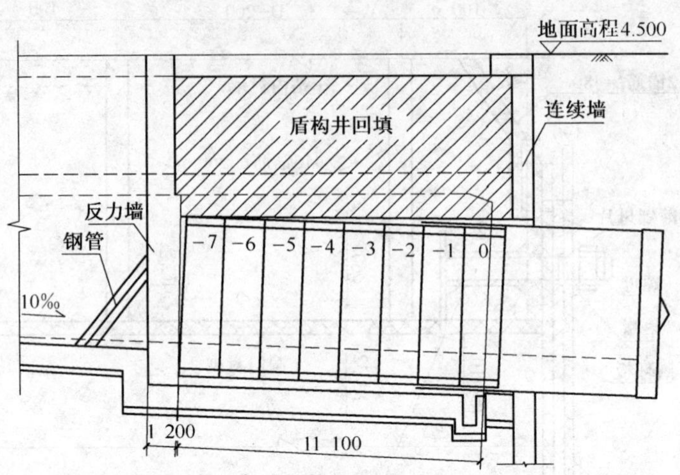

图 4.19 盾构机回填始发示意图

构始发洞门范围采用 FFU 玻璃纤维材料(Fiber Reinforced Formed Urethane)替代常规基坑围护结构的钢筋混凝土材料作为洞门的围护结构,利用 FFU 材料的高抗拉强度,用以承担基坑开挖过程中的侧土压力。在盾构始发阶段,由于 FFU 材料的低抗剪强度,盾构机可直接对使用 FFU 材料的围护结构进行切削,从而免除了传统的盾构始发施工方法中对端头进行大范围加固和洞门凿除,使盾构机能快速安全的始发。如图 4.20、4.21 所示。

图 4.20 含长方体形玻璃纤维材料的钢筋笼

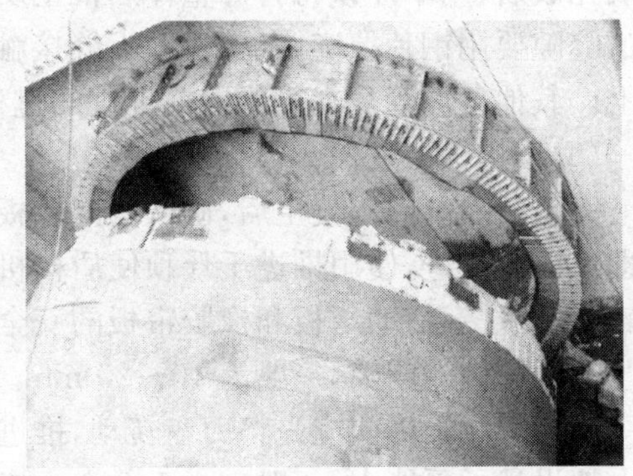

图 4.21 采用 SEW 工法进行盾构始发施工

典型工作任务 6 盾构机掘进参数的管理

4.6.1 工作任务

掌握盾构掘进时主要的参数控制指标。

4.6.2 相关配套知识

1. 土仓压力

(1)土仓压力设定

土仓压力主要取决于刀盘前的水土压力，一般取刀盘中心处的水土压力，实际操作时，可根据地质情况、隧道埋深及地面监测情况及时进行调整。仓内压力根据设置在隔板上下部土压计的测定结果估算。

在盾构始发阶段经过端头改良区时，考虑到土体经过搅拌桩加固改良后，水土压力明显降低，同时为保护洞门止水装置，可取土压力为较低值，然后逐步提升至合理范围。

(2)土仓压力调节

土仓压力调节主要通过以下 3 种方法：

①调节螺旋输送机的转速；

②调节盾构千斤顶的推进速度；

③以上两者组合调节。

2. 掘进速度

(1)在盾构始发阶段，为控制推进轴线，保护刀盘，推进速度不宜过快，使盾构缓慢稳步前进，在通过改良区地段时，推进速度控制在 10 mm/min 为宜，通过改良区后，速度可逐步提升，同时应控制千斤顶总推力在初始推进阶段不大于 1 500 t；正常掘进阶段根据扭矩、推力、螺旋输送机出土速度等参数综合考虑确认掘进速度，通常控制在 30～60 mm/min。

(2)盾构启动时，盾构司机必须检查千斤顶是否全部靠紧管片，开始推进和结束推进之前速度不宜过快。每环掘进开始时，应逐步提高掘进速度，防止启动速度过大。

(3)一环掘进过程中，掘进速度值应尽量保持衡定，减少波动，以保证仓内土压的稳定。

(4)推进速度的快慢必须满足每环掘进注浆量的要求，保证注浆系统始终处于良好工作状态。

(5)在调整掘进速度的过程中，应保持开挖面稳定。

3. 推力、扭矩

通常装备推力为必要推力的 2 倍，所以掘进中的推力控制在装备推力的 50%以下(管理值应为设计值±20%)。控制推力增大的措施有：①降低掘进速度；②使用修边刮刀；③在盾构机外壳板外侧注入滑材减少摩阻力；④采用气压辅助掘进。

通常装备扭矩留有一定裕度，正常掘进时的扭矩应小于装备扭矩的 50%～60%。若出现扭矩大增时，应①降低掘进速度；②使用刀盘逆转；③改良渣土。

4. 出土量

为使掘削面保持稳定，掘进施工中应对排土量和土压进行管理和控制。排土量控制通常需通过对连续多环进行排土量总量控制，排土量可按下述两种方法进行计算：

(1)测出空车和载重车的重量，据此算出排土量。

(2)根据盾构推进量和螺旋输送机的转速，按式(4.1)计算排土量：

$$Q=\eta \times A \times N \times P \tag{4.1}$$

式中　Q——排土量；

η——排土效率；

A——螺旋输送机断面积；

N——转速；

P——螺旋翼片的间距。

典型工作任务 7 添加剂管理

4.7.1 工作任务

掌握土压平衡施工中添加剂的作用和各种添加剂的适应性。

4.7.2 相关配套知识

土压平衡式盾构施工成功的关键是将开挖面开挖下来的土体在压力仓内调整成一种“塑性流动状态”。如果地层是类似于上海的淤泥质黏土层的话，只要在压力仓内通过旋转翼板搅拌，就可满足这种状态顺利进行施工。但是，如果地层土质粘性较大，或者是黏粒含量较少的卵石层、砂土地层、风化岩地层，进入压力仓的土体就很难形成这种“塑性流动状态”，从而影响盾构的排土特性，影响推进扭矩，增加机件磨损，也给施工带来困难。压力仓闭塞、压力仓结泥饼或者螺旋排土器出口处的喷涌就是因为施工中土性不良导致的常见故障。

在土压平衡式盾构施工中遇到不易形成“理想的塑性流动状态”的土层而发生上述施工故障时，通常的办法是向压力仓内注入一些添加材料来改良土体的状态，使其达到利于施工要求的状态。一般使用的材料大致可以分为表 4.1 中的四类。这些材料有时单独使用有时组合使用，各种材料的特性可归纳如下。

1. 矿物类：为了使开挖土体成为具有流动性和不透水性的泥土，需要加入一些细颗粒，土压盾构施工中的经验值是开挖土中的微细颗粒必须达到 30%～35% 左右。若开挖土体中的微细颗粒不足，此时最常用的是把黏土、蒙脱土等作为添加材料制成泥浆进行补给。

2. 高吸水性树脂类：由于高吸水性树脂可以吸收自重几百倍的地下水成为胶凝状态，所以对防止高水压地基的喷涌有很好的效果。

3. 水溶性高分子类：它与树脂一样是高分子化合物构成的材料，并具有可以使开挖土体的黏性增大的效果。在过去的盾构施工中很多情况下都使用过。但有时由于渣土会成为泥糊状而只能作为工业废弃物来处理。

4. 界面活性材料类：是目前比较先进的改善土体性质的方法。主要是注入用特殊发泡剂和压缩空气制作的泡沫。泡沫中 90%是空气，另外 10%中的 90%～99%是水分，剩下的才是发泡剂。数小时内，渣土中泡沫里的大部分空气就会逃逸而恢复原来的黏结状态，更便于运输，可以防止可重塑的黏土形成泥饼。其原理是黏土块外面形成薄膜，从而阻止了块与块之间的黏结；降低摩擦力，节约能耗；流动性增加，便于螺旋输送器出土，加到工作面上去的泡沫会形成一个不透水层，对工作面起到保护作用，可增加土体的可压缩性，这样更易于土压平衡的控制。

表 4.1 盾构施工中常用外加剂的比较表

种类	代表材料	主要效果	适用土质	缺 点
矿物类	膨润土 蒙脱土	改善不透水性、流动性	各种土质	废弃物处理
高吸水性树脂	环氧树脂	变成胶凝状态防喷涌	高水位含水量高	在酸碱地基和化学加固区吸水能力会降低
水溶性高分子	CMC	增大黏性	无黏性土	废弃物处理
界面活性材料	泡沫	改善不透水性、流动性，防止黏附	各种土质	无

目前在国内的土压平衡盾构施工中,泡沫和膨润土是使用得最为广泛的两种外加剂。

典型工作任务8　管片的选型与拼装

4.8.1　工作任务

掌握盾构管片选型的方法,盾构管片拼装的工艺流程。

4.8.2　相关配套知识

1. 管片选型

管片选型主要是根据以下两个条件:第一,要适应盾构机的姿态,使油缸行程差、盾尾间隙与盾构机姿态相协调;第二,要拟合隧道设计轴线,使轴线拟合偏差控制在允许范围内。同时还要考虑是否需错缝拼装和封顶块位置这两个因素,错缝拼装和封顶块位置这两个条件较容易满足。当前一环已经拼装完成,本环管片的所有拼装点位中,不满足错缝的点位是确定的,可以首先排除,选型工作在其余满足错缝拼装的所有点位中进行。

理想情况下,盾构机是严格依照计划轴线向前掘进的,盾构机的前后参考点应该都位于计划轴线上,管片选型只需满足与盾构机姿态的协调条件,便自然满足偏差控制条件。通常,盾构机稍微偏离计划线,但尚未到达纠偏距离时,管片选型如果满足与盾构机姿态的协调条件,也基本上能满足偏差控制条件。所以,管片选型才优先考虑与盾构机的姿态协调条件。只有在特殊情况下,当管片对计划轴线的拟合偏差接近轴线控制允许的最大偏差时,管片选型才优先考虑偏差控制条件。也即管片选型应以适应盾构机的姿态为主,线形控制为辅。

2. 管片拼装

管片拼装是建造隧道的重要工序之一,管片拼装后形成隧道,所以拼装质量好坏也就直接影响工程的质量。

(1)拼装工艺

目前管片拼装的工艺可归纳为先下后上、左右交叉、纵向插入、封顶成环。管片的拼装工艺流程如图 4.22 所示。

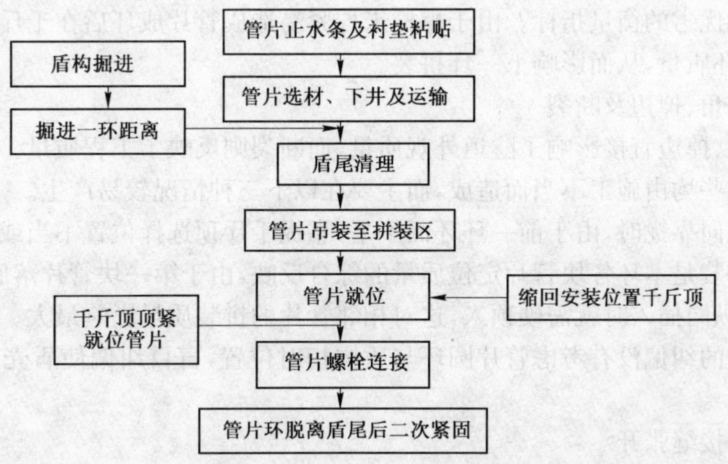

图 4.22　管片拼装工艺流程图

管片由管片车运到隧道内后，由专人对管片类型、龄期、外观质量和止水条粘结情况等项目进行最后一次检查，检查合格后才可卸下。管片经管片吊车按安装顺序放到管片输送机上，掘进结束后，再由管片输送机送到管片拼装机工作范围内等待安装。

1)管片安装必须从隧道底部开始，然后依次安装相邻块，最后安装封顶块。安装第一块管片时，用水平尺与上一环管片精确找平。

2)以"5＋1"的管片拼装形式为例，安装邻接块时，为保证封顶块的安装净空，安装第 5 块管片时一定要测量两邻接块前后两端的距离(分别大于封顶块的宽度，且误差小于＋10 mm)，并保持两相邻块的内表面处在同一圆弧面上。

3)封顶块安装前，对止水条进行润滑处理，安装时先径向插入 2/3，调整位置后缓慢纵向顶推。

4)管片块安装到位后，应及时伸出相应位置的推进油缸顶紧管片，其顶推力大于稳定管片所需力，达到规定要求，然后方可移开管片拼装机。

5)管片安装完后，在管片脱离盾尾后要对管片连接螺栓进行二次紧固。

(2)管片拼装施工通病

1)环面不平整

环面不平整是指相邻两块管片环面不平，引起原因是环面清理不干净，有泥或杂物(包括已成环及新拼块上)，或同一方向纠偏过多造成环缝压密量不一累计而成，这在通缝拼装更为明显。

2)纵缝质量不符合要求

表示纵缝质量的因素有前后喇叭、内外张角、内弧面平整度、两管片相对旋转及纵缝过宽。

纵缝质量不符合要求可能是由拼装时管片位置安放不正，管片弧长上端头有杂物压于环面内，过多的单向纠偏，管片内、外翻导致。

3)整个环面不正

这里是指整个环面与隧道轴线的垂直度，即上下超前及左右超前。环面不平整会直接影响盾构推进轴线的控制，而为了纠盾构轴线又可能形成环面的不正。

4)螺栓拧紧程度不够

整条隧道有成千上万块管片组合而成，其组合靠的是纵、环向螺栓，所以螺栓拧紧的程度是隧道整体性能优劣的衡量指标。由于螺栓未拧紧易造成管片成环后在千斤顶顶力作用下产生错位，降低成环质量，从而影响下一环拼装。

5)管片的缺角、掉边及断裂

管片的缺角、掉边直接影响了隧道外观质量，而断裂则反映了工程质量。这是隧道施工中最应防治的。这些均由施工不当而造成，而主要在以下三种情况较易产生。

①在拼装纵向靠拢时，由于前一环环面不平，靠拢千斤顶选择位置不当或顶力过大。

②封顶块拼装是本环各块管片定位质量的综合反映，由于第一块管片落底不够，使封口尺寸较小，封顶块纵向插入时就需硬顶入，这对相邻管片的拼装质量影响最大。

③盾构推进的纠偏没有考虑管片圆环与盾构相对位置，盲目纠偏使盾壳硬卡管片造成管片碎裂。

6)圆环内外接缝张开

这是圆环管片拼装后的综合症，因为圆环接缝张开即前后环面直径不一，则纵缝就有喇叭、张角、缝宽不一的现象，造成圆环接缝张开的原因如下：

①管片拼装时纵向靠拢千斤顶选用位置不对；

②盾构与管片相对坡差过大；

③前一环环面不正，拼装前环面清理不净。

典型工作任务9　管片壁后注浆

4.9.1　工作任务

掌握盾构壁后注浆的施工工艺及技术要求。

4.9.2　相关配套知识

由于盾构机刀盘的开挖直径大于管片外径，管片拼装完毕并脱出盾尾后，与土体间形成一个环形间隙，简称超挖间隙，如图4.23所示。超挖间隙如果不及时得到填充，势必造成地层变形，使相邻地表建、构筑物沉降或隧道本身偏移。填充超挖间隙、防止因超挖间隙的存在导致地层发生较大变形，是盾尾注浆的最重要目的之一。因此，盾尾注浆是盾构工法中必不可少的关键性辅助工法，合理的施工工艺选择是盾构掘进施工安全顺利的保证。

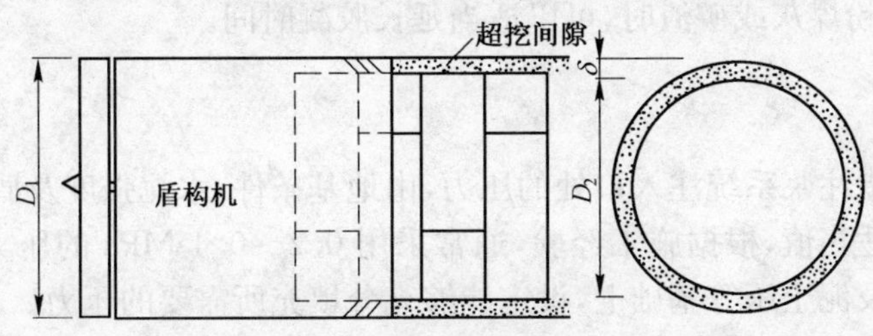

图4.23　超挖间隙示意图

D_1—开挖直径；D_2—管片直径；δ—超挖间隙

1. 管片壁后注浆分类：

(1)根据盾尾注浆与盾构掘进的关系，从时效性上可将盾尾注浆分为三大类：

1)同步注浆：超挖间隙形成的同时立即注浆，使浆液及时填充超挖间隙的方式。盾构机的注浆设备如图4.24所示。

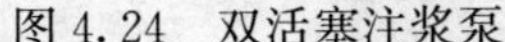
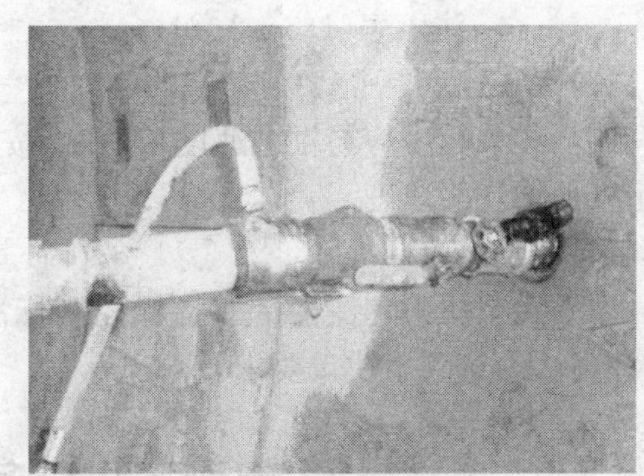

图4.24　双活塞注浆泵　　　　图4.25　二次注浆现场施工图

2)及时注浆：掘进了一环或数环后，盾尾已存在大量间隙空间，才对超挖间隙进行注浆的方式。这种注浆方式由于不能迅速对超挖间隙进行填充，增大了对土的扰动性，不利于地面沉降控制，而且由于早期管片脱出盾尾后处于悬空状态，受力状态较差，容易发生错台。

3)二次注浆：一次注浆效果不理想时，需要通过管片上的注浆孔二次注浆，对前期注浆进行补充。一般在隧道发生偏移、地表沉降异常及一些特殊地段使用。二次注浆施工如图 4.25 所示。

(2)根据注浆浆液种类可分为单液浆注浆和双液浆注浆两类：

1)单液浆注浆

单液浆是由粉煤灰、砂、胶凝材料、水、外加剂等在搅拌机等搅拌器中一次拌合而成。根据凝胶材料的加入情况，单液浆又可分为惰性浆液和硬性浆液。惰性浆液即浆液中没有掺加水泥等凝胶物质，早期强度和后期强度均很低的浆液。而硬性浆液即在浆液中掺加了水泥等凝胶物质，具备一定早期强度和后期强度的浆液。

2)双液浆注浆

双液浆是由水泥砂浆等搅拌成的 A 液与由水玻璃等组成的 B 液混合而成的浆液。

根据双液浆凝结时间和固结形态，又可以分为以下几类：

缓凝型：凝胶时间大于 30 s。可塑态固结区时间很短。

瞬凝型：凝胶时间小于 20 s。可塑态固结区时间较短。

可塑型：凝胶时间 6～20 s。可塑态固结区时间较长。

当 A 液中加入粉煤灰或矿渣时，可以适当延长胶凝时间。

2. 注浆管理

(1)注浆压力

注浆压力一般指注浆系统注入口处的压力，由地基条件、水泥强度及盾构形式和使用材料特性综合决定出其适当值，根据施工经验，通常采用 0.2～0.4 MPa 的压力，但需要在考虑管片强度、土压、水压及泥土压等基础上，设定能够充分填充所需要的压力。

(2)注浆量

回填浆液的注入量 Q，通常可按式(4.2)估算：

$$Q=\left[\frac{\pi}{4}(D_1^2-D_2^2)\right]\times m\times\alpha \tag{4.2}$$

式中 D_1——理论切削外径(m)；

D_2——管片外径(m)；

m——盾构的掘进长度；

α——注入率(1.3～1.8)。

(3)注浆速度

同步注浆速度应与掘进速度相匹配，按盾构每完成 1 环掘进的时间内完成该环注浆量来确定其平均注浆速度。

(4)注浆结束标准

采用注浆压力和注浆量双指标控制标准，即当注浆压力达到设定值，注浆量达到设计值时，即可认为达到了质量要求。

典型工作任务 10 盾构机到达

4.10.1 工作任务

掌握盾构机到达前盾构机接收的各项工作内容。

4.10.2　相关配套知识

盾构的到达同样是盾构法施工中的重要环节，也是施工风险最大的环节之一。

1. 常规盾构到达

常规盾构到达形式示意图详见图 4.26。

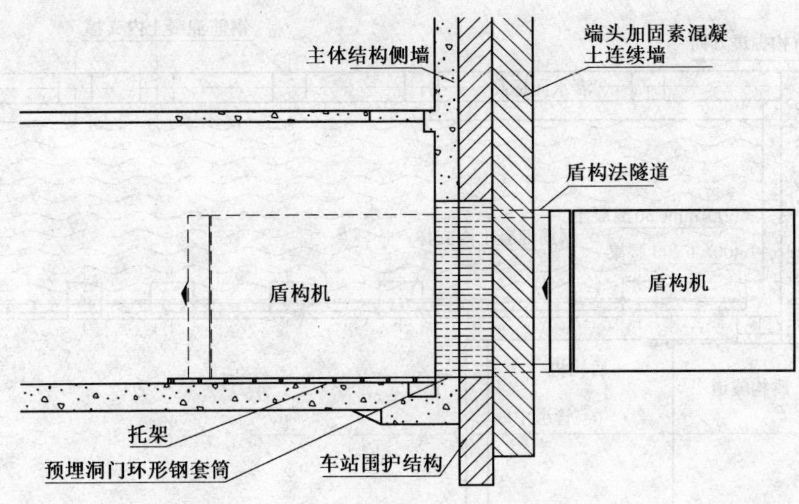

图 4.26　盾构机到达示意图

盾构常规到达主要包括以下内容：

(1)开仓检查

盾构机刀盘碰壁后，开仓检查筒体四周和后方来水的渗漏情况、围护结构与加固体连接处的情况及刀盘上方土体的稳定性。

(2)接收洞门围护结构的破除

1)洞门破除采用机械或人工风镐法破除洞门。

2)围护结构混凝土钢筋也可采用玻璃纤维筋代替，盾构机可直接切削通过，从而减少洞门破除环节。

(3)洞门环板、帘板和压板安装

洞门帘板采用扇形压板。盾构机出洞前，在预埋好的环板上依次安装螺栓、帘布橡胶板、环状板及压板，最后拧紧螺母，详见图 4.18。

(4)基座安装

参考始发时的基座安装要求。

(5)盾构机到达出洞

完全清除洞门混凝土并安装洞门封堵装置后，确认洞门环板、活动压板和橡胶帘板与盾构机刀盘不冲突，盾构机即可向前推进，尽快使用推进千斤顶使盾构机进入接收井，在盾构机进入接收井的过程中，需延长导向轨道，将盾构机头引导至基座上，并注意活动压板和橡胶帘板的安全。当盾构机刀盘通过帘板后，拉紧钢丝绳使帘板箍紧筒体。

(6)注浆

盾尾脱离帘板前应加强注浆，直至不漏水；盾尾通过洞门帘板后进行回填注浆。

当盾尾通过洞门封堵装置后，立即调整压板，尽量减少压板和管片之间的间隙，并进行回填注浆，以避免洞门间隙处产生水土流失和背衬注浆砂浆外泄。在注浆过程中，洞门外侧应安排人员注意观察，如发现漏浆现象需马上采取有效措施处理。

2. 非常规盾构到达形式

(1)回填到达

在已开挖建成的基坑内，先将基坑回填。盾构在密闭状态下完成到达掘进施工，盾构掘进到位后，进行土方开挖、盾构吊出等工作。具体工作原理如图 4.27 所示。

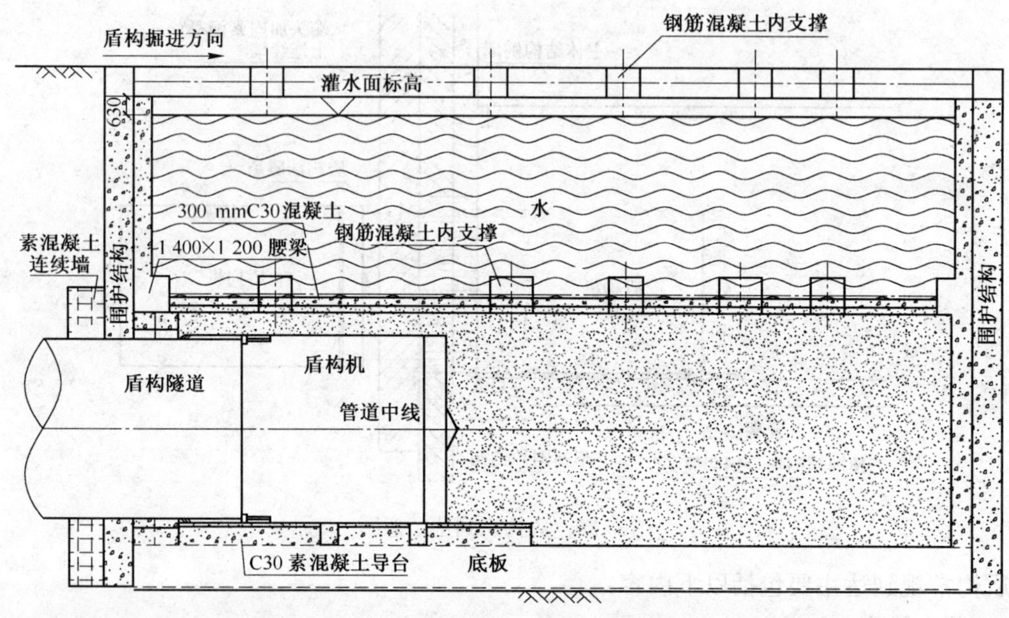

图 4.27　盾构机回填到达示意图

(2)“SEW(Shield Earth Retaining Wall System)工法”到达

如图 4.28 所示，在盾构到达阶段，由于 FFU 材料的低抗剪强度，盾构机可直接对使用 FFU 材料的围护结构进行切削，从而免除了传统的盾构到达施工方法中对端头进行大范围加固和洞门凿除，使盾构机能快速安全的到达。

图 4.28　“SEW 工法”盾构到达施工现场照片

(3)钢套筒到达法

钢套筒(一种始发及接收装置，简称钢套筒)是一端开口可拆卸的桶状结构，整个钢套筒结构由筒体、后端盖、反力架、托架及洞门橡胶板(盾尾刷)和前后左右支撑组成。在广州地铁施工时首次制作采用的钢套筒筒体部分长 9 600 mm，直径(内径)6 500 mm，分三段，每段

3 300 mm，每段又分为上下两半圆，每段及上下部分均加焊法兰端面并用螺栓连接，中间用橡胶板密封，钢套筒与洞门环板之间采用螺栓连接，在密封的钢套筒之中填充砂和水，并用空压机对套筒中的水、砂补充一定的压力，模仿盾构在土体中的掘进。如图4.29、4.30所示。

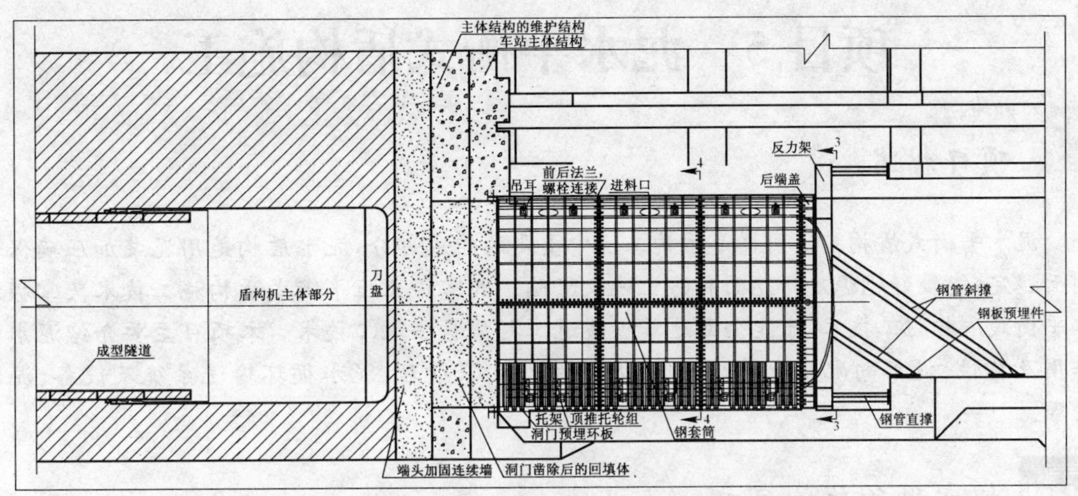

图4.29　钢套筒用作盾构到达时总体安装使用示意图

图4.30　钢套筒到达施工现场照片

项目小结

本项目较为完整地介绍了土压平衡式盾构工法，详细阐述了采用土压平衡盾构工法进行隧道施工时施工场地布置、盾构始发与到达、掘进参数管理和管片拼装与选型等内容。

复习思考题

1. 什么是土压平衡式盾构？
2. 土压盾构掘进时，需要严格控制哪些参数，各参数如何管理？
3. 管片如何选型，管片拼装时有哪些施工通病？
4. 常用的盾构始发与到达方式有哪几种？
5. 采用土压平衡式盾构施工时，如何减小施工风险？

项目5　泥水平衡式盾构施工

项目描述

泥水平衡式盾构工法同样是盾构工法中重要的组成部分，泥水盾构是用泥浆加压确保切削面稳定，能较好地稳定开挖面和防止地表隆陷。既掌握土压平衡式盾构施工技术又掌握泥水平衡式盾构施工技术，才能全面地掌握隧道工程盾构法施工技术。本项目主要介绍泥水的作用及特性、泥水的配比及确认、泥水压力的设定及管理、泥水循环输送系统及设备、泥水处理。

拟实现的教学目标

1. 能力目标

· 初步掌握泥水平衡式盾构施工技术。

2. 知识目标

· 了解什么是泥水平衡式盾构；

· 掌握泥水平衡式盾构施工技术；

· 掌握泥水平衡式盾构与土压平衡式盾构的区别。

3. 素质目标

· 养成严谨务实的工作作风；

· 具备良好的协作精神；

· 具备一定的组织协调能力。

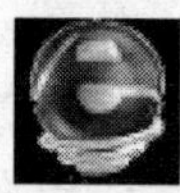

相关案例

1. 广州市轨道交通五号线【大坦沙南—西场站盾构区间】土建工程

本标段盾构隧道从盾构始发井东侧开始，始发里程为YDK2＋435.000，盾构区间线路（左右线）总长约3 997 m，主要附属工程包括1根桩的托换、8个洞门、4条联络通道（含2个污水泵房）以及4～5次盾构机过站。工程总体概况图5.1。

【大坦沙南—中山八站区间】属珠江三角洲冲积平原，本段区间所处地面为大坦沙岛、珠江、青年公园和中山八路，地形略有起伏，沿线地面标高6.67～8.47 m。中山八站—西场站区间沿线为剥蚀残丘或微台地貌，地形略有起伏，地面标高为6.06～9.85 m。大—中区间隧道洞身穿越的地层主要为＜2-2＞、＜3-2＞，局部为＜2-1＞、＜7＞、＜8＞、＜9＞。中—西区间隧道洞身穿越的地层主要为＜7＞、＜8＞、＜9＞，局部为＜6＞、＜5-2＞。

本标段盾构隧道左右线各采用1台三菱泥水平衡式盾构机一先一后掘进（右线比左线提

前约1个月始发)，从大坦沙南盾构井始发，掘进到中山八站，然后用800 t液压提升装置将盾构机整体吊出地面，用400 t平板车运输通过中山八站和站后存车线明挖段，再用800 t液压提升装置将盾构机整体吊入车站另一端盾构始发井内，左线盾构机采用整体通过暗挖段后二次始发(右线直接始发)。后配套台车在中山八站和暗挖段内以铺设轨道的方式通过。

本工程投入3套完整的两级处理的泥水处理设备，其中左右线盾构机各配1套泥水处理设备，另1套泥水处理设备则作为备用。泥水处理场地设在大坦沙南盾构始发场地的北侧，靠近珠江，废浆和渣土采用泥浆船外运。盾构过中山八站及暗挖段后，泥浆管路及管片运输的轨道等仍从地下往中—西区间延伸，出土和运输的盾构施工场地仍设在大坦沙。

2. 广州市轨道交通九号线施工5标土建工程

广州市轨道交通九号线5标段的区间线路自清布站沿着迎宾大道东南向行下穿106国道、机场高速北延线和机场高速后，在高增与三号线北延线高增站平行换乘。区间左右线隧道各有三段曲线段，该标段包括清布站、清布—高增区间和高增站。区间线路沿线主要建筑物有机场高速、矮岗村等。区间设计里程为：YDK14＋483.200～YDK19＋345.000(ZDK14＋483.200～ZDK19＋341.400)。1号中间风井为盾构始发井，该风井起止里程为YDK16＋220.000～YDK16＋300.000(ZDK16＋220.000～ZDK16＋300.000)。

根据施工策划，该标段采用泥水盾构机掘进，两台海瑞克盾构机由1号风井始发向清布站方向掘进，两台三菱盾构机由1号风井始发向高增站方向掘进，其中盾构机过站2号风井及岔口明挖时需二次及三次始发，详见图5.2所示。

典型工作任务1　泥水平衡式盾构及泥水认知

5.1.1　工作任务

了解泥水平衡式盾构机基本工作原理和设备构成情况，以及泥水的作用和基本特性。

5.1.2　相关配套知识

1. 泥水平衡式盾构

泥水平衡式盾构是采用泥浆平衡切削面的水、土压力和携带渣土，在钢壳体保护下完成隧道掘进、管片拼装作业的机电一体化设备。泥水盾构用泥浆加压确保切削面稳定，用管道输送代替轨道出土，改善了劳动条件和施工环境，能较好地稳定开挖面和防止地表隆陷。图5.3为泥水平衡式盾构的工作原理图。

2. 泥水的作用

泥水的作用主要有：①保持切削面稳定，使周围地层不发生沉降；②运送排放切削土砂。

在切削面，随着加压后的泥水不断渗入土体，泥水中的砂土颗粒填入土体孔隙中，可形成渗透系数非常小的泥膜(膨润土悬浮液支撑时形成一滤饼层)。而且，由于泥膜形成后减小了开挖面的压力损失，泥水压力可有效地作用于开挖面；同时，地下水也无法涌入土仓，即防止喷泥。从而可防止开挖面的变形和崩塌，并确保切削面的稳定。

泥水与切削下来的土砂在土仓内混合、搅拌，由泥浆泵经管道排至地面，经泥水分离处理后把切削土砂排出，得到原状泥水重新注入土仓。

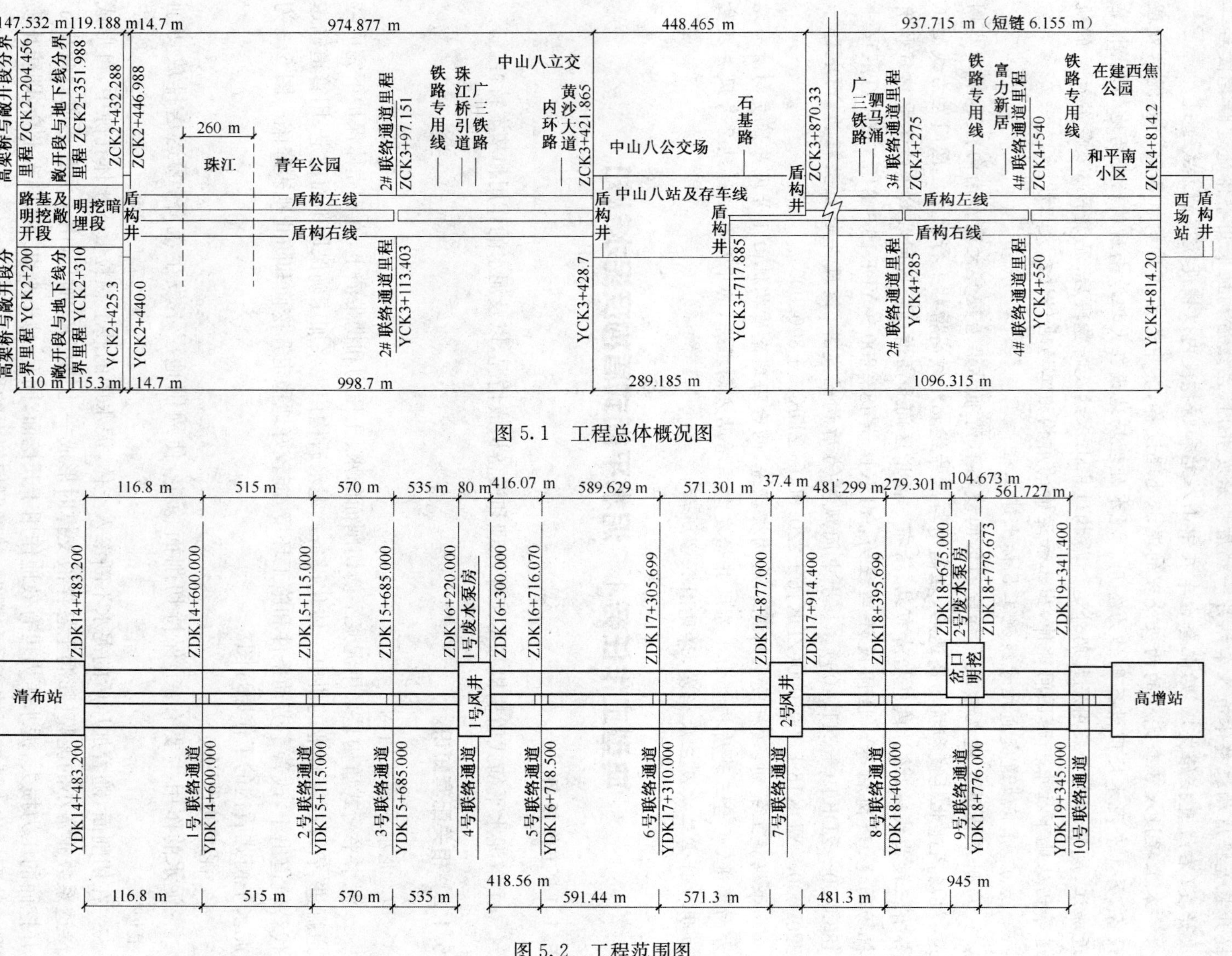

图 5.1　工程总体概况图

图 5.2　工程范围图

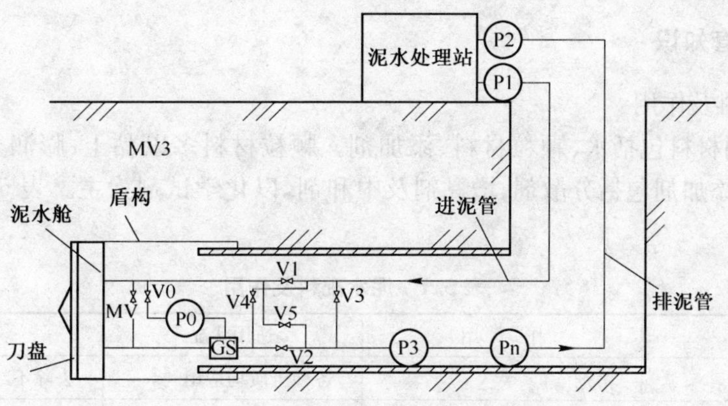

图 5.3 泥水平衡式盾构工作原理图

3. 泥水的特性

(1)泥水的密度

为保持开挖面的稳定，即把开挖面的变形控制到最小限度，泥水密度应比较高。从理论上讲，泥水密度最好能达到开挖土体的密度。但是，大密度的泥水会引起泥浆泵超负荷运转以及泥水处理困难；而小密度的泥水虽可减轻泥浆泵的负荷，但因泥粒渗透量增加，泥膜形成慢，对开挖面稳定不利。因此，在选定泥水密度时，必须充分考虑土体的地层结构，在保证开挖面的稳定的同时也要考虑设备能力。

(2)含砂量

在强透水性土体中，泥膜形成的快慢与掺入泥水中砂粒的最大粒径及含砂量(砂粒重/黏土颗粒重)有密切的关系，这是因为砂粒具有填堵土体孔隙的作用。为了充分发挥这一作用，砂粒的粒径应比土体孔隙大而且含量适中。

(3)泥水的黏性

泥水保持适当的黏度，可防止泥水的颗粒成分在土仓内发生沉积，保持开挖面稳定，利于切削土砂的运送。

(4)脱水量

脱水量大，地下水压大，对稳定切削面不利。

(5)可渗比

泥水的粒径累加曲线对能否成膜至关重要。泥水可渗比可按式(5.1)计算。

$$n=D_{15}/G_{85} \tag{5.1}$$

式中 D_{15}——地层粒径累加曲线15%的粒径(mm)；

G_{85}——泥水粒径累加曲线85%的粒径(mm)。

当泥水可渗比在10～20时，泥水颗粒可以渗入地层形成渗透泥膜，否则不能形成泥膜。$n=15$时可形成全渗透型泥膜，对稳定切削面最有利。

典型工作任务2 泥水的配比及确认

5.2.1 工作任务

掌握泥水的配比要求及配制方法。

5.2.2 相关配套知识

1. 泥水配料及作用

泥水的配制材料包括水、颗粒材料、添加剂。颗粒材料多以黏土、膨润土、陶土、石粉、粉砂、细砂为主。添加剂包括分散剂、增黏剂及中和剂,以化学试剂为主。表 5.1 是常用的泥水配料及作用。

表 5.1　泥水配料及作用

配料名称		作　用	适用状况	注意事项
水		溶剂	各种土质均适用	去除不纯物、调整 pH 值
颗粒材料	黏土	形成泥膜的主要材料	各种土质均适用	最大限度地使用回收黏土
	膨润土	成膜的辅助材料,遇水体积膨胀率 10%～15%,利于形成优质泥膜	各种土质均适用	
	粉砂、细砂	填充地层间隙,利于成膜、降低滤水量	粗砂、砾石层	按 $n=15$ 的条件添加
	陶土、石粉等	利于成膜		
分散剂	a. 磷酸盐类(六偏磷酸钠) b. 碱类(碳酸钠等) c. 木质磺酸盐类 d. 黑腐酸类	a. 提高土颗粒的分散性 b. 防止阳离子(Ca、Mg、Na等离子)污染及污染后的恢复	各种土质均适用	
增黏剂	a. CMC(羧甲基纤维素) b. PAA(聚丙烯酰胺)	a. 提高泥水黏性(提高土颗粒的流动性) b. 减少滤水量 c. 提高阳离子污染的抵抗性	CMC 适用多种地层 PAA 适用于砂层地层	
中和剂	a. 稀硫酸 b. 磷酸	防止背后注入浆液等碱性成分混入致使泥水质量劣化	各种土质均适用	

2. 泥水配比的确定

(1)泥水性能要求

满足需求的泥水特性参数因土质的不同而异,通常可按表 5.2 的基准选定。

表 5.2　泥水特性参数基准选定表

地层	土质	相对密度	漏斗黏度(s)	屈服值(Pa・s)	脱水量(cm^3)	砂分率(%)	可渗比	pH 值
冲积层	黏土	1.1	—	—	—	—	—	7～10
	粉砂、砂	1.15～1.2	25	—	—	—	15	

续上表

地层	土质	相对密度	漏斗黏度(s)	屈服值(Pa·s)	脱水量(cm³)	砂分率(%)	可渗比	pH值
洪积层	黏土	1.05～1.1	—	—	—	—	—	7～10
	粉砂	1.1～1.2	22～25	—	—	—	15	
	砂	1.2～1.25	25～30	—	—	—	15	
	砾石	1.25～1.35	35～40	5～10	20～30	10～15	15	

(2)泥水性能测定及调整

1)相对密度测定

相对密度使用相对密度计或容积法测定。

2)黏性测定

黏度通常使用漏斗黏度计测定。

3)可渗比测定

泥水粒度分布可用粒度自动记录测定仪测定，切削地层的粒度级配分布可用筛分法确定，然后确定 n。

4)脱水量测定

脱水量通常用过滤试验器测定。即在0.3 MPa压力作用下经历30 min后，测定由过滤纸流出的滤水量。

5)化学稳定性测定

泥水化学稳定性通常采用pH浓度计、氯浓度计、亚甲蓝试验测定。

6)砂分率测定

泥水中的砂分率通常用砂分计测定。

7)泥水质量调整

泥水盾构掘进过程中多种因素致使泥水质量劣化，偏离原定最佳值，故应不断地调整泥水的质量，即向泥水中添加添加剂，使其质量始终保持最佳状态。

典型工作任务3　泥水压力的设定及管理

5.3.1　工作任务

掌握盾构实际掘进过程中的泥水压力的设定和控制。

5.3.2　相关配套知识

1. 泥水压力的设定

泥水压力设定公式：泥水压力＝地下水压＋土压＋预压

式中，地下水压(即切削地层中的孔隙水压力)使用观测井法测定；土压力系指切削面上的水平土压力，典型的计算方法如表5.3所示；预压是考虑地下水压和土压的设定误差及送、排泥设备中的泥水压变动等因素，根据经验确定的压力，通常取值为20～30 kN/m²。

2. 泥水压基准

根据施工经验，泥水盾构在不同地质条件下土仓压力基准值可以参考表5.4。

3. 切削水压管理

切削水压的调节主要是通过调节泵(送泥泵)的转速和控制阀的开度来实现。要想提高切削压力，则应提高送泥泵转数。

表 5.3　土压计算公式

土压设定方法	基准荷载	土压类型	计算公式	适用土质
切削面前端水平土压法	全部覆盖土层的荷载（竖直土压力）$\gamma\times H$	主动土压	$\gamma\times H\times\tan^2(45°-\varphi/2)-2\times c\tan(45°-\varphi/2)$	黏土
			$\gamma\times H\times\tan^2(45°-\varphi/2)$	砂土
		静止土压	$\gamma\times H\times(1-\sin\varphi')$	黏土
	松弛土块荷载	松弛土压	$K_0\times B\times(\gamma-c/B)\times[1-e^{-k\times\tan\varphi(H/B)}]+K_a\times W_0\times e^{-K\times\tan\varphi\times(H/B)}$	砂土、硬黏土

注：γ——切削土体的重度；

H——切削面上顶到地表的覆盖土层的厚度(m)；

c——土体的黏聚力；

φ——土体的内摩擦角；

φ'——有效内摩擦角；

K——水平土压系数(通常为1)；

B——松动土圈的半宽度；

W_0——地表荷载；

K_0——$K_0=\dfrac{K_a}{K\times\tan\varphi}$；

K_a——主动土压力系数。

表 5.4　土仓压力基准值

地层土质	土仓压力基准值	预压(kN/m^2)
冲积层软黏土	上限值＝劈裂压＋水压＋预压 下限值＝静止土压＋水压＋预压	20～30
松砂土～砂砾(冲积层)	上限值＝静止土压＋水压＋预压 下限值＝主动土压＋水压＋预压	
中等～固结黏性土(洪积层)	上限值＝静止土压＋水压＋预压 下限值＝主动土压＋水压＋预压	
中等～密实砂质土(洪积层)	上限值＝静止土压＋水压＋预压 下限值＝主动土压＋水压＋预压	

典型工作任务 4　泥水循环输送系统及设备

5.4.1　工作任务

了解泥水平衡式盾构机的泥水循环系统。

5.4.2　相关配套知识

泥水输送循环系统由把泥水送至切削面的泥水输送机构、把携带切削土砂的泥水压送到地表的排放泥水的机构、地表的泥水处理机构及其他机构(砾石处理机构、旁路机构等)构成。如图5.4所示。

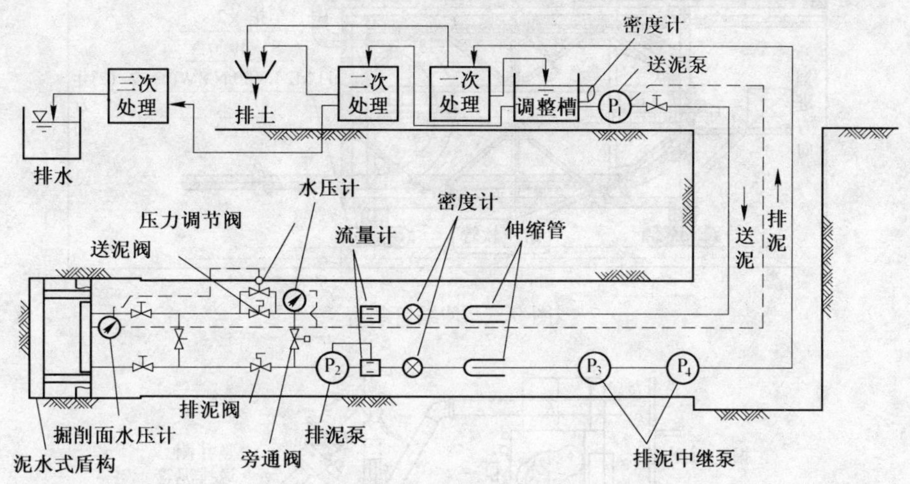

图5.4　泥水循环输送系统及设备示意图

1. 送泥泵

从泥水处理设备(调整槽)向切削面压送泥水,通常选用定置式泥浆泵,设置于地表。

2. 排泥泵

排泥泵的功能是把携带切削土砂的泥水排向地表的泥水处理设备。通常选择转数可调的泥浆泵,设置在盾构机的后方台车上。

3. 中继泵

中继泵的作用是弥补掘进距离增加造成的排泥压力损失,通常选择定置定速泵,每200～300 m设置一台。

4. 井下泵

井下泵的功能是把排放的泥水,从井下升至地表泥水处理设备中。通常选用转数可调泵。

5. 配管设备

(1)送泥管

为减少压力损失,通常送泥管的直径比排泥管的直径大50 mm。但是,在靠近盾构机的部位、后继台车部位、阀门设置部位、伸缩管部位等位置,可使送泥管的直径与排泥管的直径相同。

(2)排泥管

排泥管的管径取决于输送的砾径、土颗粒沉积对应的管道内最低极限流速、盾构的掘进速度、盾构外径等诸多因素。

(3)伸缩管装置

伴随盾构掘进距离的延伸,采用有卷筒装置延伸配管。如图5.5所示。

(4)柱塞阀

柱塞阀是设置在伸缩装置后方的延长配管时确保泥水不从管内漏出的装置。该装置的作用是防止泥水飞溅和损失,避免泥水飞溅造成的洞内污染,见图5.6。

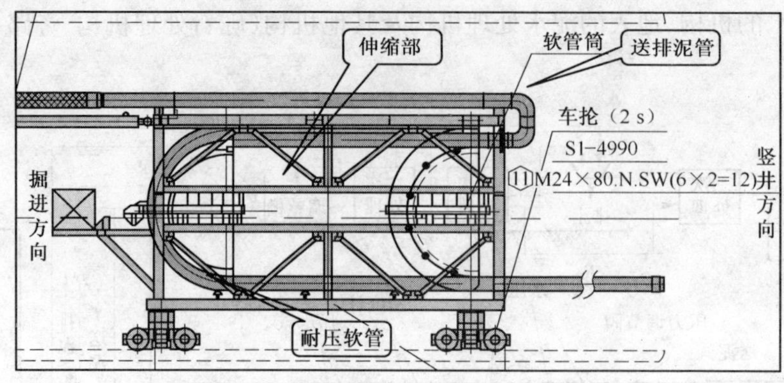

图 5.5 伸缩管装置

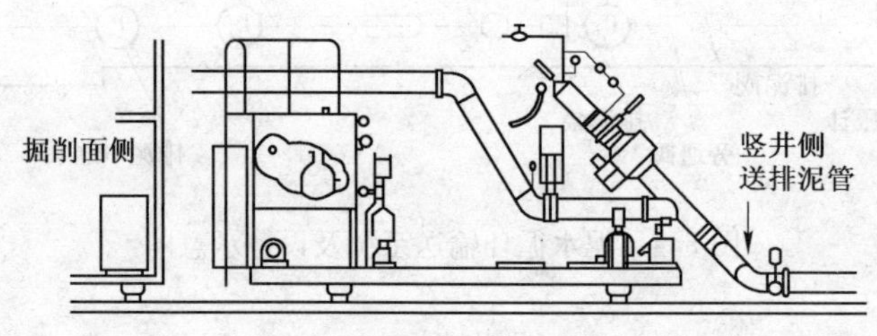

图 5.6 柱塞阀

典型工作任务 5 泥水处理

5.5.1 工作任务

了解泥水处理的工艺过程。

5.5.2 相关配套知识

排放的含有切削土砂的泥水中混有砾石、砂、黏土及淤泥的结块等粒径较大的粗粒成分，所以必须对排放泥水作一系列的处理、调整，使之符合循环再利用标准及废弃物排放标准，调整过程称为泥水处理。具体又分为一次处理、二次处理、三次处理。

(1)泥水处理系统的组成及工作流程

泥水处理系统主要由以下几部分构成：旋流振动筛分系统、调浆系统、制浆系统及压滤系统、PLC 控制系统及不同功能泥浆池（罐），其中是否选择使用压滤系统根据具体工况而定。主体设备布置示意图见图 5.9。

泥浆处理工作流程如下。

1)不含压滤系统的泥浆处理过程一般分为图 5.7 所示几个步骤。

2)含压滤系统的泥浆处理过程一般分为图 5.8 所示几个步骤。

以上工艺流程中旋流振动筛分分离出的干渣、压滤出的干渣可直接装车外运，从沉淀池中取出的淤泥（沙）经过适当晾晒后再装车运走。压滤后的清水可泵入调浆池使用或直接排放。

(2)泥浆处理场地布置

场地布置(图 5.10)各功能单元的作用说明如下。各功能单元的具体图像可参考图 5.11～5.20。

1)沉淀池：盾构机的污浆首先经旋流振动筛分后汇流入沉淀池，将泥浆中的细微颗粒沉淀

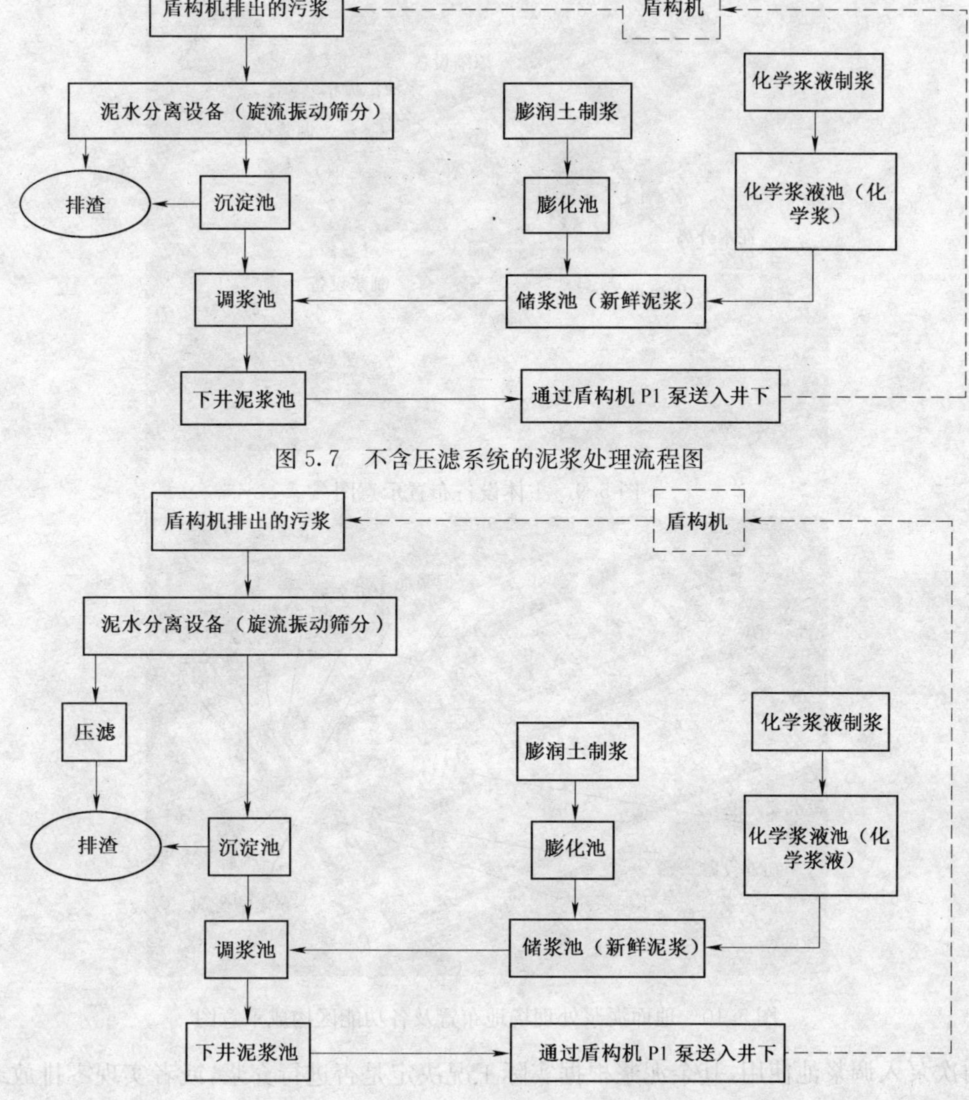

图 5.7　不含压滤系统的泥浆处理流程图

图 5.8　含压滤系统的泥浆处理流程图

下来，改善泥浆质量。其中可将沉淀池一部分划分为应急沉淀池，在特殊情况下使用，应急沉淀池为以防万一的考虑设置。

2)调浆池：根据实际情况将清水、新制泥浆或化学药剂与调浆池的泥浆混合，调整为合乎要求的泥浆，供给盾构机 P1 泵。

3)清水池：储存清水供膨润土制浆、化学浆液制浆及调浆池供水。

4)膨化池：膨润土制成的新鲜泥浆储存在膨化池进行膨化。

5)化学药剂池：存储化学制浆机制成的化学浆液。

6)储浆池：储存膨化后的新鲜泥浆。

7)浓缩池：将需要浓缩的泥浆泵入浓缩池，进行浓缩。

8)待压泥浆池：浓缩池浓密后的泥浆进入待压泥浆池，供压滤机使用。

9)下井泥浆池：经调浆池调整后合乎要求的泥浆进入下井泥浆池，供 P1 泵送入盾构机。

10)废浆池：储存调浆池泵送来的不合要求的泥浆，经过一段时间沉淀后，上部泥浆和清水

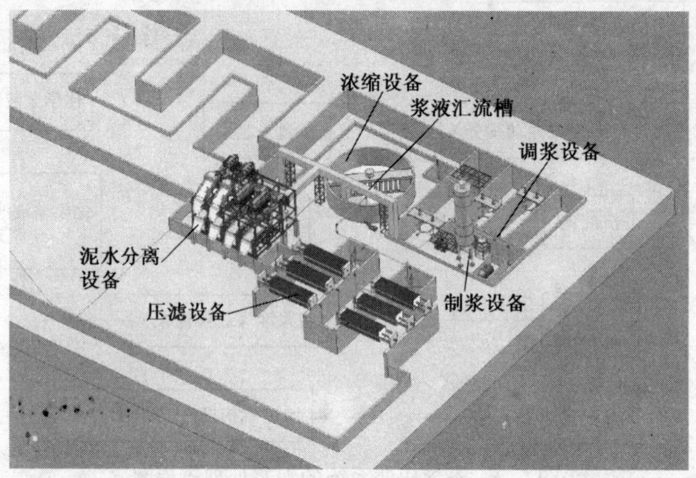

图 5.9　主体设备布置示意图

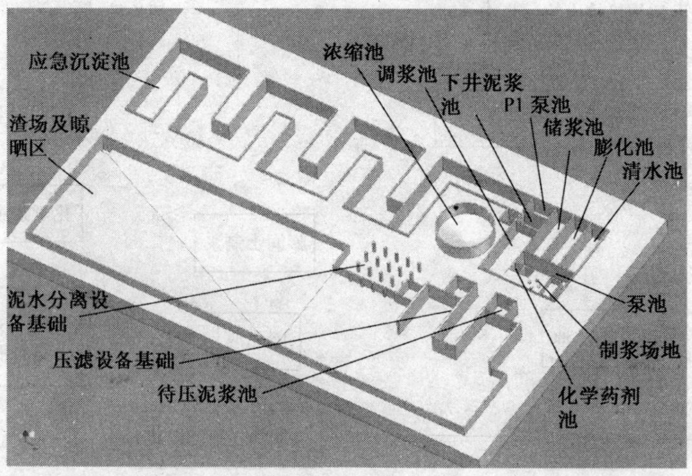

图 5.10　地面泥浆处理场地布置及各功能区构成示意图

可以再次泵入调浆池使用，其余泥浆根据实际工况决定是否进行弃浆，或者实现零排放或减少弃浆进入压滤系统。

11）P1 泵池：安装盾构机 P1 泵。

12）渣场及晾晒区：供旋流振动筛分出的渣料、压滤机压滤出的渣料及沉淀池清淤出的渣料的堆放、晾晒和运输车辆装载渣料外运。

（3）泥浆处理工作原理

盾构机排出的污浆由排泥泵送入预筛分系统，经过预筛分器将粒径在 3 mm 以上的渣料筛出；筛余的泥浆进入一级处理系统，经过旋流除砂器分选后，渣料筛分脱水后排出；处理后的泥浆进入二级处理系统（二级处理系统工作原理与一级处理系统工作原理相同）再次处理。经过两次处理后的泥浆经汇流槽流入调浆池，调整后的泥浆再次入盾构循环使用。调浆工作系统原理图如图 5.21 所示。

当泥浆经一级旋流处理清除大部分 60 μm 以上的砂质颗粒，满足盾构施工需要时，可将净化后的泥浆直接自流入浓缩池或调浆池，经调配后返回井下。

当泥浆经一级处理后未将泥浆密度及含砂率降至合理范围时，可转换出浆口阀门使泥浆进入二级处理系统。二级处理系统使用成组的小直径旋流除泥器，可清除大部分 20 μm 以上的粉质颗粒。二级旋流后的泥浆自流入沉淀池，再到调浆池，经调配后泵送回井下。

如果经过二级旋流处理后的泥浆仍然达不到使用要求，可以根据具体工况和综合经济指标分析，选择采用废浆外运还是采用零排放或减少排放的压滤处理方式。

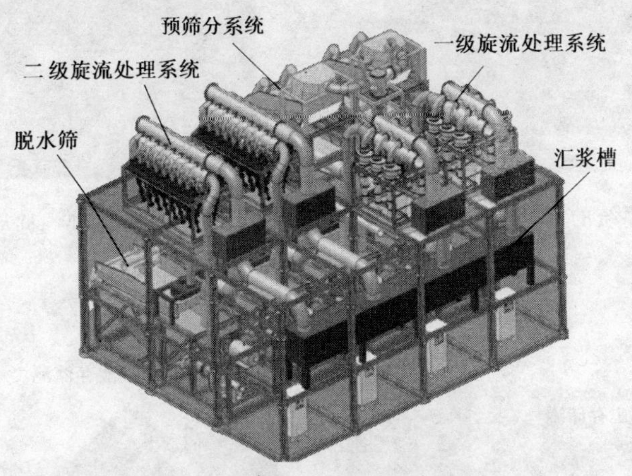

图 5.11　集成式旋流振动筛分系统

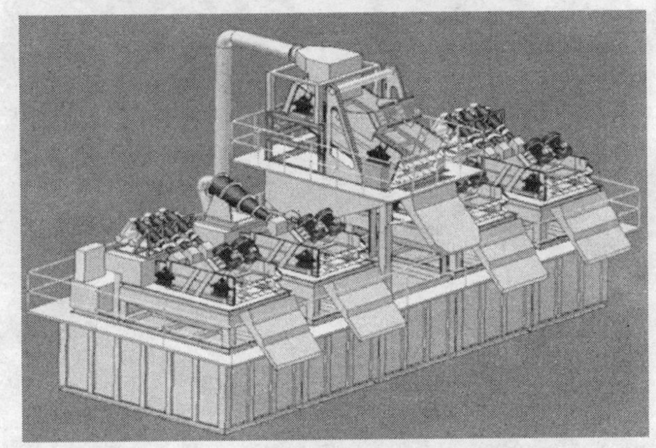

图 5.12　基本旋流振动筛分单元:ZX-500 泥浆净化装置

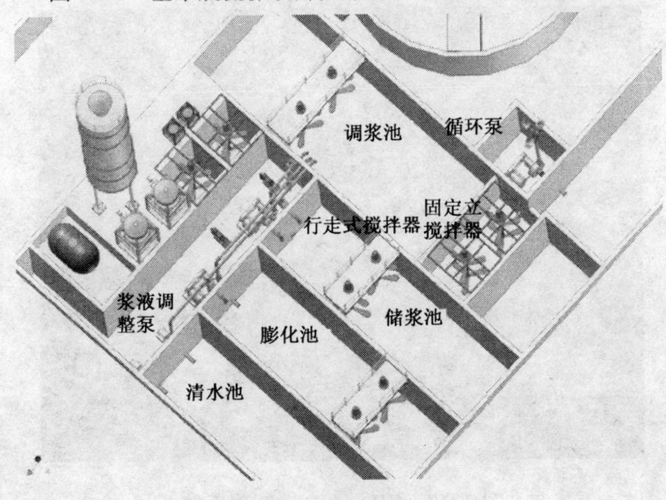

图 5.13　调浆系统示意图

图 5.14 调浆系统的泵坑内管路

图 5.15 移动搅拌单元

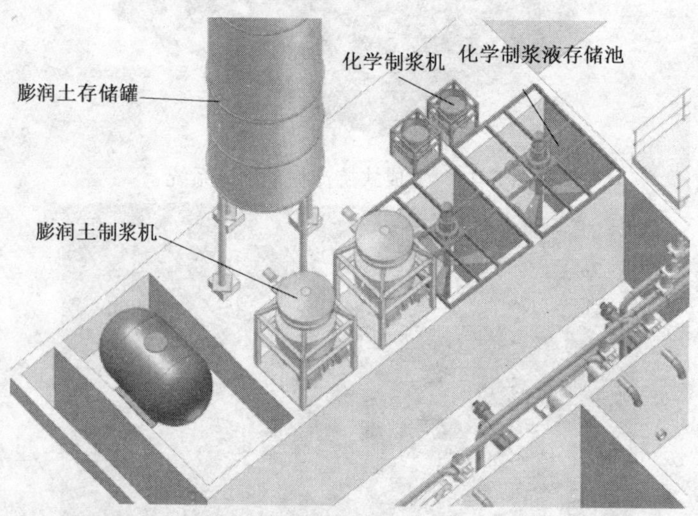

图 5.16 制浆系统示意图

图 5.17 ZJD-40 自动制浆系统

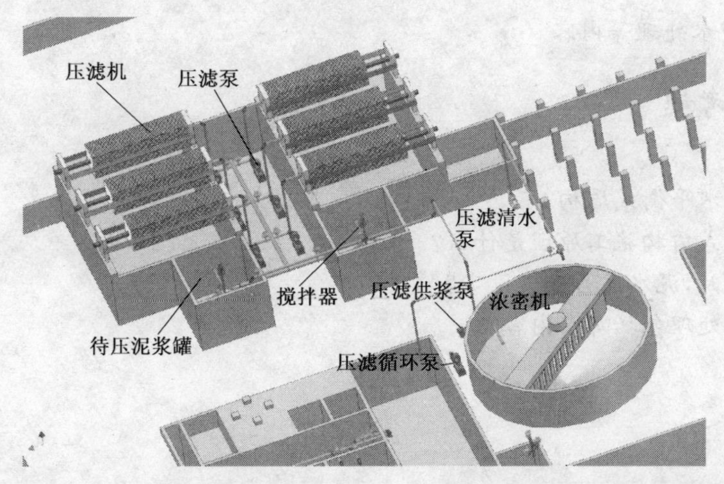

图5.18 压滤系统示意图

图5.19 压滤单元

图5.20 含水率很低的泥饼

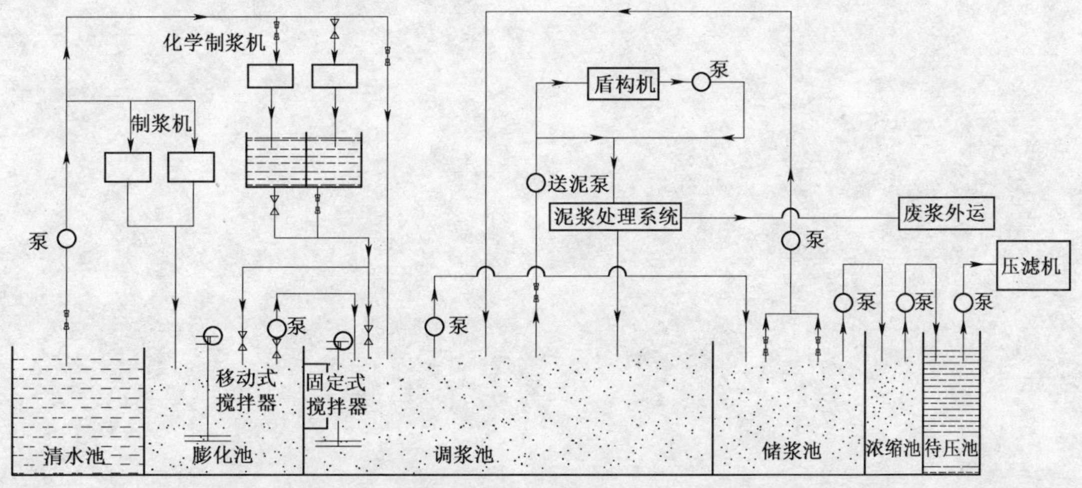

图5.21 调浆工作系统原理图

项目小结

本项目较为完整地介绍泥水平衡式盾构工法，详细阐述了泥水平衡式盾构工法施工原理、掘进参数管理、泥水处理等内容。

复习思考题

1. 什么是泥水平衡式盾构？
2. 泥水平衡式盾构施工原理是什么？
3. 盾构掘进时，泥水压力如何设定？
4. 地面泥水处理包括哪些内容？

项目 6　盾构隧道衬砌制作

项目描述

盾构机每掘进相应长度就需采用盾构管片进行拼装成型，盾构管片的质量关系到隧道成品的质量，对建成后隧道运营、维修起着决定性的作用。本项目主要介绍钢筋混凝土管片模具、钢筋混凝土管片的生产、钢筋混凝土管片的检验、钢筋混凝土管片的修补。

拟实现的教学目标

1. 能力目标
- 初步掌握盾构衬砌制作施工技术。

2. 知识目标
- 了解管片模型的操作；
- 掌握管片生产、检验、修补的施工技术。

3. 素质目标
- 养成严谨务实的工作作风；
- 具备良好的协作精神；
- 具备一定的组织协调能力。

相关案例

广东省某建筑构件工程公司是国有中型综合性建筑企业，成立于1960年，隶属于广东省建工集团，拥有混凝土预制构件专业二级资质。该公司在人才、设备、技术、管理等资源方面具有雄厚的实力和优势；拥有大中型专业设备八百余台；设有国家认可的质量检测中心和仪器计量室；建筑施工、管片生产、构件及混凝土制品生产的质量保证体系通过了ISO9001:2000版认证；取得了广州市建筑安装企业《安全资质证书》。

该公司某厂区内施工条件完备，厂区占地面积近67 000 m^2，有两个管片生产车间，分别可安放8套和7套模具，管片设计生产能力为30环/天，并拥有1 500 L的混凝土搅拌站两座（强制式搅拌机），生产场地拥有强大的吊装运输力量，厂内设有国家二级试验室一个，配备600 kN、300 kN、100 kN万能试验机及2 000 kN压力机等各种试验设备和仪器，用于对各种建筑材料进行物理试验及各类施工常规试验，为生产高质量构件提供重要保证。同时该管片厂可同时养护220环管片，总共可堆放2 640环管片，同时厂区内还有一个将近9 000 m^2 的备用场地，具备1 500环管片的堆放能力。

典型工作任务1　概述

6.1.1　工作任务

了解盾构隧道管片的结构形式和类型。

6.1.2　相关配套知识

1. 盾构隧道衬砌管片的发展历史

人类交通网络由地上转到地下是一次伟大的创举，最早的地下铁道工程采用基础明挖和现浇混凝土成洞的施工方法，在城市建设发展初期收到了很好的成效，世界许多著名大都市建成了很多早期的地下铁路。但是随着城市发展、城市地下工程逐步增多以及向城市中心区域扩张，该种施工方法逐渐暴露出一些局限，迫切需要采用一种新的施工方法来建设城市地下工程，盾构法施工正是在这种背景下应运而生的。

基础明挖和现浇混凝土成洞的施工方法，顾名思义就是在地面上先用机械开挖出一条“地下深沟”，再在“地下深沟”的底部、内壁和顶部现浇混凝土建成牢固的地下孔洞结构，形成地下结构，最后在上面回填将道路恢复到原来的面目。这种类似“开膛破肚后缝合”的施工方法显然不能适应现代城市对现有建筑保护和地下铁路穿越建筑物的需要，于是地下隧道暗挖施工的盾构法得到了发展。

盾构法施工的突出优势就是实现地下暗中开挖穿越而对地面建筑物影响较小，要想实现这种施工技术的飞跃有两大施工技术关键，即地下结构开挖技术和新挖隧道衬砌技术。现代盾构法施工采取盾构机进行地下结构开挖，同时安装预制管片组成管环形成衬砌并与隧道一道铸就永久性结构，可见这种隧道衬砌管片的质量关系到隧道的质量与寿命，更关乎隧道上面建筑物的安全。

盾构隧道躯体自身筒状的构造物即为衬砌，它是直接支承地层，保持规定的隧道净空，防止渗漏、同时又能承受施工荷载的结构。一般由管片拼装的一次衬砌和必要时在其内灌注混凝土的第二次衬砌组成。一次衬砌为承重结构的主体，二次衬砌是为了一次衬砌的补强和防水、漏水和侵蚀而修筑的。

近年来，由于防水或截水材料质量的提高，可以考虑省略二次衬砌，采用单层的一次衬砌，既承重又防水。对于铁路隧道等，作为竣工后防止振动和噪声的措施，还可根据土壤动力特性及市政环境要求考虑单层衬砌之后增强结构刚度的方法。总之，应根据隧道的功能、外围土层的特点、隧道受力特点等条件，分别选用单层装配式衬砌，或在单层装配式衬砌内再浇筑整体式混凝土、钢筋混凝土内衬的双层衬砌等。

隧道衬砌管片是隧道衬砌安装和受力的最小单元，管片之间需要通过螺栓连接形成管环，在隧道长度方向上管环与管环通过螺栓连接才形成隧道的永久构筑物。隧道的管片衬砌要求其在盾构施工中受到盾构机推进的推力挤压时不变形不破裂，同时也要在衬砌成型后承受周围的水压力和土荷载而保持结构稳定。因此，隧道衬砌管片不仅自身需要极高的强度和抗渗要求，还要求很高的外形尺寸精度和预埋件质量以保证接缝的严密，才能达到地下防水的稳定性。可以说隧道衬砌管片的质量直接决定了整个隧道的工程质量。

2. 管片的简介

(1)构造

1)A、B和K型管片

衬砌沿隧道轴向一定长度的一段环状物称为管环；把管环沿周向分割成 n(一般为 5～9)

块弧状板块,该弧状板块即管片。为了提高盾构隧道的构筑速度,通常管片是事先在工厂制作好的预制件,构筑隧道时运至现场拼装为管环(也称管片环)。

管环通常由周向等分割的 x 块 A 型管片、最后封顶的一块 K 型管片以及 K 型管片两侧的两块所谓的 B 型管片等三种管片构成。如图 6.1 所示,K 型管片有径向插入型和轴向插入型两种,径向 K 型管片的特点是径向存在一定锥度,从隧道内侧插入;轴向 K 型管片的特点是轴向存在锥度,沿隧道轴向插入。一般情况下,K 型管片的长度应小于 A、B 型管片的长度。

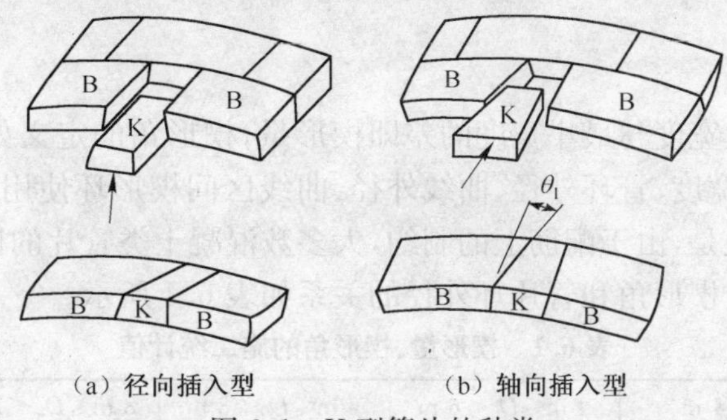

图 6.1　K 型管片的种类

2)管环分割数

管环的分割数 n(即一环的管片数)为 $x+2+1$。x 与管片外径 R_0 有关,R_0 大 x 就大,R_0 小 x 就小。此外,从环的构成、制作、拼装速度等方面看,分割数不宜太多;从运输和使用方便方面看,分割数较多为好。一般情况下取 $x=3\sim5$;对铁道隧道,x 为 $3\sim8$;对上下水道、电力和通信电缆隧道,取 $x=2\sim4$。

3)楔形环

如图 6.2 所示,具有一定锥度的管环称为楔形管环。当其宽度特别小呈窄板状时称为楔形垫板环。楔形管环主要是用于曲线施工和修正轴向起伏等。楔形环有曲线楔环和轴线摆动修正楔环两种。曲线楔环主要用于急弯曲线;缓曲线情形多使用轴线摆动修正楔环,以减少楔环的种类。

急曲线楔环数量应根据实际曲线区间段的长度而定;对缓和曲线而言,应根据实际曲线段的长度选定轴线修正楔环的数量,一般可按直线段标准管环数量的 3%～5%准备。

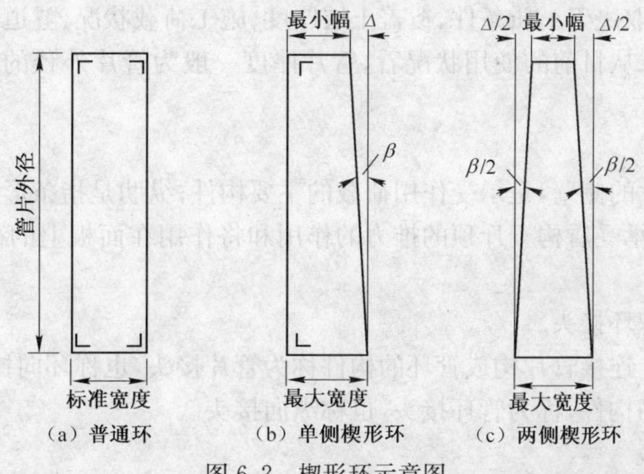

图 6.2　楔形环示意图

管片除了具备应有的强度外,还应设置接头孔、背后注浆孔、堵缝和密封沟及组装金属配件等。

(2)管片参数及术语

1)顺接和错接

在隧道轴向上延续分布的管片接头称为顺接接头,相互错开的接头称为错接接头。

2)标准管片和楔形管片

宽度、厚度均匀的管环为标准环,构成标准环的管片为标准管片;构成楔形管环的管片为楔形管片。

3)楔形量和楔形角

在楔形管环中最大宽度与最小宽度的差即楔形量;楔形角的定义如图 6.2 所示。楔形量应根据管片种类、管片宽度、管环外径、曲线外径、曲线区间楔形环使用比例、管片制作的方便性及尾隙大小而定。但是,由于配筋上的制约,大多数混凝土类管片的楔形量在 75 mm 以内。根据施工经验,楔形量、楔形角和管片环外径的关系如表 6.1 所示。

表 6.1 楔形量、楔形角的施工统计值

管片环外径 D_0	$D_0<4$ m	4 m$\leqslant D_0<6$ m	6 m$\leqslant D_0<8$ m	8 m$\leqslant D_0<10$ m	10 m$\leqslant D_0$
楔形量(mm)	15~75	30~80	30~90	40~90	40~70
楔形角	20′~115′	20′~70′	15′~50′	15′~35′	10′~25′

对于口径超过 10 m 的大口径和特殊形状横断面的隧道,楔形量和楔形角要根据实际情况确定。

4)管片宽度

管片宽度是指沿隧道轴向测量到的一环管片尺寸。从便于搬运、拼装、曲线施工及盾尾长度等条件考虑,管片宽度以小为好;但是从降低管片制造成本,减少接头数量,提高施工速度等方面考虑,管片宽度以大为好。总之应根据隧道的断面大小,结合实际施工经验、经济性及施工条件来综合考虑。管片宽度一般在 300~1 500 mm 范围之内,如广州地铁建设中普遍使用的是 1 500 mm 的混凝土管片。

5)管片长度和高度(厚度)

管片长度指沿隧道横断面测得的管片弧长;管片高度也就是管片的厚度。管片厚度与管环外径的比的选择,取决于土质条件、覆盖土层厚度、施工荷载状况、隧道的使用目的及管片施工条件等多种因素。从目前的使用状况看,管片厚度一般为管片外径的 4%左右。对大口径管片,多为 5.5%左右。

6)主肋和纵肋

主肋即箱型管片的侧壁,是承受作用荷载的主要构件;纵肋是指条形管片中沿隧道纵断面方向设置的构件,起承受盾构千斤顶的推力的作用和将作用在面板上的荷载传递给主肋的作用。如图 6.3 所示。

7)管片接头和管环接头

在隧道横断面上连接管片构成管环的构件称为管片接头,也称环向接头;在隧道纵断面上连接管环形成隧道的构件,称为管环接头,也称纵向接头。

8)接头板(端肋)

接头板是指用于连接接头的板或板状结构。

9)面板和背板

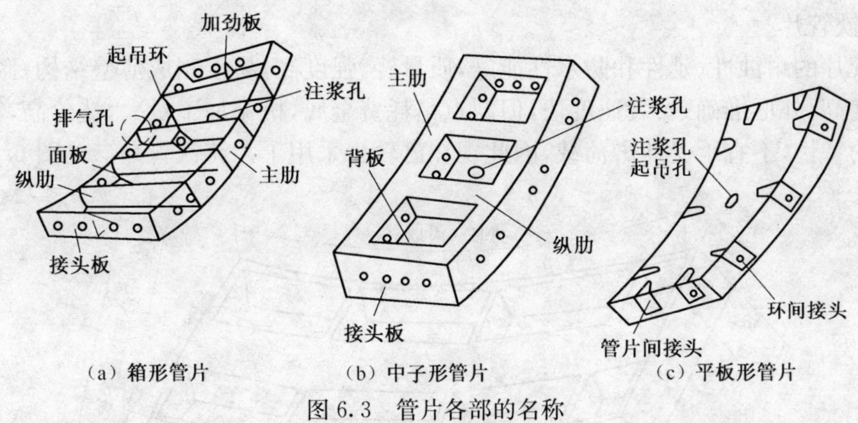

（a）箱形管片　（b）中子形管片　（c）平板形管片

图 6.3　管片各部的名称

箱型管片中由管片主肋和接头板支承的面板，对钢铁管片称其为面板，对中子型管片称为背板，如图 6.3 所示。

10)接头螺栓

接头螺栓有管片接头螺栓和管环接头螺栓两种。管片接头螺栓即把管片连成管环的螺栓；管环接头螺栓即把管环相互连接成衬砌的螺栓。

11)防水带槽和嵌缝槽

防水带槽指为设置防水带条而沿管片侧壁预留的沟槽；嵌缝槽指为了进行嵌缝，沿管片侧壁预留的沟槽。

12)注浆孔和起吊环

注浆孔指预留的背后注浆孔；起吊环是为管片组装器抓握管片而在管片上预埋的配件。在钢筋混凝土管片中往往与注浆孔兼用，具体部位如图 6.3 所示。

3. 盾构管片的分类

管片因使用材料、断面形状及接头方式的不同而不同。

管片从断面形状来分类，可以分为箱形、中子形、平板形三种，参见图 6.3。

从材质方面来看，管片可以分为钢管片、铁制管片、钢筋混凝土管片、复合管片等几种。

从接头方式来看，管片有直螺栓、曲螺栓、插头、铰链接头等几种。

管片的分类大致可以总结如表 6.2 所示。

表 6.2　管片的分类表

分类依据	材　质	断面形状	接头方式
管片种类	钢筋混凝土管片	箱形、中子形	直螺栓
		平板形	直螺栓 曲螺栓 插头(或销子) 铰链接头
	铁制管片(铸铁、球墨铸铁)	箱形	直螺栓
	钢管片	箱形	直螺栓
	复合管片	中子形、平板形	直螺栓

虽然说管片的分类方式很多，但在实际应用中，我们通常是以管片的材质来予以分类的，下面主要从管片材质方面入手，讲述几种常见的管片的特点及存在的问题。

(1)铸铁管片

铸铁管片的耐蚀性、延性和防水性能好，质量轻、强度高，易于制成薄壁结构，搬运方便，管片尺寸精度高，外形准确，安装速度快，但缺点是耗费金属，机械加工量大，造价高，特别是具有脆性破坏的特性，不宜承受冲击荷载，因此现在已较少采用了。铸铁管片参见图 6.4。

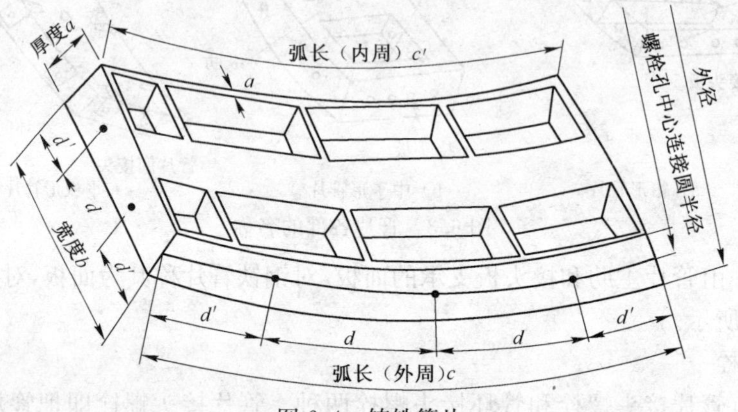

图 6.4　铸铁管片

(2)钢管片

钢质管片主要用型钢或钢板加工而成，其强度高、延性好、运输安装方便，精度稍弱于球墨铸铁管片。但是在施工应力作用下易变形，在地层内也易腐蚀。如图 6.5 所示。

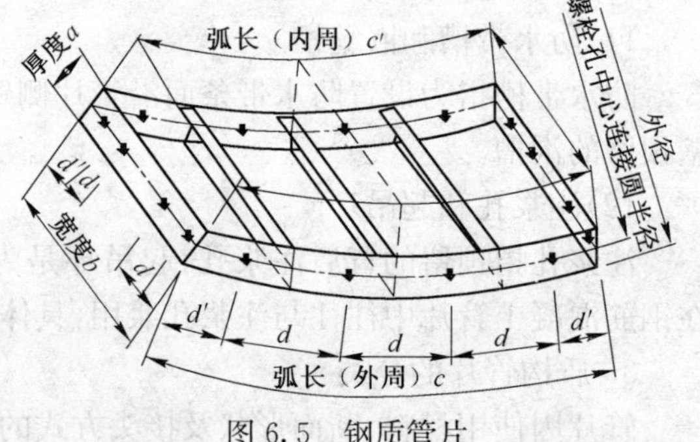

图 6.5　钢质管片

(3)复合管片

复合管片的外层用钢板制成，在钢壳内浇筑钢筋混凝土组成复合结构。其质量比钢筋混凝土轻，刚度比钢管片大，金属消耗比钢管片少，但是钢板的耐腐蚀性差，加工复杂，实际上是折中的方案。

(4)填充混凝土钢管片

填充混凝土钢管片衬砌(SSPC：Steel Segment with Prefilled Concrete)优点：大深度轴力显著，省略二次衬砌，构造合理。它以钢管片的钢壳作为基本结构，在钢壳中用纵向肋板设置间隔，经填充混凝土后，称为简易的复合管片结构。与原有钢管片相比有制作容易、经济性能好、可以省略二次衬砌等优点。

(5)扁钢加筋混凝土管片

扁钢加筋混凝土管片(Flat Bar Reinforced Concrete)是为控制矩形和椭圆形等特殊断面管片厚度和钢筋用量，谋求降低制作成本为目的而开发出的管片结构。由于是使用扁钢作为主筋，所以和以往的管片相比，可以增加主筋的有效高度，其结构性能较好。

(6)钢筋混凝土管片

钢筋混凝土管片有一定的强度，加工制作比较容易，采用钢模制作(单块生产)时，可保证管片的精度(国内外都能达到±0.5 mm)，耐腐蚀，造价低，是最为常用的管片形式。

如图 6.6 所示的是常用的平板型钢筋混凝土管片。

20 世纪 60 年代以来，盾构隧道衬砌结构逐渐推广应用拼装式钢筋混凝土管片，但在工程实践中，钢筋混凝土管片的一些缺点也逐渐暴露出来。

钢筋混凝土管片的厚度一般比较大，因此比较笨重(可达5～6 t)；运输安装过程中，其边缘容易破损，特别是箱形管片在盾构千斤顶作用下很容易被顶裂；拼装成环时，由于管片制作精度不高，端面不平，拧紧螺栓时，往往使管片局部产生较大的集中应力，导致管片的开裂；尤其是，接缝是管片衬砌中较关键的部位，从一些试验来看，结构破坏大部分都开始于薄弱的接缝处，当盾构千斤顶施加在环缝面上，特别是偏心作用时，也会使管片顶裂、顶碎。这些都是管片设计中的重要控制因素。

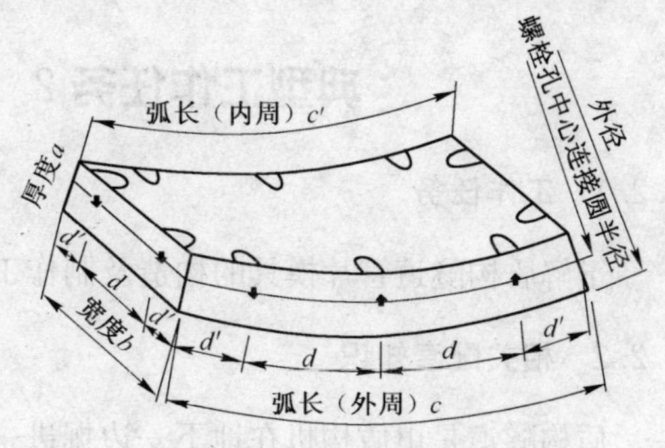

图6.6　混凝土类管片

改善的方法是合理选择管片的形式，提高钢模的制作精度和管片混凝土的强度，在拼装管片时提高拼装的质量，采用错缝拼装等可行的办法。但是由于混凝土材料固有的脆性等弱点，使得这些方法不能从根本上解决问题，例如：管片厚度较大、管片笨重的问题等。由于特殊荷载(瞬时性的动力荷载，如地震力，原子武器、常规武器的冲击荷载等)阶段的结构验算往往是控制衬砌结构设计的关键，必须保证管片具有足够的厚度以满足要求，使得厚度难以减小。

防水是钢筋混凝土管片衬砌存在的突出问题。除了从管片生产工艺、接缝防水材料和措施等方面综合处理外，也要求管片本身具有优良的不透水性。为此，设计时要合理选择防水混凝土的抗渗指标、合适的配合比，严格控制水灰比(一般不大于0.4)，使用塑化剂增加混凝土的和易性，还要合理控制含钢量和钢筋保护层厚度；管片生产时要注意振捣方式、养护条件、脱模时间，防止因温度应力而产生的裂缝；还要注意减少管片在堆放、运输和拼装过程中的损毁率。很明显，为了防止裂缝的形成与发展增加了隐性成本，也提高了对生产机具和操作的要求。

随着盾构支护技术的不断发展，一些新型的管片也不断地被设计出来，譬如有使用特殊接头抗震的可挠性管片及背面附有注浆袋和尿烷泡沫剂的特殊管片等。各种材料管片的特点及存在的问题可以总结如表6.3所示。

表6.3　不同材料管片的特点及存在的问题

管片名称	特　点	存在问题
钢筋混凝土管片	1. 成本低，使用最多； 2. 耐久性好； 3. 可构建实用、无障碍衬砌	1. 厚度较大，致使掘削面大； 2. 重量大，运输、组装需要手工操作，易损伤
球墨铸铁管片	1. 强度好、耐久性好、制作精度高； 2. 与混凝土管片相比重量轻、掘削面小； 3. 承受特殊荷载的地点可选用特殊构造	1. 成本高； 2. 焊接困难
钢管片	1. 重量轻、组装运输容易； 2. 可任意安装加固材、加工容易； 3. 中小盾构隧道中使用多	1. 容易变形； 2. 耐腐蚀性差
复合管片	管片系混凝土和钢板有效复合构造，与钢筋混凝土管片相比厚度小	1. 钢板的抗腐蚀性差； 2. 接头构造复杂

典型工作任务2　钢筋混凝土管片模具

6.2.1　工作任务

了解盾构隧道管片模具的构造及制作工艺。

6.2.2　相关配套知识

盾构隧道是由盾构机在地下一边掘进一边拼装衬砌管片形成的，因此盾构隧道的质量由盾构的掘进控制、管片拼装质量两大要素决定。管片的生产质量直接影响管片拼装质量以及成型后隧道的结构性能、防水性能和耐久性。影响管片生产质量的最主要因素之一是管片模具(即钢模)。钢模是管片制作的重要设备，是管片尺寸精度的具体保证，可以说它是管片质量成败的关键。

一条投资数亿元的隧道，管片钢模具的投入往往数百万元，占隧道总造价的百分之几。所以，完全有理由重视管片模具的质量，选用优质模具，最终保证的是整条投资巨大的隧道质量。一旦采用不良模具，若有幸及时发现，最多损失掉已经浇筑好的管片；而如果不能及时发现，管片一旦装拼到隧道里，其后果将不堪设想。

1. 模具的构造

一般管片在模具中呈拱形放置。如图6.7所示，钢模一般由底架、一个底模板、两个侧模板、两个端模板、上盖板以及振动器、进气机、开合、定位等辅助件组成。形成内弧面的为底模，形成前后环面的为侧模，形成管片间接合面的为端模，形成外弧面的为顶模。

侧模、端模和顶模均可以相对于底架作转动，通过操作双向螺杆进行开合模的操作。采用定位机构对模板的合模位置进行限位，从而保证模具的设计尺寸和精度。底模板、侧模板、端模板以及上盖板构成了管片的表面形状，它们的制造加工精度和脱模方式直接影响管片的精度。

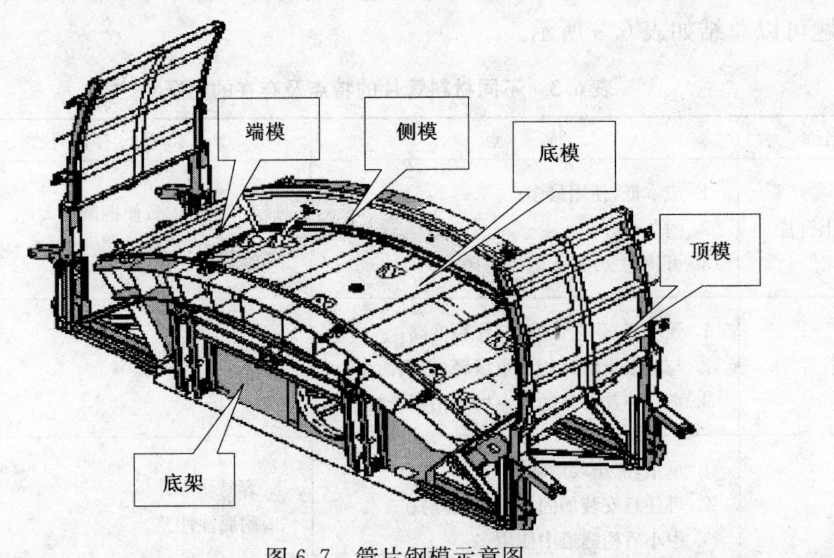

图6.7　管片钢模示意图

(1)底架

底架是整个模具的安装基础和定位基础，承受着管片和模具的全部重量，同时要承受振捣时的冲击力。因此，设计时要求底架有必要的强度、刚度，同时应具备一定的弹性。

一般来说，底架采用薄壁壳体结构，其形状由管片的种类和形状决定，为了保证足够的强度及刚度，在安装模板紧固螺栓、定位机构的对应部位应焊接加强肋；在底架底部、上部均应焊接槽形的加强梁。为了隔振，在底部基础上应安装4个橡胶缓冲垫。为了方便人员进入底座内部对模具和振动器进行安装和检查，应在侧板上设计1个人孔，作为检修人员的通道。

(2)底模

底模焊在底架上，在设计和制造中，需要保证模面的径向误差和圆柱度。手孔模是底模的重要组成部分，必须控制好手孔模的定位精度，否则会导致管片拼装时的困难。

(3)侧模

侧模是用来形成管片环间接合面形状、定位结构和密封槽特征的。两侧模的定位决定了管片的宽度，为了保证管片的环间拼装精度，要求侧模的模面的形状和位置应具有很高的精度。

(4)端模

端模是整个模具设计的关键环节。端模是用来形成管片块间接合面形状、定位结构和密封槽特征的，端模的定位精度决定了管片的分块精度，为了保证管片的块间拼装精度，端模的模面形状和位置应具有很高的精度。同时，端模两端的嵌槽应保证与侧模模面的倒角、槽、台等特征相吻合，并且控制精度达到模间结合缝不漏浆，这是设计和制造中的难点。

(5)顶模

为了易于管片外环面的成形，防止混凝土的外溢，保持管模周围清洁，管片模具设置顶模。为了方便灌注混凝土，两顶模之间要留出充分的操作空间。顶模一般为翻转式，采用弹簧来实现顶模开启和闭合，结构简单、操作方便。

(6)振动器

设计中，应综合考虑振动频率、振幅及寿命等因素，选用相应型号的气动附着式振动器。根据管片面积的大小和振动能力，确定振动器的安装位置及个数，在模具的底模背面均匀地安装。

(7)开合机构

开合机构就是控制模具组合或打开的构件，由于不同模具的脱模方式不同，所以其开合机构也会有所不同，在这里介绍一种常用的开合机构。如图6.8所示，该开合机构由双向螺杆和2个带方向相反的螺纹的转销组成。转销1固定在底架上；转销2固定在可以绕底架旋转的侧模架上。

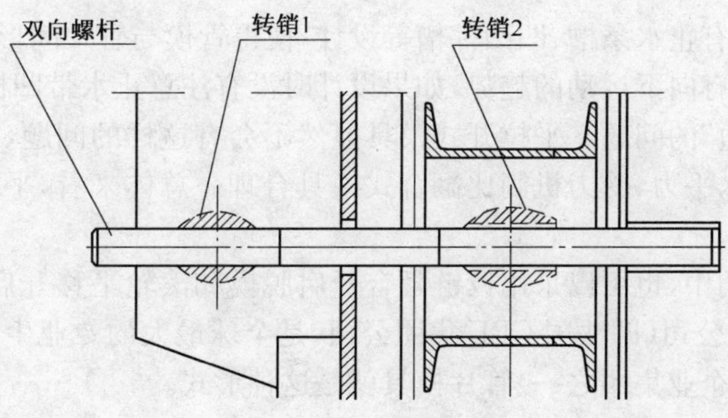

图6.8　开合机构图

其脱模原理为:旋转双向螺杆,由于转销固定,转销带动侧模架同时运动,并且侧模架移动的距离是螺杆移动距离的 2 倍,这样,节约了脱模操作的时间。

(8)定位机构

侧模、端模在合模时模板之间的相对位置通过定位机构来保证,如图 6.9 所示。在合模时,拧动双向螺杆将模板拉回,直到定位销末端的凸球面与固定在底架上的定位窝的球面相吻合,达到对模板的定位要求。在使用过程中,如发现模具精度不合格,定位销的位置可以调节。

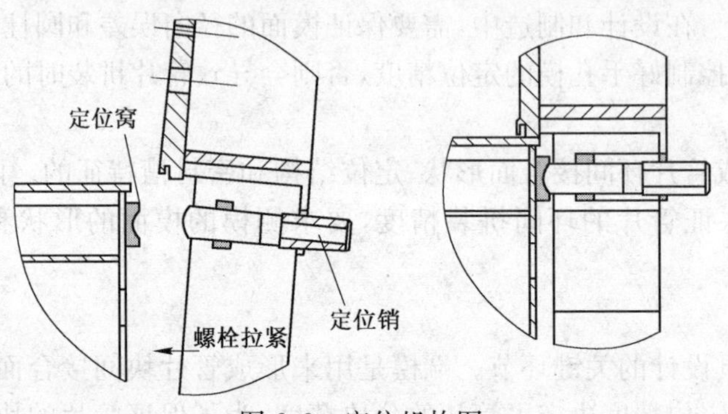

图 6.9　定位机构图

2. 模具的选择

钢模的选型首先要弄清钢模的结构、脱模形式、振捣形式、精度要求,其次是要了解钢模的造价、生产制造周期和使用寿命等。钢模的基本构造形式前面已讲到,这里不再重复。

(1)脱模形式

管片在钢模中浇筑成型后,当混凝土达到规定强度时即可脱模。钢模的脱模形式有铰链翻合开启脱模和滚轮平移开启脱模两种,分别如图 6.10、6.11 所示。

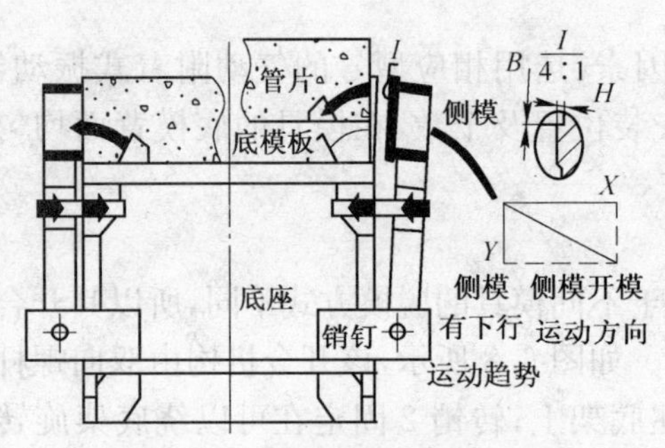

图 6.10　翻合式模具示意图

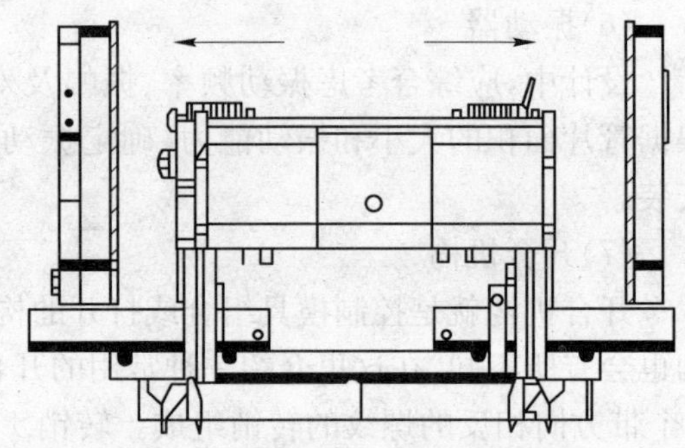

图 6.11　滚轮平移式模具示意图

因为管片上预留有止水条槽、凹凸榫槽等设计,使得管模与管片间形成了“咬合位”。而翻合式模具的运动轨迹有向下运动的趋势,如果设计时没有注意止水带凹槽的倒角,很可能在脱模时造成混凝土“啃边”的问题。平拉开式模具显然不会有这样的问题,而且竖向力主要由导轨承担,螺栓仅承担水平力,受力机制比翻合式模具合理。总体来看,平拉开式模具更加符合开模的机制。

当然,在实际应用中,也可以采用铰链翻合开启脱模和滚轮平移开启脱模相结合的方式。如图 6.12 所示,CBE 公司(即法国 CBE 集团公司,是全球最大的专业生产隧道模具及大型地下工程预制件模具的企业集团之一)管片模具就是这种形式。

(2)钢模的振捣形式

将混凝土注入钢模后通常需要将一定振频、振幅的激振力传递给混凝土,使骨料颗粒和水泥浆在钢模中重新排列和充分的填充，形成致密的混凝土。钢模的结构和振动方式决定了钢模振动密实的效果和效率。钢模的振捣形式可分为三种类型：人工插入式振捣、附着式整体振捣、震动台自动化生产线。每一种模具都有着各自的优缺点，要根据不同的振捣方式进行模具设计；也需要用户根据实际需求和生产条件进行选择。

图 6.12　CBE 公司的典型模具

人工插入式振捣由人工操作，通过一个管状的振捣棒插入到混凝土中，使混凝土密实。人工插入式具有管模价格低、配套设施少等优点；缺点是劳动强度大、生产效率低、震捣质量人为因素高，容易波动，且不适用于干硬性混凝土，管片外观和内在质量不稳定，只适合于小批量管片生产的项目。

附着式整体振捣是把振动器直接固定在钢模的外表面。一般采用把振动器固定在底座顶弧面的内表面，振动可通过钢结构件传递到混凝土，使之密实。优点是机械化程度较高、生产效率快、震动质量稳定、管片质量稳定；缺点是震动器噪声大、对混凝土配合比要求高，且管模强度不足容易造成变形，影响管模寿命。

在成本和效率方面，两种振捣方式明显不同。人工振捣式钢模价格较低，生产效率也略低，一般每天可生产 2～3 环；附着振捣式模具价格略高，比人工振捣式钢模约高 7～8 万元人民币，但生产率高，每生产一块管片，振捣时间仅为人工插入式的 1/3。

震动台自动化生产线是把钢模安置在一个能固定钢模的振动平台上，该平台由弹簧或空气气囊支撑。优点是管片生产实现了流水化作业，管片模具通过轨道移动完成模具开合、钢筋笼吊装、混凝土浇筑、振捣、蒸养、脱模、养护等各固定工位的工序内容，自动化程度高，生产效率高，采购方可选用封闭式浇筑、振捣以降低噪声污染。缺点是投资大、管片厂筹建周期长、管模周转运动容易造成管模变形；另外由于现阶段流水线厂家技术不够成熟，振动台和驱动装置容易出现故障，从而影响实际使用的效率。

(3)质量精度要求

管片钢模与普通的模具有明显差别，其技术上要求具有高精度性、坚固耐久性、易于操作性三方面。高精度钢模的精度要求有钢模宽度、钢模高度、钢模内外径弧弦长、纵向环向芯棒中心距、纵向环向芯棒孔径等五项检测指标。

《地下铁道工程施工及验收规范》(GB 50299—2003)中规定：钢筋混凝土管片应采用高精度的钢模制作，其钢模弧弦长允许偏差均为±0.4 mm，并在使用中经常维修保养。

《盾构法隧道施工与验收规范》(GB 50446—2008)中第 6.4.5 条也有规定：当模具周转 100 次时必须进行检验，允许偏差和检验方法应符合表 6.4 的规定。

表 6.4　模具允许偏差和检验方法

项　目	允许偏差(mm)	检验工具	检查数量
宽度	±0.4	内径千分尺	6 点/个
弧、弦长	±0.4	样板、塞尺	2 点/个，每点 2 次
内腔高度	−1～+2	高度尺	4 点/个

(4)钢模的制造成本和生产周期

目前国内采用盾构法修建地铁的城市均在城市附近修建了盾构管片生产厂，所有的管片生产厂家在生产第一批管片的时候均采用新购的管片钢模，并且每套管片钢模均有一定的生产使用寿命(一般寿命在3 000套左右)，6.0 m直径的钢模每套价格为60～80万元人民币，钢模制作生产周期一般为3个月。

典型工作任务3　钢筋混凝土管片生产

6.3.1　工作任务

掌握管片制作的工艺要求。

6.3.2　相关配套知识

管片制造是根据盾构隧道的建造要求，按一定的设计方法确定管片形式、尺寸，制造管片实物的作业过程。在城市轨道交通地下工程中，基本上使用的是钢筋混凝土管片，在这里就钢筋混凝土管片的生产做一个阐述。

如图6.13所示的是从材料进厂到管片出厂的制造程序及质量管理控制措施。总体来说，制造厂家加强质量管理的主要项目为材料检查、外观检查、形状尺寸检查、临时拼装检查、性能检查及其他检查等。

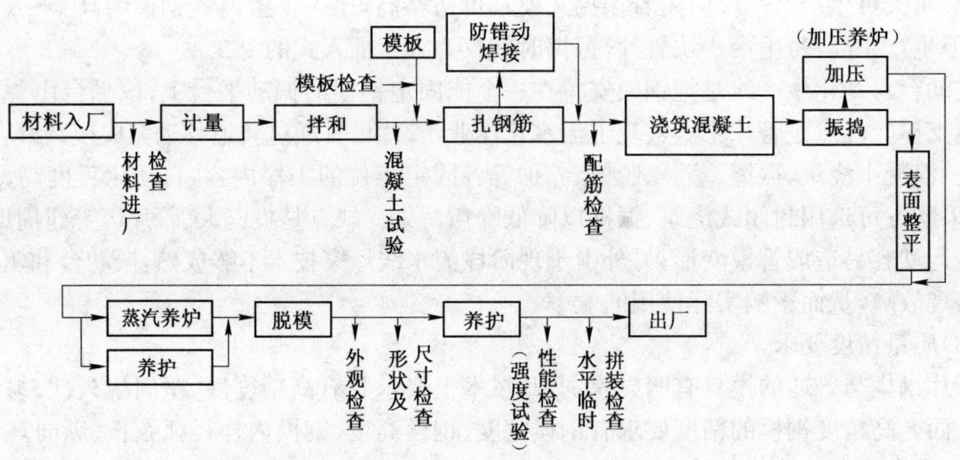

图6.13　混凝土类管片的制造程序及质量管理项目

1. 前期准备工作

(1)管片生产施工组织设计

管片制造单位必须依据合同要求编制管片生产的施工组织设计，施工组织设计中应详细说明项目材料(水、水泥、混合材料、骨料、钢筋或钢骨、辅助材料等)、模板、混凝土配比、制作工艺(钢筋等的加工组装、振捣方法、养护方法等)、试验和出厂标准等技术要求及质量保障措施，并根据隧道施工进度，对管片的制作排出施工计划。

(2)管片生产场地布置

管片生产场地布置应根据生产能力和管片存放周转情况进行设计安排，一般分为以下几大功能区域：管片混凝土成型区、钢筋加工区、后期养护及存放区和配套设施区(如搅拌站、锅炉房和配电室等)。各功能区的划分注意与生产规模和生产工艺匹配,成型车间应尽量远离办公区。

2. 管片制作过程

(1)模具清理

模具清理关系到管片生产的质量。在涂隔离剂前应严格按照先内后外、先中间后两边的顺序,用干净的抹布将模具内外围和底部混凝土残留物彻底清理干净;随后检查模具外围上的密封圈是否已清洁好,安装是否正确;清理模具中部指定位置的测量宽度卡口,并涂油脂;模具的盖子和边缘上的密封圈在清理干净后,检查密封圈安装是否正确;最后对所有活动零部件进行仔细清理并涂上油脂。如图 6.14 所示为清理模板。

(2)涂刷隔离剂

应选用质量稳定、无气泡、适于喷涂、脱模效果好、不影响构件外观颜色的脱模剂。涂刷隔离剂要求薄而匀、无集油和淌油现象,应特别注意模板拐角处不能漏涂。

(3)钢筋骨架入模

在安放钢筋骨架前先安装尼龙吊装预埋件,安放钢筋骨架时应确保钢筋不得与模板接触;随后安装沿模具边的弯螺栓件,所有弯螺栓涂上油脂,外露部分密封圈应完好无损,塑料管的尺寸要准确,安放位置要正确且有较好的密封性,以防水泥浆进入;骨架安放应保证底部及内外弧面保护层控制在规定范围内;最后检查模具、钢筋骨架和预埋件,无误后盖上模具盖子,模具盖子密封圈要求密封性良好以防漏浆。图 6.15 为起重机吊装骨架入模过程。

图 6.14　模板清理

图 6.15　钢筋骨架入模过程

(4)管片钢模合模

按先端头模板、后纵向模板的顺序合模,关闭两个纵向模板前应首先抽出侧边上的所有螺栓,以防其卡在侧模和底模中间导致模板扭曲,然后用扳手旋紧侧模上锁紧螺栓,关闭两个纵向模板;合模后检查模具四角的直线标记是否对齐;用专用量具卡在模具的中部指定位置,测量模具中部检查模具的宽度是否准确。测量时,量具放进卡口应顺畅,量具两端小圆柱应恰好接触模具燕尾卡口两边斜面;严禁强行按入或任何一端脱离燕尾卡口斜面;禁止留有缝隙,否则应加以检查调整。图 6.16 为合模后待浇混凝土状态。

图 6.16　合模后待浇筑混凝土

(5)混凝土搅拌及运输

保证各种材料计量准确,各种计量器具和设备必须在检定的周期内;搅拌设备运行正常;电子计量秤处在灵敏、可靠的工作状态;使用的料斗应保持清洁。各原材料计量允许偏差见表 6.5。

表 6.5　原材料计量允许偏差

原材料	允许偏差(%)
水泥、掺合料	±1
骨料	±2
水、外加剂	±1

严格按照经确认的施工配合比计量搅拌混凝土,准确测定砂石含水率;混凝土搅拌应均匀、色泽一致,和易性良好,且满足设计要求。在搅拌和浇筑地点应分别检测混凝土坍落度、黏聚性和保水性,确保混凝土施工性能满足工艺要求。

(6)混凝土浇筑与振捣

用吊斗吊运混凝土,生产时混凝土坍落度控制应按配合比设计进行,采用连续浇捣成型方式,如图 6.17 所示。由模具中部均匀浇筑混凝土,不得干扰模具中心部分吊装预埋件,边浇筑混凝土边振捣,振捣时间应控制适当,以避免过振和漏振,如出现下列情况说明混凝土已振捣好:混凝土表面停止沉落或沉落不明显、混凝土表面气泡不再显著发生或已泛出灰浆、混凝土已将模板边角部位充实并有灰浆出现。在浇捣混凝土时,应派专人经常检查模板固定螺栓及振捣器是否有松动脱落现象。浇筑完成后,抹平两个盖子之间的自由面,同时清扫模具上黏附的混凝土以防止因混凝土硬化而给拆模后的清理工作带来不便,这项操作可减轻后续工作的强度,增加模板使用寿命。

图 6.17　混凝土浇筑

(7)混凝土成型抹面

成型抹面是在混凝土浇筑完毕间隔一定时间后,打开模具上盖到安全位置,分 3～5 次收水抹平管片,以消除气泡及两个盖子之间的不平部分。

初次收水抹面前进行表面修整,用刮杠沿侧模表面刮除自由面多余混凝土直至刮平,将模具外侧混凝土清除干净;再用木抹子提浆、铁抹子压光 2～4 次,以管片外弧面搓平压实、平整为准;最后清洁模具盖子并喷涂隔离剂,整理、清扫模具及现场。抹面严禁洒水及水泥,以避免管片外弧面燥皮和开裂。

(8)管片蒸汽养护

如图 6.18 所示,蒸汽养护是在管片浇筑完毕抹面成型后,静停 2～3 h,再将模位整体覆盖严实并通上蒸汽,使混凝土强度在高温高湿条件下得到快速增长,以加速模具周转,提高生产率。实施蒸汽养护要根据工艺要求,经试验后确定养护制度,严格控制静停时间、最高温度和升降温速度。一般情况下,升温速率以 10 ℃/ h～15 ℃/ h 为宜,降温速率不大于 15 ℃/h,最高温度不超过 60 ℃,养护过程中认真记录温度变化并留有记录。

(9)开模出池

管片的强度试件应与管片同条件养护，经试验在混凝土强度达到一定要求后即可开模，但需等到管片表面温度与环境温度差不大于20 ℃时方可出模，出模时管片混凝土强度不宜低于设计强度的40%。

脱模顺序为：松开模具侧板→打开模具端板→用真空吸盘吸住管片脱模。脱模必须使用专门吸盘牢牢吸住管片的固定位置，在起吊之前确保松动管片的各种连接，将管片调至翻转架翻转90°或180°，成码放状态。

出模后对管片成品外观和外形尺寸进行实测并作好记录，管片外观质量和外观尺寸偏差应符合要求。然后在指定位置(管片模具编号处)进行标志，内容包括：型号、生产日期、管片编号、厂名等，并作好成品保护。

对于室内生产室外存放的管片，当冬季室温较低时应采取措施，保证室温。管片应在室内存放足够时间，以降低管片内部温度，避免管片移到室外时产生温差裂缝。如图6.19所示即为用真空吸盘吸出管片的过程。

图6.18 用帆布覆盖蒸汽养护

图6.19 用真空吸盘吸出管片

(10)粘贴橡胶止水条

橡胶止水条是确保管片防水的重要举措，粘贴橡胶止水条应按照以下程序操作：将管片及橡胶止水条沟槽清理干净，将胶水均匀刷涂于管片和橡胶止水条沟槽内，按要求静停规定时间后，再将橡胶止水条安装在管片沟槽内，用橡皮锤将橡胶止水条敲实压紧。如图6.20所示。

图6.20 粘贴橡胶止水条示意图

粘贴橡胶止水条的注意事项：胶水刷涂应均匀、到位，无积胶现象，应特别注意管片四角处的刷涂；粘贴橡胶止水条应掌握好静停时间，敲击应均匀到位，不得遗漏；橡胶止水条应粘结牢固，粘贴完成后提拉应无开裂现象。

(11)管片二次养护

管片出池后，为了使管片混凝土强度继续增长，减少温差裂缝，出模后的管片应放置在车间内一段时间，然后吊出车间到场地存放并进行二次养护。

管片二次养护要在粘结防水密封条前进行，养护方法为：非冬施工期间可以采用人工浇水、自动喷淋或池水养护等方式进行，一般应继续养护达到28 d养护时间，方可出厂，冬季施工期间可以采用喷涂养护剂方法养护。

3. 管片制作工艺要求

(1)原材料的要求

管片生产所用的水泥、砂、石子、钢材等原材料，均应符合有关规范、标准，且附生产厂家的产品质量保证书。

水泥：选用 42.5R 普硅水泥，龄期不少于一个月，氯离子含量、碱含量符合管片生产的特殊要求。

砂：选用质地坚硬的中粗河砂。细度模数控制在 2.3～3.0 间，粉细物含量不大于 2%，含水率小于 2%。

碎石：粒径为 5～20 mm，质地坚硬。针片状颗粒含量要求不大于 15%，粉细物含量不大于 2%。

水：采用饮用水。

掺和料：采用磨细粉煤灰。

添加剂：选用高效减水剂。

钢筋：要求钢筋表面清洁，没有易脱落的锈皮、油漆等污垢物。调直后的钢筋，表面伤痕及锈蚀不使钢筋截面积减少。

(2)模具精度要求

管片模具制作精度要求严于管片成品精度，并要求具有精度稳定性。

世界著名管片模具制作企业法国 CBE 品牌模具的加工精度如下，其加工精度高于我国的国家标准要求。

①钢模宽度：<±0.25 mm。

②钢模高度(厚度)：0～+1.0 mm。

③钢模弧长：<±0.3 mm。

④钢模对角线：<±0.5 mm。

⑤钢模纵、环向螺栓孔径：<±0.1 mm。

⑥钢模纵、环向螺栓孔中心距：<±0.3 mm。

高精度管片不仅要求使用高精度模具生产，而且其钢筋工程施工也要进行严格的质量控制，以达到高精度要求。

(3)钢筋半成品加工

钢筋半成品加工是确保钢筋工程质量的基础，在加工之前要确认钢筋经过检验并合格，钢筋半成品加工注意事项如下：

①钢筋料表应根据施工图纸和相应规范标准由有关技术负责人复核签字后方可使用。

②钢筋原材必须是经过试验合格的产品才能用于施工，钢筋半成品加工应根据钢筋料表进行。

③钢筋半成品加工应分为调直、切断、弯曲，各工序应分别进行加工，半成品应分别进行。

④半成品加工后进行质量检验和状态的标志，检查不合格的不准使用，并按不合格品程序进行评审处置。

⑤试验员应及时按标准规范要求取样试验，复试合格后进行状态标志，不合格的按程序进行复试，仍不合格的按不合格品处置。

⑥质量上要求钢筋应平直，表面不应有裂纹、油污、划伤、锤痕和片状老锈等缺陷；焊接接头不应有裂纹、烧伤、焊瘤；弯曲无裂痕；允许偏差符合表 6.6 的要求。

表 6.6　钢筋加工允许偏差

项目	允许偏差(mm)	检验工具	检验数量
主筋和构造筋长度	±10	钢卷尺	每班同设备生产 15 环同类型钢骨架，应抽检不少于 5 根
主筋折变点位置	±10		
箍筋内净尺寸	±5		

(4)钢筋骨架制作工序操作程序及技术要求

钢筋骨架制作在符合要求的钢筋笼成型胎膜上进行，其操作程序为：

焊接钢筋骨架→焊接弯螺栓加强筋→安装焊接吊装预埋件螺旋筋→在骨架的箍筋上绑扎塑料垫块→检查钢筋笼并填写钢筋分项工程质量检验评定表。

为了保证钢筋骨架制作质量，必须满足以下技术要求：

①钢筋必须顺直，调直后表面伤痕及锈蚀不应使钢筋截面积减小；钢筋端部的扭曲、弯折应校直或切除；管片弧形主筋下料和成型尺寸正确，并在靠模中定位、焊接；箍筋弯钩沿受力方向错开放置，弯钩应放在受压区。

②焊工必须持有焊工考试合格证，钢筋焊接前进行试焊，合格后再批量施焊。

③焊接成型时，焊前焊接处不应有水锈、油渍等；焊后焊接处不应有缺口、裂纹及较大的金属焊瘤；焊接骨架的所有钢筋相交点应全部焊接。

④钢筋骨架焊接成型，其平行搭接的焊缝厚度 h 应不小于 $0.3d$（d 为钢筋直径），焊缝宽度不小于 $0.7d$；搭接长度 L 单面焊接不小于 $10d$，双面焊接不小于 $5d$；钢筋交叉搭接焊缝厚度 h 不小于 $0.35d$，焊缝宽度 b 不小于 $0.5d$。

⑤钢筋采用内外弧面主筋与箍筋拼装而成。内外弧主筋的弧度、焊接产生的收缩应力控制、各组成骨架钢筋的位置、焊渣清理等环节是骨架制作的关键，落料成型、排料焊接、整体拼装采用靠模法；为减少焊接应力确保骨架精度和强度，采用对称跳点焊接法。

⑥焊接骨架每批抽取 10%并不得少于 3 件进行外观检查，要求焊点处熔化金属均匀，焊点无裂纹、多孔性缺陷和明显烧伤，每件骨架的焊点脱落、漏焊数量不得超过焊点总数的 4%且无相邻两点脱落、漏焊，量测骨架的长度、宽度及高度，其偏差应符合要求。当外观检查不符合上述要求时，则应逐件检查，并剔除不合格品。不合格品经整修，提交二次验收合格后方可使用。

⑦焊接成型骨架上垫块应绑扎牢靠，保护层要符合设计要求。

⑧钢筋骨架制作成型后进行实测检查并如实填写记录，制作允许偏差符合表 6.7 的要求。检查合格后，分类堆放，并标志。

表 6.7　钢筋骨架制作允许偏差

项目		允许偏差(mm)	检验工具	检验数量
钢筋骨架	长	+5，−10	钢卷尺	按日生产量的 3%进行抽检，每日抽检不少于 3 件，且每件检验 4 点
	宽	+5，−10		
	高	+5，−10		
主筋	间距	±5		
	层距	±5		
	保住层厚度	+5，−3		
箍筋间距		±10		
分布筋间距		±5		

典型工作任务4　钢筋混凝土管片检验

6.4.1　工作任务

掌握隧道管片检测的试验内容和技术标准。

6.4.2　相关配套知识

盾构管片成品检验是管片质量控制的最后环节，成品检验合格也是出厂的必要条件，检验内容包括外观质量、外形尺寸、结构强度和抗渗性能、拼装性能以及预埋件抗拉拔性能。

1. 外观质量要求

地铁盾构管片成品应进行外观质量检验，其要求和检验方法见表6.8。

表6.8　地铁盾构管片外观质量要求及检验方法

项　目		质量要求	检验方法
露筋		不应有	观察、用直尺量
孔洞		不应有	观察、用直尺量
蜂窝		不应有	观察
裂缝	影响结构性能和使用的裂缝	不应有	观察，用直尺量和刻度放大镜测量
	不影响结构性能和使用的裂缝	不宜有	
外形缺陷		不应有	观察
外表缺陷		不应有	观察
外表沾污		不宜有	观察

2. 尺寸允许偏差

地铁盾构管片外形尺寸允许偏差要求见表6.9。

表6.9　管片允许偏差和检验方法

序号	项目	允许偏差(mm)	检验工具	检验数量
1	宽度	±1	卡尺	3点
2	弧、弦长	±1	样板、塞尺	3点
3	厚度	+3/−1	钢卷尺	3点

3. 强度检验

(1)混凝土抗压强度试件制作

混凝土试件应在混凝土浇筑地点随机取样制作，三个试件为一组，每班次、同配合比的混凝土，每15环至少成型三组，一组供出模使用，一组和管片同条件养护14 d试压，另一组28 d标养试压。

(2)混凝土强度检验评定

同一验收批的混凝土应由强度等级相同、生产工艺和配合比基本相同且不超过三个月生产的管片组成。对大批量连续生产的管片，应按统计法评定其混凝土强度。

4. 抗渗试验

混凝土抗渗试件的取样、制作、养护和试验必须符合现行国家标准《普通混凝土长期性能和耐久性能试验方法》(GB/T 50082—2009)的有关规定。

每生产15环管片为一批,进行一次抗渗性能检验,抗渗试验结果应满足设计要求。

混凝土抗渗性能试验应按下列步骤进行:试件养护至试验前一天取出,将表面晾干,然后在其侧面涂一层熔化的密封材料,随即在螺旋或其他加压装置上,将试件压入经烘箱预热过的试件套中,稍冷却后即可解除压力,连同试件套装在抗渗仪上进行试验。

(1)试验从水压为0.1 MPa开始,以后每隔8 h增加水压0.1 MPa,并且要随时注意观察试件端面的渗水情况。

(2)当6个试件中有3个试件端面有渗水现象时,即可停止试验,记下当时的水压。

(3)在试验过程中,如发现水从试件周边渗出,则应停止试验,重新密封。

(4)混凝土的抗渗强度等级以每组6个试件中4个试件未出现渗水时的最大压力计算,其计算式如式(6.1)所示。

$$P=10H-1 \tag{6.1}$$

式中　P——抗渗等级;

H——6个试件中3个渗水时的水压力(MPa)。

5.管片成品检漏试验

(1)试验目的

通过检漏试验检测渗水高度,检验管片抗渗透能力。

(2)试验准备

①检漏试验应在5 ℃以上的环境中进行。

②检漏用管片其混凝土抗压强度及抗渗等均须满足设计要求。

③受检管片不得粘贴密封垫。

④在试验前,应测量其实际尺寸,并仔细检查管片表面,所有的缺陷应在管片上标出,管片表面应擦拭干净,并保持干燥状态。

⑤试验加荷设备及仪表应先进行标定或标准。

(3)试验仪器及设备

①试验装置,如图6.21所示。

②管片检漏试验台。

③液压介质:本试验使用的液压介质为水。

④水压泵、压力仪表、尼龙水带、表、扳手、直尺和放大镜等。

图6.21　管片检漏试验装置示意图

(4)试验步骤

①将管片放在试验装置上,在管片下表面围一圈橡胶密封条,使试压架与管片之间留有空间。按照试验设计装置图安装试验仪器。

②按照跳点对称的方法用扳手分别拧紧抗渗实验台管片侧面和端面部位的紧固螺栓。注意必须对称均匀用力上紧,同时在紧固过程中检查实验台底模上的密封胶圈,保证位置正确。

③连接加压水泵和抗渗实验台,并开动加压水泵直到抗渗模具上的两个排气孔均有水淌出,迅速封闭排气孔。

④继续开动加压水泵,保持腔内水压均匀增加,直到设计要求的抗渗压力,记录时间。

⑤检查管片侧面情况，并观察水压仪表。发现压力下降应及时补充压力，使其始终保持设计要求的抗渗压力。

⑥每隔半个小时仔细检查管片侧面渗水线高度，恒压时间 2 h，选择侧面渗水线的最高位置，用直尺测量渗水线高度，记录数据。

⑦检查管片四周渗水情况，并予以记录。测量四边渗水高度，记录每边最高的渗水高度。

⑧拆除试验装置，完成试验。

(5)试验标准

试验合格标准应符合设计要求，不同地区、不同线路地铁盾构管片检漏试验标准可能不同。如北京地铁 4 号线管片检漏试验标准为：压力 1.0 MPa 恒压 2 h，渗水高度小于 60 mm，而北京地铁机场线管片检漏试验标准为：压力 0.8 MPa 恒压 6 h，渗水高度小于 50 mm。

6. 水平拼装试验

水平拼装受检管片时，外观质量、尺寸偏差和裂缝检查应合格，水平拼装合格则可判定该批产品外观质量和尺寸偏差为相应等级，如图 6.22 所示为管片三环水平拼装试验图。

一般每生产 200 环管片后应对其进行水平拼装检验一次，其结果和检验方法应符合表 6.10 的规定。

表 6.10　管片水平拼装检验允许偏差和检验方法

序号	项目	允许偏差(mm)	检验频率	检验工具
1	环向缝间隙	2	每缝测 6 点	塞尺
2	竖向缝间隙	2	每缝测 2 点	塞尺
3	成环后内径	±2	测 4 条(不放衬垫)	钢卷尺
4	成环后外径	+4，−2	测 4 条(不放衬垫)	钢卷尺

图 6.22　管片三环水平拼装图

7. 吊装预埋件拉拔试验

(1)试验目的

检测吊装孔预埋件抗拉拔力。

(2)试验条件

①应在 5 ℃以上的环境中进行；

②混凝土抗压强度及抗渗等均须满足设计要求；

③加荷设备及仪表应先进行标定。

(3)试验仪器厦及装置

试验仪器和装置如图 6.23 所示，主要有：反力架、千斤顶、钢绞线、试验钢销和锚具、压力仪表、扳手等。

(4) 试验步骤

①用反力架、千斤顶、钢绞线、试验钢销和锚具组成加载试验装置。

②采用压力表测定试验荷载。

③采用分级加荷。当荷载小于正常使用短期荷载检验值时，每级荷载为该荷载值的 20%；当荷载大于该荷载值时，每级荷载为该荷载值的 10%；当荷载接近承载力荷载检验值

时，每级荷载为承载力检验荷载设计值的 5%。

④每级持荷时间为 90 s；正常使用短期荷载检验值下宜持续 180 s。

⑤仔细观察埋件周围混凝土表面，并作好试验记录。

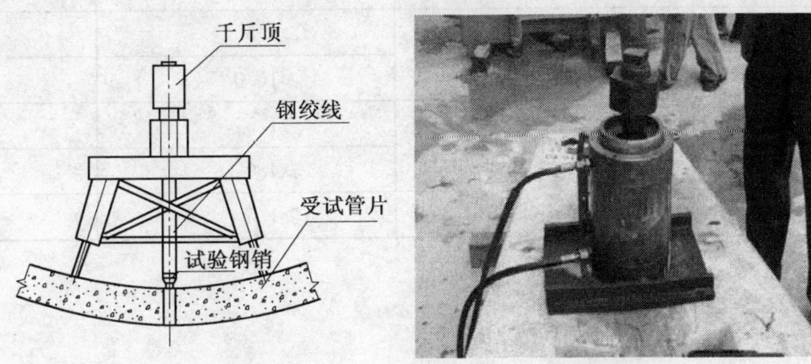

图 6.23　吊装孔预埋件拉拔试验装置示意图

(5)质量标准

抗拉拔力不低于 10 倍构件重量，对不合格的吊装孔预埋件禁止使用。

典型工作任务 5　钢筋混凝土管片修补

6.5.1　工作任务

了解隧道管片修补的方法。

6.5.2　相关配套知识

1. 隧道管片修补方法

(1) 基层处理：将管片混凝土需要修补的部位用清水把基层清洗干净，清除所有的浮浆、油渍、粉尘等杂物。

(2) 修补：对于破损深度超过 2 cm 的要在破损处先打水泥钉，密度为 5 cm×5 cm，然后分多次修补，用水泥砂浆或水泥添加快硬水泥浆抹平破损处；每次不超过 2 cm，上一层初凝后抹下一层，最后一次用水泥添加快硬水泥浆(颜色调到与管片外观一致)涂抹修补处管片，直至抹平。

(3)养护和打磨：由于隧道内温度较高，故考虑采用自然养护；管片修补后存在色差，在修补后用打磨石混合普通水泥对修补表面进行打磨处理，最后用清水冲洗表面即可。

2. 管片修补和材料质量要求

(1)修补质量：应无裂缝和杂物，强度应与管片混凝土强度相当，颜色与管片原有的混凝土颜色相近。

(2)材料质量：每批修补材料均应存放妥当，防止杂物污染，避免发生混合，应密封保存。

3. 隧道管片修补工艺

一般修补管片时采用快硬微膨胀水泥，这是一种凝固快，早期强度高，具有微膨胀性能的专用特种材料，可在 1 min 左右终凝，1 h 强度达到 15 MPa 以上，其特性指标见表 6.11，这种水泥适用于砖墙、混凝土、水泥构件的快速修补，固结充垫，以及输水排污管道的接口填封等。

表 6.11 快硬微膨胀水泥性能指标

检验项目		计量单位	技术要求	备　注
凝结时间	初凝	min	≥2～<10	
	终凝		≤15	
挤压强度	1 h	MPa	≥4.5	
	3 d		≥15.0	
抗折强度	1 h	MPa	≥1.5	
	3 d		≥4.0	
抗渗压力(7 d)		MPa	≥1.5	

项目小结

本项目较为完整地介绍盾构衬砌的组成形式、管片模具、管片生产、管片养护、修补等内容。

复习思考题

1. 如何选择盾构管片模具?
2. 盾构管片生产的振捣方法有哪些?
3. 盾构管片制作需注意事项?
4. 盾构管片的修补方法?

项目 7　盾构工法常见问题与对策

项目描述

盾构施工工法具有施工安全、劳动强度低、掘进速度快、对环境影响小等优点，在现代城市隧道施工中得到广泛应用，应用过程中常会遇到一些问题和困难，本项目将对盾构工法施工中一些常见的问题及对策进行介绍，主要介绍了盾构机过溶洞(土洞)段的掘进、盾构机下穿铁路段的掘进、小半径曲线段的盾构掘进、存在有害性气体地段的盾构掘进、孤石地段的盾构掘进、盾构的纠偏技术、盾构机换刀、盾构机带压进仓作业、盾构尾刷更换、盾构机脱困。

拟实现的教学目标

1. 能力目标
• 能够解决盾构工法施工中遇到的常见问题。
2. 知识目标
• 掌握盾构工法施工中的常见问题及其处理方法。
3. 素质目标
• 养成严谨务实的工作作风；
• 具备良好的协作精神；
• 具备一定的分析问题、解决问题的能力。

典型工作任务 1　盾构机过溶洞(土洞)段的掘进

7.1.1　工作任务

通过本任务的学习，掌握盾构机在溶(土)洞段掘进的技术要求。

7.1.2　相关配套知识

目前，盾构掘进工法已在城市地下铁路、引水、供水隧道及公路隧道等工程广泛运用。尤其，国内各大中型城市大兴地下轨道交通建设，各城市地质条件不一，设计隧道埋深不等，有的城市地下轨道埋深在地下 40 m 左右。地层多为不均匀的地层，较复杂，常有水溶性岩成分存在，遇水溶蚀后形成空洞。因此，在这种复合地层盾构施工中，有时会需要通过溶洞群(土洞)这类复杂地层，由于溶洞(土洞)群的存在，对盾构掘进施工产生了一定的影响。下面以广州地铁六号线工程盾构 2 标段为例。

广州市轨道交通六号线工程盾构 2 标段【大坦沙站—黄沙站盾构区间】土建施工项目位于大坦沙岛中南部，包括一个大坦沙盾构始发井、始发井到大坦沙站之间的明挖段和两盾构区间段【大坦沙站—如意坊站】和【如意坊站—黄沙站】以及区间隧道中的四个联络通道(废水泵房)。盾构掘进右线全长 2 433.253 m,左线全长 2 682.265 m。

在大坦沙站—如意坊站区间隧道中,盾构在掘进约 100 m 后将上穿(约 300 m 范围)一系列溶洞,最近的隧道洞身与溶洞顶距离约 2.61 m,这将对盾构施工或者后期运营都有一定的影响。因此施工过程必须采取一定的措施加以处理。

本区间岩层为石炭系与白垩系不整合接触带,土、溶洞发育,范围集中在里程 YAK5+300～YAK5+600,勘察揭露到土、溶洞有 16 个。具体位置如表 7.1 所列。

表 7.1　六号线 2 标段大坦沙至如意坊区间溶(土)洞数据统计一览表

钻孔孔号	洞顶埋深(m)	洞顶标高(m)	洞底埋深(m)	洞底标高(m)	洞高(m)	隧道与溶洞顶距离	充填情况	岩性	备注
MFZ3-DR01	32.45	−25.00	35.60	−28.15	3.15	20.45	粉质黏土	粉砂岩	土洞
MFZ3-DR02	24.70	−17.05	27.70	−20.05	3.00	10.70	无	石灰岩	溶洞
MFZ3-DR03	23.55	−15.93	24.75	−17.13	1.20	8.76	无	石灰岩	溶洞
MFZ3-DR04	22.80	−15.14	24.00	−16.34	1.20	7.48	粉质黏土	粉砂岩	石洞
MFZ3-DR04	26.30	−18.64	27.30	−19.64	1.00	10.98	无	粉砂岩	石洞
MFZ3-DR05	32.05	−24.60	32.60	−25.15	0.55	19.60	无	砾岩	石洞
MFZ3-DR06	21.30	−13.78	21.90	−14.38	0.60	4.66	无	石灰岩	溶洞
MFZ3-DR06	24.00	−16.48	24.60	−17.08	0.60	7.36	无	石灰岩	溶洞
MFZ3-DR06	30.90	−23.38	31.35	−23.83	0.45	14.26	无	石灰岩	溶洞
MFZ3-DR08	24.55	−17.11	26.25	−18.81	1.70	4.60	无	粉砂岩	溶洞
MFZ3-DR08	32.35	−24.91	33.10	−25.66	0.75	12.40	无	石灰岩	溶洞
MFZ3-DR09	28.40	−21.02	28.80	−21.42	0.40	7.72	无	粉砂岩	石洞
MFZ3-DR10	24.80	−17.48	25.40	−18.08	0.60	3.97	无	粉砂岩	土洞
MFZ3-DR12	21.85	−14.51	23.15	−15.81	1.30	2.61	无	粉砂岩	土洞
MFZ3-DR23	27.80	−21.01	28.40	−21.61	0.60	0	无	含砾砂岩	土洞
MFZ3-DR12A	31.00	−32.29	34.40	−35.79	3.40	7.60	无	粉砂岩	石洞

一般说来,在盾构掘进施工前,就已经采用地质钻孔、地质雷达等探测手段探明沿线详细的溶洞、土洞情况,然后根据溶洞、土洞特点对其采用不同方法进行处理,一般是采用地面注浆的方式。通过处理,使溶洞范围内的地层达到设计要求的强度,防止掘进时地表塌陷和过大沉降,满足隧道掘进时的要求。另外,通过溶(土)洞处理,也能加强隧道结构的承载力,满足变形、防水等要求,并预防溶洞、土洞进一步发展,减小后期运营风险。

因为地下溶(土)洞处理属于隐蔽施工工程,无法完全正确检测溶洞处理的结果,所以即使溶洞已经经过处理,在这些地层中掘进时也要十分小心。另外,在无法进行钻孔检测的地面建筑物密集区及无雷达探测条件的区段掘进时,一般要利用超前地质钻探探测溶洞、土洞情况,并在盾构掘进过程中采取一定的措施对发现的溶土洞进行处理。本任务主要讲述这种情况。

1. 前期准备

在盾构进入溶洞影响范围之前,必须做好充分的准备工作。首先在盾构机开始掘进前,进行补勘,特别是在隧道轴线范围内钻孔,取得溶洞的详细资料(大小、位置和与隧道位置关系等),并进行事先注浆,对溶洞进行加固和填充。

(1)试验段推进

将盾构机在溶(土)洞影响范围前 100 m 的推进作为试验段,在试推进区域,布设土体深层沉降观测点和隧道变形监测点。在试推进过程中,对推进速度、土压力设定、注浆量设定、二次注浆与地面沉降之间的关系进行统计分析,掌握此段区间盾构推进时的土体沉降变化规律、摸索土体性质以及隧道的变形情况,以便正确设定穿越溶洞的施工参数和采取相应措施减少土体扰动,以保证隧道结构的安全。

(2)技术、设备准备

①在盾构机正式穿越前,对试验段推进的情况进行汇总分析,并广泛听取各方面专家的意见,形成更科学可靠的施工技术方案。

②技术交底

在穿越溶(土)洞之前,对所有施工人员进行技术交底,使每一个参加施工的工作人员清楚了解本区间隧道溶洞之间的相对位置以及在各个施工阶段应当采取的不同技术措施和注意点。

③熟练掌握盾构机性能

在盾构机穿越溶(土)洞之前的施工过程中,应当及时总结出盾构机所穿越土层的地质条件,掌握这种地质条件下采取何种合理的盾构推进模式施工,确定各施工参数和同步注浆量的设定,以求达到盾构机以最合理的施工参数穿越溶(土)洞。

④保障机械设备的完好

在盾构机进入溶洞影响范围之前,对盾构机进行机械设备(重点为推进系统、拼装系统、注浆系统)检查,特别是注浆系统需进行一次全面的检查和维护,对于存在的故障和隐患一一清除,对注浆管路进行一次彻底的清洗,保证在穿越过程中不发生机械故障和注浆管路堵塞的情况。

2. 地质超前探测

盾构机上装有超前钻机注浆系统,可对隧道断面内实施超前钻探地质预报与注浆加固。当钻探发现前方存在未发现或未处理妥善的溶(土)洞时,通过超前注浆钻机,可将配制好的浆液注入到刀盘前方周边地层,用以提高土体强度,使开挖面保持稳定,同时避免在开挖面上产生涌水和流沙现象,有效控制地表沉降。超前钻机注浆系统如图 7.1 所示。

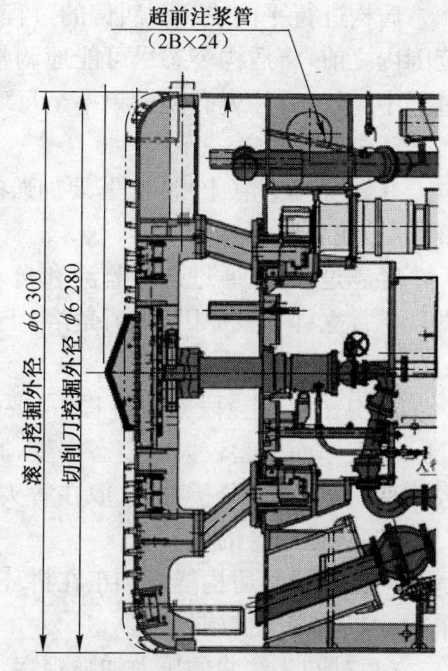

图 7.1　超前钻探注浆系统

3. 注浆

通过盾构机前的注浆系统对溶(土)洞进行处理后才能继续掘进。注浆压力一般控制在 0.5 MPa 以内,注浆量以压力控制为准。待盾构机穿过溶洞影响区域后,还要加强对拼装好的管片的补充注浆和跟踪注浆。

(1)补充注浆

在盾构机穿越后,结合各方面监测资料,通过管片预留的注浆孔对穿越段的隧道进行注浆补充加固,防止溶(土)洞处理不充分而导致管片缓慢破坏。补充加固注浆采用双液浆,注浆采用隔环压注的形式进行。

(2)跟踪注浆

根据以往的施工经验，盾构穿越过后，原有隧道的后期沉降是一个长期的过程，因此在盾构穿越后必须进行跟踪注浆，跟踪注浆的注浆量和注浆部位可以根据监测数据进行合理确定。跟踪注浆也采用双液浆，只有在通过后期长期监测显示本段隧道稳定后方可停止跟踪注浆。

4. 盾构掘进控制

盾构掘进过程中，严格监视土仓压力、扭矩、刀盘压力、盾构偏转、盾构及管片姿态等参数。土仓压力突然降低或上升时，立即停机，分析发生原因，及时进行处理，处理完成后再恢复掘进。

(1)掘进速度

在穿越溶(土)洞过程中，盾构机推进速度不宜过快，一般控制在 1 cm/min 以下为宜，推进过程保持速度稳定，确保盾构机均衡、匀速地穿越，减少盾构推进对前方土体造成的扰动，尽量防止破坏溶(土)洞原有的力学形态。

(2)出土量控制

在盾构机穿越溶(土)洞段过程中，应将出土量控制在理论值的 98%左右，同时根据各项监测数据调整出土量，避免超挖。

(3)管片拼装

管片采用错缝拼装，增加整体刚度。管片采用高强螺栓连接，拼装完成后及时拧紧螺栓，同时在盾构掘进过程中，加强对已拼装完成的管片螺栓检查，及时做好螺栓复拧工作，减少管片变形空间，同时加强管片外二次注浆。

在管片拼装过程中，应当安排熟练的拼装工进行拼装，减少拼装的时间，缩短盾构停顿的时间，减少土体沉降。拼装结束之后，应当尽可能快地恢复推进，减少上方土体的沉降。

(4)盾构纠偏量

盾构进行平面或高程纠偏的过程中，必然会增加建筑空隙，因此在盾构进入溶土洞段影响范围内之前，将盾构姿态尽可能地调整至最佳，并且保持良好的姿态穿越溶(土)洞段，在穿越过程中，增加盾构姿态测量频率至每环 2 次，做到“勤纠、小纠”，控制单次盾构纠偏量。

5. 加强监测

在盾构机过溶(土)洞地段，要加强各方面的监测工作，并将监测的结果及时反馈到施工中去。

(1)地表监测

穿越过程中，通过人工监测和自动化监测，对周边土体进行水平、垂直方向变形的监测。发现异常立即查找原因，弄清楚溶(土)洞准确位置并进行注浆填充和加固等措施。

(2)盾构姿态监测

盾构在溶(土)段施工过程中，要加强对盾构姿态的监测，防止盾构在溶土洞上方时因溶(土)洞破坏而引起较大的姿态突变，影响隧道质量。一旦发现盾构姿态在单环推进过程有较大改变，必须立即分析，并采取在盾头或者盾尾注浆等措施来纠正偏移量。

(3)隧道洞身的监测

对已经成环盾构隧道和正在拼环管片进行监测。一旦发生变形或者突变立即找准原因，采取注浆填充等措施处理。

(4)对同步注浆的压力加强观察

在溶(土)洞段隧道施工时，要密切观察同步注浆的压力变化。如果压力突然变小，可能是隧道施工引起溶(土)洞破坏，浆液流向溶(土)洞，致使注浆压力突然变小。此时我们应根据注浆压力决定注浆量(等注浆压力达到 0.5 MPa 方可停止,并且在盾构离开后进行二次补充注浆,保证空隙填充饱满,但压力也不宜过大,防止压穿洞体与隧道间岩石)。

(5)信息化施工

在盾构机穿越溶(土)洞段过程中,应根据需要将地面变形监测数据、隧道变形等监测数据迅速地传达给值班人员。跟踪监测时,现场监测人员和值班人员通过对讲机进行及时联系,技术人员对地面监测数据进行综合分析,得出结论及时通过电话传达给盾构机操控室,以实时采取合理的措施。信息交流流程如图 7.2 所示。

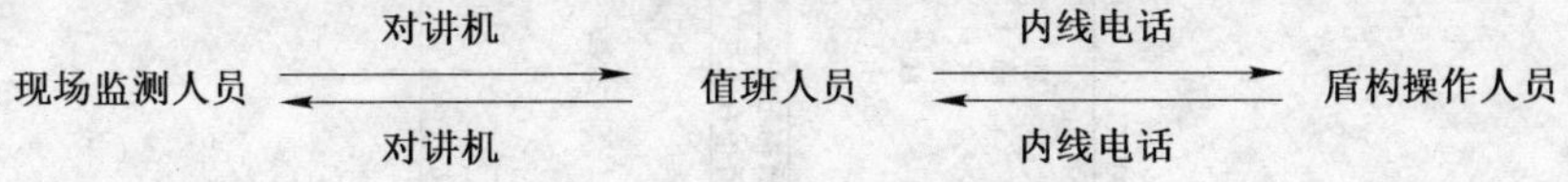

图 7.2 信息化施工交流流程图

6. 防止盾构壳体和刀盘被浆液裹死

在溶(土)洞注浆过程中,必须注意盾构机可能被浆液裹死,致使掘进困难,一般需用膨润土、聚氨脂等材料做好盾构机与岩体的隔离工作。

典型工作任务 2 盾构机下穿铁路段的掘进

7.2.1 工作任务

通过本任务的学习,掌握盾构机下穿铁路段的施工控制措施。

7.2.2 相关配套知识

1. 盾构下穿铁路线案例

广州市轨道交通五号线【大坦沙南—西场站盾构区间】区间隧道从大坦沙岛始发,如图 7.3 所示,线路在第一个区间段内过珠江并通过青年公园后第一次穿过广茂铁路,经过时,右线隧道为直线段,左线在 250 m 转弯段的缓和曲线上,左右线的纵向坡度均为 3‰;线路在第二个区间段内从市第十二中学北边穿过后,第二次经过广茂铁路,左右线隧道均在 800 m 转弯段的圆曲线上,左右线的纵向坡度均约为 23‰。

(1)第一次穿越铁路

本区间隧道从大坦沙岛始发,穿过珠江以及青年公园后,在珠江桥(东)脚与广茂铁路第一次相交,隧道线路的左线与广茂铁路相交的里程为 ZDK3+070～ZDK3+090(铁路里程为 K4+574.969)处,右线与广茂铁路相交的里程为 YDK3+000～YDK3+025(铁路里程为 K4+632.980)。左右线与铁路相交的范围约为 20～25 m。盾构隧道与广茂铁路第一次相交处,隧道洞顶埋深达到 33 m,所属地层均为上软下硬地层,在盾构机掘进过程中,应采取一定措施,以保证安全通过。

(2)第二次穿越铁路

盾构隧道从中山八站东侧明挖段始发,经过广州市第十二中学和石路基后,再一次与广茂铁路相交,隧道线路的左线与广茂铁路相交的里程为 ZDK4+033～ZDK4+099(铁路里程为 K3+668～K3+612.7)处,右线与广茂铁路相交的里程为 YDK4+106～YDK4+157(铁路里程为 K3+597.7～K3+557.7)。左右线与铁路相交的范围约为 51～66 m。盾构隧道与广茂铁路第二次相交处,隧道洞顶埋深约达 24 m,隧道洞身所处的地层较好。

直梁桥与敞开段分界里程 ZCK2+204.456
直梁桥与敞开段分界里程 YCK2+200
147.532 m
110 m
路基及明挖敞开段
敞开段与暗埋段分界里程 ZCK2+351.988
敞开段与暗埋段分界里程 YCK2+310
119.188 m
115.3 m
明挖暗埋段
ZCK2+432.288
YCK2+425.3
盾构井
14.7 m
ZCK2+446.988
YCK2+440.0
14.7 m
珠江
260 m
青年公园
盾构左线
盾构右线
974.877 m
998.7 m
2号联络通道里程 ZCK3+97.151
2号联络通道里程 YCK3+113.403
铁路专用线
珠江桥引道
广三铁路
中山八立交
黄沙大道
内环路
ZCK3+421.865
YCK3+428.7
盾构井
中山八站及存车线
中山八公交场
448.465 m
289.185 m
盾构井
YCK3+717.885
石基路
盾构井
ZCK3+870.33
广三铁路
驷马涌
3号联络通道里程 ZCK4+275
3号联络通道里程 YCK4+285
铁路专用线
富力新居
盾构左线
盾构右线
937.715 m（短链 6.155 m）
1096.315 m
4号联络通道里程 ZCK4+540
4号联络通道里程 YCK4+550
铁路专用线
在建西焦公园
和平南小区
ZCK4+814.2
YCK4+814.2
西场站
盾构井

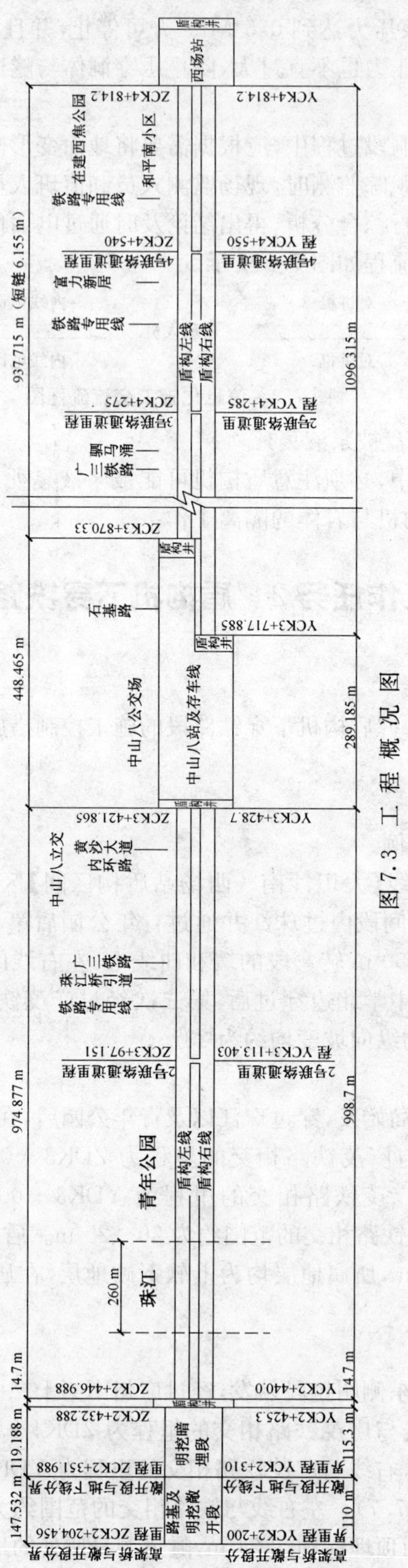

图 7.3 工程概况图

2. 盾构机下穿铁路段控制措施

盾构机下穿铁路掘进时，要使盾构机对正面及周围土体的扰动最小，以减小施工对环境造成的影响，通常情况下选用对地面沉降控制较好的泥水平衡盾构机进行施工。施工时必须准确设定泥水平衡压力，控制掘进速度和盾构机姿态、每环切削土量，并合理控制注浆量和保证注浆质量，同时以监测数据指导盾构掘进参数的设置，进行信息化施工。

(1)泥水压力控制

在盾构掘进中，保持泥水仓压力与作业面压力(土压与水压之和)的平衡是控制地表沉降的关键。泥浆压力 P 的保持主要通过维持开挖土量与排泥量的平衡来实现。可通过调整排泥量及掘进速度两条途径来使泥浆压力 P 值能与地层土压力和静水压力相抗衡。在盾构掘进过程中，还要根据地质埋深实际情况以及监测信息进行反馈和调整优化。

(2)掘进速度和姿态控制

选择合适的掘进速度匀速掘进，控制掘进速度为 5～10 mm/min。

穿越过程中，盾构机姿态变化不宜过大或过频，并且应严格控制中线平面位置偏差、盾构切口与盾尾平面以及高程偏差均不超过±50 mm，并且在±30 mm 时报警。一旦出现盾构偏移轴线过大或地面变形偏大，应逐步纠正，并及时调整推进速度。

(3)干砂量管理及控制

计算理论干砂量可与中央控制室监视盘显示的掘削干砂量(即实际掘削干砂量)作比较，根据两者之间的差距，判断开挖面超挖量和地质变化情况。

在过铁路时的单环(以每环管片长 1.5 m 为例)理论干砂量可按式(7.1)计算。

$$G=(\pi D^2 L/4)\times(1-\delta) \tag{7.1}$$

式中 G——理论干砂量(m^3)；

D——开挖面直径(m)；

L——单环管片宽度(m)；

δ——含水率。

以广州地铁(6)号地层含水率 25%为例，当管片宽度为 1.5 m，开挖面直径按 6.26 m 计算，可以得出理论干砂量 G 为 34.61 m^3。

根据仪器测定送泥水和排泥水的差，通过计算求出实际土粒子量(干砂量)G'。将 γ 线密度计和差压密度计等安装在送泥管和排泥管途中，测量管内的流量和密度；根据土粒子比重值算出土粒子量，也可从排泥量和送泥量的差值上计算出土粒子量，然后根据 $g=(G'-G)/G$ 得出超挖率 g，当 $g>10\%$，且计算机屏幕上显示的排土体积有迅速、明显的变化时，则开挖面有可能塌方或土层出现变化，此时应及时掌握切口正面土体稳定的情况。

(4)同步注浆

盾构施工引起的地层损失和盾构隧洞周围受扰动或受剪切破坏的重塑土的再固结以及地下水的渗透，是导致地表沉降的重要原因。为了减少和防止沉降，在盾构掘进过程中，要尽快在脱出盾尾的衬砌管片背后同步注入足量的浆液材料填充盾尾环形空隙。注浆能够及时填充管片与地层间环形空隙，控制地层变形，稳定管片结构，控制盾构掘进方向，加强隧道结构自防水能力，对空隙一般采用盾尾内置的注浆管进行同步注浆。

盾构下穿铁路段掘进时，通常采用双液浆注浆，每环推进前，对同步注浆的浆液进行取样试验，严格控制初凝时间，初凝时间通常为 13～15 s。在同步注浆过程中，合理掌握注浆压力，注浆出口压力＝切口水压＋60～100 kPa，使注浆量、注浆压力和推进速度等施工参数形成最佳匹配。同时利用组装管片的时间对即将脱出盾壳后的管片补充注浆，必要时进行管片后续补充注浆。注浆时确保每一环注浆量，注浆量一般为理论注浆量的 1.3～1.8 倍。

(5)施工监测

①监测点布置

一般来说，隧道轴线每 5 m 布置一个监测点，在距离铁路 5 m 位置布置断面点，即在轴线一侧距轴线 5、10、15、20、25 m 位置各布 1 点。两隧道轴线之间布置 4 个测点，另外在铁路线路两侧各布置 13 个监测点。当然，实际布点情况要根据施工现场的情况来确定。

②监测频率

在盾构穿越期间每隔 2 h(或掘进一环)进行一次沉降观测，以观测数据来指导下一环掘进参数的调整。盾构完全脱出路基后，每天监测 3 次，以观察后期沉降，实行信息化施工，并根据沉降情况逐渐降低监测频率。

(6)加强与铁路工务部门联系

盾构机下穿铁路期间，必须遵守铁道部门的铁路既有线施工的管理规定，加强与铁路工务部门的施工配合，遇路基沉降过大等紧急情况，与铁路部门一起启动应急预案。

典型工作任务 3　小半径曲线段的盾构掘进

7.3.1　工作任务

了解盾构机在小半径曲线地段掘进的要点。

7.3.2　相关配套知识

随着城市高速的发展，带动了地下轨道交通建设的飞速发展，但在轨道交通线路的选择上，由于受规划及既有建、构筑物的制约，使得轨道交通的线形越来越复杂，不可避免的出现小半径曲线(半径≤300 m)的设计线路。

仍以广州市轨道交通五号线【大坦沙南—西场站】盾构区间为例。如图 7.3 所示，线路在第一个区间段内穿过广茂铁路后，左右线马上进入急曲线段，左线的急曲线段半径为 260 m，右线的急曲线段半径为 290 m，在急曲线段内，左右线的线路纵向坡度均约为 3‰的下坡和 23‰的上坡。本区间隧道左右线隧道在急曲线段的线路概括具体见表 7.2。

表 7.2　左右线隧道急曲线段概括表

线路	左线(ZDK3＋)				右线(YDK3＋)			
	ZH	HY	YH	HZ	ZH	HY	YH	HZ
里程	056.833	116.833	421.105	461.105	024.326	084.326	423.167	463.167
环号	412	457	728	752	394	439	720	746
长度	60 m	304.272 m	40 m		60 m	338.841 m	40 m	
半径	R=260 m				R=290 m			
纵向坡度	3‰↓	27.4‰↑			3‰↓	23.137‰↑		

小半径曲线盾构法施工与常规盾构法施工相比存在一定的特殊性，施工难度大、风险大。盾构在小半径曲线内施工容易超限，管片容易出现错台、漏水等质量事故。因此，必须采取一定的措施，保证盾构机在小曲线顺利掘进。盾构小曲线段施工的主要技术要点如下。

1. 盾构小半径曲线内始发姿态的设定

通常盾构始发时为了满足盾尾通过帘板时的密封性要求以及线路中线与车站侧墙的净空尺寸要求，均是将盾构机的始发姿态垂直于盾构井的侧墙面始发(曲线切线始发)，而盾构始发时在筒体未全部进入土体前铰接无法开启，只能直推(盾构机刀盘+筒体长约 8.5 m)，从而使得盾构机筒体刚全部进入土层就已经超限。因此为了确保盾构机曲线始发不超限，需在始发托架定位时预偏盾构机的始发姿态，让盾构机始发时沿曲线的割线掘进，待盾构机完全进入土体后再开启铰接，用比设计曲线更小半径的实际曲线来拟合设计曲线，盾构曲线始发设计线型如图 7.4 所示。

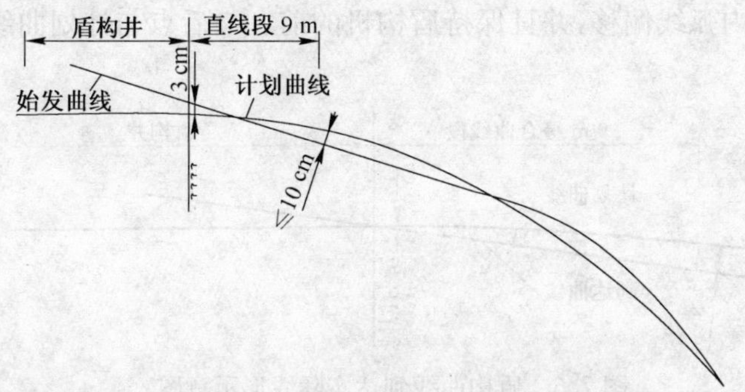

图 7.4 盾构曲线始发实际线形示意

2. 小半径曲线始发时调整始发井的侧墙结构

由于盾构曲线始发时需将盾构姿态进行预偏，那么盾构机进洞姿态就不垂直侧墙，使得盾构机盾尾过帘板时不同步，从而可能导致盾构机进洞时漏浆或涌水、涌砂，因此盾构始发井安装洞门环板的侧墙也需根据盾构始发拟预偏的角度调整，确保盾构始发时盾构姿态仍垂直于侧墙，以此提高帘板的密封效果(图 7.5)。

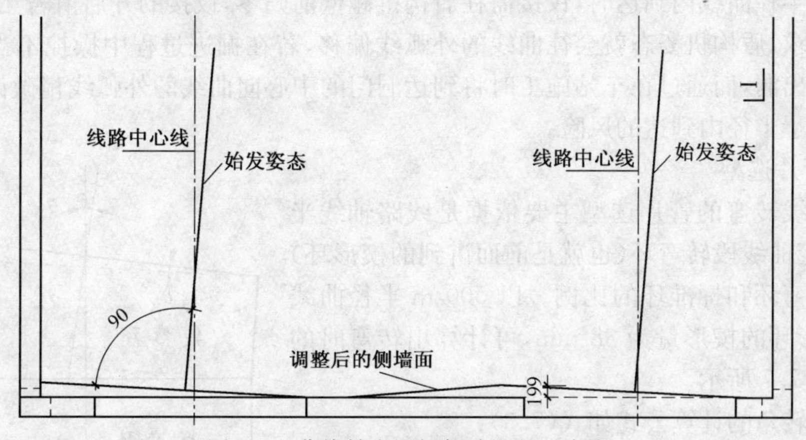

图 7.5 曲线始发洞门侧墙调整示意图

3. 盾构小半径曲线内到达姿态的设定

常规盾构到达均是托架接收，因此盾构到达掘进时必须在盾构机碰壁时铰接归零，然后让盾构机直线出洞。由于盾构机是刚性体，为满足曲线掘进要求，盾构机在曲线内掘进需按照到达曲线的半径大小来开启相对应的中折值(盾构曲线掘进时中折值与曲线半径的关系见式(7.2)，若要盾构机在碰壁时中折就归零，那么就需要在到达掘进时提前按 1.5 cm/每环左右来逐步缩小铰接，盾构在小半径曲线内到达掘进过程中提前缩回铰接，将使得盾构机的实际姿态与计划曲线产生较大的偏差，这样将导致盾构出洞时存在较大的水平偏差，甚至使盾构机无法到达。

$$\theta=\sin^{-1}\left(\frac{L_A}{2R}\right)+\sin^{-1}\left(\frac{L_B}{2R}\right) \tag{7.2}$$

式中　θ——为圆曲线内铰接应开角度；

L_A——盾构机前体长度；

L_B——盾构机后体长度；

R——盾构半径。

因此盾构在小半径曲线内到达时要通过模拟计算，如图 7.6 所示，提前调整盾构姿态，让盾构机的姿态预先往内弧线偏移，并且保持盾构机的前、中、后点与计划曲线平行，使盾构机沿计划曲线的割线到达。

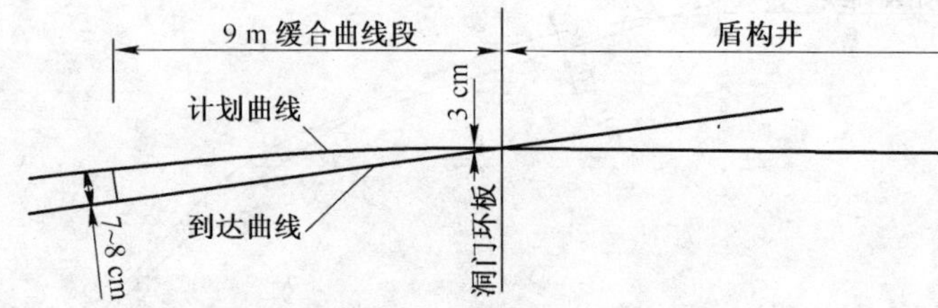

图 7.6　盾构曲线到达实际线形示意图

4. 调整始发和到达洞门位置

盾构在小半径内始发时，为防止盾构始发超限需预先调整盾构机姿态，使盾构机沿曲线的割线掘进，由于盾构主体与一号台车是刚性连接，盾构始发姿态预偏后，台车需往线路中心线的外侧偏移，使得车站的净空尺寸无法满足台车的摆放要求，通过往内弧线水平偏移洞门中心，可以减小盾构机的预偏角度，从而减小台车向外侧偏移的尺寸。

盾构在小半径曲线内到达时，铰接需在盾构机碰壁前归零，铰接的开启值若无法满足盾构曲线转弯的要求，盾构机姿态就会往曲线的外弧线偏移，若在掘进过程中操控不当，很容易造成盾构机无法出洞，而通过在车站施工时将到达洞门的中心向曲线的外弧线稍微偏移，可以大大减小盾构在小半径内到达的风险。

5. 做好管片选型

小半径曲线转弯的管片选型主要依据是线路轴线半径，以此来确定曲线段转弯环（也就是前面讲到的楔形环）的规格以及转弯环和标准环的比例。以 500 m 半径曲线段为例，取楔形环的楔形量为 38 mm，可计算出转弯时的管片排列如图 7.7 所示。

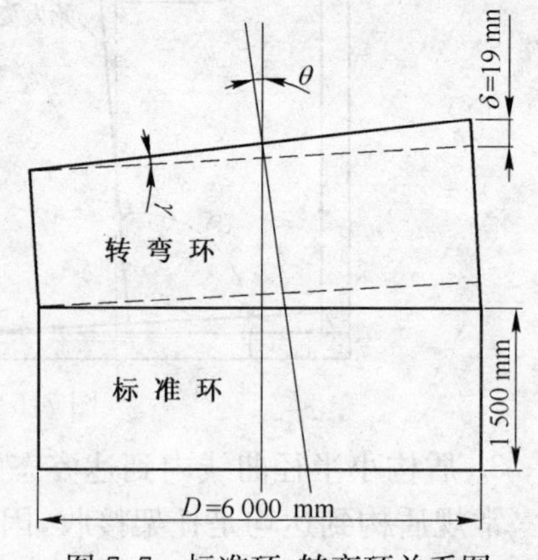

图 7.7　标准环、转弯环关系图

转弯环偏转角的计算公式如式(7.3)：

$$\theta=2\gamma=2\arctan(\delta/D) \tag{7.3}$$

式中　θ——转弯环的偏转角；

δ——转弯环的最大楔形量的一半，这里取 19 mm；

D——管片直径。

将数据代入，得出 $\theta=0.362\,9$。

根据圆心角的计算公式(7.4)。

$$\alpha=180L/(\pi R) \tag{7.4}$$

式中　L——段线路中心线的长度；

R——曲线半径，取500 m；

且$\theta=\alpha$，得出$L=3.166$ m。

式(7.4)表明，在500 m的圆曲线上，每隔3.166 m(理论值即K块装在12点位)要用1环转弯环；广州地铁普遍采用的管片受管片拼装点位限制，K块不装在12点位，因此为达到最大的实际转弯效果，以K块装在1点11点位计算，在500 m的圆曲线上，每隔3.011 m要用1环转弯环的管片，即标准环与转弯环的使用比例关系为1∶1。为满足急转弯施工要求，管片环宽1.5 m，转弯环契形量为38 mm，施工过程中要严格执行管片选型程序，保证管片拼装质量，同时根据盾尾间隙的变化进行适当调整。盾尾间隙标准值为20～40 mm，在圆曲线段掘进时盾尾间隙变化较大，一般将盾尾间隙保持(30±15) mm范围内(由于急转弯原因，可将范围适当放宽)，一旦超过规定范围值即需要使用转弯环进行调整。

6. 盾构小半径曲线内掘进时姿态控制

在盾构施工过程中，盾构机姿态变化不宜过大或过频，盾构姿态控制的好坏直接影响竣工隧道的质量和盾构施工对土层的扰动程度。在小半径急转弯段，由于盾构机本身为直线形刚体，不能与曲线完全拟合，曲线半径越小，盾构机身越长，则拟合难度越大。常用的方法是通过调整盾构机推力的大小和合力作用点位置以控制盾构轴线，使盾构推力的合力作用点位于合适的位置，对盾构机姿态进行纠偏，促使盾构机在计划线路附近小幅度变化，正常掘进，在施工掘进过程主要通过以下几个措施来控制盾构掘进的姿态。

(1)铰接装置与千斤顶有效配合

①在小半径曲线盾构施工过程中盾构机姿态控制的原则是：调整铰接为主，千斤顶的选用为辅。开启盾构铰接装置，配合开启仿形刀进行超挖，并依据设计曲线半径及盾构直径计算铰接角度，开启盾构铰接装置，使得盾构机前体与后体的张角与曲线吻合，在圆曲线内铰接θ大小计算公式见式(7.2)。

盾构在小半径曲线里掘进铰接值的大小应根据不同地层做出相应的调整。在软弱地层中铰接值可以相应地调小一点，而在硬岩地层应尽可能调大铰接值，防止因刀具磨损过大，使超挖量不够，从而引起盾构机卡壳。

②在小半径曲线盾构施工中，千斤顶的选用是铰接控制盾构机姿态的一种辅助工具。当要使盾构机水平向左偏时，需提高右侧千斤顶的推力；反之，需提高左侧千斤顶的推力。当要使盾构机机头向上偏，需提高下部千斤顶的推力，反之亦然。盾构掘进时要注意上下两端或左右两侧的千斤顶行程差不能太大，一般控制在30 mm左右，在实际操作中，必须确保每环的行程差变化量满足本环纠偏要求。以本工程为例，理论上260 m曲线段每环7号千斤顶必须比18号千斤顶长27 mm以上方能满足要求，在实际施工过程中，由于隧道轴线一直处于向左急转弯，右边的管片压的比较紧，使得实际行程差比理论值略大。

③ 在选取千斤顶时，应尽量全选，并掌握好左右两侧千斤顶的推力差，尽量减小整体推力，实现慢速急转。尤其是在强、中风化地层小半径圆曲线掘进的过程中，土体具有的蠕变特性以及管片在千斤顶水平分力作用等情况下，管片会向外侧整体移动，这时推力可减小到600～900 t。

同时，为了避免千斤顶在推进时造成管片的破损，可在每30～50 mm推进过程中，适量收缩千斤顶，使得千斤顶对管片的应力得以释放，减少对管片的损坏，同时这也有利于盾构机方向的调整。

(2)仿形刀的使用

曲线上盾构机掘进过程中所穿越的孔洞将不再是理论上的圆形(实际为椭圆形),需要配套使用仿形刀装置进行超挖。

铰接装置在小半径曲线施工过程中是盾构机姿态控制的主要手段,仿形刀的使用效果将直接影响盾构机铰接装置的作用,超挖量过大将严重地扰动土体,过小则不能充分发挥铰接装置的作用,以至达不到所要求的设计轴线的半径。因此,仿形刀的使用主要需考虑两个方面的因素,一是仿形刀的超挖范围。仿形刀通过设置,可以在圆周任意区域位置进行超挖,一般采用仿形刀在曲线内侧位置进行超挖,以有利于曲线行走。二是超挖量。但在急曲线段距离较长时,为了减少仿形刀的磨损量,在掘进过程中尽量慎用仿形刀,尽可能地使用铰接装置和合理选取千斤顶来进行急转弯。

(3)盾构姿态预偏

在掘进过程中,应根据地质情况和线路走向趋势,使盾构机提前进入相应地预备姿态,减少之后的因不良姿态引起的纠偏。在小半径曲线段掘进时,盾构的姿态是一个动态的调整过程,为了使隧道轴线最终偏差控制在规范要求的范围内,一般情况下,盾构掘进时应考虑让盾构机在水平上向曲线内侧偏移一定量,将盾构沿曲线的割线方向掘进,管片拼装时轴线位于弧线的内侧,以使管片出盾尾后受侧向分力向弧线外侧偏移时留有预偏量,同时也可以便于在急曲线内进行纠偏,通常小半径曲线内的盾构姿态是在水平向内弧线偏移 30 mm 左右。

(4)管片姿态超前

盾构机在小半径曲线段掘进每环都会产生一个纠偏角度,因此管片的选型应与盾构机姿态相匹配,最好的施工效果是每环管片拼装完后,管片的姿态比盾构机姿态超前 1/3～1/2 的纠偏量,即超前 9～14 mm。管片的选型与盾构机姿态不一致,将造成盾尾间隙的不合理变化,致使管片大面积被盾尾拉坏,造成管片开裂,同时造成盾尾刷的破坏、管片错台、漏水等,严重的将导致管片姿态超限,影响施工质量。

但在实际操作中,盾构姿态与计划线路总有一定偏差,故应根据盾构姿态和盾尾间隙进行管片选型,所选管片可能会有所不同。但可采用相同的原理计算,并进行适量微调。

(5)掘进速度与推力的控制

急曲线隧道每掘进一环,管片端面与该处轴线的法线方向在平面上将产生一定的角度 θ,在千斤顶的推力下产生一个侧向分力。管片出盾尾后,受到侧向分力的影响,隧道向圆弧外侧偏移,侧向分力的大小与千斤顶总推力成正比,既降低千斤顶总推力,同时也意味着降低侧向分力,有利于减少隧道向弧线外侧的偏移量。因此在小半径曲线盾构施工时,必须确定一个合理的推力和掘进速度,但是这个推力与掘进速度也不是一成不变的,随着施工条件、地质情况、线形等的变化,也须及时调整,从而达到最好的施工效果。

7. 注浆管理

由于盾构机在小半径曲线段掘进过程容易造成盾尾间隙偏大,管片拼装完毕并脱离出盾尾后,会与土体间形成一个环形间隙,这个间隙如果不及时得到填充,势必造成地层变形,使相邻地表的建筑物、构筑物沉降或隧道本身偏移。衬背注浆就是为了及时填充管片周围的间隙,在防止管片周围土体松动和下沉的同时防止管片漏水,并达到管片的早期稳定和防止隧道变形以及控制地面沉降的目的。

如图 7.8 所示,在管片偏移的方向额外进行注浆,达到一定的压力以抵抗管片的偏移。待浆液凝固后,管片位置就基本可以确定。

注浆的位置选择2点和3点手孔位置为宜(左转弯),这样不但可以抵抗管片水平偏移,还可以抵抗管片的上浮。

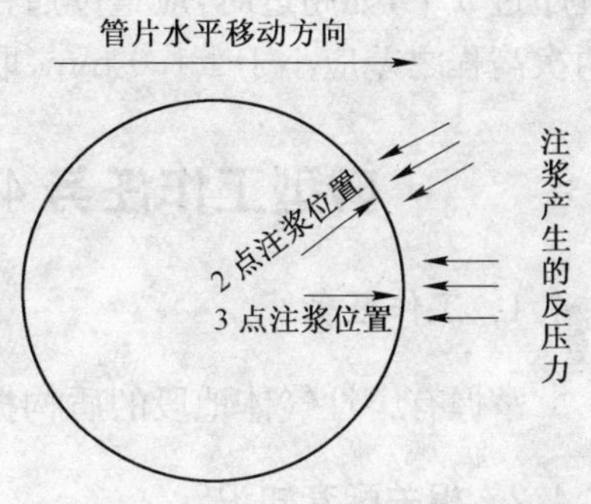

图7.8　通过额外注浆阻止管片偏移

一般采用双液浆注浆,这样可以在较短的时间内将空隙填充并达到一定的强度,与原状土共同作用,有效减小管片受侧向压力影响在建筑空隙范围内向弧线外侧的偏移量,防止较大偏移量造成管片大量错台和漏水,使得在小半径内的管片拼装质量达到良好的效果。注浆方式主要有以下两种。

(1)同步注浆

同步注浆压注要根据施工情况、地质情况对压浆数量和压浆压力二者兼顾。一般情况下,每环压入量控制在"建筑空隙"的130%～180%(要注意急曲线隧道的注浆量要大于直线隧道注浆量)。压浆速度和掘进必须保持同步,施工时,若盾构机掘进速度较慢,可根据实际情况进行注浆,约每隔10 min注浆一次。

(2)补充注浆

盾构机掘进时,保证注浆质量是减少后续沉降的有效手段,利用组装管片的时间对已脱出盾壳后的管片尽可能的进行补充注浆,以减小管片出盾尾后受侧向分力作用使隧道整体向弧线外侧的偏移。

8. 测量控制

(1)隧道轴线测量控制

小半径曲线盾构施工对隧道轴线测量的控制是十分重要的,在推进过程中,必须加密加勤VMT移站测量,避免由此产生的轴线误差。

由于是将短距离的曲线看成是直线段来指导盾构机掘进,如果不短距离移站测量,则相当于把长距离的弧线当作直线,故轴线偏差自然会相差很大。

随时监控盾构机姿态让盾构机操控手在掘进过程中随时看到盾构机姿态并及时进行调整,使隧道轴线控制更为方便,可加快施工进度;数据采集系统记录掘进参数并保存于电脑中,方便地面技术人员随时对盾构机的运行状态进行监控,并可修改技术参数。

(2)地面监测

由于盾构机在小半径曲线内掘进对周围土体的扰动大,可能突然引起地面不同程度的沉降,因此一定要加强小半径曲线段地面监测,出现异常情况可及时通过隧道里补充注浆来控制。

地面沉降监测点应根据隧道通过的围岩条件和周围建(构)筑物情况来布置。一般来说,沿隧道中线方向每隔5 m布设一个测点,每隔30 m布设一个监测横断面。横断面方向测点间隔一般为5 m,在一个监测断面内设6个测点,地表测点顶突出地面5 mm以内。而在地表沉降监测点沿隧道沿线的中线上,每隔5 m布设一个纵向监测点,监测范围为80 m。一般情况下为盾构机头前方30 m,盾尾50 m范围内。

在隧道施工期间,其上部地表沉降监测频率初期为1～2次/d,后期为1～2次/3 d。在沉降速率较大时可加密观测次数。

观测方法采用精密水准测量方法。基点和附近水准点联测取得初始高程。观测时各项限差宜严格控制,每测点读数高差不宜超过0.3 mm,对不在水准路线上的观测点,一个测站不宜超过 3 个，如超过时，应重读后视点读数，以作核对。首次观测应对测点进行连续两次观测，两次高程之差应小于±1.0 mm，取平均值作为初始值。

典型工作任务 4 存在有害性气体地段的盾构掘进

7.4.1 工作任务

掌握有害性气体地段的盾构掘进注意事项。

7.4.2 相关配套知识

由于地下地质条件复杂，盾构机在施工过程中常遇到一系列特殊的地质灾害问题，其中有害气体作为地质灾害问题之一，也越来越多地受到人们的关注。有害气体不仅对人体的健康有危害，而且会因突然喷出燃烧或爆炸等，急剧恶化地下施工条件，造成灾难性破坏。

如 2007 年 4 月，杭州地铁 1 号线江南段在进行岩土工程详细勘察过程中，地下 15～30 m 处，遇到气压高的有害气体，并几次发生触探孔气体喷发并燃烧的现象。据现场工作人员目测，气体喷出高度最高可达八九米。如图 7.9 所示。

图 7.9 气体喷出地面

广州地铁三号线北延段施工九标盾构施工过程中突遇不明气体，造成现场三名工作人员中毒身亡的事故。

广州地铁三号线［汉溪长隆—市桥盾构区间］曾遇到劣质煤层，盾构机开仓后发现有强烈刺激性气味的气体。施工人员通过仪器测量发现，甲烷气体浓度偏高，一氧化碳浓度严重超标。当时通过对井下有害气体的浓度进行实时监测记录，并加强排风以降低有害气体的浓度。在达到安全标准后，施工人员再进行作业，最终安全度过了危害物质地层。

因此，加强对地下有害气体的特征、形成条件的分析，研究相应的防治对策，对盾构机顺利掘进以及对作业人员的健康和安全都具有重要的现实意义及经济价值。

1. 有害气体的基本特征

有害气体的形成是水与环境（自然地理、地质条件）长期相互作用的产物。地下有害气体主要有沼气（甲烷 CH_4）、二氧化碳（CO_2）、硫化氢（H_2S）、缺氧空气以及施工爆破中产生的一氧化碳（CO）、氮氧化物及二氧化硫（SO_2）、粉尘等。它们具有以下基本特征。

（1）地质相关性

地下有害气体灾害的发生与其所处的岩性条件密切相关。

1）有害气体多发生在富含有机质等特殊成分的岩石类（如含煤地层及煤层类，砂岩、粉砂岩、泥岩类，白云岩、灰岩、泥灰岩类，油页岩、碳质页岩及含沥青的地层类等），以及富含有机质的淤泥、泥灰岩、腐土层、黏土层等类型，而在坚硬岩类一般无有害气体的灾害现象发育。

2）背斜构造是有害气体最有利的富集场所；断裂带尤其是深部岩体断裂带节理裂隙密集带、强烈地壳活动区等也是地下有害气体运动、富集的地带。

3）地下有害气体的富集必须有一定厚度的覆盖层封闭条件。

(2)空间分布性

地下有害气体中,因各有害气体比重的差异,在隧道中具有明显的空间分布特征。比重最轻的为甲烷(CH_4),仅0.55,常富集在隧洞顶板附近,若隧道中有集中甲烷气源时,甲烷可在隧道顶部发生层状聚;其次为一氧化碳(CO),比重为0.967,比空气略轻,常分布于隧道中上部位;而硫化氢(H_2S)、二氧化碳(CO_2)、二氧化硫(SO_2)的比重分布分别为1.19,1.53,2.3,比重较大,通常富集于隧道的中下部及底板附近。针对上述隧道主要有害气体的空间分布特点,在施工中可以有目的地布置通风、排气管道。

(3)易燃易爆性

地下有害气体中,易燃易爆的气体主要有甲烷(CH_4)、一氧化碳(CO)、硫化氢(H_2S)等。这些气体在隧道空气中的含量达到一定范围,在有火源引发条件下有可能发生爆炸。甲烷在空气中的含量达到5%～15%时将发生爆炸,尤其当其含量为8%时最易爆炸,含量达9.5%时爆炸力最强;硫化氢在隧道空气中含量达4.3 %～45.5%时为其爆炸界限;一氧化碳的爆炸界限为含量12.5%～75.0%。显然,在上述三种易燃易爆的气体中,甲烷的爆炸界限最小,其次分别为硫化氢与一氧化碳。因此,可通过对隧道各气体含量的实时监测结果,对隧道有害气体的易燃易爆的灾害进行预测预报。

(4)对人体危害性

隧道有害气体中,对人体健康有危害的气体主要有一氧化碳(CO)、氮氧化物(NO,NO_2)、硫化氢(H_2S)、二氧化硫(SO_2)、二氧化碳(CO_2)等。它们将直接影响施工者的健康,甚至威胁施工人员的生命安全。如隧道中二氧化碳含量达1%～2%,人体有不舒服感;含量达3%～4%,将导致人体血压上升、头疼;含量达6%,呼吸困难;含量达7%,数分钟可导致死亡。有害气体对人体健康的影响可通过中毒指数来评价。中毒指数是有害气体浓度(单位为10^{-6})与暴露时间(单位为h)的乘积。研究表明,不同有害气体,对人体健康危害的中毒指数界限是不同的。主要有害气体对人体的影响如表7.3所示。

表7.3　主要有害气体对人体的影响

气体名称	中毒指数($n\times10^{-6}$)	对人体影响	气体名称	中毒指数($n\times10^{-6}$)	对人体影响
一氧化碳	<300	无作用	硫化氢	100～150	数小时后有轻微症状
	<900	头痛、呕吐		600	30 min内有生命危险
	<1 200	生病危险		700	数分钟内窒息死亡
二氧化氮	5	很强的臭气	二氧化硫	6～12	对鼻、喉有刺激
	50	1 min时引起呼吸不畅		20	对眼睛有刺激
	100～150	30～60 min肺水肿		50～100	可承受30～60 min
	>200	瞬间暴露有生命危险		400～500	有生命危险

2. 盾构在有害气体段掘进的措施

采用盾构进行区间地下隧道的施工时,虽然盾构自身的结构和施工方法在一定程度上减小了一般软土地层出现开挖面崩塌的危险,并能够在机内安全地进行隧道的管片拼装作业,但遇到压力较大的含气土层时,如果盾尾刷和管片间的密封能力不足以抵抗水土和气压的压力时,就会击穿盾尾刷,有害气体连同泥水会向隧道内突然涌出,导致隧道变形、人员伤亡,造成重大工程事故。

目前尚无专门对付可燃性、爆炸性、有害性气体的特种盾构。所以,在盾构施工中遇到有毒气体时，基本上仍是沿用矿山法及浅埋暗挖法中的手段，其主要措施如下。

(1)加强地质勘探

对于预计存在可燃性、爆炸性、有害性气体盾构隧道地段，必须事先对这些地段及周围的地层、水文等采用钻探或其他方法进行预先的详细调查。

前面讲到，地下有害气体的成分、浓度、涌出方式不仅与隧道所处的岩石性质、组成岩石的矿物成分有关外，还与其地质构造特征密切相关。如爆炸性的气体主要在含煤层、沥青质岩层、含油层等特殊岩石中分布；有毒气体常存在于新出现的火山作用源处和剧烈的地壳断裂活动处；在年轻的活动地震带的断裂构造部位，常含二氧化碳气体；在含有机物的地下水中常溢出硫化氢。

在实际施工中，根据有害气体发育的地质条件，在隧道工程地质勘察中可通过隧道沿线钻探、坑探同时结合物理勘探、遥感解译等地质测绘工作，对隧道沿线可能出现的有害气体灾害段进行超前地质预测，当通过勘探确实发现存在有害气体时，要进一步补充勘探，查明这些气体存在的范围与状态。这对工程设计以及盾构的施工组织设计都具有重要的意义。

(2)地面预处理

当通过地质勘察发现某地段存在地下有害气体时，如果条件允许，可以事先在地面进行预处理，排出有害气体以降低有害气体的浓度，便于盾构机的后续推进。如：采取从地面钻孔至有害气体所在地层，从地面排出气体。但是，由于地下气体富集在一定厚度且封闭条件好的覆盖地层下，这类似于承压水的原理，地下气体会对上方的地层起到一定的支撑作用，如果突然降压，气体大量逸出，会造成周边水土压力骤减，从而使地面沉降或坍塌。所以，从地面排出有害气体时要采取必要的限流措施，使气体缓慢、平稳地排出。同时，要对有害气体段进行必要的注浆加固。

(3)盾构掘进过程中处理

在盾构隧道施工过程中，盾构机需加装有害气体监测装置，以便提前发现工作面前方或底部的储气层，及时采取应对措施。

因气体的胀缩性较大，在盾构穿越含有害气体地层时，应及时掌握有害气体的埋深、压力、储量等信息，最好提前采用安全放气措施(如通过压气、注水、注浆等方法)将储气层中的有害气体释放或使其压力降低到便于施工的范围内。

根据地层特性选择添加剂的类型、比例等，以改善土仓和掘削面土体的特性；在掘进时及时用速凝浆液进行背后注浆，通过隔离盾尾(如钢丝刷)及时加强密封(如密封脂)等措施防止有害气体渗入隧道内。

(4)加强对有害气体的监测

应设立专职有害气体检测人员，对施工中的隧洞每班巡回检查。采用专门仪器、仪表测量可燃性气体、有害气体和氧含量并作好记录，将可燃性气体和有害气体控制在容许值以内；当存在燃烧和缺氧危险时，应禁止明火火源，防止火灾；当发生可燃气体和有害气体浓度超过容许值时，应立即撤出作业人员，加强通风、排气，只有当可燃气体、有害气体得到控制时，才能继续施工。

(5)加强通风

盾构隧道施工中，必须选择合适的通风设备、通风方式、通风风量，保证 24 小时不间断通风。

1)通风的目的是保证施工生产安全和施工人员的身体健康。

2)必须采用机械通风。一般选用压入式通风。按隧道计划同时工作的最多人数需要的新鲜空气计算需要的风量。《铁路隧道施工规范》(TB 10204—2002,J 163—2002)规定,每人每分钟需供应新鲜空气 3 m^3 以上。最小风速不小于 0.25 m/s。

3)《铁路隧道施工规范》第 15.1.1 规定,其作业环境应符合下列卫生及安全标准:

①空气中氧气含量,按体积计算不得小于 20%。

②粉尘容许浓度,每立方米空气中含有 10%以上的游离二氧化硅的粉尘不得大于 2 mg。

③瓦斯浓度小于 0.75%。

④有害气体最高容许浓度:一氧化碳最高容许浓度为 30 mg/m^3;二氧化碳按体积计不得大于 0.5%;氮氧化物(换算成 NO_2)为 5 mg/ m^3 以下。

⑤隧道内气温不得高于 28 ℃。

(6)为尽量减小有害气体对施工和运营造成的危害,除在施工过程中采用防排措施外,设计上也应针对有害气体的特性,在地铁构筑物的结构设计上予以足够的重视,特别是止水结构的设计应考虑有害气体的防漏材料与方法。因为在施工过程中有害气体局部释放后,土层中有害气体的含量和压力都会降低很多。但是,随着时间的推移,气体会遵循其在土层中的运移规律,在含气土层中气体的含量和压力会因气体的再聚集而缓慢上升,防水材料对气体的防渗效果如何,也有待进一步研究。

3. 有害气体处理案例

根据有害气体勘察结果,杭州地铁 1 号线[彭埠站—建华站区间]整个区间范围内分布着有害气体。有害气体压力相对较大的区段主要分布在地铁 1 号线隧道与沪杭高速公路交汇的西南侧,里程范围为 K23 + 240.0～K23+ 440.0,长度约 200.0 m。该处的有害气体主要存在于淤泥质粉质黏土夹粉土层,埋深约 20～26 m,理论峰值压力为 0.4 MPa,最大流量约 14 m^3/h。在竖向分布上,该处的隧道结构线以及联络通道的位置恰好位于含气层之中。经过该区间有害气体排放试验并掌握一定排放规律后,对区间重点部位的地下有害气体进行大面积排放降压。通过排气降压后,地下水的承压水头比周围地层低一定的值,同时,地表监测最大沉降 2～3 cm。排气降压施工完成后,检验孔平均实测有害气体压力小于 0.05 MPa,达到盾构穿越施工条件。

典型工作任务 5 孤石地段的盾构掘进

7.5.1 工作任务

掌握孤石地段盾构掘进的施工方法。

7.5.2 相关配套知识

在盾构法隧道施工过程中,可能遇到随机分布的孤石,且孤石形状大小各异、强度不一。在软土地层中,盾构机掘进时滚刀很难产生足够的反力将孤石破碎,若孤石不破碎,盾构机掘进时,孤石会在刀盘前方随着盾构机掘进方向移动,对地层造成很大的扰动。在这种情况下掘进效率低,刀盘刀具磨损严重,易产生卡刀、掉刀、刀具偏磨、线路偏移等,处理起来速度也比较慢,严重影响施工进度,有时甚至因施工无法进展而不得不变更设计,花费成本较高,经济效益差;怎样处理好盾构掘进过程中所遇到的球状花岗岩等孤石,是盾构施工过程中的技术难题。

1. 孤石处理流程

(1)对孤石的预测和判断

掘进过程中注意观察盾构机掘进的异常情况以及掘进参数的异常变化(例如速度突然变慢、推力、扭矩突然增大、刀盘振动、盾构机有异响声等),判断是否碰上孤石。

掘进过程中随时监测刀具和刀盘的受力状态,确保其不超载并观测刀盘是否受力不均,以防刀盘产生变形。

(2)盾构隧道补充勘察

当确定遇上孤石后,为了进一步准确掌握孤石的分布情况,为孤石处理方案提供依据,必须对该地段进行补充勘察,进行详细了解。一般采用地质探测仪对孤石进行探测,详细掌握孤石的强度、大小及分布。

(3)根据现场以及补勘掌握的情况,确定孤石处理方案。

2. 孤石处理的方法

(1)直接地面拆除

本方法是孤石处理最直接的方法,当通过地质勘察发现在盾构掘进线路上存在孤石且孤石较大时,如果条件允许,可以采用通过地面明挖直接拆除后回填密实的方法。如果孤石不大,基于成本和安全考虑,也可使用岩石螺旋钻机、冲击钻等从地面破碎孤石。

(2)当处于软弱地层,盾构机掘进时很难产生足够的反力将孤石破碎,孤石会在盾构机的推力作用下向前移动,对地层的扰动比较大,这时可以考虑通过地面或是盾构机前端注浆的方式来对盾构机前端的地层进行加固,再利用盾构机的刀盘直接破碎孤石,如图 7.10、7.11所示。

图 7.10　地面袖阀管注浆加固

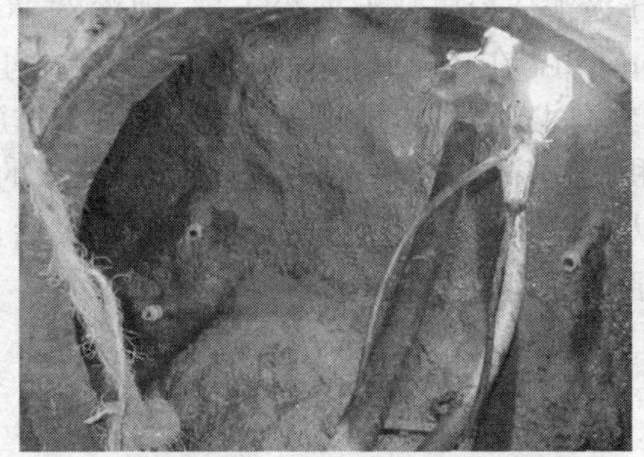

图 7.11　洞内注浆加固

(3)有时候,孤石的硬度比较大,或者刀具已被磨损或是崩坏,通过盾构机现有的刀具已不能很好的破除孤石,这时需要考虑换刀。盾构机换刀也有两种方法,一种是常压下换刀,另一种是带压换刀。常压换刀一般也是先通过注浆的方式对地层加固,使掘削面在常压下能够保持稳定,再进入土仓换刀。带压换刀是通过在土仓中注入空气、高质量泥浆等维持掘削面的稳定,再通过人仓系统进入土仓内,在一定的气压环境下完成换刀的过程。

(4)通过开挖面直接人工破除孤石。因为要直接进入土仓操作,所以维持掘削面的稳定是十分重要的,这时一般都是通过注浆加固后再作业,当然也有带压作业的。破除孤石时一般采用岩石分裂机或者静态爆破。如图 7.12、7.13 所示。

进入开挖面冲孔碎岩等方式清除孤石是具有一定的风险性的,开挖面可能会崩塌使施工人员伤亡,或冲孔碎岩不彻底等,也可能引起隧道顶部地面过大的沉降。

3. 几种破除孤石方法的比较

(1)带压换刀作业,用刀具破碎孤石

优点:反应快,花费时间短,地表沉降易控制。

条件:地层密闭性好,能保证一定气压力给予掌子面支撑。

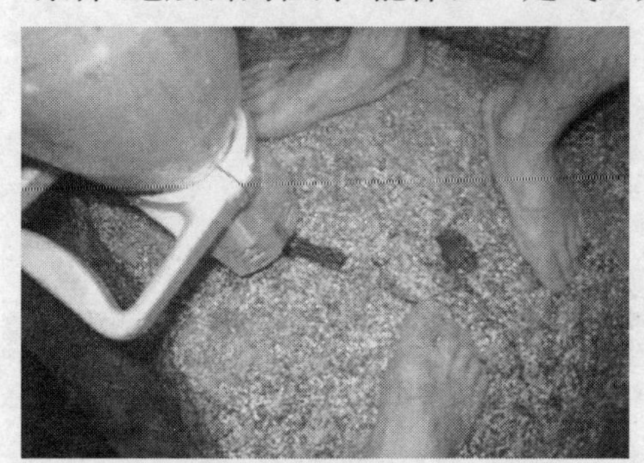

图 7.12　岩石分裂机分裂孤石

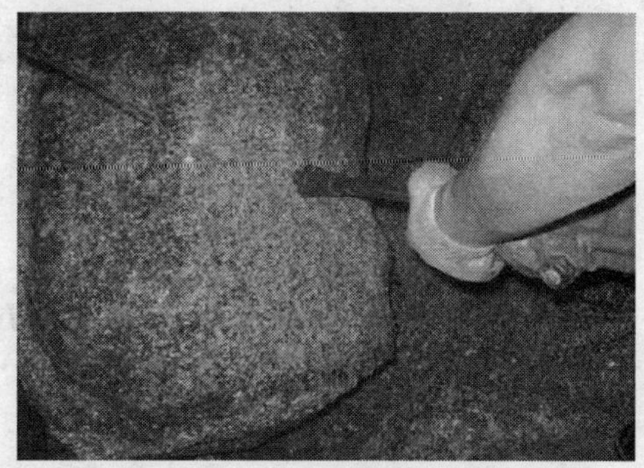

图 7.13　人工破除孤石

注意事项:①作业人员需经专业培训合格;②必需配备备用电源,防止意外停电;③自动调压设备稳定,安全气阀合格;

(2)加固地层,常压进仓更换刀具,用刀具破碎孤石

优点:安全性高,可在仓内破碎部分孤石,减少刀具损坏。

条件:地表开阔,满足加固设备施工场地需求。

注意事项:①注意地下管线的避让和保护;②加固深度必须满足掌子面稳定需求;③注意检验加固效果,作业过程随时监控;

(3)人工挖孔桩处理孤石

优点:如果提前探明,可提前施工;保护刀具,防止二次更换刀具。

条件:地表开阔,满足人工挖孔施工场地需求;地下水不丰富,无地下管线影响。

注意事项:①注意人工挖孔桩的围护;②配套降水措施要跟上;③遇孤石后围蔽处理;④挖孔桩与隧道重叠范围内不得使用钢筋,回填也不得有钢筋等杂物;

4. 孤石处理案例

深圳地铁一号线104标包含鲤鱼门站—大新站、大新站—桃园站两个盾构区间,线路总长3 614 m。鲤大区间单线长度995 m,区间隧道穿越地层主要有砂质粘性土、砾质粘性土、砂层等,该区间存在大量花岗岩球状风化体,对盾构机的掘进工作极为不利。

(1)鲤大区间左线遇孤石情况

2008年7月12日,鲤大区间左线盾构掘进至322环,油缸行程600 mm时,刀盘掌子面出现石头。至323环掘完,石头一直存在。掘进324环过程中,掌子面未发现石头,掘进速度能达到20～30 mm/min。掘进325环过程中,又发现石头,且声音大、振动较强,判断石头可能较大,掘进速度只有5～10 mm/min。盾构掘进情况恶化,盾构姿态难以控制,且卡刀盘的现象频繁发生。2008年7月14日晚,在盾构机掘进至327环700 mm时停机,刀盘里程SK24+300. 6 m。

(2)鲤大区间左线孤石处理情况

左线盾构从7月14日遇孤石后,经过多次方案讨论及变更,采取了多种辅助工法,于9月25日恢复施工。期间主要做了以下工作。

①土仓保压测试,为带压作业提供支持;

②地表漏气点封堵；

③土仓回灌砂浆维持掌子面稳定；

④洞内超前注浆，稳定刀盘切口环上部地层；

⑤地表钻孔确认孤石位置、大小及强度；

⑥地表袖阀管注浆，加固刀盘前方地层；

⑦刀盘前方施工降水井，降水深度 17.5 m；

⑧常压开仓清理刀盘、更换刀具；

⑨土仓内破除大部分孤石。

典型工作任务 6　盾构的纠偏技术

7.6.1　工作任务

了解盾构纠偏的原则和一般方法。

7.6.2　相关配套知识

盾构机姿态控制的基本原则是使盾构机的三维坐标尽量符合线路的设计三维坐标，其主要内容包括机体滚动角控制和前进方向（包括平面和竖直方向）的控制，当这两个控制内容超出容许的范围时，就必须采取一定的措施来加以纠正，使盾构机沿着设计的线路掘进。

在掘进过程中，盾构机操作人员根据激光自动导向系统在电脑屏幕上显示的数据，通过合理选择各分区千斤顶及刀盘转向等来调整盾构机的姿态。

1. 盾构机纠偏的一般原则

(1)盾构掘进期间，需及时进行纠偏，采取小纠常纠的原则，避免急纠猛纠。尤其是在盾构机偏离设计轴线较大时，不得猛纠猛调，避免往相反方向纠偏过大。同时，在纠偏过程中，掘进速度要放慢，并且要避免纠偏时由于单侧千斤顶受力过大对管片造成的破损。

(2)一般情况下，盾构机的方向纠偏应控制在±20 mm 以内，在缓和曲线及圆曲线段，盾构机的方向纠偏应控制在±30 mm 以内。尽量保持盾构机轴线与隧道设计轴线平行，否则，可能会因为姿态不好而造成盾尾间隙过小或是管片错台、裂缝。

(3)在曲线段掘进时，一般情况下根据曲线半径的不同让盾构机向曲线内侧偏移一定量，偏移量一般取 10～30 mm。

(4)机体滚动角应适宜，盾构机滚动角太大，盾构机不能保持正确的姿态，影响管片的拼装质量，此时，可以通过反转刀盘来减少滚动角值。在掘进过程中随时注意滚动角的变化，及时根据盾构机的滚角值调整刀盘的转动方向。

(5)在盾构机纠偏控制中，推进油缸的行程控制是重点。对于 1.5 m 宽的管片，原则上行程控制在 1 700～1 800 mm 之间，行程差控制在 0～40 mm 内，行程过大，则盾尾刷容易露出，管片脱离盾尾较多，变形较大；行程差过大，易使盾体与管片之间的夹角增大，造成管片的破损、错台。

(6)尽量选择合理的管片类型，避免人为因素对盾构机姿态造成过大的影响，严格检查管片拼装质量，避免由此引起的对盾构机姿态的调整。

(7)应根据各段地质情况对各项掘进参数进行调整，避免由于掘进参数的选取不当而造成较大的偏移或是纠偏困难。

(8)加强日常掘进测量管理和复核，避免因测量系统或人为问题造成线路偏离轴线再进行纠偏；

(9)盾构机偏离中线值较大时，应暂停隧道掘进，待设计单位调整线路设计后，再恢复隧道掘进。

2. 纠偏方法

(1)千斤顶编组

盾构在土层中向前受到土的阻力，需借用布置在切口环四周的千斤顶推力来克服。但两者的合力位置不始终在一条直线上，见图7.14，从而形成一个力偶导致盾构机偏向。

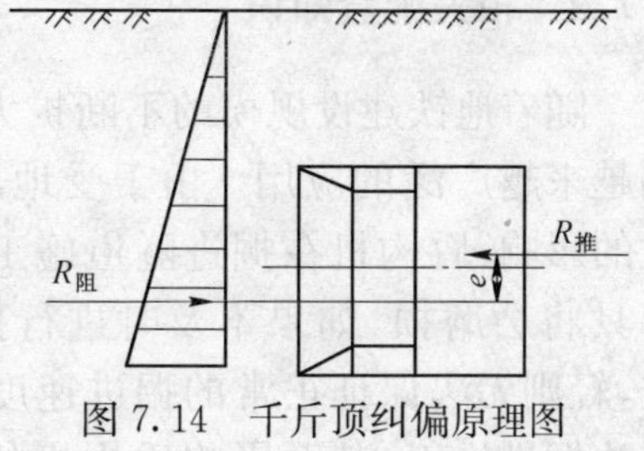

图7.14　千斤顶纠偏原理图

由此可见应调整不同千斤顶的编组，使其千斤顶合力位置与外力合力位置组成一个有利于纠偏的力偶。该方法是盾构操纵的主要手段。而用千斤顶编组也可通过调整盾构的纵坡来调整其高程位置，这同样也是盾构平面位置的控制方法。

在用千斤顶编组施工时应注意以下三点：

①千斤顶的个数应尽量多，以减少对已完成隧道管片的施工应力；

②管片纵缝处的骑缝千斤顶一定要用，以保证成环管片的环面平整；

③纠偏数值不得超过操作规程的规定值。

(2) 千斤顶区域油压调整

目前多数盾构将千斤顶分为上下左右四个区域，每一区域为一个油压系统，所以通过区域油压调整，同时起到调整千斤顶合力位置的作用，使其合力与作用于盾构上阻力的合力组成一个有利于控制盾构轴线的力偶，以控制盾构轴线。

一般来说，当盾构机的前进方向水平向右偏，则需要提高右侧千斤顶分区的推力，使盾构机产生向左偏移的趋势；反之，则需要提高左侧千斤顶分区的推力。如果盾构机机头向下偏，则需要提高下部千斤顶分区的推力；反之亦然。

(3)管片选型

盾构纠偏还应配合管片选型，必须使管片选型能跟上纠偏程度才能顺利纠偏，否则纠偏将十分困难，同时容易出现损坏管片和管片错台的情况。管片纠偏如图7.15所示。

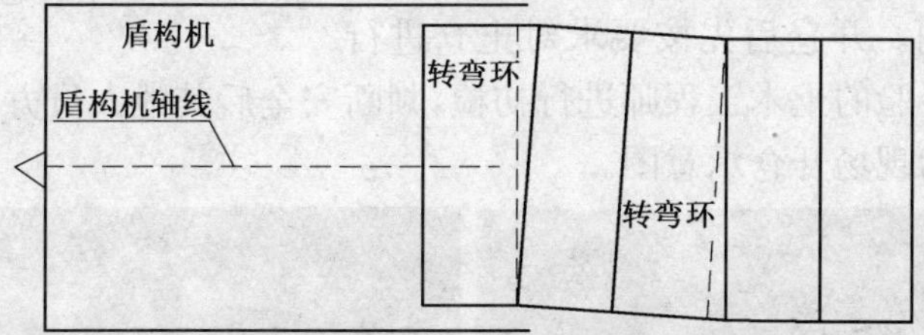

图7.15　管片纠偏示意图

(4)调整开挖面阻力

当利用盾构千斤顶编组或区域油压调整无法达到纠偏目的时，可采用调整开挖面阻力的方式。也就是人为地改变阻力的方向来改变合力的位置，从而得到一个理想的纠偏力偶，来达到控制盾构轴线的目的。一般来说，可以采用局部注浆来加固土体或是改变盾构机的侧向受力情况。

典型工作任务7　盾构机换刀

7.7.1　工作任务

掌握盾构机换刀的施工过程。

7.7.2　相关配套知识

随着地铁建设规模的不断扩大,盾构施工技术得到越来越广泛的应用。由于受地层条件及刀具耐磨性的影响,盾构机在掘进隧道施工到一定工程量后,刀具将会磨损,如果不及时进行换刀处理而继续掘进,轻则无法保证正常的掘进速度,重则会使盾构机无法掘进施工,甚至影响盾构机的寿命。因此,盾构机在施工过程中进行开仓换刀是必要的工作。开仓换刀分为常压开仓换刀和气压开仓换刀两种。

1. 盾构机开仓换刀地层条件及选择

开仓作业首先必须保证工人的安全,才能进行其他工作。这就要求地层稳定或经加固处理后不产生塌方、涌水及有毒气体存在。

2. 盾构机开仓换刀流程及注意事项

(1)开仓换刀工作流程如图 7.16 所示。

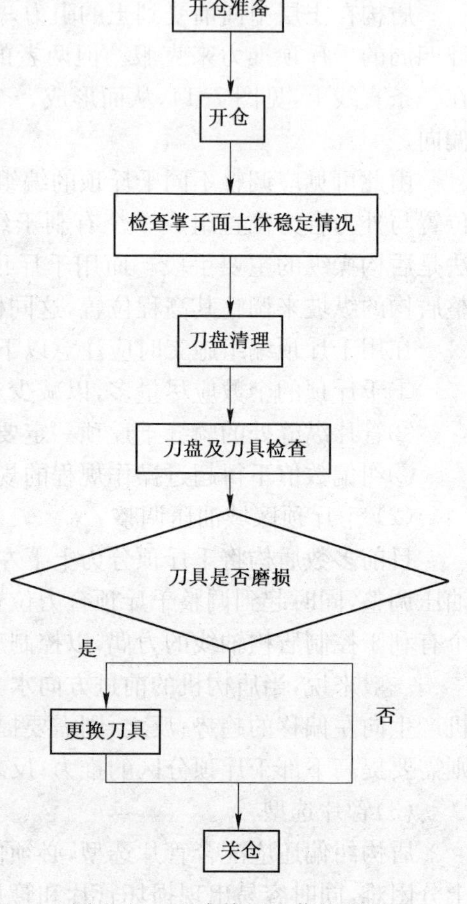

图 7.16　开仓换刀工作流程图

(2)施工要点

①开仓准备

为保证开仓作业的连续、快速,必须做好充分的准备,准备工作包括开仓作业工具、洞内风水电、清仓机具及材料、通讯工具等。准备工作由专人负责。

②开仓

确定可以开仓之后,先对土仓内的空气进行有毒气体检测,再打开仓门。开仓后先按要求对土仓进行空气置换,然后由有经验的土木工程师进行初检,判断安全后其他人员方可进入土仓进行下一步作业。图 7.17 即为现场开仓示意图。

图 7.17　现场开仓检查

③刀盘清理

人员进仓后，首先对切口环进行清理。如图 7.18 所示为清理后的刀盘。

图 7.18　清理后的刀盘

④检查刀盘、刀具情况

如图 7.19 所示，刀盘清理后，安排有经验的工程师进仓，系统检查刀盘和刀具磨损情况，做好刀具磨损的情况统计。当一个刀具位置检查完后，人员退出土仓，转动刀盘，再检查下一个刀具位置。有关刀盘、刀具的检查请参考项目 3 的任务 4 中的有关篇幅。

图 7.19　检查刀具

⑤更换刀具

如图 7.20 所示，把刀具吊入人闸待换，转动刀盘把被更换的刀位置转至 9 点位置，然后在土仓内搭好工作平台，拆出要更换的刀具吊出土仓，再把新刀吊入仓内安装。在更换刀具的过程中要时刻注意掌子面的土体稳定情况，如出现异常，及时撤出作业人员。

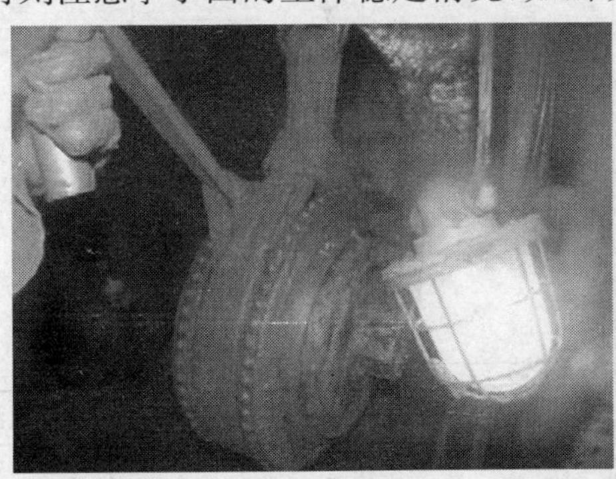

图 7.20　刀具更换

⑥仓门关闭

刀具更换完毕后，对土仓及刀盘前方进行全面的检查，避免工具、杂物遗留在内，确认后关闭仓门。转动刀盘 10 min 后，再进仓检查刀具是否安装稳固，确认没有问题后关闭仓门。

典型工作任务 8　盾构机带压进仓作业

7.8.1　工作任务

掌握盾构机带压进仓作业的概念及带压进仓作业注意事项。

7.8.2　相关配套知识

盾构施工具有安全、快速、高效的施工特点，在城市基础设施(城市地铁、市政公用管路等)等各类地下工程建设中得到越来越广泛的应用。前面讲到，盾构机承担掘进功能的刀盘、刀具是易损耗件，在施工中需经常进行检查、维修保养和更换，或是掘削面遇到障碍物需要清理；或是设备出现机械故障等。这个时候就要进入到土仓中作业，进入土仓作业是一件很危险的施工作业，必须有充足的准备和详细的施工组织安排，确保作业人员的安全。

若盾构在硬岩或自稳能力较强的地段掘进时，因地层本身有自稳能力，再加上一定的加固措施，不需要在土仓蓄压以提供额外支撑压力，这种情况下可在无压下直接进入掘削面作业。

当盾构在软岩、富水地段掘进时，由于地层自稳能力差，必须利用盾构自身及配套设备来提供使地层稳定的支撑压力，这种情况下需采用带压进仓模式，以一个完整的作业程序进行压力仓或土仓内的各项工作，对盾构机刀盘上的边缘铲刀、滚刀、标准刮刀、先行刀等刀具进行全面的检查，并对磨损超限的刀具进行更换；同时对刀盘磨损情况，如表面耐磨层、周边耐磨条及刀座等以及对主轴承连接螺栓、螺母及其密封油脂情况进行检查。

1. 压气作业的原理

压气工法是利用压缩空气注入隧道，如果隧道周围的改良土发生微小裂隙，可借助压缩空气的压力抑制地下水压，阻止地下水渗入开挖面，维持开挖面的稳定，给作业人员安全进入盾构机土仓提供条件。压气对开挖面的稳定作用可大致分为下述三种：

(1)可阻止来自开挖面的涌水，防止开挖面坍塌；

(2)由于气压作用于掌子面，能够加强掌子面的稳定；

(3)由于压气对围岩缝隙起到排挤水的作用，增加了粉砂、黏土层或含有粉砂黏土成分的砂质土的强度。

2. 带压进仓作业流程图如图 7.21 所示。

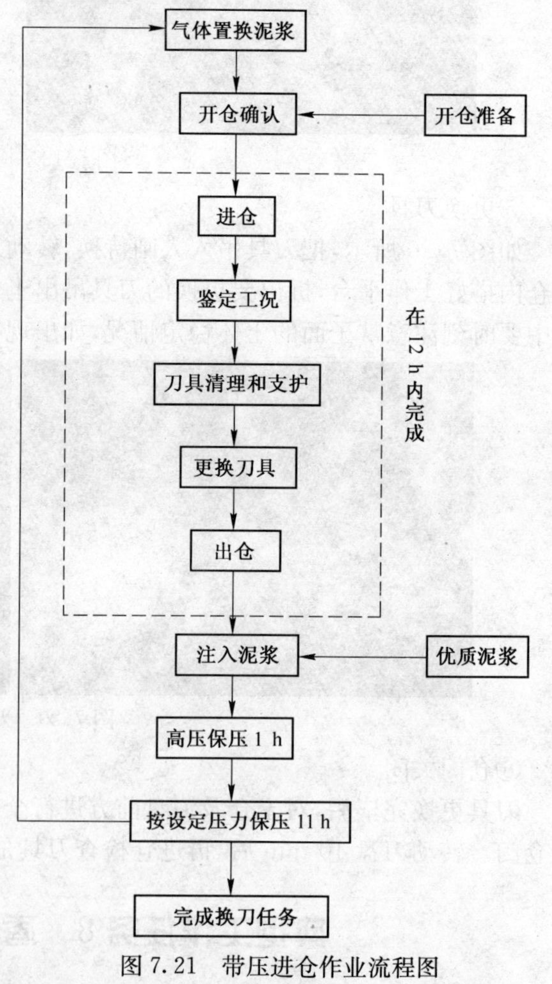

图 7.21　带压进仓作业流程图

3. 开仓前的准备

(1)工程地质稳定准备

为了使刀盘处土层稳定，在开仓前应加大泥浆浓度增加泥水压力，使在砂层切口面上尽可能形成较厚的泥膜，然后通过排浆保压检验带压状态下前方土体的稳定性，以确定是否可以开仓。同时加压过程中应检查所有地面钻孔，对漏气钻孔进行封堵。措施流程如下：制浆→加压→洗仓→保高压→降压→打气进土仓排浆→保常压。

1)制浆：要保证泥浆黏度在 35 s 以上；根据目前泥浆黏度较低的状况，可以采用添加膨润土和羧甲基纤维素(CMC)来保证泥浆黏度。

2)加压:是指从工作压(人员进土仓工作时的压力)120 kPa 增加到 150 kPa,每次加 10 kPa;

3)洗仓:洗仓目的是把土仓中的土清出,洗仓持续时间 30 min;

4)保高压:是指洗仓之后,保持 150 kPa 高压持续 1 h,以保证形成足够厚的泥膜;

5)降压:是指从高压 150 kPa 降至 120 kPa 工作压,每次降 10 kPa;

6)打气进土仓排浆:是指通过气压把土仓中的泥浆压出仓形成 120 kPa 的空气仓;

7)保常压试验:是指土仓排浆之后,保持 120 kPa 工作压持续 12 h,观察气压的变化情况,同时在地面进行沉降观测,以判定切口面是否稳定,从而确定是否具备开仓条件。保压实验流程图如图 7.22 所示。

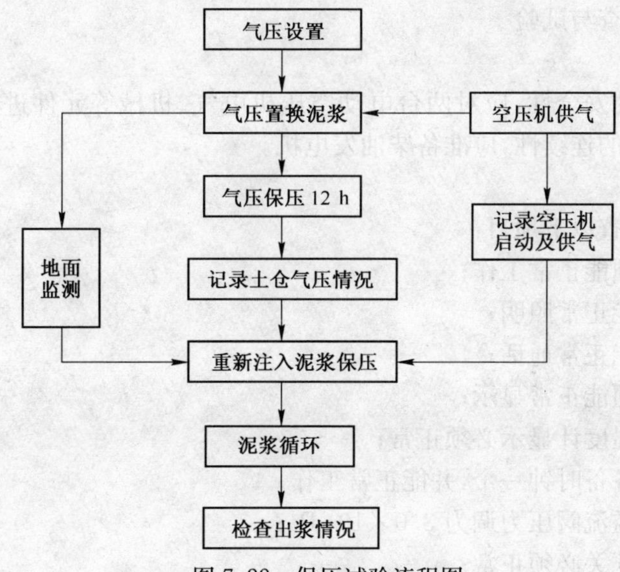

图 7.22　保压试验流程图

(2)人员准备

为了保证开仓换刀安全顺利进行,需要成立专门的领导小组,组织架构如图 7.23 所示。

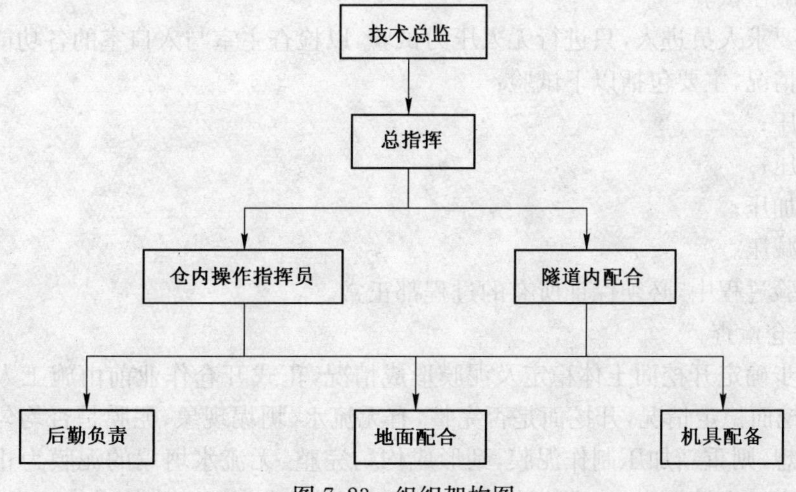

图 7.23　组织架构图

结合开仓施工的具体情况,充分考虑施工安全方面及施工作业质量保证方面的问题,由主管工程师提出具体施工人员。在开仓前针对施工过程中的操作注意事项组织施工人员进行培训学习。开仓前项目部管理层开会讨论开仓注意事项，确定开仓程序，对工人进行培训和交底。并提供后勤保障准备：准备应急药箱、消防器材、救护人员等。

(3)设备、工具和物资准备

1)盾构机设备准备：保证盾构机与开仓相关的机械设备和仪表都完好；

2)用电准备：除现有两套电力系统外增加柴油发电机，保证空压机能持续供气；

3)仓内用水准备：检查盾构机向仓内供水的管阀，保证仓内自来水供应；

4)仓内供氧准备：准备小型医用吸氧机；

5)仓内气体检测准备；准备气体检测仪；

6)工具准备：换刀工具配备到位。

(4)气压设备的检查与试验

1)空压机检查

为保证压气作业的安全性，应对两台电动空压机电气、机械等元件进行全方位的检查维护，同时为了保证供电的连续性，应准备柴油发电机。

2)人闸检查

在高气压力下，检查以下项目：

①带式记录器必须能正常工作；

②紧急照明必须能正常照明；

③紧急电话必须能正常通话；

④各个压力表必须能正常显示；

⑤主室和入口室温度计显示必须正常；

⑥主室和入口室各备时钟一个，并能正常工作；

⑦主仓和前仓的溢流阀压力调为 3.0×10^5 Pa；

⑧各个手动球阀开关必须正常；

⑨流量计工作必须正常；

⑩各个密封门开关必须正常。

3)人闸加减压试验

试验时不要求人员进入，只进行无人压力试验，以检查主室与入口室的各功能部件在试验压力下的工作情况，主要包括以下试验：

①主室加压；

②主室减压；

③入口室加压；

④入口室减压。

在整过试验过程中，必须保证所有的过程都正常。

4. 带压进仓检查

为了进一步确定开挖面土体稳定及泥膜形成情况，正式开仓作业前由施工人员带压进仓检查，查看开挖面稳定情况，开挖面是否完整，有无流水、坍塌现象，泥膜是否均匀。假若形成泥膜不是很理想，则重新加压制作泥膜，到形成均匀完整、无流水坍塌的泥膜为止。此时气压能有效将土层中的水挤压出去，可以平衡水土压力，可以进入下一步的操作。

5. 带压进仓作业

作业人员在常压下进入前仓,关闭前仓门,将前仓加压至与土仓内的气压相等;打开主仓与前仓的隔离门,进入主仓;关闭隔离门,打开土仓门进入土仓进行作业。作业完成后,作业人员进入主仓,将土仓门关闭,进入前仓,将隔离门关闭,在前仓进行减压;前仓压力降至常压后,打开前仓门,作业人员出仓。至此,第一组的压气作业完成。

考虑到泥膜在气体压力作用下的干缩(类似真空预压),泥膜长时间暴露在压缩气体中会产生龟裂从而影响保压效果,因此设定每次气压作业不超过12 h,每次完成后立即注入优质泥浆,重新保压和修复泥膜。

6. 施工注意事项

(1)气压设定必须合理,除要求稳定开挖面外,还应考虑施工人员在高压情况下的身体承受能力;

(2)作业人员在高压环境中作业有严格的要求,除了必须保证气压稳定外,还需严格规定作业时间、升压降压的时间和程序等;

(3)为保障进仓作业人员在开挖面失稳的情况下能及时撤离,在刀盘开口部位要安装挡板保护;

(4)在仓内作业时要有专人负责观察土体稳定情况,做好应急准备工作;

(5)在实施过程中要求进行实时监测,及时反馈地层变化情况,以指导施工。

7. 常见问题及处理办法

(1)换刀时,可能不慎将刀具掉入土仓内,而土仓内泥渣较多很难定位刀具及打捞,换刀人员进仓作业时可带上铁锹和编织袋,将土仓内的渣土装袋即可;

(2)若作业过程中,发生气管爆裂、空压机故障等问题时,首先要冷静,想办法稳住气压,同时尽快通知作业人员进入人闸以便及早减压出来;

(3)要做好各项人员安全措施及灾害防治措施。对工作人员要进行全面体检,体检不合格的人员禁止入内。要注意压气作业过程中因焊接、漏电、打磨等可能引起的火灾。各种应急设备如高压氧仓、担架等应处于准备状态。

典型工作任务9　盾构尾刷更换

7.9.1　工作任务

了解盾构机尾刷更换的施工技术。

7.9.2　相关配套知识

在修建地铁过程中,在不良地质条件下进行盾构施工,经常会发生盾尾密封刷损坏造成密封不良的情况,由于盾尾密封损坏而引起的事故也时有发生。为了解决盾尾渗漏问题,使盾构施工能够安全顺利完工,根据在以前施工项目上的成功经验,不同地质条件盾构机更换盾尾刷方式都有所不同。本节针对在地下粉砂层地质条件下成功地更换盾尾刷进行浅谈。

1. 盾尾密封装置

如图7.24所示,盾尾密封装置由三道钢丝刷密封和六道弹簧钢板密封组成,用以防止地层中的泥水、地下水和衬砌外围注浆材料从盾尾间隙漏入盾构机。盾尾配备有盾尾刷注脂装置,推进时在每两道密封之间自动注入密封用油脂,以提高密封效果,并减少钢丝刷密封件与隧道管片外表面之间的摩擦,延长密封件的寿命。注脂孔数为2仓×6孔=12孔。

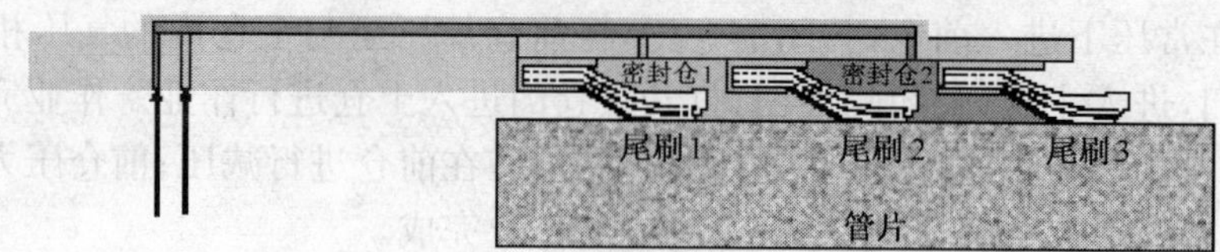

图 7.24　盾尾密封仓示意图

2. 工法特点

(1)在研究地质报告的基础上,分析盾构施工所出渣土,确定更换盾尾刷的位置,简单直观。

(2)通过对拼装机、管片尺寸等的计算,确定出更换盾尾刷时千斤顶的推进行程,可满足拼装、拆卸管片施工要求,确保施工的安全、质量及进度。

(3)在隧道内主要采用注浆止水的方法并配合土仓注膨润土浆,盾构机壳体、盾尾附近注聚氨酯等方法进行地下水封堵隔离及盾构机周围土层的加固改良,可满足盾尾刷更换施工时的止水效果和施工安全的要求,并节约成本。

(4)利用盾尾刷更换施工技术能快速有效地完成盾尾刷更换,可解决盾尾渗漏问题,起到保护道路、管线以及沿线既有建筑物的作用,并减少盾构施工对环境的影响。

3. 工艺原理

更换盾尾刷施工采用地下盾构机内直接更换的施工方法,施工步骤如下:尾刷更换施工位置选择的确定;更换施工过程中千斤顶推进行程确定及管片拼装机臂的加长;盾构机周围地下水封堵隔离施工;更换盾尾刷。其中:

(1)通过现场对盾构机所出渣土及地质报告的研究,确定盾尾刷更换施工位置,充分研究此位置需要水文地质情况,制定有针对性的技术措施,尽可能的满足盾尾刷更换施工的安全要求。

(2)为了满足盾尾刷更换施工的要求,通过精心计算与研究盾构机设计图纸后,确定千斤顶的推进行程。更换盾尾刷施工时,利用自制的拼装机加长臂拆卸管片,这样既可以暴露 2 道需要更换的盾尾刷,同时也不会将第 3 道盾尾刷暴露。

(3)根据粉砂层的地质情况,有针对性的采取注浆法(水泥-水玻璃双液浆)进行地下水的封堵隔离,并配合土仓注膨润土浆、盾构机机壳及盾尾附件注聚氨酯等方法,为盾尾刷的更换施工创造良好的施工条件,同时也为盾尾刷更换施工后盾构机的再次启动掘进做好了准备工作。

(4)在确认注浆止水封堵效果后,开始进行盾尾刷的更换施工。首先,利用拼装机加长臂拆卸掉需要更换的盾尾刷位置的管片。其次,清除此位置盾尾刷之间密封槽内的废油脂与浆液。对盾尾刷进行检查,对磨损严重的盾尾刷分段割除并更换;对磨损较轻只是被浆液固结的盾尾刷进行清理。然后,对盾尾刷和盾尾刷之间的密封槽重新涂抹盾尾密封油脂。最后,利用加长臂拼装管片,当所有管片拼装到位时,20 个千斤顶同时加力,反复紧固整环所有螺栓。

4. 施工工艺流程及操作要点

(1)盾尾刷更换位置的选择

根据工程实际地质及工程条件,更换盾尾刷施工前需要重点分析盾构施工所出渣土,确定盾尾刷更换位置,主要包括以下两个方面内容:

1)盾尾密封更换尽量避免在软土地层更换,因为在盾构机自重的作用下,容易发生低头,一旦发生盾构机低头就较难处理。

2)盾尾刷更换位置应尽量避开地下水丰富的区域。

(2)盾尾刷更换时的千斤顶行程的确定及管片拼装机臂的加长

1)盾尾刷更换时千斤顶行程的确定

通过研究盾构机的尺寸,千斤顶的长度,隧道盾尾刷的尺寸、位置,管片拼装机的作业距离及范围,来确定千斤顶推进行程及管片拆除拼装的方法。不同厂家型号的盾构机,其千斤顶推进行程的计算结果也不同。千斤顶推进位置如图 7.25 所示。

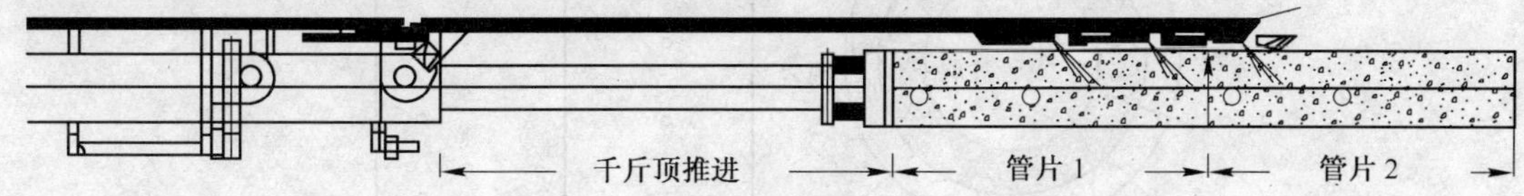

图 7.25　千斤顶推进位置示意图

2)管片拼装机臂的加长

如果管片拼装机不能满足要求,就需要自制管片临时加长臂,如图 7.26 所示。加长臂应根据设备的结构和空间尺寸的具体情况进行有针对性的设计,充分考虑加长臂受力情况、刚度、尺寸等,不但要求其能保证轻巧,方便拆、装管片,还要求其能满足足够的强度要求。

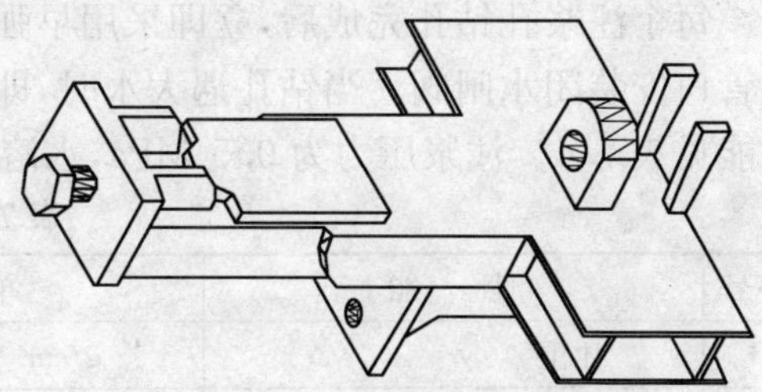

图 7.26　拼装机加长臂示意图

(3)地下水封堵隔离施工

1)土仓注膨润土

为了防止加固的浆液流入刀盘及土仓将刀盘包裹住,从而影响盾构机的再次启动掘进施工,将盾构机土仓注入膨润土浆进行保护。

①浆液配比

膨润土浆液的浆液比重约为 1.06,膨润土配置比例为:膨润土∶水＝0.4∶1(重量比),膨润土浆液的注入要充足、适量。

②注入方法

从刀盘上部已有的注水孔向土仓注入膨润土浆,将土仓内水排挤出去,并在刀盘前形成保护层。注入过程中当土仓注浆压力超过土仓压力时停止注浆,待压力减小后再继续注浆,直到注满为止。

2)盾构壳体背后注浆

①盾构壳体注聚氨酯

在盾构机前体、中体环向各开四个孔,装上球阀,注入水溶性聚氨脂。防止管片背后补充注浆时,水泥浆将盾构机壳体裹死。

②盾尾背后注浆

在盾尾后 2 环管片背后注入水溶性聚氨酯注浆材料,注浆止水。

a 主要施工材料:42.5R 水泥、32.5R 水泥、水溶性聚氨酯注浆材料、早强剂、注浆铝管等。

b 施工方法及技术要求

对盾尾后 2 环管片进行钻孔,共布 3 排孔,孔位需避开管片钢筋,3 排孔均采用直孔,孔深入围岩 20 cm,孔径 32～36 mm,孔距 60 cm,呈梅花形布孔,所有注浆孔均应避开管片拼缝布置。如图 7.27 所示。

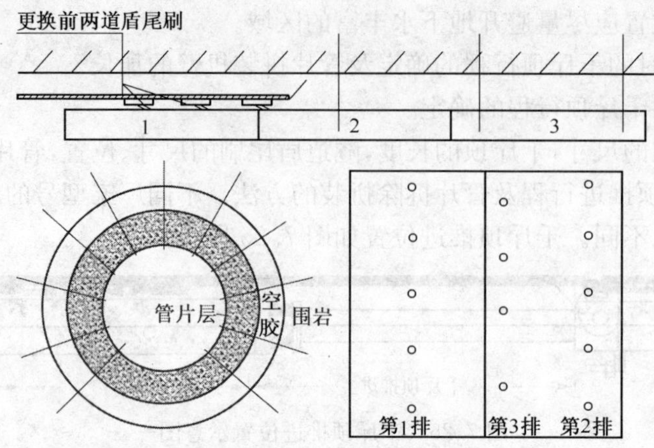

图 7.27　孔位布置示意图

每个注浆孔钻孔完成后，立即采用早强水泥或其他措施对该孔进行封闭埋管处理，并在注浆管口安装闭水闸阀。当钻孔遇大水时，即对该注浆孔进行水溶性聚氨酯注浆，水溶性聚氨酯性能见表 7.4。注浆压力为 0.5 MPa，水溶性聚氨酯注浆结束后，反压进行水泥注浆。

表 7.4　性 能 表

序号	性　能	单　位	指　标
1	比重	g/cm^3	1.067～1.088
2	黏度	25℃，No. 2/60rpm	50～150
3	与水混合比	g/cm3	1/1～1/12
4	硬化泡体密度	g/cm3	0.5～1
5	膨胀度	倍数	1～12
6	混合时间	与 80%水混合，s	10～30
7	硬化时间	与 80%水混合，s	100～120
8	操作温度	℃	10～40
9	pH 值		5.0～5.5

当钻孔遇滴水、线流水时，对该注浆孔进行水泥稳定性浆液注浆。水泥注浆压力：第 1 、2 排为 0.3 MPa ，第 3 排为 0.5 MPa。3 排首次均注入水溶性聚氨酯，若地下水压力较大，可适当补充注入水泥浆，确保封堵效果。

注浆顺序：首先进行第 1 排注浆孔的布孔和注浆施工。结束后，再进行第 2 排、第 3 排注浆孔的布孔和注浆施工。

注浆完成后，进行封孔施工，封孔采用与原注浆孔漏水堵漏相同方式进行，沿孔壁涂刷 EAA 环氧界面剂，埋管用与管片同标号水泥添加速凝剂封闭，初凝后注入 EAA 环氧浆，待凝 3～5 d 后拆管，进行管片饰面修复。

3）盾尾背后管片二次注浆

盾尾刷更换施工前需对盾尾刷后部 4～16 环的管片进行管片壁后二次注入水泥-水玻璃双液浆，将管片与地层之间的流水通道完全封死。

①二次注双液浆的施工方法及施工要点

a. 注浆孔应从管片设在拱顶的手孔开始注浆，然后对称逐个对环向的各个手孔注浆，直到底部管片相应位置。

b. 注浆孔起始位置宜设在盾尾后第 4 环管环处；

c. 浆液的凝固时间控制在 10 s 左右；

d. 注浆时要控制好注浆压力和注浆量。

经详细分析计算，注浆压力控制在 0.2～0.5 MPa 。配比为水泥浆：水玻璃＝10：1（体积比），水泥浆配比为：水泥： 水＝0.8：1 ～1：1（重量比），初凝时间控制在 10 s 左右，注浆量以无法继续注入为控制标准。

②注浆操作

a. 根据掘进位置的水土压优先设定注浆泵的终注压力，注浆量由该孔的可注性来确定。注浆压力小时，注浆泵自动快速注浆，当接近终注压力时，泵慢速注浆至自动停注（一般到自动停注前人为停注）。

b. 双液注浆的混合接头为特制加工的，如图 7.28 所示。

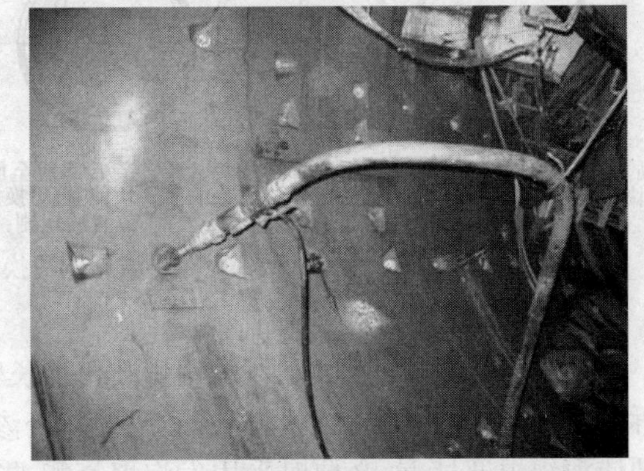

图 7.28 双液注浆头及注浆管路

c. 注浆前应将至少一环的注浆材料备足待用，注浆管路连接好后应检查其牢固性。若孔打开后有水大量流出，需在附近另开一个孔放水。

d. 每注完一个孔，必须及时清理浆液混合器的各条管道，确保管道畅通。注浆完成后，应对孔进行认真封堵。

5. 粉砂层地质中盾尾刷更换施工技术

(1)盾尾密封刷更换施工前准备工作

1)在施工前需对盾构机整体设备运转情况进行检查；对盾尾刷更换施工过程中所使用的设备进行检查。

2)在注浆完成后，需对注浆止水效果进行检查，通过对倒数第 2、3 环管片进行开孔检查，确定无水后方可实施盾尾刷更换施工。

3)在拆除管片前，对倒数第 2 ～20 环管片的螺栓必须进行复紧并确认效果。

4)螺栓复紧后，倒数第 2、3 环管片必须做好内支撑。支撑如图 7.29 所示。

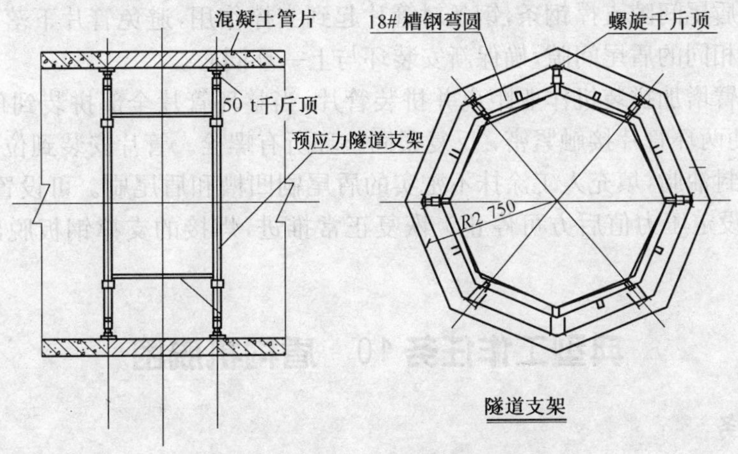

图 7.29 管片内支撑支架示意图

(2)管片拆卸与盾尾刷更换顺序介绍

在上述的准备工作完毕后，即可进行盾尾密封刷更换。下面以更换盾尾刷时，管片封顶块K块位于管环1点位置为例进行说明，具体更换过程如图7.30所示。此图是盾尾密封更换以封顶块K块管片位于1点为例进行说明的。另外，更换顺序可以按照K→C→B→A1→A2→A3管片顺时针方向进行，也可以按照K→C→A3→A2→A1→B管片逆时针方向进行。

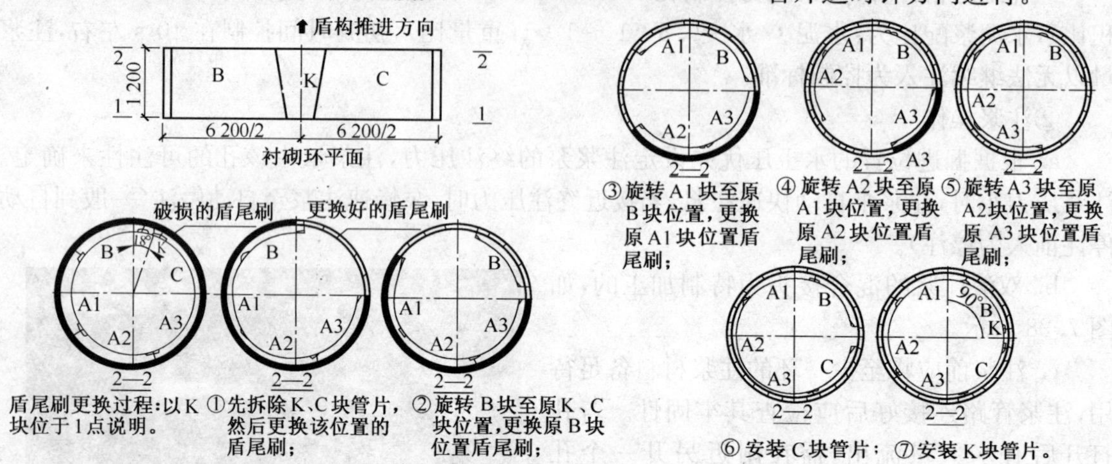

图7.30　盾尾刷更换顺序示意图(单位：mm)

(3)盾尾密封刷更换施工

1)当千斤顶推进到位后，采用拼装机加长臂将压盖在内侧两道盾尾密封刷上的管片进行拆除，拆除时先拆除封顶块，检查盾尾处是否渗漏水，如仍有漏水则需要补注浆并在渗漏处用硬质海绵填塞堵漏，必要时采用发泡聚氨酯进行堵漏。当盾尾不漏水时，再拆除相邻块，并及时检修更换盾尾密封刷。

2)当管片拆除并确认无不良渗漏情况后，开始清除盾尾刷之间密封槽内的废油脂与浆液。对盾尾刷进行检查，对磨损严重没有使用价值的盾尾刷直接割除，并对割除区域进行磨光处理。对磨损较轻只是被浆液固结的盾尾刷进行清理，清理时采用钢筋钩梳理盾尾刷，盾尾刷清理要彻底。割除的部分要重新焊接新的盾尾刷，焊接质量要求相邻盾尾刷之间的间距不大于3 mm。

3)对盾尾刷和盾尾刷之间的密封槽重新涂抹盾尾密封油脂。量测盾尾四周间隙并记录，制做尾盾上加焊盾尾间隙支撑钢条，钢条对管片起到支撑作用，避免管片下落到盾壳上，使管片与上一环保持相同的盾尾间隙，确保新安装环与上一环同心。

4)利用加长臂增加拼装机作业距离并拼装管片，当整环管片全部拼装到位时，20个千斤顶同时加力，以便两环管片接触紧密，反复紧固整环所有螺栓。管片安装到位后，要用盾尾油脂泵泵送盾尾密封油脂，填充人工涂抹不密实的盾尾刷凹槽和盾尾刷。可设置盾尾油脂泵的工作压力，达到设定压力值后方可停止。恢复正常推进，焊接的支撑钢板脱出管片后，进行割除。

典型工作任务10　盾构机脱困

7.10.1　工作任务

了解盾构机脱困的常用方法。

7.10.2　相关配套知识

盾构技术已广泛应用于软土地层和复合地层中修建地铁隧道，尤其是广州、深圳的复合地层可能遇到各种土类、岩类及其混合类。盾构机在岩层中掘进时容易出现刀盘卡住和盾体卡住等现象。

对于刀盘被卡住的情况，可将部分推进千斤顶收缩，使土压力、刀具贯入度减小即可以转动刀盘。

对于螺旋输送机被卡住（即扭矩超限），无法正常出渣的情况，可反复伸缩螺杆并同时正反转，如低速正转同时伸缩螺杆，若超限则反转同时伸缩螺杆，如此反复，基本上都可以脱困。

对于泥水盾构环流系统中泵或者管路中被卡住导致环流不畅的情况，通常通过查看各个表的正负压力判断出被卡住的位置，拆开后将其清除。

对于盾构机壳体被卡住的情况，处理起来相对复杂些，下面主要讲述这种情况下的盾构机脱困问题。

1. 盾构机受力情况分析

盾构机在地底掘进时，根据受力平衡，应该满足式(7.4)。

$$F_d = F_1 + F_2 + F_3 + F_4 + F_5 + F_6 \tag{7.4}$$

式中　F_d——设计推力(kN)；

F_1——盾构外壳与周围地层的摩阻力(kN)；

F_2——盾构机推进时的正面推进阻力(kN)；

F_3——管片与盾尾间的摩阻力(kN)；

F_4——盾构机切口环贯入地层时的阻力(kN)；

F_5——变向阻力(kN)；

F_6——后接台车的牵引阻力(kN)；

显然，当盾构机的最大推力无法抵消盾构机所受到的阻力时，就会形成盾构机被困住的现象。

2. 常规脱困措施

由盾构机受力分析可以看出，盾构机脱困的主要措施就是降低盾构机所受到的阻力及增加盾构机的推力。增加盾构机的推力总是有限的，如果推力过大，容易造成刀盘、刀具的贯入度变大，间接也会增大阻力，同时，推力过大也容易把拼装好的管片顶坏，所以通常考虑如何降低盾构机的阻力。

(1)掘进前从注浆管注膨润土，从盾尾观察孔注废油，减小盾壳与周围岩层的摩擦力。

(2)多次正反转动刀盘，看能否使盾壳脱离周围岩层的束缚。

(3)在脱困过程中，盾壳摩阻力较大，铰接油缸是盾构机的薄弱部位，有可能出现由于油缸受力过大而导致铰接油缸拉脱的事故，处理起来相当麻烦，所以在推进前要在盾尾与中体联结处加焊 8 根锰钢钢板制作的拉杆，锰钢拉杆受力变形伸缩量较小，用来分担脱困时铰接油缸的拉力，保护铰接油缸。

(4)将盾尾的导向板与中体焊接，与拉杆同样起到保护铰接的作用，使盾尾受到更大的作用力。

(5)当单凭盾构机的推力达不到脱困的目的时，可以增加液压千斤顶作为辅助，增加推力达到脱困的目的。

3. 开通道对盾构机上部围岩进行扩挖

若采取以上措施不能脱困时，可以对盾构机上部围岩进行扩挖，减少围岩对盾构机的阻力，扩挖时可从掌子面开通道，从盾构机前体向盾尾方向扩挖围岩，也可对盾尾附近管片进行开口，从盾尾向前体方向开挖。根据工程实践经验，盾构机一般卡盾尾的情况较多，这里讲述采取割除管片后开通道对盾尾上部围岩进行扩挖的方法。

(1)割除管片前的准备

1)对割除管片附近 10 环管片螺栓进行紧固。

2)从盾尾后 10 环向盾尾进行双液浆二次注浆，水灰比例为 1∶1，水泥浆液与水玻璃体积比控制在 3∶1，注浆压力不超过 0.6 MPa，以免压坏管片。注浆 1～2 h 后打开管片吊装孔进行检查注浆效果，特别是切割位置的检查，直到不漏水为止。

(2)割除管片

对管片进行割除，如果有需要可对管片做一定的支撑，切口选择隧道中上部易于作业位置，断面尺寸以方便超挖作业为宜，一般取宽 1.5 m×高 1.7 m。采用专用混凝土切割设备，先安装高速切割机的行驶轨道，配备专业人员进行管片切割作业，进行管片切口操作时，沿管片开口线切割。如果是在富水地层施作，应在割除管片前通过注浆孔进行注浆，进行一定的防水处理。管片切口如图 7.31 所示。

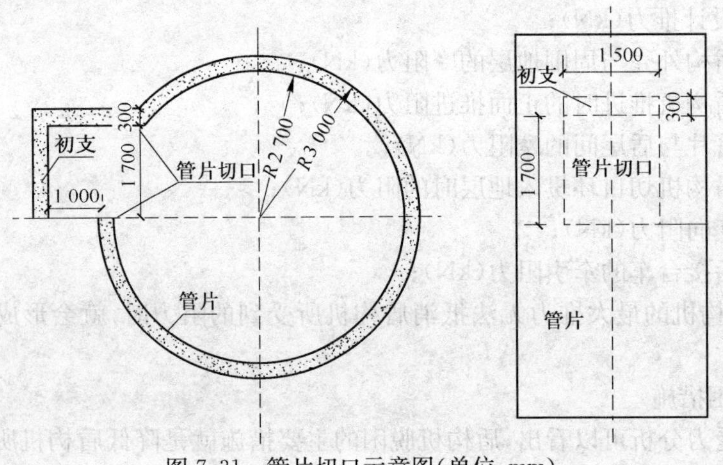

图 7.31 管片切口示意图(单位:mm)

(3)通道开挖与支护

管片割除后，进行通道土石方开挖。开挖方法主要采用非爆破作业，开挖断面采用风枪、风镐等人工开挖。局部位置岩层较为坚硬的，采用风镐开挖较困难时，可使用静态破碎剂辅助施工。向前垂直开挖一定距离后转向盾尾，对盾尾上半部的围岩进行扩挖，使盾壳脱离围岩的束缚，考虑到作业空间，开挖垂直于盾尾上半部 1.5 m 的围岩，如图 7.32 所示。施工遵循浅埋暗挖法的“管超前、短进尺、紧支护、早封闭”的原则进行。

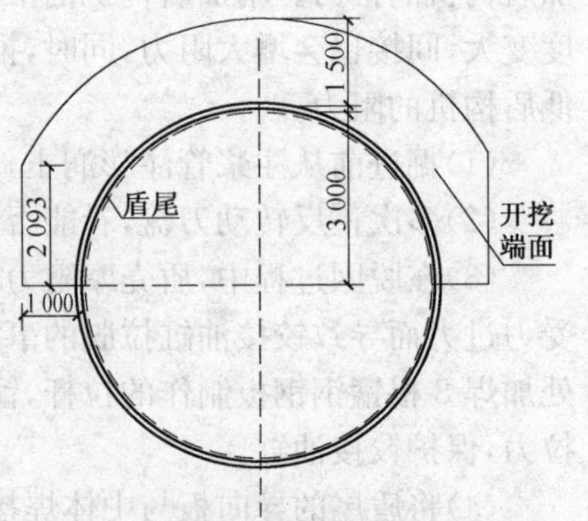

图 7.32 盾尾上部开挖断面示意(单位:mm)

(4)管片切口处理

盾构机脱困后，凿出切口处管片原有钢筋，重新焊接布置同型号钢筋，采用混凝土对切口封闭，同时，预埋注浆管对开挖通道进行注浆回填处理。

4. 人工挖孔或竖井脱困

如果地面开阔，条件允许，基于安全等因素的考虑，也会考虑人工挖孔或竖井的方式来脱困，不过这种方式成本相对较高，一般很少采用，除非是当盾构机遇到大的机械故障无法再使用，必须换另一台盾构机时，不得已才会采用这种方式。

项目小结

本项目介绍了采用盾构工法过程中的常见问题，对遇到这些问题时采取哪些措施及施工过程中应注意的问题进行了阐述。

复习思考题

1. 盾构下穿铁路施工时，如何防范风险？
2. 小半径曲线段施工时，如何调整盾构姿态？
3. 常见的纠偏方法有哪些？
4. 常压开仓的施工步骤？

项目 8 浅埋暗挖隧道施工

项目描述

隧道施工方法的选择主要依据工程地质和水文地质条件，并结合隧道断面尺寸、长度、衬砌类型、隧道的使用功能和施工技术水平等因素综合考虑研究确定，所选择的施工方法应技术先进、经济合理及安全适用。城市地铁隧道施工具有埋深浅、水文地质条件差、断面大等特点。浅埋暗挖法隧道施工方法是一种能较好适应城市地铁暗挖隧道施工的工法。本项目主要介绍暗挖隧道施工发展、浅埋暗挖法隧道施工工法特点、浅埋暗挖法施工方法和原则、浅埋暗挖法支护结构的特点及形式、浅埋暗挖法信息化施工、浅埋暗挖法在地铁工程中的应用和发展方向。

拟实现的教学目标

1. 知识目标

- 能够依据工程地质和水文地质条件选择合理的浅埋暗挖开挖方法。

2. 知识目标

- 了解暗挖隧道施工的发展；
- 理解新奥法施工原理；
- 重点掌握浅埋暗挖法施工工法。

3. 素质目标

- 养成严谨求实的工作作风；
- 培养创新意识；
- 具备一定的协调组织能力。

相关案例

1. 深圳地铁Ⅰ期工程六标段

(1)工程概况

深圳地铁Ⅰ期六标段为双线单洞隧道，马蹄形断面(6.2 m×6.7 m)，正台阶法开挖，区间隧道范围内上覆第四系全新统人工堆积层、海积冲积层及第四系中统残积层，下伏燕山期花岗岩，地下水丰富；隧道埋深较浅，部分位置上覆砂层，开挖面土质强度较低，尤其是上覆砂层地段地层条件极差。

(2)超前预加固辅助工法

不管是最初的超前小导管注浆预加固，还是现在广泛应用的各种浅埋暗挖辅助工法，都以适用不同的地层条件及隧道周边环境要求为标准。从本标段的工程实践看，针对不同的地层条件，超前预加固方法和参数的选择也会有所不同。

本标段一般地层条件下，隧道上覆黏土或粉质黏土，且土层较厚，故水量较小，因此采用超前小导管注浆预加固；从一般地层到富水砂层地段之间的过渡段水量逐渐变大，采用长短结合的小导管注浆预加固，达到双层的加固效果；在富水砂层地段采用长短结合的小导管注浆预加固或小管棚加固，后者对改善开挖面条件和控制地层变形效果显著。注浆压力及注浆量的控制对预加固效果有影响，地层较好的情况下可以不注浆。

(3)开挖时空顺序

地铁隧道开挖在土体中进行，开挖扰动使原始地层应力重新分布，而土的自稳能力较差，暗挖法开挖不像盾构法施工有足够的抗力支撑地层，只能以超前预加固和"短开挖、早支护"等措施来保证地层的稳定。因此掌握开挖和支护的时空效应对稳定地层、保证施工安全、控制地层变形都有很大帮助，对掌子面要把握开挖进尺、分步开挖顺序；对双线隧道则要确定左右线的间距。

(4)施工进度的基本情况分析

施工进度的快慢与开挖进尺以及每一个开挖循环所用的时间有关，因此，根据土体在预加固前提下的自稳时间及地层的塑性变形发展来确定开挖工序。现场每个工序循环耗时如表 8.1 所示，每个班做 1.5 个循环，开挖进尺为每循环 1 m，无支护时间为 4 h；

表 8.1　开挖每循环所用时间

上台阶工序	超前预支护	开挖	立格栅	喷混凝土
一般地段时间(h)	2	2	2	2
砂层地段时间(h)	3	1.5	2	1.5

而当地层条件较差时，开挖进尺减小为每循环 0.75 m 或 0.6 m，超前预支护长短结合需要更多时间，而开挖土方减少则开挖时间减少，即预支护强度提高和无支护时间减少，地层变形也就减小。

当隧道通过含水砂层地段时，施工进度慢，掌子面裸露时间长，若上台阶没有施作临时横撑或临时仰拱，且上台阶拱脚容易积水，土的强度又低，虽然用钢板或木板支撑，拱部结构仍会产生整体下沉，此时若隧道结构不及时封闭成环，对沉降的发展不易控制。因此施工过程中工程技术人员应当及时做好超前的地质预报，随时改变支护参数，保证安全、快速施工。

一般情况上、下台阶每天可以开挖 2～3 m(下台阶机械施工，相对进尺快，有时隔天开挖)。砂层地段开挖进尺小，开挖困难，进度相应也慢，甚至不时停工，其沉降也大。当然在地层条件极差位置，土体易失稳，施工过程中边墙曾出现喷混凝土前大面积土体滑落，相当危险，在这种地层条件下，一般采用三台阶开挖，缩短每步开挖的时间，这样可保证施工的顺利进行。同时这也可有效控制地层变形。

2. 磁器口车站

在城市中心地区广泛采用浅埋暗挖法修建地铁车站。由于地面交通不允许长期中断，地面建筑物众多、地面施工场地狭小，或者地下管线错综复杂、改移难度极大、改移施工工期很长，因此，采用浅埋暗挖法施工，可最大限度地减少上述矛盾的影响，保证施工工期。

(1)工程概况

磁器口车站是北京地铁五号线与北京地铁七号线的换乘站，车站全长 180 m，宽21.87 m，高 14.933 m。车站建筑面积为 12 244.2 m^2，车站主体覆土深度为 9.8～10.3 m。车站为双层岛式三拱两柱结构，车站地下一层为站厅层，预留通道实现与七号线换乘，地下二层为站台层。车站采用暗挖中洞法施工。车站上部土层主要为细砂、粉细砂，下部土层以粉土、黏质粉土为主,底板土层主要为卵石圆砾层。车站结构剖面如图 8.1 所示。

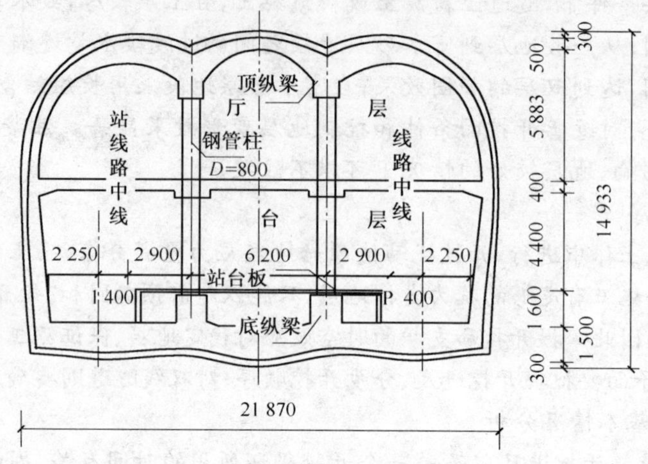

图 8.1　车站主体结构横剖面图(单位:mm)

(2)中洞法施工步骤

车站采用中洞法施工,具体步骤为:中洞超前支护→中洞一步～八步开挖→中洞仰拱、底纵梁→钢管柱、中板→顶梁、中拱→边洞超前支护→边洞九步～十二步开挖→边洞仰拱→边墙、中板→边拱→站台板。步骤图如图 8.2 所示。

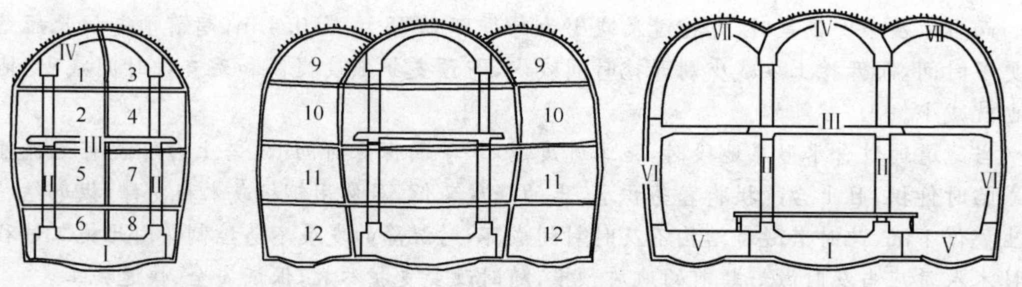

图 8.2　车站开挖步骤图

典型工作任务 1　暗挖隧道施工发展

8.1.1　工作任务

通过本任务的学习,了解暗挖隧道施工方法的发展脉络。

8.1.2　相关配套知识

在项目 1 讲到,城市地下暗挖隧道施工的方法主要有矿山法、新奥法、浅埋暗挖法等。其实严格来说,盾构法也是暗挖法的一种,但因其独有的工法特点,所以将其单独作为一种工法来描述,前面的章节也已重点讲述过,这里不再重复。本项目主要讲述浅埋暗挖法施工。讲到浅埋暗挖法,就不得不提到矿山法和新奥法,因为这三种方法其实反映了暗挖隧道施工不断发展的过程。

1. 矿山法

矿山法最初用于山岭隧道的施工，因应用于采矿坑道而得名。在矿山法中，多数情况下都需要采用钻眼爆破进行开挖，故又称为钻爆法。在矿山法中，坑道开挖后的支护方法大致可以分为钢木构件支撑和锚杆喷射混凝土支护两类。作为施工方法，人们习惯上将采用钻爆开挖加钢木构件支撑的施工方法称为"传统的矿山法"；而将采用钻爆开挖加锚喷支护的施工方法称之为"矿山法"或"钻爆法"。

传统的矿山法是人们在长期的施工实践中发展起来的。它是凿眼爆破、以木或钢构件作为临时支撑，待隧道开挖成形后，逐步将临时支撑撤换下来，而代之以整体式衬砌作为永久性支护的施工方法。

木构件支撑由于其耐久性差和对坑道形状的适应性差，支撑撤换工作既麻烦又不安全，且对围岩有所扰动，因此目前已很少采用；钢构件支撑具有强度高、刚度大和对坑道形状的适应性良好等优点，但也存在撤换钢构件时不完全，不撤换时成本高，以及与围岩非面接触支撑的缺点。

随着隧道工程理论及施工工艺的不断发展，人们逐渐认识到隧道是围岩和支护结构组成的体系，应充分地保护围岩，发挥围岩自身的承载能力，维护围岩的稳定性；隧道的设计和施工与隧道的围岩条件密切相关，只有充分掌握隧道的围岩条件，才能有合理的隧道设计与施工。

随着科学技术的进步，施工手段也由人力、小型机械化、半机械化发展到机械化施工。人力施工系指锤、钎、镐、纯人工作业方式；小型机械化系指风动凿岩机钻眼、人力或小型装渣机装渣、人力或电动车牵引、小矿车运输、人力或机械搅拌混凝土、人力灌注衬砌的施工模式；半机械化施工系指采用气压式风动凿岩机或凿岩台车钻眼、轨行铲斗式装渣机装渣、矿车有轨运输或汽车无轨运输等为特征的施工模式；机械化施工系指采用以台车钻眼、挖装运机械化作业、喷锚支护机械化作业、混凝土衬砌机械化作业、注浆机械化作业为特征的施工模式。

施工技术上更加重视施工地质工作，超前地质预测的技术更加丰富和有效，光面控制爆破技术获得了广泛应用。喷锚支护技术正成为隧道施工支护的基本方式，实现了硬岩、软弱破碎围岩、松散砂土围岩良好喷锚支护，在材料方面采用 ZM 型系列早强砂浆锚杆、ZP 型早强喷射混凝土新材料、纤维喷射混凝土、降低喷射混凝土回弹和粉尘的混凝土增粘剂等；在工艺方面干喷混凝土、潮喷、湿喷混凝土都获得了成功应用。在软弱破碎等能力差的围岩中，形成了超前支护技术、地层预加固技术，以及多分部和各分部支护及时封闭技术等。

2. 新奥法

矿山法施工技术和理念的发展为新奥法施工技术奠定了基础。20 世纪 60 年代，由于喷射混凝土和锚杆技术的出现，创造了新奥地利施工法(New Austria Tunnelling Method)，简称新奥法(NATM)。新奥法的基本思想是充分利用围岩的自承能力和开挖面的空间约束作用，采用锚杆和喷射混凝土为主要支护手段，及时对围岩进行加固，约束围岩的松弛和变形，并通过对围岩和支护的量测和监控来指导地下工程的设计与施工。

从新奥法的基本原理中可以看出围岩加固设计理念上的重大进步，不再把围岩简单地看作作用在支护结构上的荷载，而是认识到围岩是隧道结构的主要承载部分。在隧道施工过程中应该尽量保持围岩的原有强度，防止围岩的松动和大范围的变形，并通过支护达到控制围岩变形的目的。最终通过围岩和衬砌结构共同承载，形成稳定的支护结构。

(1)新奥法的施工流程

其施工流程见图 8.3。

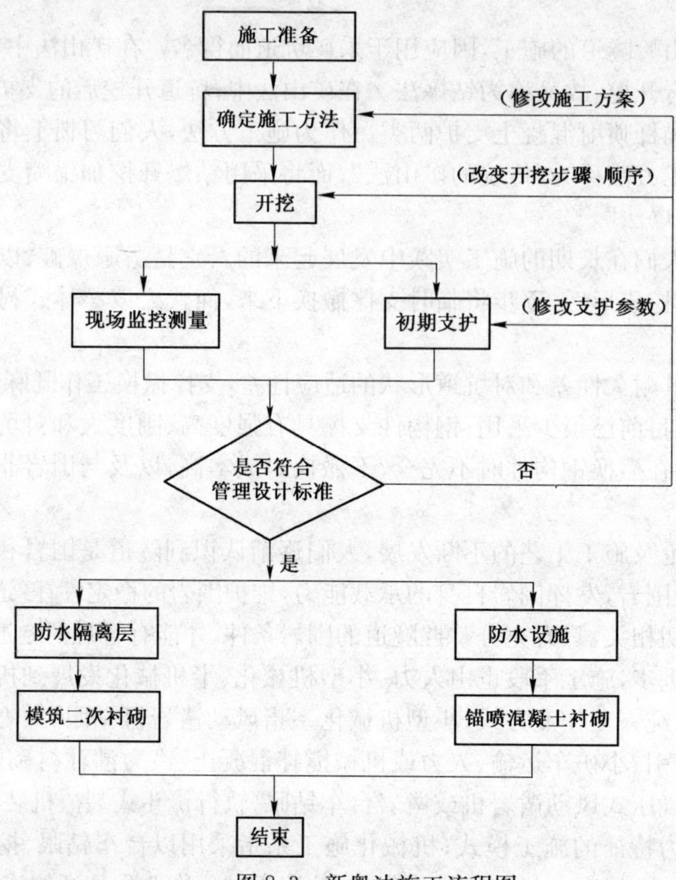

图 8.3 新奥法施工流程图

(2)新奥法的基本要点

① 隧道的主要承载部分是围岩；

②尽可能不破坏作为承载要素的围岩强度；

③极力防止围岩松动；

④避免围岩处于单轴及两轴受力状态；

⑤对围岩的变形加以控制；

⑥适时进行衬砌；

⑦衬砌要薄，以防止产生弯矩；

⑧用钢筋网、锚杆加强衬砌而不要增加厚度；

⑨依据围岩变形量测来决定衬砌方法和时间；

⑩隧道可视为支护及岩石承载环所组成的厚壁管；

⑪衬砌不能有缺口，以保证圆环作用；

⑫全断面开挖比分部开挖有利；

⑬施工方法对结构安全起决定作用；

⑭圆化衬砌棱角，以避免应力集中；

⑮如为复合式衬砌，内层衬砌也要薄；

⑯初期支护要满足地层稳定需要，二次衬砌仅作为安全储备；

⑰测定衬砌应力及围岩的变位，才能正确地进行设计和施工；

⑱要用排水的方法降低岩体中水的渗透压力。

(3)新奥法施工基本要求

①合理的利用围岩的自承能力,保持围岩稳定;

②以喷射混凝土、锚杆为主要支护手段,及时支护、封闭,使围岩成为支护体系的重要组成部分;

③开挖作业应减少对围岩的扰动,保持隧道开挖轮廓圆顺;

④施工中必须对围岩和支护进行观察、量测,并根据反馈信息进行动态设计。

(4)有关新奥法施工原理的论述

新奥法的推行引起了传统矿山法在开挖方法、施工技术以及设计思路上的大变革。人们对新奥法的认识也有一个发展的过程,对新奥法原理在实际工程运用中诸多问题的深入研究也一直没有间断。

很多人用岩石力学的方法、量测方法、力学加经验方法等来推求最合理的支护时机和支护刚度,围绕诸多命题写过大量文章。但目前支护设计参数的选定仍以围岩分类为基础的工程类比和经验数据为主。在施工中随时注意观测,危险时要加强支护、缩短开挖进尺,过分安全就减少支护。因而有学者认为隧道工程不仅是一门科学,还是一门艺术。

3. 新奥法在我国的继承和发展——浅埋暗挖法

自 20 世纪 70 年代欧洲一些城市就开始用新奥法来修建地铁,并且展示了它与盾构法和明挖法相比所具有的竞争力。但是,由于国外劳动力少、工资高,所以并未广泛应用于城市地铁、市政工程等设计与施工。

我国对新奥法的引进最初是在修筑山岭隧道中,从锚杆和喷混凝土一类"主动型"的新型支护技术地推广使用开始。1984 年北京地铁复兴门折返线首次在城市繁华地段施工中采用了浅埋暗挖法,在保证地面交通正常运行的条件下获得成功。在该项工程施工中,在不拆迁、不扰民、不破坏环境的前提下,创新 8 项重大技术,攻克 24 项技术难点,取得了突出的环境效益、经济效益和社会效益。该工程于 1987 年 8 月 25 日通过了北京市和铁道部有关专家共同组织的成果鉴定,经过讨论正式取名为"浅埋暗挖法"。浅埋暗挖法作为隧道及地下工程修建方法之一,从此载入隧道修建史册。

(1)浅埋暗挖法原理及其设计理论

浅埋隧道最大的特点是埋深浅。一般在施工过程中由于地层损失会引起地面移动明显,对周边环境的影响较大,因此对开挖、支护、衬砌、排水、注浆等方法提出了更高要求,增加了施工难度。浅埋暗挖法不仅仅是新奥法的简单应用,而是在其基础上结合我国的实际工程特点、地质条件、水文条件的进一步发展和创新。浅埋暗挖法的技术核心是依据新奥法的基本原理,在施工中采用多种辅助措施加固围岩,充分调动围岩的自承能力,开挖后及时支护、封闭成环,使其与围岩共同作用形成联合支护体系,是一种抑制围岩过大变形的综合施工技术。

浅埋暗挖设计理论是建立在岩石的三向刚性压缩试验特性和岩石的二向压缩应力应变特性,以及莫尔理论基础上的,并考虑到隧道掘进时的空间效应和时间效应所提出的新理论。这一理论集中在支护结构种类、构筑时机、围岩压力、围岩变位这四者的关系上,贯穿在不断变更的设计施工过程中;这一理论提出了与传统方法完全不同的新概念和新观点,它指导着喷锚支护的设计与施工,指导着构筑隧道的全过程。

在开挖支护过程中,浅埋暗挖法采用先柔后刚复合式衬砌,初期支护承担全部基本荷载,二次衬砌作为安全储备,初期支护和二次衬砌共同承担特殊荷载。这也就使得初期支护强度必须足够大。

(2)浅埋暗挖法与新奥法的差别

浅埋暗挖法虽然是在新奥法的基础上发展起来的,但是其一些理论又不同于新奥法。其特点是运用量测信息,反馈设计和施工,同时采取超前支护、改良地层、注浆加固等配套技术,来完成隧道及地下工程的设计与施工。由于浅埋暗挖法地下隧道在城区施工较多,所以对地表的沉降控制要求比较严格。与一般的深埋隧道新奥法施工控制不同之处是浅埋暗挖法支护衬砌的结构刚度比较大,初期支护允许变形量比较小,这就使得必须保护周围地层的自承作用和减少对地层的扰动。

典型工作任务 2　浅埋暗挖法隧道施工工法特点

8.2.1　工作任务

通过本任务的学习,能够承担以下工作任务:

1. 掌握浅埋暗挖法的十八字方针;

2. 了解浅埋暗挖法隧道施工工法的特点。

8.2.2　相关配套知识

随着新奥法基本原理在暗挖隧道工程实践中的应用,并结合城市暗挖隧道施工的技术特点,其开挖方法、辅助工法、锚喷技术、现场监测技术等不断完善和提高,逐步形成具有中国特色的浅埋暗挖法(即"管超前、严注浆、短开挖、强支护、快封闭、勤量测"十八字诀)和复合式衬砌等隧道施工技术,大大丰富和发展了新奥法原理。

1. 浅埋暗挖法的十八字方针

(1)管超前:指采用超前管棚或小导管注浆防护,实际上就是采用超前支护的各种手段,提高掌子面的稳定性,防止围岩松弛和坍塌;

(2)严注浆:指在导管超前支护后,立即进行压注水泥浆或其他化学浆液,填充围岩空隙,使隧道周围形成一个具有一定强度的壳体,以增强围岩的自稳能力;

(3)短开挖:指一次注浆,多次开挖,即限制一次进尺的长度,减少对围岩的扰动;

(4)强支护:指在浅埋的松软地层中施工,初期支护必须十分牢固,具有较大的刚度,以控制开挖初期的变形;

(5)快封闭:指在台阶法施工中,如上台阶过长时,变形增加较快,为及时控制围岩松弛,必须采用临时仰拱封闭,开挖一环,封闭一环,提高初期支护的承载能力;

(6)勤量测:指对隧道施工过程进行经常性的量测,掌握施工动态,及时反馈,是浅埋暗挖法施工成败的关键。

2. 浅埋暗挖法的特点

近年来,采用浅埋暗挖法施工的地下铁道工程已越来越多,它的优越性也越来越明显,目前已经成为城市地下铁道施工采用的主要方法之一。

浅埋暗挖法是在新奥法的基础上,针对城市地下工程的特点发展起来的。城市浅埋地下工程的特点主要是:覆土浅、地质条件差(多数是未固结的土砂、粘性土、粉细砂等)、自稳能力差、承载力小、变形快,特别是初期增长快,稍有不慎极易产生坍塌或过大的下沉,而且在隧道附近往往有重要的地面建筑物或地下管网,给施工带来严格的要求。

浅埋暗挖法是以超前加固、处理软弱地层为前提，采用足够刚性的复合衬砌(由初期支护和二次衬砌及中间防水层所组成)为基本支护结构的一种用于软土地层近地表隧道的暗挖施工方法。它以施工监测为手段，指导设计与施工，保证施工安全，控制地表沉降。在应用范围上，不仅可用于区间、大跨度渡线段、通风道、出入口和竖井的修建，而且可用于多跨、多层大型车站的修建；在结构形式上，不仅有圆拱曲墙、大跨度平拱直墙，还有平顶直墙等形式；在与其他施工方法的结合上，有浅埋暗挖法与盖挖法的结合等。与其他施工方法相比，浅埋暗挖工法具有以下技术特点。

(1)埋深浅

浅埋地下工程的显著特点就是埋深浅，在施工过程中，地层承载力差，开挖引起的地层应力波会迅速传到地表，从而引起明显的地表沉降，对周边环境的影响较大，超过一定限度，会导致整体失稳，发生塌方。因此，对地层预加固、开挖方法、支护衬砌等提出了更高的要求。所以，围绕如何有效控制浅埋地下工程施工扰动诱发的地表沉降变形，成为浅埋地下工程设计、施工、研究的重点、难点和热点问题。基于控制地表变形，减少对环境的不利影响，降低施工成本等要求，形成了各种适用于浅埋地下工程的施工方法。

(2)地质条件差

浅埋暗挖法是在软弱围岩浅埋地层中修建地下工程的施工方法。它主要适用于不宜明挖施工的土质或软弱无胶结的砂、卵石等第四纪地层。对于水位较高的地层，需要采取堵水或降水、排水等措施。

(3)周边环境复杂

浅埋地下工程，特别是城市地铁施工具有结构埋深浅，地面建筑物密集，交通运输繁忙，地下管线密布，地表沉陷要求严格，周边环境复杂，交通疏解、拆迁改移费用高等特点。与其他浅埋方法相比，浅埋暗挖法在这些方面具有明显的优点。同时，在对周边环境变形控制方面，浅埋暗挖法也具有明显优势。

(4)辅助工法多样

由于浅埋暗挖法一般用于软弱地层中，预先加固改良地层是一项必不可少的技术措施。地层预加固的主要目的是为开挖支护顺利实施，即保证在一定时间段内开挖面的稳定，同时考虑减少地表沉降，降低施工对周边环境的影响。这些地层预加固方法统称为辅助工法，浅埋暗挖隧道施工常使用的辅助工法包括注浆法、降水法、超前小导管法、长管棚法、水平旋喷法、注浆一冷冻法等。

(5)开挖方法繁多

采用浅埋暗挖法施工时，常见的开挖方法有全断面法、正台阶法、以及适用于特殊地层条件的其他施工方法，如单侧壁导坑超前正台阶法、双侧壁导坑正台阶法(眼镜工法)、中隔墙法等。

(6)风险管理难度大

浅埋暗挖工程通常具有工期长，规模大，技术复杂，地质条件不确定，不良地质多，施工中的意外事故和施工造成的环境影响对工程的进展产生的影响很大等特点。因此，有必要以科学的方法和手段研究风险发生和变化的规律，使之尽可能接近并反映实际的变化情况，防患于未然，把风险造成的损失降到最低。

(7)施工影响小

浅埋暗挖法与明挖法相比，具有拆迁占地少、不扰民、不干扰交通、节省大量拆迁投资等优点；同盾构法相比，它具有简单易行，不需太多专用设备，灵活方便，适用于不同地层、不同跨度、多种断面形式的特点；同时，它可以多使用劳动力，解决就业，是适合我国国情的好方法。从综合效益观点出发，浅埋暗挖法是比较经济的一种施工方法。

典型工作任务 3　浅埋暗挖法施工方法和原则

8.3.1　工作任务

通过本任务的学习，掌握浅埋暗挖法的施工方法和原则。

8.3.2　相关配套知识

1. 浅埋暗挖法的施工方法

采用浅埋暗挖法施工时，常见的典型施工方法是正台阶法及适用于特殊地层条件的其他施工方法，如全断面法、单侧壁导坑超前正台阶法、双侧壁导坑正台阶法（眼镜工法）、中隔墙法等。浅埋暗挖法的详细施工方法见表 8.2。

表 8.2　浅埋暗挖法的主要开挖方法

施工方法	示意图	重要指标比较					
		适用条件	沉降	工期	防水	初期支护拆除量	造价
全断面法	1	地层好，跨度≤8 m	一般	最短	好	无	低
正台阶法	1 2	地层较差，跨度≤12 m	一般	短	好	无	低
上半断面临时封闭正台阶法	1 2	地层差，跨度≤12 m	一般	短	好	小	低
环形开挖留核心土正台阶法	1 2 3	地层差，跨度≤12 m	一般	短	好	无	低
单侧壁导坑超前台阶法	1 2 3	地层差，跨度≤14 m	较大	较短	好	小	低
双侧壁导坑超前法（眼镜工法）		小跨度，连续使用可连成大跨度	大	长	效果差	大	高
中隔墙法（CD 工法）	1 3 2 4	地层差，跨度≤18 m	较大	较短	好	小	偏高

续上表

施工方法	示意图	重要指标比较					
		适用条件	沉降	工期	防水	初期支护拆除量	造价
交叉中隔墙法(CRD工法)		地层差,跨度≤20 m	较小	长	好	大	高
中洞法		小跨度,连续使用可扩成大跨度	小	长	效果差	大	较高
侧洞法		小跨度,连续使用可扩成大跨度	大	长	效果差	大	高
柱洞法		多层多跨	大	长	效果差	大	高
盖挖逆筑法		多跨	小	短	效果好	小	低

浅埋暗挖工程施工中,应根据不同的围岩工程地质条件、水文地质条件、工程建筑要求、机具设备、施工技术条件、施工技术水平、施工经验等多种因素,选择最经济、最理想的设计和施工方案,甚至需要综合多种方案,因而这是一个受多种因素影响的动态的择优过程。

(1) 全断面开挖法

全断面开挖法就是按照设计轮廓一次爆破成形,初期支护一次到位,然后再修建衬砌的施工方法。

1) 施工顺序

全断面开挖方法操作起来比较简单,主要工序是:使用移动式钻孔台车,首先全断面一次钻孔,并进行装药连线,然后将钻孔台车后退到 50 m 以外的安全地点再起爆,使一次爆破成形,出渣后开始下一个钻爆作业循环,同时施作初期支护,铺设防水隔离层,进行二次模筑衬砌。开挖顺序见图 8.4。

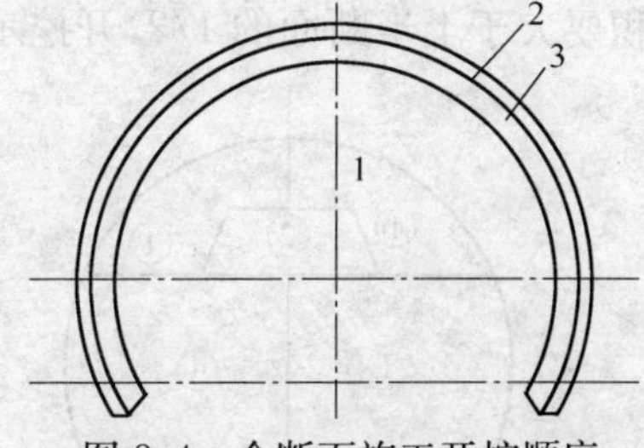

图 8.4　全断面施工开挖顺序

1—全断面开挖;2—喷锚支护;3—模筑衬砌

2)适应范围

全断面开挖方法适用于Ⅰ～Ⅲ类稳定岩体且跨度在 6～7 m 的隧道,采用光面或预裂爆破一次成型,并适宜采用机械化作业,可充分发挥其效率。当断面在 50 m^2 以下,隧道又处于Ⅳ级围岩地层时,为了减少对地层的扰动次数,在进行局部注浆等辅助施工加固地层后,也可采用全断面施工,但在第四纪地层中采用此法时,断面面积一般在 20 m^2 以下,并在施工中仍需特别注意。

(2)台阶法

台阶法开挖就是将开挖断面分为两步或多步开挖,具有上下两个工作面(多台阶时有多个工作面)。台阶法在浅埋暗挖中应用最广,是全地质型的隧道开挖方法,目前地下铁道喷锚暗挖隧道中采用此种方法较多。可根据工程实际、地层条件及机械条件选择适合的台阶方式。台阶法开挖顺序如图 8.5 所示。

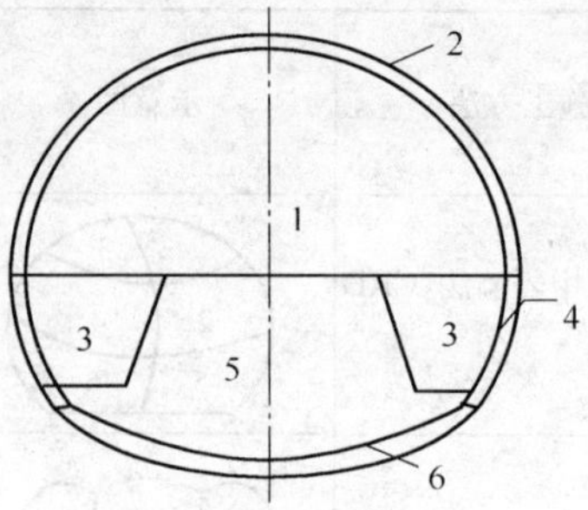

图 8.5　台阶法开挖顺序

1—上半部开挖;2—供部初期支护;3—边墙部开挖;4—边墙初期支护;5—下半部中央部开挖;6—仰部封闭

台阶法又可分为正台阶法和中隔墙台阶法。在这里只讲述正台阶法,中隔墙台阶法将在后面的 CD、CRD 工法中讲述。

根据地层情况,正台阶法又可分为两步或多步台阶法。

1)上下两步台阶法

一般地层较好(Ⅲ～Ⅳ级)时,可使用此方法。此法是将断面分成上下两个台阶开挖,上台阶长度一般控制在 1～1.5 倍洞径以内,上台阶高度控制在 2.5 m。必须在地层失去自稳能力之前尽快开挖下台阶,支护后形成封闭结构,如图 8.6 所示。

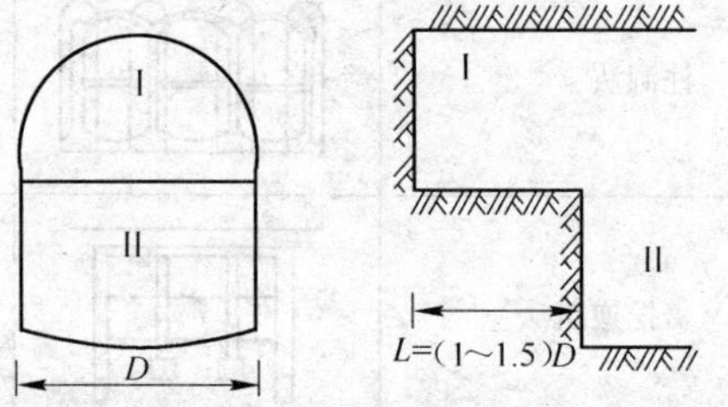

图 8.6　上下两步台阶法

2)多步开挖留核心土法

该法适用于地层较差,Ⅴ～Ⅵ级围岩的地质条件,上台阶取 1 倍洞径左右,环形开挖留核心土;用小导管超前支护预注浆稳定工作面;用网构钢拱架做初期支护;拱脚、墙脚设置锁脚锚杆;从开挖到初期支护、仰拱封闭不能超过 10 d,以控制地表沉陷。正台阶多步开挖施工顺序见图 8.7。

3)环形开挖留核心土法

采用环形开挖留核心土,可防止工作面的挤出。其开挖方法是在上部导坑弧形断面留核心土平台,对拱部进行初期支护,再开挖中部核心土。核心土的尺寸在纵向应大于 4 m,核心土面积要大于上半断面的 1/2,开挖示意图如图 8.8 所示。

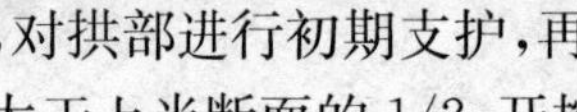

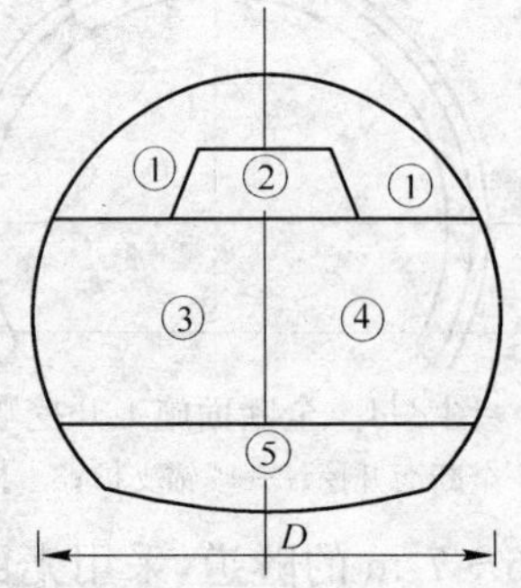

图 8.7　正台阶多步开挖留核心土法

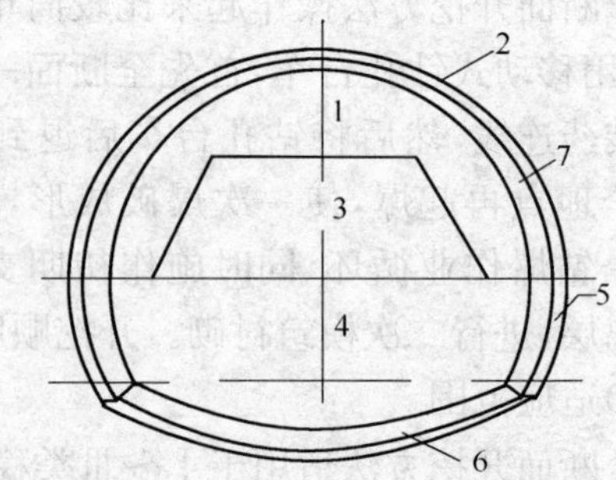

图 8.8　环形开挖留核心土法

4)三台阶七步开挖法

三台阶七步开挖法指隧道开挖过程中,在三个台阶上分 7 个工作面(如图 8.9 所示),以前后7个不同位置相互错开同时开挖,然后分部及时支护,形成支护整体,以缩小作业循环时间,逐步向纵深推进的隧道开挖施工方法。该法一般适用于黄土地区隧道施工,也可用于其他Ⅲ~Ⅳ级围岩地段。

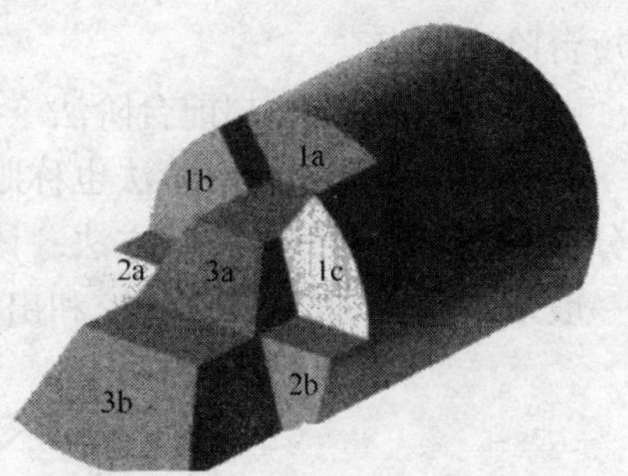

图8.9 三台阶七步开挖示意

台阶法施工中,应注意以下几点:

①台阶数不宜过多,台阶长度要适当,充分利用地层纵向承载拱的作用。上台阶高度宜为2.5 m,一般以一个台阶垂直开挖到底,保持平台长2.5~3 m,易于减少翻渣工作量。装渣机应紧跟开挖面,减少扒渣距离,以提高装渣运输效率。

②软弱地层施工时,单线台阶长度超过1.5倍洞径、双线隧道台阶长度超过1倍洞径就要及时封闭,未封闭长度大于纵向承载拱跨就会产生变位骤增现象。

③台阶法开挖宜采用轻型凿岩机打眼施作小导管,当进行深孔注浆或设管棚时多用跟管钻机,而不宜采用大型凿岩台车。

④上台阶架设拱架时,拱脚必须落到实处,采用锁脚锚管(灌浆)稳固拱脚,防止拱部下沉。

⑤下台阶开挖应在上台阶初期支护基本稳定后进行。下台阶墙体一般采用单侧落底或双侧交错落底,避免拱脚同时悬空。

⑥个别破碎地段可配合喷锚支护和挂钢丝网施工,防止落石和崩塌。

⑦解决上下部半断面作业的相互干扰问题,做好作业施工组织、质量监控及安全管理工作。

⑧做好监控量测工作,发现洞体位移速率增大时,应及时封闭仰拱。

(3)单侧壁导坑超前台阶法

单侧壁导坑超前台阶法是指先开挖隧道一侧的导坑,并进行初期支护,再分部开挖剩余部分的施工方法。采用该法开挖时,单侧壁导坑超前的距离一般在2倍洞径以上,为稳定工作面,通常和超前小导管预注浆等辅助措施配合使用;其导坑应结合边墙设置,一般根据机械设备和施工条件确定,但跨度不宜大于0.5倍隧道宽度,洞顶宜至起拱线。一般采用人工开挖,人工和机械混凝土出渣。

单侧壁导坑超前台阶法开挖见图8.10,其流程为:

1)左边导坑施作超前支护,一般采用小导管注浆。

2)左边导坑1部开挖支护,采用台阶法开挖,施作初期支护,及时封闭成环。

3)待左边导坑开挖15~20 m以后,进行右边导坑开挖,开挖2部,施作初期支护,及时封闭成环。

4)开挖3部,在3部底部设一道工字钢临时仰拱。

5)开挖4部,使4部及时封闭成环。

单侧壁导坑超前台阶法适用于土层和不稳定岩体中施工。它仍以台阶法为基础,将隧道断面由大跨度变成两个小跨度施工。侧壁导坑的高度之所以规定至起拱线的位置,主要是为施工方便而确定的。单侧壁导坑超前台阶法施工时,上下台阶的距离一般可参照短台阶或超

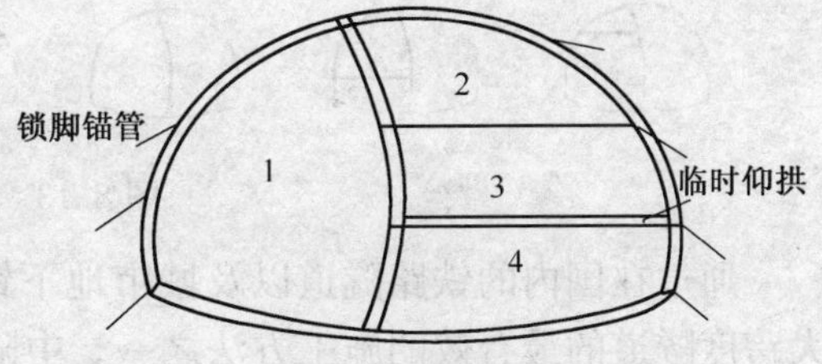

图8.10 单侧壁导坑超前台阶法开挖顺序

短台阶法确定。

(4)双侧壁导坑超前台阶法

双侧壁导坑超前台阶法也称眼镜工法，是指先开挖隧道两侧的导坑，并进行初期支护，再分部开挖剩余部分的施工方法。该法实质是将大跨度(大于 20 m)分成 3 个小跨度进行作业。一般采用人工、机械混合开挖和出渣。该法的开挖顺序见图 8.11。

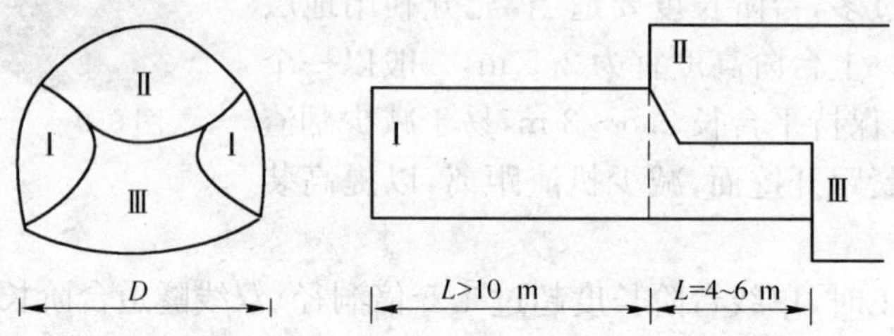

图 8.11　双侧壁导坑超前台阶法开挖顺序

双侧壁导坑法适用于土层和不稳定岩体中单侧壁导坑法不易控制围岩变形的隧道施工。它仍以台阶法为基础，将隧道断面分成四部分，即双侧壁导坑和上下台阶，其双侧壁导坑尺寸以满足机械设备和施工条件为主确定。其导坑跨度不宜大于 0.3 倍隧道宽度，施工时，左右侧壁导坑错开要求不小于 15 m，这是由开挖过程中引起导洞周边围岩应力重新分布但不影响已成导坑来确定的。上下台阶之间的距离根据具体情况可按短台阶或超短台阶法确定。

(5)中隔墙法(CD 法)和交叉中隔墙法(CRD 法)

中隔墙法(Center Diaphragm)是近几年从国外引进的先进施工方法，是指先开挖隧道一侧，并施作临时中隔墙，当先开挖一侧超前一定距离后，再分部开挖另一侧的隧道开挖方法。CD 法主要适用于地层较差和不稳定岩体、且地表下沉要求严格的地下工程施工，当 CD 法仍不能满足要求时，可在 CD 法的基础上加设临时仰拱，即所谓的 CRD 法(Center Cross Diaphragm)。CD 法开挖方式及施工流程分别见图 8.12、8.13。

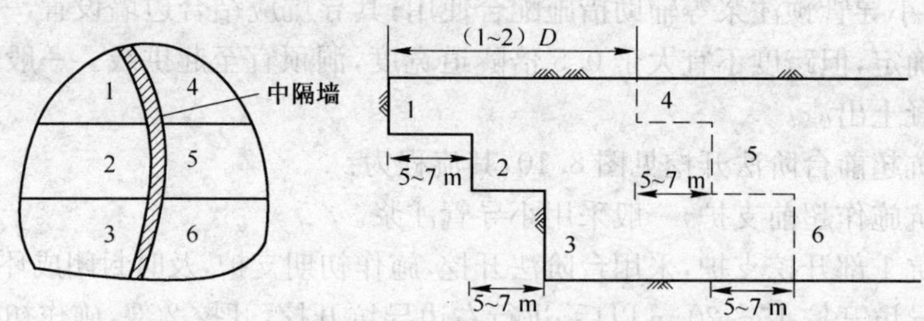

图 8.12　CD 工法开挖方式

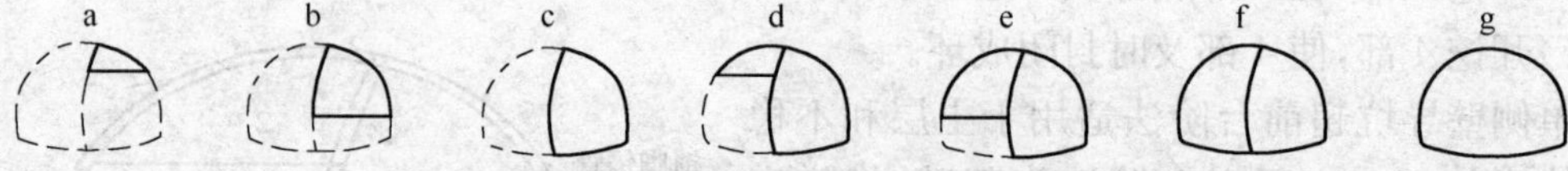

图 8.13　CD 工法施工流程

通过在国内的铁路隧道以及城市地下铁道工程的实践，证明 CD 工法是通过软弱、浅埋、大跨度隧道的最有效的施工方法之一。中隔墙法(CD)可适用于Ⅳ～Ⅴ级围岩的浅埋双线隧道。施工时应符合下列规定：

1)中隔墙开挖时，应沿一侧自上而下分为二或三部进行，每开挖一步均应及时施作锚喷支护、安设钢架、施作中隔墙. 底部应设临时仰拱，中隔墙依次分步联结而成，之后再开挖中隔墙的另一侧，其分步次数及支护形式与先开挖的一侧相同；

2)各部开挖时，周边轮廓应尽量圆顺，减小应力集中；

3)各部的底部高程应与钢架接头处一致：

4)每一部的开挖高度宜为 3.5 m；

5)后一侧开挖应全断面及时封闭；

6)左右两侧纵向间距应拉开一定距离，一般情况为 30～50 m；

7)中隔墙在浇筑二次衬砌时应逐段拆除。

上面列出的 7 条施工注意事项都是正确使用 CD 法的基本技术要求，采用该法施工在Ⅳ～Ⅴ级围岩的地段，平均月成洞可达 20～30 m，施工安全大大提高。由于施作的中隔墙在施作二次衬砌时是需要全部拆除的，因此，使用该法时其施工成本费用相对较高。

CRD 法是在 CD 工法的基础上，将 CD 工法先挖中壁一侧改为两侧交叉开挖，步步封闭成环、改进发展的一种工法。其最大特点是将大断面施工化成小断面施工，各个局部封闭成环的时间短，控制早期沉降好，每个工序受力体系完整。因此，结构受力均匀，形变小。另外，由于支护刚度大，施工时隧道整体下沉微弱，地层沉降量不大，而且容易控制。CRD 工法开挖方式及工艺流程分别见图 8.14、8.15。

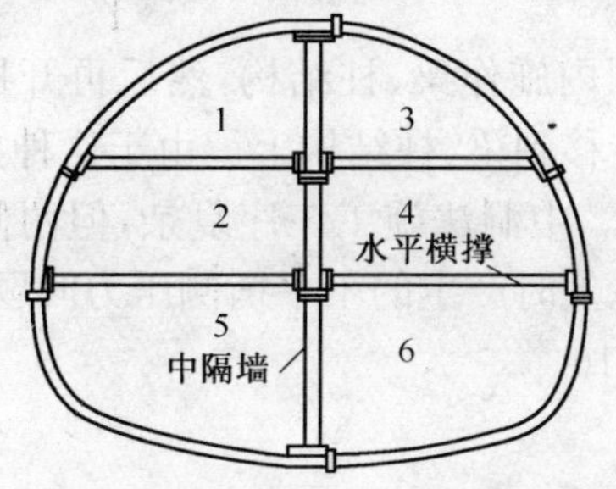

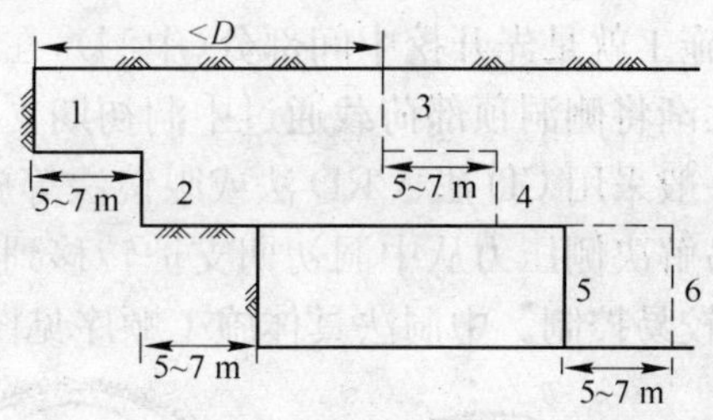

图 8.14　CRD 工法开挖方式

CRD 法仍然是以台阶法为基础，将隧道断面从中间分成 4～6 个部分，使上下台阶左右各分成 2～3 个部分，每一部分开挖并支护后形成独立的闭合单元。各部分开挖时，纵向间隔的距离根据具体情况可按台阶法确定。

交叉中隔墙法(CRD)可适用于Ⅳ～Ⅵ级围岩浅埋的双线或多线隧道。采用自上而下分二至三步开挖中隔墙的一侧，并及时支护，待完成了 1～2 部后，即可开始另一侧 1～2 部开挖及支护，形成左右两侧开挖及支护相互交叉的情形。

采用交叉中隔墙法施工，除应满足中隔墙法施工的要求外，还应满足下列要求：

1)设置临时仰拱，步步成环；

2)自上而下，交叉进行；

3)中隔墙及交叉临时支护在灌注二次衬砌时应逐段拆除。

交叉中隔墙法(CRD)法的施工原理、施工方法以及施工时的注意事项与 CD 法基本相同。

采用 CD 法和 CRD 法施工时，每步的台阶长度都应控制，一般台阶长度为 5～7 m。为稳定工作面，一般与预注浆等辅助施工措施配合使用，多采用人工开挖、人工出渣的开挖方式；中隔墙和水平横撑宜采用竖直隔墙和水平直撑形式，这可以改善其受力应变情况。

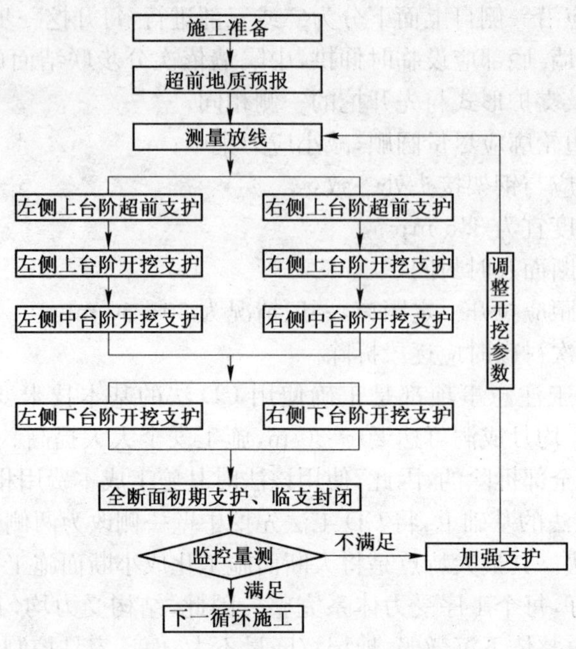

图 8.15　CRD 工法工艺流程图

(6)中洞法

中洞法施工就是先开挖中间部分(中洞),在中洞内施作梁、柱结构,然后再开挖两侧部分(侧洞),并逐渐将侧洞顶部荷载通过中洞初期支护转移到梁、柱结构上。由于这种方法中洞的跨度较大,一般采用 CD 法、CRD 法或眼镜法等施工。中洞法施工工序复杂,但两侧洞对称施工,比较容易解决侧压力从中洞初期支护转移到梁柱上时产生的不平衡侧压力问题,施工引起的地表下沉较易控制。中洞法具体施工顺序见图 8.16。

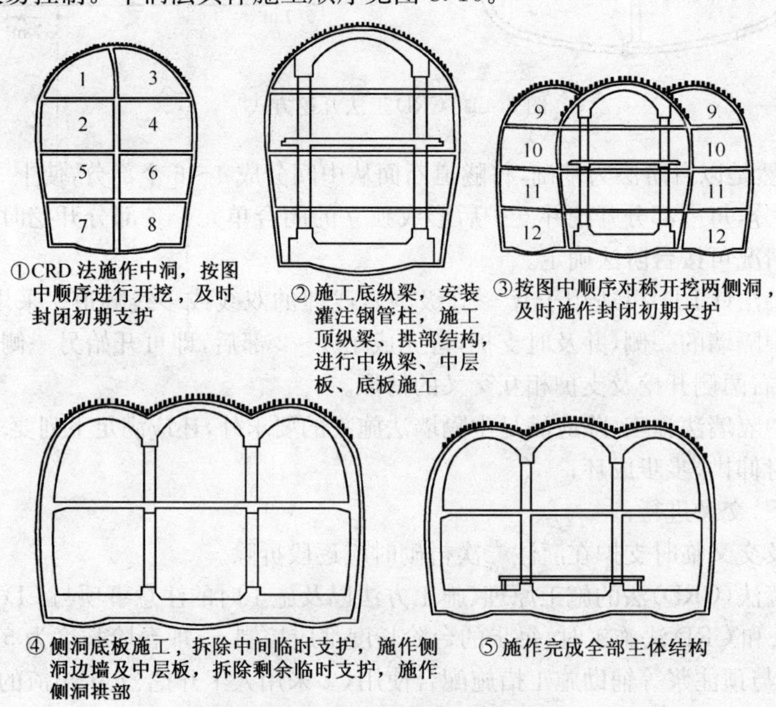

图 8.16　中洞法施工顺序示意图

中洞法一般在无水、地层相对较好时应用。因该工法施工空间大、施工方便，混凝土施工质量也能得到保证，当施工队伍水平较高时，多利用此方法。地表沉降均匀，两侧洞的沉降曲线不会在中洞施工的沉降曲线最大点叠加时，此法应为优选方案。施工时应符合下列规定：

1)中洞开挖高度应大于中墙高度 1 m，开挖宽度应大于 5 m；

2)中洞开挖长度可根据隧道长度、宽度以及地质情况综合考虑；短隧道可先贯通中洞，后开挖两侧；

3)中洞开挖后，应及时施作初期支护，再分段灌注中墙混凝土，每一纵向段长度宜为 4～6 m；在中墙混凝土达到设计强度后方可拆模，并应进行临时横向支撑；

4)施工中应注意力的转换，两侧应均衡开挖，并应设置临时横向支撑；

5)中墙顶部应作好防排水工作。

(7)柱洞法

柱洞法施工有两种模式，分别见图 8.17 、8.18 。对双拱单柱的结构可按照图 8.17 所示的顺序进行施工，先在立柱位置施作一个小导洞，可用台阶法开挖。当小导洞做好后，在洞内再做底梁、立柱和顶梁，形成一个细而高的纵向结构。该工法的关键是如何确保两侧开挖后初期支护同步作用在顶纵梁上，而且柱子左右水平力要同时加上且保持相等。

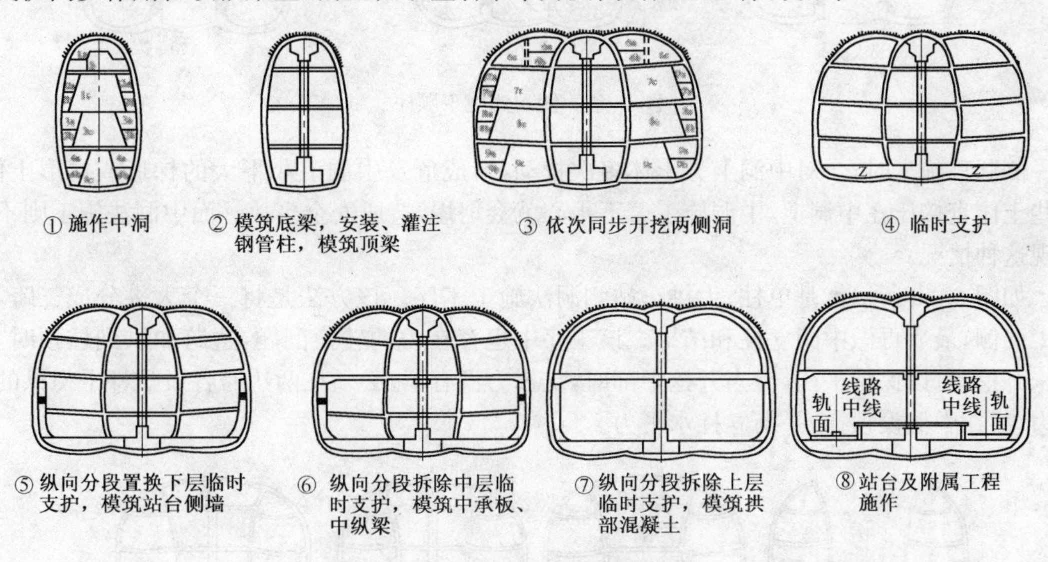

图 8.17　双拱单柱结构柱洞法施工

对三跨双柱的结构形式可按照图 8.18 的顺序进行施工。将整个断面横向分为侧洞、有柱的柱洞和中洞开挖。先对称施工柱洞，可用台阶法开挖；柱洞做好后，在洞内再做底梁、立柱和顶梁，建立起梁、柱支撑体系；然后，施工两个柱洞中间的中洞初期支护和二次衬砌，形成整个大中洞稳定体系；再对称自上而下施工两侧洞初期支护；最后纵向分段自下而上对称施作二次衬砌，完成结构闭合。

(8)侧洞法

侧洞法施工就是先开挖两侧部分(侧洞)，在侧洞内做梁、柱结构，然后再开挖中间部分(中洞)，并逐渐将中洞顶部荷载通过侧洞初期支护转移到梁、柱上的施工方法。这种施工方法在处理中洞顶部荷载转移时，相对中洞法要困难些，施工顺序见图 8.19。

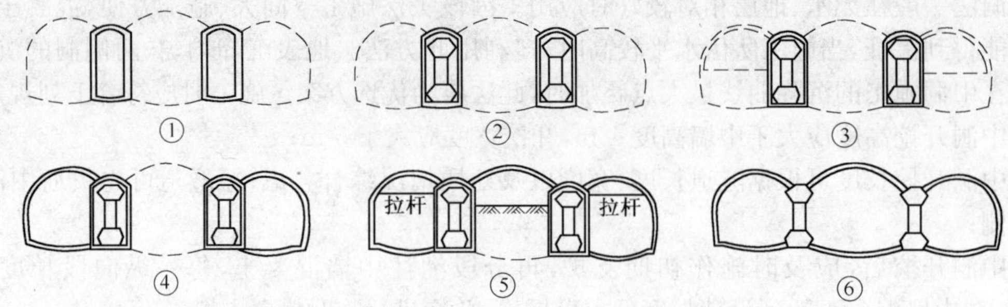

图 8.18　三跨双柱结构柱洞法施工

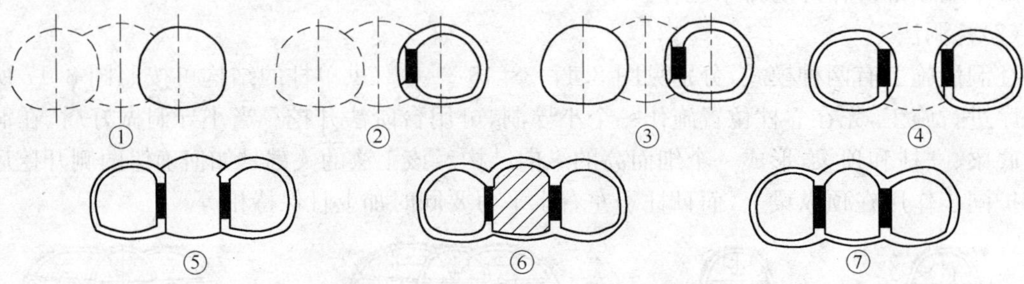

图 8.19　侧洞法施工顺序

侧洞法施工时,会对中洞上方土体多次扰动,形成危及中洞上小下大的梯形或楔形土体,这些土体直接压在中洞上,中洞施工若不小心就会坍塌,造成安全事故。而中洞法施工则不会出现这种情况。

如图 8.20 所示就是单柱、大拱车站侧洞法施工工序。该方法是将一个大拱分成三跨,先施工两侧,最后再做中间立柱和结构。该工序中也存在力的转换问题,边跨扣拱到柱顶时,中部未开挖,可以保持平衡,但当开挖中部时,支撑力没有了,必须在两边跨各设拉杆平衡拱的水平力,或在中洞设顶撑,平衡立柱水平力。

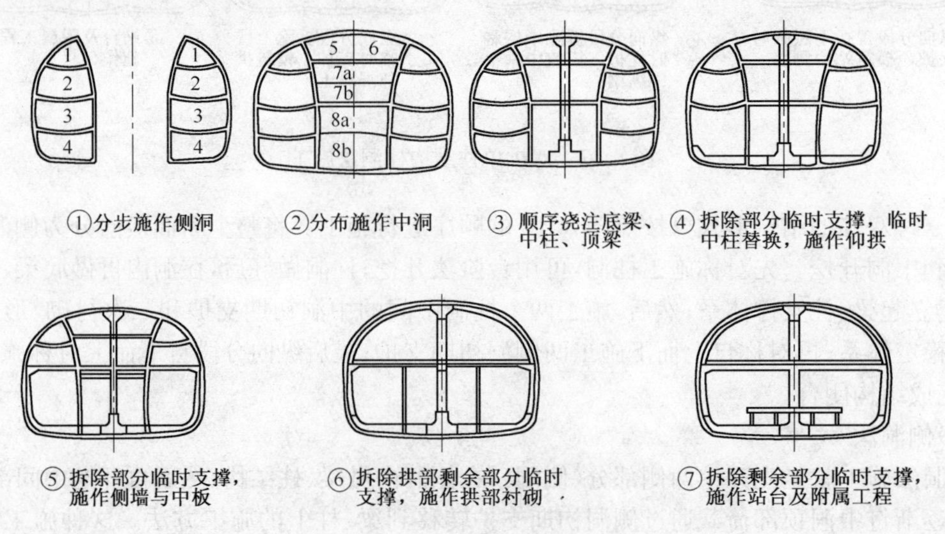

图 8.20　单柱、大拱车站侧洞法施工

2. 浅埋暗挖法施工的基本原则

根据浅埋暗挖法施工的特点、工艺流程、适用范围、特殊措施、辅助工法、监控量测以及国内外的工程实践，在其施工中应贯彻如下原则：

(1) 根据地层情况、地面建筑物特点及机械配备情况，选择对地层扰动小、经济、快速的开挖方法。若断面大或地层较差，可采用经济合理的辅助工法和相应的分部正台阶开挖法；若断面小或地层较好，可用全断面开挖法。

(2)选择适宜的辅助施工工法，优先采用小导管超前支护

应重视辅助工法的选择，当地层较差、开挖面不能自稳时，采取辅助施工措施后，仍应优先采用大断面开挖法。浅埋暗挖法施工时，建议采用的辅助工法有注浆法、降水法、超前小导管法、大管棚法、水平旋喷法、注浆－冷冻法等。应优先采用小导管超前支护，小导管长度应为台阶高度加 1 m。

(3)拓宽浅埋暗挖法在有水、不稳定地层中的应用，要以注浆堵水为主，以降水为辅。采用劈裂注浆加固和堵住 80%的水源，降掉 20%的少量裂隙水，以达到减少地表下沉的目的。

(4)在地面动荷载作用下，在大跨度地段，长孔劈裂注浆预先加固地层，小导管配合进行超前支护，是安全可靠的重要手段。

(5)长管棚的直径要和地层刚度相匹配，当直径超过 150 mm 时，对控制地表下沉作用很小。长管棚法一般在洞口段采用，在隧道内一般不宜采用，用双层小导管法是可行的。

(6)开挖方法为正台阶环形开挖留核心土时，第一个台阶高度宜取 2.5 m。从防止工作面失稳的角度考虑，台阶应有一定长度；从减少地表下沉，尽快封闭成环的角度考虑，又不允许留过长的台阶，故通常定为 $1.0D \sim 1.5D$(D 为洞室开挖宽度)。合理的初期支护必须从上向下施作，初期支护稳定后方可施作二次模筑衬砌。

(7)严格控制每循环的进尺长度，进尺长度一般为 0.5～0.75 m，因拱部局部塌方高度一般是进尺长度的 1/2。

(8)大跨度施工应选择变大跨为小跨的施工方法，如 CD 法、CRD 法、眼镜法、双立柱法、柱洞法、中洞法、侧洞法等。在确保安全、经济的前提下，开挖方法的选择次序应为：当开挖断面宽度大于 10 m 时，应优先选用 CD 法，或者是双立柱法，在迫不得已的情况下，可考虑侧壁导坑法，或者 CRD 法；当开挖宽度小于 10 m 时，应优先采用正台阶法；当下沉控制不住时，再考虑采用 CD 法或 CRD 法。

(9)全部采用网构钢拱架，取消型钢拱架。靠近工作面的第一排、第二排钢拱架是不受力的，由网构拱架和喷混凝土所组成的结构承载能力远大于作用在结构上的荷载。因此，不存在网构拱架柔于型钢拱架的理念。喷混凝土后的网构拱架可承受 10 倍荷载，型钢拱架只能承受 4 倍荷载，型钢后部混凝土喷不上，会形成空洞和渗漏水，型钢拱架背后经常和地层不能密贴，造成结构整体变位增大。

(10)正台阶施工不允许分长、中、微台阶，双线台阶为 1 倍洞径，单线台阶长度控制在 1.5 倍洞径。第一个台阶高度定为 2.5 m，便于快速将顶部网构钢架安装定位，有利于施工安全。

(11)由于地层条件很差，在喷层和地层间经常出现空隙，该空隙多发生在拱顶附近和拱脚处。所以，背后充填注浆非常重要，该工序应紧跟工作面进行。同时，应做好拱脚的处理，在拱脚处应打设能注浆的锁脚锚管，这是防止拱脚下沉的关键。

(12)浅埋软弱地层中，在暗挖隧道的拱部，蛋形断面的侧墙不设置锚杆，仅在拱脚和拱架接头处设置能注浆的锚管。

(13)地下工程的衬砌必须采用复合式衬砌结构形式,要求衬砌厚度一般不能小于 30 cm,但也不宜随意将二次衬砌厚度增加太厚,甚至做两层模筑衬砌,加强初期支护的理念才是正确的。初期支护和二次模筑衬砌之间必须设防水隔离层,采用无钉铺设防水板,无纺布后部必须设置系统排水盲管,并将纵向盲管的水排掉,在一定距离设置泄水孔,将水排入两侧边沟中。防水隔离层既起到防水作用,又起防止二次模筑的开裂作用。

(14)为突出快速施工,考虑时空效应,应做到"5 个及时",即及时支护、及时封闭、及时量测、及时反馈、及时修正。

(15)浅埋暗挖法"18 字方针"是施工的原则和要点的精辟总结,在采用浅埋暗挖法施工时必须坚持该方针。

(16)必须遵循信息化反馈设计、信息化施工、信息化动态原理。施工过程的监控量测与反馈非常重要,必须作为重要工序。监控量测技术是监控地表下沉和塌方的最可靠的方法,必须认真、快速获取监控量测结果,掌握洞室的变化特点,尤其要重视 1 倍洞径处的稳定性,这往往是发生塌方、变形的最危险区段。

(17)应选择能适应不同地层和不同断面的开挖、通风、喷锚、装运、防水、二衬作业的配套机具,为快速施工创造条件,设备投入量一般不少于工程造价的 10%。

典型工作任务 4　浅埋暗挖法支护结构的特点及形式

8.4.1　工作任务

通过本任务的学习,掌握浅埋暗挖法支护结构的特点及形式。

8.4.2　相关配套知识

浅埋暗挖法施工的工程结构一般采用复合式衬砌支护结构——初期支护和二次模筑衬砌。其中初期支护承受施工过程中产生的全部基本荷载,二次模筑衬砌作为提高结构安全度的储备结构。初期支护和二次模筑衬砌共同承受特殊荷载,如地震荷载、人防荷载等。在不稳定的地层中施工时,往往还会采取一定的预加固或预支护技术。

1. 地层预加固和预支护技术

在城市地下铁道浅埋暗挖法施工中,经常遇到砂砾土、砂性土、粘性土或强风化基岩等不稳定地层。这类地层在隧道开挖过程中自稳时间短暂。隧道开挖工程中往往要引起较大的地面沉降,在初期支护未来得及施作,或喷射混凝土还未获得足够强度时,拱墙的局部地层可能已经开始坍塌。为此需要采用地层预支护和预加固方法,来提高地层自稳能力,减少地表沉降。

(1)小导管超前注浆

这是在地下铁道单线区间隧道开挖过程中常采用的方法。注浆小导管采用 ϕ38 mm～ϕ50 mm 的焊缝钢管制成,导管沿上半断面周围轮廓线布置,间距 0.2～0.3 m,仰角控制在 10°～15°,如图 8.21 所示。

注浆小导管管头为 25°～30°的锥体,管长 3～5 m,其中端头花管长 2.0～2.5 m,花管部分钻有 ϕ6～10 mm 的孔眼,每排 2 个孔,交叉排列,间距 10～20 cm 左右。注浆小导管用风钻打入。

注浆材料及配合比应根据地质条件和施工要求通过现场实验确定。水泥浆或水泥-水玻

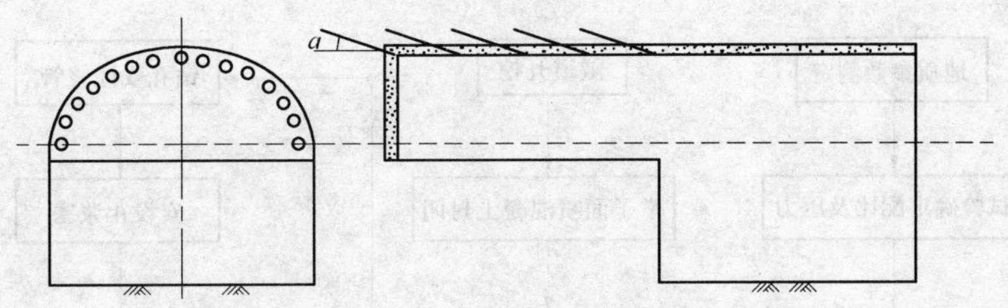

图 8.21 小导管注浆施工示意图

璃浆液主要使用在渗透系数大于 10^{-4} cm/s 的填土层、砂土层和夹砂的黏土层；对于大于 10^{-5} cm/s 的细砂层可采用化学浆液(聚氨酯类、丙烯酰胺类)。在北京砂性土中曾采用过水泥-水玻璃双液浆，水灰比控制在 0.8∶1～1∶1，水玻璃浓度 35～40 波美度，水泥浆与水玻璃浆的体积比为 1∶0.6～1∶1，凝胶时间在 1 min 左右。经过注浆，在浆液扩散范围内，砂石均被胶结，7 d 抗压强度可达到 0.5～1.5 MPa。在隧道轮廓线以外，形成一个厚 0.6～1.2 m 的硬壳。提高了施工安全条件，减少了地表沉降，方便了初期支护的锚杆喷射混凝土作业。

控制注浆压力是这项作业的又一重要技术环节，应根据地质条件、周围建筑物情况及施工要求，通过现场试验确定，一般控制在 0.3～0.7 MPa 之间。

(2)开挖面深孔注浆

在含水砂层、软塑或流塑状黏土、淤泥质地层中，因注浆小导管加固范围有限，掌子面地层不稳，故一般采用开挖面深孔注浆。如图 8.22 所示，一般一次注浆长度 10～15 m，注浆孔间距 0.5～1.0 m，注浆压力 0.7～2.0 MPa。其工艺流程见图 8.23。

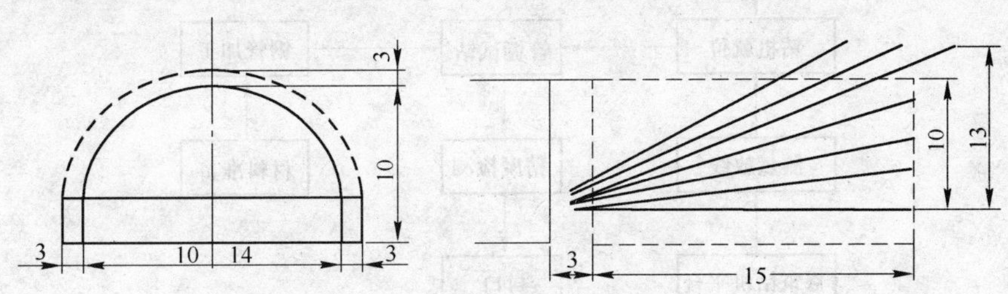

图 8.22 开挖面深孔注浆孔布置示意图(m)

注浆量应根据地层孔隙率确定，一般可按式(8.1)计算。

$$Q=\pi R H n \beta \alpha \tag{8.1}$$

式中 Q——浆液注浆量(m^3)；

R——浆液有效扩散半径(m)；

H——注浆段长度(m)；

n——土体孔隙率(或岩体裂隙率)(%)，(土、砂土 n=30%～60%)；

β——浆液充填率，β=0.3～0.9(土、砂土，β=0.3～0.5)；

α——超耗系数(含超注量、冒浆、损耗等)，α=1.2～1.5。

(3)管棚超前支护

当地下铁道通过自稳能力很差的地层，或地表通过车辆荷载过大，威胁施工安全，或临近有重要建筑物时，为防止由于地铁施工造成超量的不均匀下沉，往往采用管棚法。

所谓管棚，就是把一系列直径为 ϕ98～ϕ250 mm 的钢管，沿隧道外轮廓线或部分外轮廓

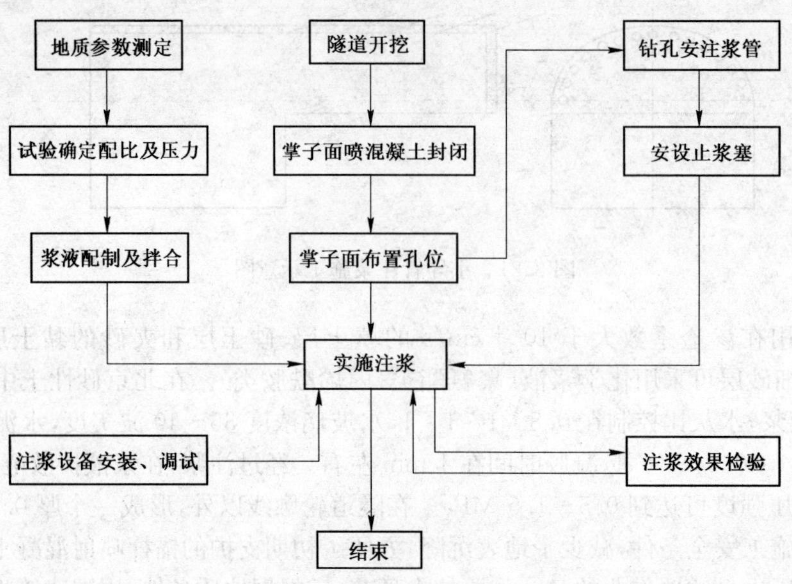

图 8.23　深孔注浆工艺流程图

线，顺隧道轴线方向依次打入开挖面前方的地层内，以支撑来自外侧的围岩压力。

管棚施工的工艺流程如图 8.24 所示。

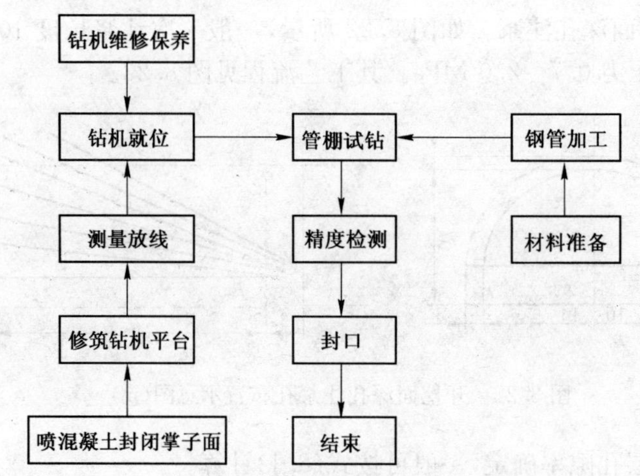

图 8.24　管棚施工工艺流程框图

管棚排列的形状有帽形、方形、一字形及拱形，见图 8.25，可依据工程需要及断面形式确定。管棚设置的范围、间距、管径应根据工程地质合水文地质条件以及隧道的埋置深度等因素确定。

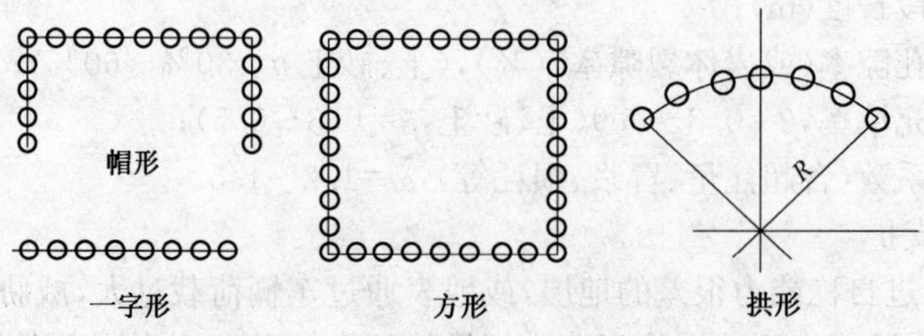

图 8.25　管棚超前支护布管形式示意

2. 浅埋暗挖法的初期支护

在软弱破碎及松散、不稳定的地层中采用浅埋暗挖法施工时，除需对地层进行预加固和预支护外，隧道初期支护施作的及时性和支护的刚度和强度，对保证开挖后隧道的稳定性，减少地层扰动和地表沉降，都具有决定性的影响。在诸多支护形式中，钢架锚喷混凝土支护是满足上述要求的最佳支护形式。这类支护的特点如下：

①开挖后能及时施作，并且施作后能尽快承受荷载；

②施工简便，不需要大型施工场地及大型施工机械；

③支护与周围地层之间密贴不留空隙，减少地层扰动；

④适用于不同断面形式和断面尺寸；

⑤支护的强度和刚度便于调整，便于后期补强；

⑥工程造价相对比较便宜。

(1)喷射混凝土

喷射混凝土是借助喷射机械，利用压缩空气或其他动力，将按照一定配合比的拌合料通过管道输送并高速喷射到受喷面上，凝结硬化而成的一种混凝土。

喷射混凝土在高速喷射时(速度可达到 70 m/s)，水泥和集料反复连续撞击，从而使混凝土密实，故可采用较小的水灰比 0.4～0.5，以获得较高的强度和良好的耐久性。特别是与受喷面之间具有一定的黏结强度，可以在结合面上传递拉应力和剪应力。对于任何形状的受喷面都可以良好的结合，不留空隙。喷射混凝土拌合料中加入速凝剂后，可使水泥在 10 min 内终凝，并很快获得强度，承受外界荷载，约束周围土体变形。

1)干喷和潮喷

干喷是将骨料、水泥和速凝剂按一定的比例干拌均匀，然后装入喷射机，用压缩空气使干集料在软管内呈悬浮状态送到喷枪，再在喷嘴处与高压水混合，以较高速度喷射到岩面上的喷射方式。

干喷的缺点是产生的粉尘量大、回弹量大，加水是由喷嘴处的阀门控制的，水灰比的控制程度与喷射手操作的熟练程度有关。但使用的机械较简单，机械清洗和故障处理容易。

潮喷是将骨料预加少量水，使之呈潮湿状，再加水泥拌和，从而降低上料、拌和及喷射时的粉尘的喷射方式。但大量的水仍是在喷头处加入和喷出的，其喷射工艺流程和使用机械同干喷工艺，见图 8.26。目前施工现场较多使用的是潮喷工艺。

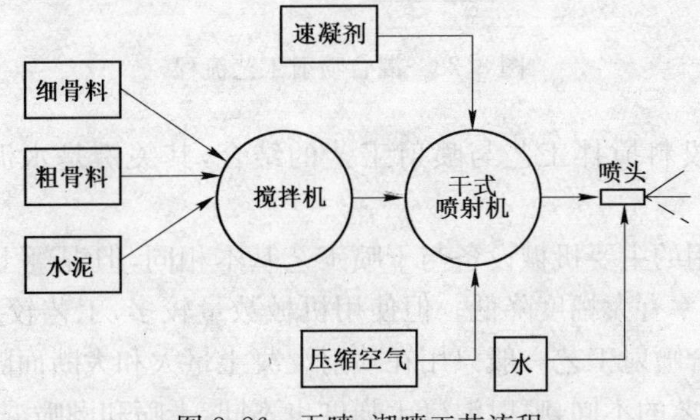

图 8.26 干喷、潮喷工艺流程

2) 湿喷

湿喷是将骨料、水泥和水按设计比例拌和均匀，用湿式喷射机压送到喷头处，再在喷头上添加速凝剂后喷出的工艺，其工艺流程见图 8.27。

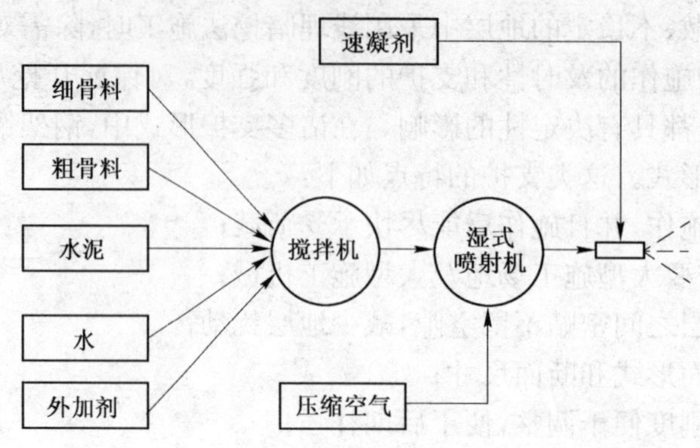

图 8.27　湿喷工艺流程

湿喷混凝土质量容易控制，喷射过程中的粉尘和回弹量很少，是应当发展应用的喷射工艺。但对喷射机械要求较高，机械清洗和故障处理较麻烦。对于喷层较厚的软岩和渗水隧道，不宜使用湿喷。

3）混合喷射

混合喷射又称水泥裹砂造壳射法，它是将一部分砂加第一次水拌湿，再投入全部水泥强制搅拌造壳；然后加第二次水和减水剂拌和成 SEC 砂浆；将另一部分砂和石、速凝剂强制搅拌均匀；然后分别用砂浆泵和干式喷射机压送到混合管混合后喷出的工艺。其工艺流程见图 8.28。

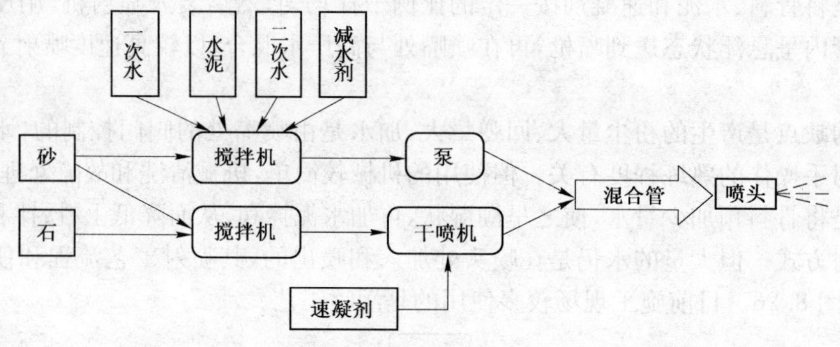

图 8.28　混合喷射工艺流程

混合喷射是分次投料搅拌工艺与喷射工艺的结合，其关键是水泥裹砂（或砂、石）造壳技术。

混合喷射工艺使用的主要机械设备与干喷工艺基本相同，但混凝土的质量较干喷混凝土质量好，且粉尘和回弹率有大幅度降低。但使用机械数量较多，工艺较复杂，机械清洗和故障处理很麻烦。因此混合喷射工艺一般只用在喷射混凝土量大和大断面隧道工程中。

另外，由于喷射工艺的不同，喷射混凝土强度也不同，干喷和潮喷混凝土强度较低，一般只能达到 C20，而混合喷射和湿喷可达到 C30～C35。

（2）锚杆

锚杆是地下工程的重要支护手段之一。20 世纪 60 年代末期，随着新奥法的发展，锚杆的使用范围也不断扩大,并出现了全长黏结式锚杆,其不仅可用于硬岩,也适用于破碎岩体和膨胀性岩体等,但对成孔困难的软岩、土砂地层,就必须选用其他类型的锚杆。

1)锚杆的种类和适应范围

目前,锚杆的种类很多,根据施工方法、锚固方式及材质的不同,可以分为很多类型,据统计有 600 多种。浅埋暗挖法施工的地下工程多处于土质沙砾软岩中,采用全长黏结式锚杆已不适宜。这里主要针对浅埋暗挖法的要求,介绍以下几种类型的锚杆:

①摩擦式锚杆

多用于有水地质,既作锚杆,又可排水,便于喷射混凝土。

②早强砂浆锚杆

多用于需要快速产生强度的软弱破碎、砂土等自稳时间短的围岩中,作为初期支护的一部分。

③自进式锚杆

自进式锚杆是集钻进、灌浆、锚固为一体的锚固系统,适用于不易成孔的软弱地层,解决坍孔和插不进锚杆的难题,但造价高。

2)锚杆施工

锚杆施工应在初喷混凝土后尽早进行,锚杆一般沿隧道径向布设,当遇到层状岩体时,其布设方向应尽量与岩层主要结构成正、斜交;在锚杆成孔过程中,要求不破坏孔壁周围原岩的力学性质。

(3)钢架

在土层中采用浅埋暗挖法,由于地层开挖后的自稳时间短,而且对地表沉降控制要求严格,故在锚喷支护中钢拱架支撑是绝对必要的。

钢架支撑的作用主要是在喷射混凝土尚未达到必要强度以前,承担地层压力及约束地层变形。钢拱架支撑既是临时支撑也是永久支护的一部分。

钢拱架支撑按照材料可分为两大类:第一类是型钢拱架支撑,包括钢管支撑、H 型钢支撑、U 型钢支撑等;第二类是格栅拱架支撑。型钢拱架支撑的截面大、刚度大,能承受比较大的荷载,但是型钢与混凝土的热膨胀系数不同,温度变化时,经常沿钢拱架产生纵向收缩裂缝,而且,钢拱架背后的喷射混凝土很难充填密实,会影响支护效果和钢拱架寿命。型钢拱架重量大,制作安装比较困难。格栅拱架又称为格构钢拱架,由 3～4 根 ϕ18 mm～ϕ22 mm 的热轧钢筋焊接而成。其本身重量轻,便于制作、运输和安装。钢筋组成的格栅钢拱架具有足够的支撑刚度和强度,而且与混凝土接触面大、结合好,能够共同变形、共同受力,不会出现型钢拱架那样的收缩裂缝。格栅拱架中间空隙大,不会出现背后混凝土不密实的现象,并且造价低。目前,浅埋暗挖法施工中较多使用的是格栅钢拱架。

格栅钢拱架见图 8.29,是由普通的建筑钢筋冷加工成形后焊接而成。每榀若干段,在工作面进行拼装,沿开挖轮廓线形成支撑拱架。每榀拱架之间用钢筋纵向连接,形成稳定的结构,即可承受部分的地层压力。随后喷射混凝土,使喷射混凝土与格栅拱架和周围地层紧密结合,形成钢筋混凝土支护结构。根据地层需要,格栅拱架背后还可以加一层钢筋网。

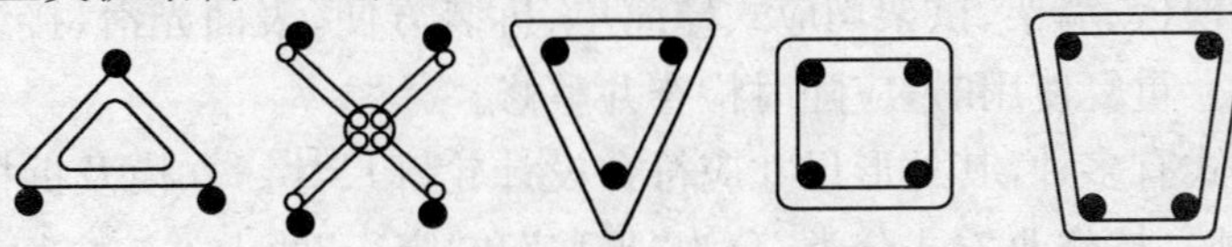

图 8.29 格栅拱架断面形式

格栅拱架的节点形式有多种式样，见图 8.30，可根据工程需要确定。格栅拱架两杆之间的距离受喷射混凝土厚度的限制，而且还要保证有不少于 2 cm 的保护层厚度。格栅拱架每榀之间的间距，应根据地质条件、实际荷载和格栅拱架的强度和刚度进行调整。格栅拱架可以做成封闭型的，也可以不带仰拱，做成开口型的。无仰拱的拱架支撑的拱脚一定要安设牢固，避免受力后拱脚下沉。

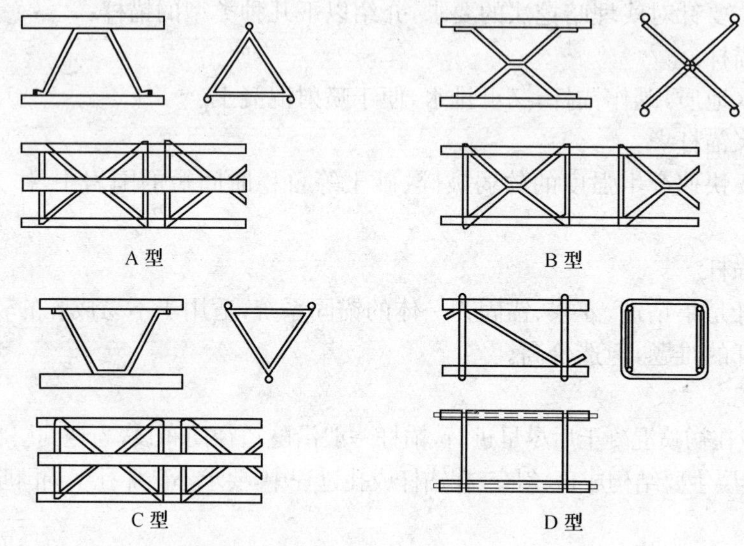

图 8.30　格栅拱架结点形式

3. 浅埋暗挖法的二次衬砌

(1)基本要求

在浅埋暗挖法施工中，初期支护的变形达到基本稳定后，可以进行二次衬砌。通过监控量测，掌握隧道动态，提供信息，指导二次衬砌施作时机，这是浅埋暗挖法施工二次衬砌与一般隧道衬砌施工的主要区别。其他灌注工艺和机械设备与一般隧道衬砌施工基本相同。

二次衬砌施工前应做好以下几点：

1)核对中线、水平、断面尺寸，所有检测数据均应符合设计要求；

2)为确保衬砌不进入限界，允许放样时将设计外轮廓线尺寸扩大 3～5 cm，作为施工误差及模板拱架的预留沉落量；

3)隧道断面和地质条件变化的交界处，应设沉降缝；洞口附近及根据设计要求的部位应设伸缩缝。对以上各种缝及施工缝均应作防水处理。

(2)衬砌模板

二次衬砌模板可采用临时木模板或金属定型模板，通常更多采用衬砌台车，因为区间隧道的断面尺寸基本不变，便于使用衬砌台车，可加快立模及拆模的速度。

衬砌所使用的模板、墙架、拱架均应式样简单、拆装方便、表面光滑、接缝严密。使用前应在样板台车上校核。重复使用时，应随时检查并整修。

衬砌台车的型式有多种，其外形尺寸应符合设计轮廓尺寸。立模及拆模的动力可分为人工、电动及液压三种。按作业方式分类，分为“平移”和“穿行”两大类。穿行式液压衬砌台车是目前国内较为先进的施工设备，应用广泛，衬砌速度可达到每月 300 m 以上。

(3)混凝土的灌注与捣固

混凝土浇注以前,应做好地下水引排工作,基础部位的浮渣积水应清除干净,不允许带水作业。

灌注混凝土时,自由落高不得超过 2 m,应按搅拌能力、运输距离、灌注速度、振捣因素等确定一次灌注厚度、次序、方向,分层施工。一般情况应保持连续灌注,允许间隙时间应符合表 8.3 要求。

捣固所用振捣器的振幅、频率、振动速度等参数,应视混凝土的塌落度及骨料粒径而定。

表 8.3　灌注混凝土允许间隙时间表

灌注时气温(℃)	允许间隙时间(min)	
	普通硅酸盐水泥	矿渣及火山灰水泥
20～30	90	120
10～20	135	180
5～10	195	—

注:①未考虑外加剂等特殊施工措施;
②尚应考虑混凝土本身的温度

(4)灌注施工的工艺要求

1)灌注二次衬砌混凝土应尽可能采用混凝土输送泵。

2)应尽可能采用整环灌注的施工安排。当混凝土灌注至墙拱交界处时,应间隙约 1 h,以便于边墙混凝土沉实。拱圈封顶时,应随拱圈灌注及时捣实。

3)所有施工缝应凿毛,按设计要求埋设遇水膨胀止水橡胶条进行防水。

4)振捣时,振捣器不得接触防水层及模板,且每次移动距离不宜大于振捣器作用半径的一半。

5)二次衬砌施工是在初期支护变形基本稳定后进行的。二次衬砌基本不承受外荷载,这样当混凝土强度达到 2.5 MPa 时即可拆模;否则,应达到设计强度 70%时才可拆模。

6)养护方式应经济合理,如表面定期浇水,又如铺塑料薄膜或喷涂有机树脂等养护剂。

7)隧道拱、墙背后空隙必须回填密实,如达不到要求,可采用背后压浆回填。

典型工作任务 5　浅埋暗挖法信息化施工

8.5.1　工作任务

通过本任务的学习,理解信息化设计与施工的概念,掌握地铁暗挖隧道施工监控量测的主要内容。

8.5.2　相关配套知识

在岩土中修建地下工程,理论的合理性分析往往比较困难,牵涉的问题繁多,其主要原因是地质条件的复杂性、施工方法的难以模拟性、围岩与结构支护相互作用的复杂性。另外,城市地下工程周围环境一般比较复杂,因此有必要通过信息化施工,及时反馈施工并修正、完善设计,确保地下工程施工和周围环境的安全。施工过程中进行的监控量测是信息化施工的基础,具有重要作用。在地下工程施工过程中进行现场监控量测,及时获取围岩变动与地下工程结构的动态信息，用以修正支护参数与施工措施，以期达到施工安全与经济合理的目的，这是关于信息化设计与施工的实质性要求。

在地下工程浅埋暗挖法施工中，监控量测是检验设计参数、地面稳定性，评价施工方法的主要依据，它已作为工序要求编入工程预算和施工组织设计中。目前，地下工程，尤其是浅埋地下工程，除了在施工前的预设计阶段必须进行地质勘查和试验外，还应在施工全过程中进行监控量测，即用人工观察和各种仪器测试围岩、地面的变化，支护的外观和力学变化，并将实测资料和数据加工处理成为一定的信息，及时反馈到设计和施工中去，以评定围岩的稳定程度和支护结构的可行度，以便调整施工方法和支护参数，必要时还应采取相应的辅助工法，以确保施工的绝对安全和工程经济合理。信息化设计和施工流程见图 8.31。这是地下工程不同于地面工程的一个重大区别。

监控量测的数据也应是地下工程竣工文件中不可缺少的部分。因此，在工程施工的全过程中，及时进行现场监控量测是很重要的工序。同时，要强调及时将监控量测结果反馈到设计与施工中去，并及时修正，否则，这种监控量测流于形式，是没有用处的。所以，及时监控量测、及时反馈、及时修正是地下工程，尤其是软弱地层地下施工管理的核心。

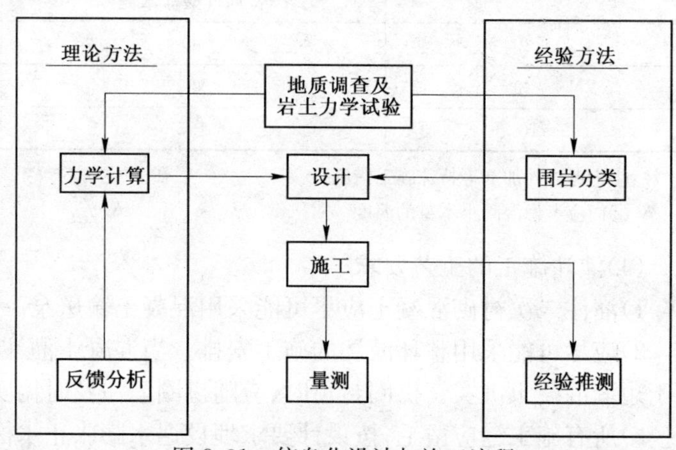

图 8.31　信息化设计与施工流程

1. 监控量测的目的

(1)通过监控量测，了解各施工阶段地层与支护结构的动态变化，明确工程施工对地层的影响程度以及可能产生失稳的薄弱环节，把握施工过程中结构所处的安全状态。

(2)用现场实测的结果弥补理论分析的不足，并把监控量测结果反馈到设计和施工中。在施工过程中，及时掌握地层和支护结构的变化与受力信息，以便采取相对应的施工技术措施，如改变施工方法、选择相应辅助工法、确定二次衬砌施作时间、调整开挖顺序、修正支护参数等，以避免出现施工事故。

(3)对工程施工可能产生的环境影响进行全面的监控，判断浅埋暗挖法施工对周围环境(建筑物、地下管线)的影响程度，寻求预防的方法。

(4)修改工程设计。监控量测除了表明工程的质量状况外，研究监控量测工程状况的累积记录，有助于对工程设计进行修改，并通过观测数据与理论上及试验中预测的工程特性指标的比较，了解设计的合理程度。

(5)积累资料，以提高地下工程的设计和施工水平。通过监控量测，了解该工程客观条件下所表现出来的一些地下工程施工规律和特点，为今后类似工程或该工法本身的发展提供借鉴。

2. 监控量测的主要任务

(1)保证隧道和围岩的稳定，确保施工安全。因此，需掌握围岩和支护的动态，按照动态管理监控量测的信息正确地施工。

(2)监控量测数据经过分析处理和必要的计算与判断,预测和确定隧道最终稳定结构,修正施工前的预设计。

(3)积累资料。已有工程的监控量测结果可应用到其他类似的工程上,作为设计和施工的依据。

有了上述明确的监测量测任务,可以有的放矢地进行监控量测项目的选择和监控量测系统的建立。

3. 监控量测方案的设计原则

在地下工程中进行监控量测,绝不是单纯地为了获取信息,而应把它作为施工管理的一个积极有效的手段。施工监控量测工作是一项系统工程,监控量测工作的成败与监控量测方法的选取和测点的布设等因素有关。根据长期的工程监控量测实践,可以总结出以下五条原则,它对于指导监控量测设计十分有用。

(1)可靠性原则。可靠性原则是监控量测系统设计所需考虑的最重要原则。为了确保其有效可靠,必须做到:

1)采用可靠的仪器。一般而言,用机械式仪器进行监控量测的主要优点是直接、简单、可靠,而使用电测式仪器易受环境干扰。如果使用电测式仪器,通常要求与其他机械式仪器互相校核。

2)应在监控量测期间内保护好测点。

(2)多层次监控量测原则。多层次监控量测的具体含义有四点:

1)监控量测对象以位移为主,但也要考虑对其他物理量的监控量测。

2)监控量测方法以仪器监控量测为主,并辅以巡检的方法。

3)监控量测仪器选型以机械式仪器为主,辅以电测式仪器。为了保证监控量测的可靠性,监控量测系统还应运用多种原理、方法,并选用各种仪器。

4)分别在地面、隧道围岩内和邻近受影响的建筑物与设施内布点,以形成具有一定测点覆盖率的监控量测网。

(3)重点监控量测关键区原则

对易出事故,而且一旦出事故必将带来很大损失的地方,应列为关键区进行重点监控量测,并尽早实施。

(4)方便实用原则

为了减少监控量测与施工之间的相互干扰,监控量测系统的安装和测读应尽量做到方便实用。

(5)经济合理原则

考虑到多数测点都是临时为施工服务的,测点的布置要设在重要部位,不要盲目追求测点数量。另外,系统设计时应尽量选用实用而低价的传感器,不必过分追求仪器的先进性,以降低监控量测费用。

4. 监控量测项目的确定

监控量测是一项精密、细致和必不可少的工序,为了确保在安全条件下快速、优质地施工,必须确定合理的监控量测内容和方法。项目过多没有必要,项目过少则影响安全。为此,应根据地下工程的围岩条件、洞室跨度与埋深、周围环境条件等,选择相应的监控量测内容,并根据地质条件变化和测试结果,视具体情况适当增减,以求经济合理。目前,在浅埋暗挖施工中大多以位移作为监控的指标,即把位移值或位移变化速率作为施工管理的基准。其原因是位移监控量测比应力和荷载监控量测简单、经济、直接，它又是地下工程受力变化最直接的、最明显的参数，而且数据易于处理。位移监控量测预测的最终位移值可作为分析工程安全度、是否需要加强或减弱初期支护的判断依据。位移变化速度不仅可以预估初期支护的荷载大小和安全程度，也可确定二次模筑衬砌的修筑时间，表 8.4 列出了通过多项工程实践得出的支护所受荷载大小与位移变化速率的定性关系，在各类软弱围岩中修建地下工程时可以参考该表，也可以把该表作为现场监控量测的控制指标。

表 8.4　支护荷载与位移速率的关系

位移变化速率(mm/d)	支护荷载	位移变化速率(mm/d)	支护荷载
0.5 以下	轻微	3.0～5.0	非常大，需加固
0.6～1.0	中	5.0～10.0	极大，可能塌方
1.0～3.0	大	10.0 以上	塌方的前兆

根据浅埋暗挖法的施工特点，本着结构和围岩共同作用的原则，首先确定必测项目(称为 A 项目)，这是指导施工、确保安全、防塌防沉的重要监控量测，其内容包括：

(1)目测，检查有无明显开裂和变形；

(2)初期支护拱顶下沉监控量测；

(3)拱脚、边墙中部水平净空收敛监控量测；

(4)洞顶地面沉降监控量测。

施工单位应认真布点、监控量测和反馈。

作为以后设计和科研参考的监控量测或者因特殊周边环境要求而需要增加的监控量测项目，称为 B 项监控量测，其内容如下：

(1)隧道边墙两侧地层地中水平位移监控量测；

(2)拱顶上部地层地中垂直多点位移监控量测；

(3)结合工程的重要性以及洞室条件、周围环境条件等，选择围岩接触压力量测；

(4)锚杆应力量测；

(5)爆破震动速度量测。

作为施工中主要断面特殊需要的辅助监控量测，上述应力、压力、扰动速度监控量测项目一般工程可免去，各种监控量测项目的简介见表 8.5。

表 8.5　浅埋暗挖法施工监控量测表

<table>
<tr><th>类别</th><th>监控量测项目</th><th>监控量测仪器和工具</th><th>测点布置</th><th>监控量测频率</th></tr>
<tr><td rowspan="4">必测项目A</td><td>围岩及支护结构</td><td>地质描述和拱架支护状态观察仪器</td><td>每一开挖环</td><td>开挖后立即进行，每天 1 次</td></tr>
<tr><td>地面沉降</td><td rowspan="2">水平仪和水准仪</td><td>每 50 m 或 100 m 一个断面</td><td rowspan="2">距开挖面$<2B$时，每天 1～2 次
距开挖面$<5B$时，每两天 1 次
距开挖面$>5B$时，每周 1 次</td></tr>
<tr><td>地面建筑、地下管线和构筑物下沉</td><td>每 10～50 m 一个断面，每断面 7～11 个测点</td></tr>
<tr><td>拱顶下沉</td><td>水准仪、钢尺、无尺监控量测等</td><td>每 5～30 m 一个断面，每断面 1～3个测点。对于暗挖法施工的地下工程，每个导洞均应布设断面</td><td>距开挖面$<2B$时，每天 1～2 次
距开挖面$<5B$时，每两天 1 次
距开挖面$>5B$时，每周 1 次</td></tr>
</table>

续上表

类别	监控量测项目	监控量测仪器和工具	测点布置	监控量测频率
必测项目A	周边净空收敛位移	收敛计、无尺监控量测等	每 5～100 m 一个断面，每断面 2～3 根基线。对于暗挖法施工的地下工程，每个导洞均应布设断面	距开挖面<2B 时，每天 1～2 次 距开挖面<5B 时，每两天 1 次 距开挖面>5B 时，每周 1 次
选测项目B	地中水平位移	测斜仪、测斜管等	在代表性房屋断面两侧设置	距开挖面<5B 时，每两天 1 次
	地中垂直多点位移	沉降仪、垂直多点位移计	在代表性断面的拱顶布置测点	距开挖面<2B 时，每天 1 次 距开挖面<5B 时，每两天 1 次
	围岩内部位移	地面钻孔安放位移计、测斜仪等	取代表性地面设一断面，每断面 2～3 孔	距开挖面<2B 时，每天 1～2 次 距开挖面<5B 时，每两天 1 次 距开挖面>5B 时，每周 1 次
	围岩压力及支护间压力	压力传感器	取代表性地面设一断面，每断面 15～20 个测点	距开挖面<2B 时，每天 1～2 次 距开挖面<5B 时，每两天 1 次 距开挖面>5B 时，每周 1 次
	钢筋格栅拱架内力及外力	支柱压力计或钢筋接力计	每 10～30 榀钢拱架设一对测力计	距开挖面<2B 时，每天 1～2 次 距开挖面<5B 时，每两天 1 次 距开挖面>5B 时，每周 1 次
	初期支护、二次衬砌内应力及表面应力	应变计和应力计	取代表性地面设一断面，每断面 11 个测点	距开挖面<2B 时，每天 1～2 次 距开挖面<5B 时，每两天 1 次 距开挖面>5B 时，每周 1 次
	锚杆内力、抗拔力和表面应力	锚杆测力计和拉拔器	必要时进行	距开挖面<2B 时，每天 1～2 次 距开挖面<5B 时，每两天 1 次 距开挖面>5B 时，每周 1 次
	衬砌间及背后空隙测试	地质雷达等物探仪器	拱部每隔 5 m 一个环向断面，每断面 5 个测点，纵向沿中线每 2.5 m 一个测点	在初期衬砌和二次衬砌完成后各做一次测定，注浆后做一次检验
	钢管柱混凝土应力（暗挖法施工的地下工程）	压力盒、频率接收仪	选择有代表性的钢管柱进行监控量测	距开挖面<2B 时，每天 1～2 次 距开挖面<5B 时，每两天 1 次 距开挖面>5B 时，每周 1 次
	地下水位	水位管、地下水位仪	取代表性地面设置	每两天 1 次
	岩体爆破地面质点震动速度和噪声	CD-1 传感器、声波仪和测震仪等	质点振速根据结构要求设点，噪声根据规定的测距设置	跟随爆破进行

5. 监控量测结果的整理、分析及反馈

利用监控量测信息指导设计与施工是浅埋暗挖法施工工序的重要组成部分。在设计文件中应提出具体要求和内容，监控量测的费用应纳入工程成本。在实施过程中，施工单位要有专门机构执行与管理，并由技术负责人统一掌握、统一领导。

对现场监控量测取得的数据应及时进行整理，特别是拱顶下沉、水平净空收敛、地面沉降三种变化直接反映了施工过程中围岩和支护的稳定状态，必须及时整理并反馈到施工中去。

(1)监控量测数值处理

监控量测得到的各种变量如位移、应力、应变等，应及时绘出位移-时间曲线、应力-时间曲线、应变-时间曲线。横坐标为时间，纵坐标为各类变量(位移、应力、应变)。这条曲线极可能成为极不规则的散点曲线，如果将工序标在水平坐标上，就可看出各种工序对隧道变形的影响。这个散点图作为分析的第一手原始资料，是判断地层是否稳定的重要依据。

但依靠散点图，无法推算最终变量，这就要对散点资料进行数据处理，常用非线性回归进行数据处理。

一元非线性回归的步骤如下：

1)根据测试值散点图的特征，先选用某一函数，常用的如对数函数、指数函数、双曲线函数等，用选定的函数进行回归分析；

2)将上述选定的曲线函数进行变换，使其成为线性函数；

3)然后，用一元线性回归公式和方法求得该变换后的线性函数的系数。将该系数带入替代公式，得到原定的曲线函数系数，最后求得回归曲线；

4)如果选用的该曲线函数的剩余标准离差比较理想，工作结束；如不理想，则可改用另一个曲线函数再按照上述步骤重新进行回归分析，直到满意为止。

(2)监控量测信息对施工的控制

1)根据地表下沉量与允许量比较，判断地面建筑物和地中埋设物的安全状态，再判断施工方法和支护参数的合理性。

2)根据隧道周边位移(收敛)量测数据确定净空预留量。根据位移随时间变化的测试资料进行回归分析，推算最终位移值，此最终位移值即可作为净空预留量。

3)根据位移-时间曲线可以确定二次衬砌施作时间。这一特征点应反映：

①位移量及位移-时间曲线呈收敛趋势；

②30 d内的平均位移变化速率小于0.3～0.5 mm/d；

③位移速率的变化呈收敛趋势。

这三条也可视为隧道变形基本稳定的标志。

(3)监控量测数据的反馈

1)对施工的反馈

①地表沉降与允许值的比较，判断地面建筑物与地中构筑物的安全状态。

②最大允许位移值的控制。地质越差，允许位移值越大；断面越大，允许位移值越大；采用锚喷支护时，断面直径小于10 m时，允许位移值2～5 cm。

③二次衬砌施作时间的控制。按照规定，二次衬砌是在初期支护变形基本稳定后施作的。基本稳定的标志是外荷载基本不再增加，位移不再变化，因此可用周边接触应力和位移值这两项指标来控制。当隧道断面小于10 m^2 时，周边位移率 V_n 应小于0.1 mm/d；断面大于10 m^2 时，V_n 小于0.2 mm/d。或周边接触应力 $V_p<5.0$ kPa/d时，都可认为是基本稳定的指标。目前为方便现场掌握，多以测试位移为主，以机械量测仪器为辅。当达不到基本稳定指标时，应进行补救，其措施为：对初期支护进行加强，立即施作二次衬砌。

2)对设计的反馈

地质条件的复杂性使地下工程设计不得不采用信息化的设计方法，即通过施工中量测到的围岩动态信息，主要是指位移信息，然后采用反分析技术，推求围岩的结构模型和力学参数，如弹性模量、内摩擦角、黏结力、黏性系数等，再采用正分析技术，求出围岩和支护结构中新的应力场和位移场，验算和核实预设计的可靠性，并对其进行修改。

典型工作任务 6　浅埋暗挖法在地铁工程中的应用和发展方向

8.6.1　工作任务

通过本任务的学习，了解浅埋暗挖法在我国地铁暗挖隧道施工中的应用和其发展方向。

8.6.2　相关配套知识

可以说，浅埋暗挖法就是在地铁工程中发展起来的，随着地铁工程的发展，浅埋暗挖法已得到越来越广泛的应用，同时也对浅埋暗挖法提出了越来越高的要求。

1. 浅埋暗挖法在地铁工程中的应用

(1)大跨度地下空间暗挖法技术的应用

①双侧壁导洞法暗挖技术

在北京地铁复兴门折返段单洞大跨及北京地铁西单三联拱车站等大跨度隧道的建设中，采用了单侧壁导洞结合双侧壁导洞法，应用了大管棚、小导管注浆加固地层等预加固技术以及多导洞开挖完成内力转换，实现了中国城市地铁暗挖技术的突破，为中国地铁隧道施工奠定了基础，该工法到今天已经是大跨度隧道施工的基本方法之一，实践中总结出的“管超前、严注浆、短开挖、强支护、快封闭、勤量测”的十八字方针，是我们地铁隧道浅埋暗挖法施工所应该遵守的基本原则。

②中洞法暗挖技术

在总结以往施工经验的基础上，吸取国外隧道建设的经验，在北京地铁 5 号线大跨度暗挖车站和渡线隧道采用了中洞法施工技术。中洞法是先开挖整个隧道的中间部分，由于中洞的跨度一般较大，施工中一般采用 CD 法、CRD 法等工法进行施作，并应该遵守“小分块、短台阶、早成环、环套环”以及“竖向留坡、纵向错台”的施工原则。在完成中洞的隧道初支后，立即施作该部分的二次衬砌，实现对地层的刚性支撑，施工二衬可以采用洞内逆做法，能较好控制初支沉降变形及保护邻近构筑物。完成中洞施工后再用侧洞法施作其余部分，两侧洞应该对称施工，这样比较容易解决从中洞初期支护转移到梁柱上时产生的不平衡压力问题，且比较容易控制施工引起的地层沉降。

③洞桩法暗挖技术(PBA 工法)

洞桩法采用小导洞开挖，对地层不会产生大扰动。在小导洞内施作地下围护桩结构、桩顶冠梁结构和竖向承载柱结构，并进一步施作横向承载拱结构，一旦大弧拱扣拱完成，即形成竖向受力、传力大框架梁柱拱支护体系，在此支护体系的保护下可以安全地完成站厅层、站台层的开挖以及后续的结构施工。该工法首先在北京地铁复八线天安门西站应用，随后在北京地铁 10 号线，特别是经过立交桥的极度复杂的环境下应用，北京地铁 4 号线海淀黄庄站、沈阳地铁 1 号线的青年大街站等地下暗挖换乘车站均采用此法。一般三跨双层车站采用 6 导洞或 8 导洞法施工。采用 6 导洞时，边桩可以用机械成孔，中桩人工挖孔；8 导洞时均采用人工挖孔。由于有桩做围护，再加上桩顶冠梁便成为一个很好的围护体系。又由于每个导洞断面较小(一般在 20 m^2 左右)，且每个导洞相互之间有一定的距离，相互独立，相互之间影响较小，较好地缩小了对地层的扰动范围，很好地控制了地表沉降和地层塑性区的发展。实践证明，此工法引起的地层沉降较小，并且由于有边桩，对周围环境保护较好。

④分离式岛式车站结构的应用

为减少地铁线路对城市主要桥梁桩基的影响，常常加大两线间距，一种新型的分离式岛式车站应运而生，这种新型车站采用两个双层单洞作为车站主体，两洞间增设横向通道，仍保留乘客的岛式车站乘车习惯。北京地铁 10 号线的团结湖站、呼家楼站、金台夕照站、国贸站等地铁车站均采用该结构形式，图 8.32 为分离式岛式车站结构示意图。

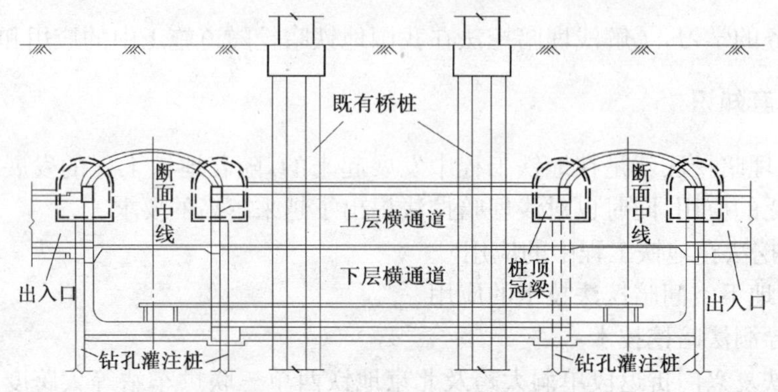

图 8.32　分离式岛式车站结构示意图

⑤双连拱隧道的应用

因地铁线间距的形态及停车线的设置，等跨式、不等跨双连拱隧道已被广泛运用于地铁区间及折返线。只要认识到等跨双连拱隧道单工序作业及开挖、二衬的对称性特点，其技术难度是不大的。对不等跨双连拱隧道施工则应在完成中洞后，按照先小后大的原则，增加内撑并注意保持受力平衡。

(2)平顶直墙暗挖施工技术的应用

地铁建设过程中总会遇到各种地下构筑物，如新建地铁要下穿既有地铁线、地下热力、电力、燃气管沟、各种直埋水管等。过去设计一般采取加大新建线路纵坡以加大新旧二线之间的距离，但这样往往加大隧道埋深，在遇到地下水位较高时，会增加降水难度。新线施工也同样会引起既有结构的下沉，必须增加过多的辅助措施，即使这样也难以保证既有线结构的安全使用。考虑到以上的诸多不便以及经济因素，在起拱条件得不到满足的时候，平顶直墙暗挖施工技术得到了应用，图 8.33 为平顶直墙下穿既有线示意图。

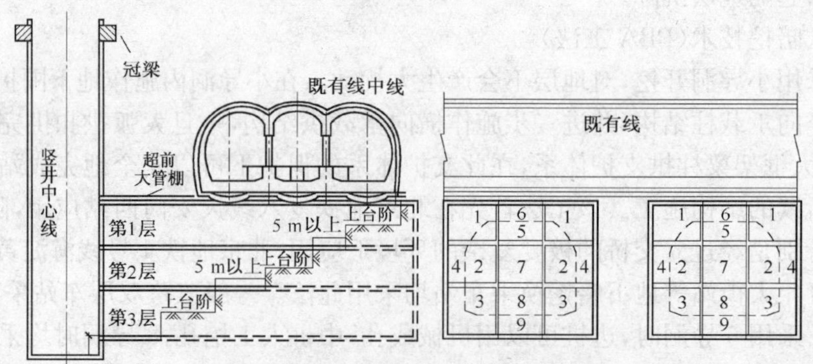

图 8.33　平顶直墙下穿既有线结构示意图

注：图中 1、2、3、5、7、8 表示导洞开挖及初支施工，4、6、9 表示二次衬砌施工

工程实践证明，在下穿既有结构采用不留或少留间隔上对控制既有结构是有利的。目前在地铁暗挖施工通过既有线结构一般均采用平顶直墙技术。

(3)辅助施工技术的应用

浅埋暗挖法从一开始就对控制沉降和保证施工安全采取了一些相应的辅助施工措施，如管井降水、小导管注浆，环形开挖留核心土、大管棚等，这些辅助施工技术对控制沉降及保证施工安全在地铁施工中得到了大量运用，且随着工程实践和新问题的发生，辅助施工技术也在不断发展完善。

①初支和二衬背后注浆技术

初支施作完成后，初支背后与土层有时不够密贴或开挖到初支完成这段时间内土体有扰动、沉降，如不及时处理，这部分影响很快会反应到地面，造成地表沉降的增加。在总结北京复八线施工经验后，设计和施工中增加了初支背后注浆，即在初支施作时在拱部范围内(必要时侧墙上半部)埋设注浆管，当初支封闭成环，封闭段距开挖面一定距离后即进行初支背后注浆，这样不仅对控制沉降有利，同时对防水也有利。

当二衬模筑混凝土施作完成后，由于混凝土的收缩等影响，隧道顶部一般都有月牙形空隙。同时暗挖隧道防水采用的防水板为无钉铺设，混凝土浇筑中会有空腔，混凝土收缩后，防水板与混凝土之间会有小的缝隙。北京地铁复八线二衬施工后发现渗漏点较多，经过二衬背后注浆后，结构防水得到明显改进。

②双排小导管超前支护技术

在暗挖隧道过重要管线时，一般采用长管棚支护技术。长管棚施工在隧道内较长时一般要加大施工断面做管棚工作室，而长管棚在曲线和变界面处施工困难，在施作长管棚时往往就出现沉降，有时这种沉降达到 4～5 mm，为弥补这些不足，近年新建地铁线路，采用了双排小导管技术，即在常规小导管的基础上，再增加一排倾角 30°～45°的小导管，通过双排小导管注浆，使开挖面外侧形成比单排小导管注浆厚的土体加固层，实践证明这种新型预加固技术可以让新建线路成功地通过各种市政管线，地表沉降比较小。

③锁脚锚管技术

隧道台阶法开挖时，初支上半断面完成后开挖下断面，该过程中沉降发展最快，控制好这段时间的沉降十分重要。上半断面初支施作时，在拱脚处增加斜向 45°，长 2.5 m 的锁脚锚管，打入土层后注浆，在下部土体开挖时，由于锁脚锚管的作用，可大大减少上半拱沉降。在上下重叠导洞，上导洞底脚做锁脚锚管也十分有益。锁脚锚管技术不仅在隧道施工中应用，在隧道竖井施工中增加侧壁锁脚锚管对控制竖井下沉也十分有效。

④注浆技术

隧道施工中，注浆的应用十分广泛。近年来注浆技术从浆液和注浆方法方面做了不少的试验。尤其是深孔前进式和后退式注浆技术。深孔注浆一般做到 14 m，最长的已达 50 m。在注浆材料方面，除一般水泥浆、改性水玻璃浆液外，还有一些膨胀性的浆液，如 TGRM 浆液和无收缩浆液、MS 浆液等。在砂卵石地层中注浆可以达到无砂混凝土的强度。

⑤水平冻结技术

冻结地层技术在矿山竖井、斜井中早已广泛应用。在地铁施工中应用起步较晚，常在盾构法施工时应用于联络通道和盾构始发井、接收井的地层加固。在浅埋暗挖施工中也有运用，一般是用于富含地下水的地层。如北京地铁复八线在过饱和含水粉细砂层中成功地运用了冻结控制技术。目前冻结技术主要应用于特殊环境下的特殊地层中。

⑥降水技术

浅埋暗挖法基本要求是无水作业，在有水地层中必须采取降水和封闭止水措施。现在地铁工程降水一般都是采用管井降水，但在管井布设遇到地上地下构筑物无法布设管井井位时，可采用辐射井降水。辐射井一般要做直径 3 m 的深井，在深井内根据底层含水情况布设多排多层辐射形水平井管，水通过井管流入大井内，用泵排出。在渗透系数较小的地层管井降水效果不好时，亦可采用真空管井技术。在特殊环境下亦可以采用隧道内成井降水技术。

⑦岩上锚固技术

岩上锚固技术是一项成熟的技术，在地铁深基坑设计中已有很多应用。但在地铁隧道上跨既有线、施工新线开挖时以控制既有线上浮还是较少采用。北京地铁 4 号线西单站上跨地铁 1 号线复—西区间时为控制区间隧道上浮，采取在新施作的车站隧道开挖到第 2 层导洞时增加底层锚杆技术，用锚杆锁住隧道的上浮，取得了理想的效果。

⑧长管棚超前支护技术

该技术被运用于地铁大断面结构下穿河流、铁路、楼房、桥梁及既有地铁等特殊地段。管棚直径由 ϕ108～ϕ600 不等，常以水平液压顶管机或水平导向钻机施作单根或咬合管幕。

⑨与周边建(构)筑物隔离技术

由于城市建设的快速发展，地下结构空间也越来越小，地铁区间线路常在高层建筑之间的地层内穿越，或在离建筑物很近的位置设置地铁出入口。北京地铁 10 号线一期团结湖站西南出入口因受市政管线的影响，离西侧一栋 13 层高楼很近，最大间距只有 4.7 m，该出入口结构正好位于地面明挖部分，明挖基坑最深处达到 11.2 m，超过该楼地下室 5.2 m，在该处采用了间距 1.2 m ϕ800 桩加内支撑的方式支护施工，将两者隔离，监测结果表明地面最大位移 1.8 mm，房基最大沉降 5.2 mm，未产生不均匀沉降。该技术已被广泛用于隔离桥基、房基、高压铁塔等建(构)筑物。

(4)监测技术与施工管理

地铁工程施工监测是隧道施工的重要组成部分，通过施工监测随时修正设计与施工参数，以确保安全。施工中，主要是施工单位进行监测。为控制邻近重要建筑物变形，在复八线建设中引进了第三方监测，通过施工单位和第三方的分别监测，共同控制，较好地维护了地铁施工安全。现在地铁施工监测基本上都是采取这种模式。

此外监控设备和监测方法也在不断改进。近几年，各级管理非常重视施工过程的监控与管理以及作业面的控制，投入了大量人力、物力，建立了系统的网络平台。作业面状态随时都在管理者的监控中，管理者可以及时发现问题，第一时间进行处理，较好地保证了地铁施工安全。

2. 浅埋暗挖法的发展方向

(1)拓宽浅埋暗挖法的应用范围

目前，浅埋暗挖法已经推广到北京、广州、深圳、杭州等地特殊的流沙、含水砂层、流塑、半流塑地层；埋深缩小到 0.8 m；暗挖施工的车站跨度达 26 m；能穿越密集建筑区等。随着建设项目的增多，还需进一步研究新的辅助工法和施工工艺，以适应各种地层条件、埋深、跨度等方面的要求。

(2)以信息化设计补充和丰富传统的经验类比设计

在同一工程中，针对各区段的工程地质条件、地面环境等，采用不同的支护结构形式。如在地面无建筑物、地中无重要管线、对地面沉降要求不十分严格的条件下，可采用刚度较小的支护结构，以发挥围岩的自承条件；而对于地面沉降要求比较严格的区段，则应采用刚度较大，先柔后刚的网构钢拱架支护结构，以防止围岩的过度变形；进而造成大幅度地面沉降，同时根据施工全过程的现场监控量测取得的资料，及时调整、优化支护参数。另外，还要根据地面建筑物条件，选择合理的沉降值和结构刚度，以避免结构刚度过大造成的浪费。实践证明，地铁围岩可以自稳的区间隧道以及其他中小型断面地下工程，在设计验算的前提下，在施工过程的监控量测指导下，用喷射混凝土、钢筋网、网构钢拱架和部分锚杆组成的初期支护取代复合式衬砌支护结构也是可行的。尤其是在无水或无水压区段实施时，将一般喷射混凝土改为具有高防水性能的喷射混凝土，然后在初期支护表面用水泥砂浆抹面，以解决结构防水和美化问题，这是进一步降低工程造价的关键之一。

(3)选择适宜的辅助施工措施

辅助施工措施的选择直接影响工程施工速度和造价，在安全条件得到保证的前提下，应优先选择简单易行的方法或同时采用几种方法综合处理。浅埋暗挖法的辅助施工措施较多，常用的有以下几种：

①环形开挖留核心土；

②喷射混凝土封闭开挖工作面；

③超前锚杆或超前小导管支护；

④超前小导管周边注浆加固地层；

⑤设置上半断面临时仰拱；

⑥深孔注浆加固地层；

⑦长管棚超前支护或注浆加固地层；

⑧用特殊地层的冻结法加固地层；

⑨用水平旋喷法超前支护；

⑩地面锚杆或高压旋喷加固地层；

⑪降低洞内、洞外地下水位；

⑫洞内超前水平降排水。

其中注浆加固和超前小导管支护是常用的辅助施工措施，但实施时应注意：

①注浆设计应以满足施工工序为主，以从开挖到施喷混凝土的时差作为注浆设计原则，取消为了增加围岩承载力而进行注浆的设计原则。

②长管棚超前支护在穿越公路、铁路等相对较短的隧道施工中，防塌限沉作用明显，但在相对较长和含水隧道施工中，由于管棚施作形成水通道及多次扰动地层等原因，对限沉作用不大，应多考虑小导管超前支护及其他辅助措施的综合应用，以提高施工速度，降低工程造价。

③降水法的设计施工应充分考虑地质条件，在南方地区宜先采用劈裂注浆的方法，形成地层骨架，再进行降水，这样可有效降低地表沉降。

(4)选择合理的支护参数和施工方法，以降低工程风险

①支护要及时。围岩开挖后地层松动，其承载能力下降，若支护不及时，就会增加作用在支护结构上的荷载，直至坍塌。“早支护”不仅能减小支护结构的荷载，还能避免地层过分变形。

②对于浅埋软弱地层，根据以往的实测结果，锚杆支护的作用明显降低，尤其是顶部两侧各30°范围内的锚杆是承压的，且工艺难以保证。因此，在一般情况下可取消该区域的锚杆支护。超前小导管支护在浅埋软弱地层中是一种有效的超前支护形式。

③作为初期支护主体的喷射混凝土，其喷射厚度要合理。混凝土喷得太厚，不利于发挥混凝土材料的力学性能。用增加喷射混凝土厚度的方法来加强支护效果较差，应在采用合理的喷射方法，选择喷混凝土材料、配合比和外加剂上想办法。我国在采用浅埋暗挖法修建地下工程中，喷射混凝土厚度一般控制在 20～30 cm。所以，研究和应用新材料、新工艺是浅埋暗挖法修建地下工程的重要发展方向。

④采用正确的施工方法。施工方法选择不当，会严重影响工程施工速度和造价，同时也影响施工安全。根据国内外的经验，仅从工程造价和施工速度来考虑，施工方法的选择顺序应为正台阶法、台阶设临时仰拱闭合法、CD 工法、CRD 工法、眼镜工法。但从施工安全考虑，顺序正好相反。因此，在实施过程上应根据地质条件、断面大小、地面环境条件等因素，综合考虑后慎重选择。

(5)地表沉降控制基准值应视具体情况确定

地面沉降基准值随工程条件而变。目前，多数工程投标中笼统地要求地表沉降限值－30～＋10 mm是不合理的，应针对具体工程、周边环境要求具体确定，通过类比和计算相结合的方法，找出相应的基准值。实施时，应从两方面综合考虑地面沉降基准值，取最小值。一是按环境控制要求，确定地面沉降的控制基准；二是按地层及结构稳定要求，确定沉降控制基准。

(6)加强施工风险评估管理

浅埋暗挖法隧道施工具有工作面多、安全风险源复杂、地质条件异常复杂、施工工序交叉等特点，而且，由于隧道工作面是施工最集中的地方，不确定因素很多，可能给安全施工带来隐患，其安全控制非常困难。因此，施工风险管理，尤其是隧道工作面的安全风险评估、管理非常重要。

隧道工作面安全风险的评估、管理主要包括：①工作面风险源识别、分级、评价；②工作面监控量测及其风险评估；③组织管理评估；④工作面安全风险源巡视评估；⑤风险管理。

(7)提高机械化作业程度

浅埋暗挖法机械化程度较低，基本上靠手工操作，速度慢、工效差。应选择能适应不同地层和不同断面的开挖、通风、网喷、装运、防水、二次衬砌作业的配套机具，为快速施工创造条件。设备投入量一般不少于工程造价的10%。

应研究开发全过程机械化操作，包括超前支护、开挖、渣土外运、拱架安装、喷射混凝土等工序的机械化操作，同时采用计算机技术进行监控，从而保证施工安全、快速，保证优良的工程质量。

(8)富水地层的结构防水问题

浅埋暗挖法通常采用复合式衬砌支护结构，在初期支护与二次衬砌之间铺设防水隔离层，辅之以二次衬砌防水混凝土，组成两道防水线，采用以防为主，防水板全包不给排出的防水原则。实践证明，这种防水结构在无水或少水地层是可行的，但在富水地层则表现出很大的不合理性。大致有以下几方面原因：

初期支护喷射混凝土表面难以保证平整，有锚杆之处钢筋头难以处理，这样防水隔离层的完整性很难得到保证，加之二次衬砌混凝土的施作，尤其是钢筋混凝土的施作也易造成防水层的破坏，使得形成封闭防水层结构的设计思想得不到落实，这是造成漏水的主要原因。

初期支护的防水性能较差，由于初期支护渗漏水，在防水隔离层与初期支护之间容易形成

"水袋"。一旦防水层被破坏,"水袋"就在薄弱环节寻找出路,使初期支护和二次衬砌之间空隙也形成水环,造成二次衬砌施工缝漏水。

以防为主,区间隧道采用全包防水板。由于水存在于二次衬砌之外,水压直接作用在二次模筑衬砌上,增加了二次衬砌结构的承载。因此,在富水地层必须根据以堵为主、限排为辅、防排结合的防水原则,区间防水板应铺设到边墙底部,防水板后面设系统排水盲管,使注入盲管的水经过预留在衬砌边墙底部的排水孔排入隧道两侧边沟内,这样可实现衬砌不裂、不渗、不漏,底部仰拱无水的衬砌。

实践表明,地下工程浅埋暗挖法施工的结构防水问题,应根据其施工环境和条件采取以下改进措施:

①加强初期支护的防水能力。提倡喷射防水混凝土,通过改善喷射混凝土配比、添加外加剂和改进喷射工艺等措施,提高初期喷射混凝土的防水能力;也可在初期支护与围岩间进行填充注浆,把地下水拒于初期支护之外。

②在初期支护表面布设一定数量的引水盲管,将少量初期渗漏水引排出去。防水板铺设到墙脚,配合二次衬砌防水混凝土防水。对于引入初期支护结构和二次衬砌之间的渗漏水,应遵照以排为主的原则处理。

(9)浅埋暗挖新型综合工法的开发

20 世纪 70 年代中期,意大利的 Pietro Lunardi 教授开始对数百座隧道进行理论和现场试验研究,并逐步创立了岩土控制变形分析法(ADECO-RS 法),该方法用中文解释为"新意法"。这种方法是通过对隧道掌子面前方超前核心土的勘察、量测、预报围岩的应力-应变状态,并将其划分为 A、B、C 三种类型,在此基础上进行信息化隧道设计和施工,确保隧道安全穿越各种地层(尤其是复杂不良地层)和实现全断面开挖的一种隧道设计、施工指导原则。

采用新意法设计、施工地下工程,首先运用数学方法对地层的应力-应变状态进行深入分析,预测出掌子面超前核心土体系的稳定性,然后在此基础上把隧道分为三种基本形态(A 类、B 类和 C 类)。对于采用这种办法确定的具有相同变形特性的每一个隧道区段,确定采用作用的类型(超前约束作用或简单约束作用)以控制变形,并选择最适合于每个特定隧道区段的稳定措施,以及隧道的纵横断面类型。对于每种地层类型及每种应力-应变条件,新意法都可以提供相应的断面类型。对于每一种断面类型,都可以自动计算出每延米隧道的造价和所需的施工时间。根据设计的隧道纵横断面类型进行隧道施工。施工期间进行持续不断的监测,并根据监测结果对原设计进行调整。

将新意法设计施工理念与浅埋暗挖法设计施工理念相结合,可以形成适用于软弱地层的浅埋暗挖综合工法,不但进一步拓宽了浅埋暗挖法的适用范围,而且有效降低了施工对周边环境的影响,提高了施工的机械化程度,加快了施工进度。

项目小结

浅埋暗挖法采用多种辅助工法超前改善加固围岩,调动部分围岩的自承能力,使其与衬砌共同作用形成联合支护体系,在施工过程中应用监控量测、信息反馈和优化设计方法,实现了不塌方、少沉降、安全施工,并形成了多种综合配套技术。

复习思考题

1. 简述暗挖隧道施工方法的发展。
2. 简述新奥法的基本概念。
3. 简述浅埋暗挖法的施工工法特点。
4. 浅埋暗挖法支护结构的主要形式有哪些?
5. 简述浅埋暗挖法的十八字方针。
6. 浅埋暗挖法的开挖方法有哪些?
7. 浅埋暗挖法信息化施工包括哪些内容?

项目9　地下隧道施工测量

项目描述

隧道是交通线上的重要组成部分，是国家重要的基础设施。隧道施工测量是隧道施工的眼睛，其主要任务就是确保施工轴线与设计轴线一致，使隧道开挖的工作面按照规定的精度在预定位置贯通，并使各项建(构)筑物以规定的精度按照设计位置和尺寸修建。本项目主要介绍前期准备工作、地面控制测量、联系测量、地下施工控制测量、盾构施工测量、隧道施工测量隧道竣工测量、隧道施工测量误差分析。

拟实现的教学目标

1. 能力目标

- 熟练地掌握隧道施工过程中各个阶段的测量工作和任务；
- 能够依据隧道施工条件选择合理的隧道施工测量方法。

2. 知识目标

- 掌握测量的基本操作；
- 掌握基准点测量、控制网的布设；
- 掌握联系测量和定向测量；
- 掌握盾构及管片姿态的测量；
- 掌握隧道断面的测量；
- 掌握贯通测量。

3. 素质目标

- 养成严谨细致的工作作风；
- 具备一定的团队协作精神；
- 具备一定的吃苦耐劳精神；
- 具备一定的组织协调能力。

相关案例

广州市轨道交通九号线三标段【广州北站—花都广场】区间土建工程为广州市轨道交通九号线3标段，包括两站(花城路站、花果山公园站)三区间(广州北站—花城路站区间、花城路站—花果山公园站区间和花果山公园站—花都广场站区间)。隧道为双线圆形隧道，隧道外径为6 m，内径为5.4 m，衬砌由6块钢筋混凝土管片拼装而成，管片厚0.3 m，宽1.5 m。

根据工况，拟采用四台泥水盾构掘进。现场由业主测量队提供了BJJ33、BJJ34、BJJ35、BJJ36、BJJ37、BJJ38、BJJ39、BJJ40、BJJ41、BJJ42、BJJ43、BJJ44、BJJ45、BJJ46、BJJ47、全鸿花园、

秀全中学、广州北站等 18 个精密平面控制点和Ⅱ地9-4、Ⅱ地9-5、Ⅱ地9-6、Ⅱ地9-7、Ⅱ地9-8、Ⅱ地9-9、Ⅱ地9-10(已被破坏)、Ⅱ地9-11共 8 个高程控制点。图 9.1 就是由部分平面控制点所构成的一条精密导线示意图。

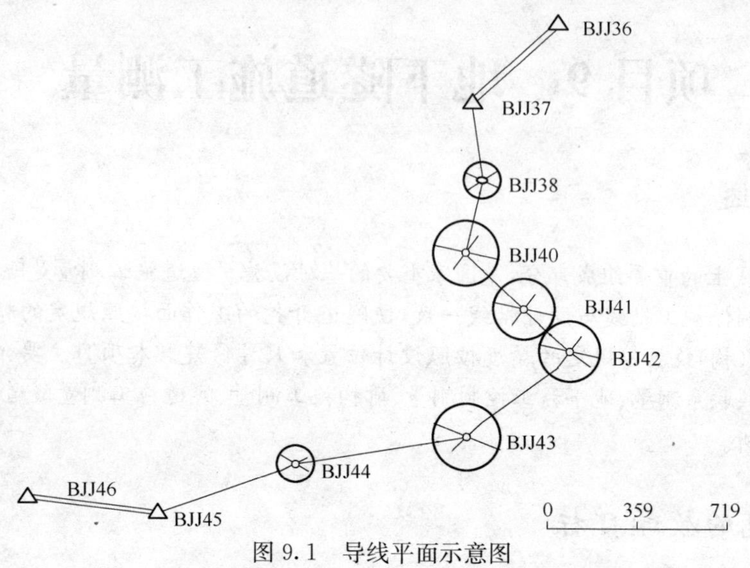

图 9.1　导线平面示意图

典型工作任务 1　前期准备工作

9.1.1　工作任务

1. 根据本节的学习掌握施工测量工作所要做的前期准备工作。

2. 施工前,应对工程做全面的了解和规划,制定相关的测量方案。

9.1.2　相关配套知识

1. 收集资料

布设隧道洞外控制网之前,需要收集有关的资料。这项工作进行得好坏,将直接影响到日后的具体选点、布网、观测以及整个控制网的使用是否方便。需要收集的资料包括:隧道所在地区的大比例尺(1∶2 000～1∶5 000)地形图,隧道所在地段的线路平面图,隧道的纵横断面图,各竖井、水平通道和隧道的相互关系位置图,隧道施工的技术设计以及线路上方市政路网、房屋建筑布置的情况等;勘测单位过去完成的测量资料或已做过的地面控制资料;隧道地区的气象、水文、地质以及交通运输等方面的资料;最新测量规范的相关规定等。

2. 现场踏勘与交接桩

为了进一步判定已有资料的正确性和具体了解实地情况,必须对隧道所穿越的地区进行详细踏勘。这时一般是沿着隧道线路的中线,从一端洞口向另一端洞口方向前进,观察和了解隧道两侧的地形、水源、居民点以及人行便道的分布情况。在踏勘时,应特别注意线路的走向、地形与施工设施的布置情况。

沿线踏勘的过程也就是业主向施工方测量人员进行现场交桩的过程。这时应在现场逐个地将原勘测单位所标定的线路桩点,按其里程、点的位置和性质等进行交接,原勘察设计人员必须做到认真交桩,并提供桩位点标记图;隧道施工测量人员必须认真接桩,并根据现场通视情况拟建施工控制网等一系列测量内容，提出一些测量技术性问题，由原勘察设计人员现场解释清楚；最后，以双方在交接桩表上签名为准，这时才算交接桩任务结束。交接桩后，施工单位要及时组织人员对交桩点进行复测，看交桩点是否准确及能否满足施工的需要。工程测量交接桩表见表 9.1。

表 9.1　工程测量交接桩记录表

工程名称			主持单位	
交接桩区段或范围			勘测设计或上级主管部门	
交接桩时间			交接桩时间	
交接桩号或里程				
测设图形方法				
交桩单位使用仪器牌号和精度				
所交接桩是否齐全有无遗失意见				
签字	主持单位	交桩单位	接桩单位	监理单位
	主持人	交桩人	接桩人	监理(总)工程师

注：①本表一式八份，以上每单位各持一份，施工单位另备 4 份入竣工档案。

②本表适用于设计单位向施工单位交桩，同时也适用于施工单位将洞内导(中)线点移交给建设单位。

③接桩单位接桩后，必须对所接桩点进行复测和保护，复测情况及处理措施报告经监理单位批准后，于接桩后 15 d 内上报建设单位审定。

3. 制定测量方案

由于隧道施工的特殊性，测量工作对于保证隧道施工质量以及进度都起着十分重要的作用。隧道工程由地上部分及地下部分组成，而且大型隧道工程往往分为不同的标段，由多个施工单位在若干个工作面施工完成，因此，必须在全面了解工程的有关资料的情况下，根据工程施工的技术要求以及有关的规范要求，制定一个完整、合理、有针对性的测量技术方案，这也是协调施工各阶段、各单位，确保工程顺利竣工的基本保障。

4. 人员及仪器配置

测量工作的质量取决于测量人员技术力量的强弱和仪器设备的精度，因此，对测量人员及仪器的配置必须引起足够的重视。通常，每个隧道施工区间段应安排测量高级工一名、中级工两名、初级工三名，可以适当安排几名学徒工。工程测量人员在工作上必须具有高度的责任感，互相协作；在业务知识上必须不断学习，接受新事物，精益求精，以提高操作水平。经纬仪、水准仪及标尺、光电测距仪、全站仪、GPS 全球定位系统等仪器应满足施工精度的需要，并按规定周期到专门的检定中心进行检定和校正。在施工过程中如果发现仪器存在偏差，应立即停止使用，经校正后方可使用，对该仪器之前一段时间内的测量成果必须经过复核证明合格后才可用于施工。

典型工作任务 2　地面控制测量

9.2.1　工作任务

1. 了解布置地面控制网的要求，能够在实际施工中合理地应用。

2. 掌握常用的地面控制测量方法。

9.2.2 相关配套知识

隧道洞外控制测量的目的是在盾构始发井建立精密的控制网，按照测量规范或设计规定的方案和精度施测，测定各控制点的相对位置，作为引测进洞和测设洞内中线及高程的依据。

1. 选点布网

一般说来，在工程建设项目的设计阶段，需要为工程设计人员提供大比例尺地形图，而测绘大比例尺地形图，就必须建立测图控制网作为测图的依据，测图控制网一般附合在国家或城市的高级控制点上；在施工阶段，需要建立满足施工精度要求的施工控制网，将图纸上设计的工程建筑物放样到实地上去，指导施工并保证施工的质量；在工程施工中以及竣工后的运营阶段，也需要建立监测建筑物变形的专用监测控制网。另外，业主交桩数量有限，不一定能很好地满足施工的需要，所以经常要在业主所交桩的基础上加密精密导线点，建立自己的施工控制网，以方便施工。可以说，无论是工程建设的哪个阶段，都要在控制网的基础上开展工作，这就涉及到控制网的选点布网问题。

首先，控制网的布设必须能够满足施工精度和规范的要求。根据工程的性质和规模，各种测量规范都规定了其工程控制网的布设方式和等级，如《铁路工程测量规范》(TB 10101—2009)6.1.1条规定：隧道平面控制测量应结合隧道长度、平面形状、辅助坑道位置以及线路通过地区的地形和环境条件等，采用GPS测量、导线测量、三角形测量及其综合测量方法。长度大于4 km的隧道宜优先采用GPS控制测量。同样地对于各种测量方法及其等级、精度和技术要求等，相关的规范中都有要求。这些都是为了保证隧道开挖的工作面按照规定的精度顺利贯通。

其次，要能够因地制宜，根据设计院定测时所确定的线路位置以及隧道的进出口、车站、通道等的标桩位置，结合现场踏勘的结果，选定平面控制网的布设方案。如隧道的各个洞口(包括辅助坑道口)，均应布设不少于3个且相互通视的平面控制点和不少于2个的水准点；选点时地面控制点应尽可能包括隧道的进出口位置并沿隧道延伸方向布置，这样可以在测量时提高贯通的精度，又可以减少工作量；洞口投点应便于施工中线的放样，便于联测洞外控制点及向洞内测设导线。

还有就是要考虑建网的费用。在满足规范和施工精度要求的前提下，应该选择最经济合理的方式架设地面控制网。

总之，选择布设何种控制网，应根据规范要求和隧道横向贯通误差要求的大小、隧道线路通过地区的地形情况以及建网费用等方面进行综合考虑，对于投资较大和较长的隧道，还应布设多种方案并进行优化设计。

2. 地面控制测量

地面控制测量包括平面控制测量和水准控制测量两个部分。

(1)平面控制测量

布设地面平面控制网可以采用精密导线法、三角锁法、GPS法或是以上几种方法的组合运用。

①精密导线法

精密导线法是在隧道进出口之间，沿勘测设计阶段所标定的线路中线或离开中线一定距离布设导线，采用精密导线测量的方法测量各导线点和隧道两端洞口控制点的平面位置。

布设导线时，多采用闭合导线环和主副导线闭合环的形式。主副导线闭合环是将主导线尽量沿隧道中线布设，副导线宜贴近主导线，主副导线之间加设一定数量的导线边，形成多个导线环。导线可以是独立的，也可以与国家高级控制点相连。

另外要注意的是相邻导线点间的高差不宜过大，导线的边长应根据隧道的长度和辅助坑道的数量及分布情况、并结合地形条件和仪器测程来选择。导线宜采用长边，相邻边长比不应小于 1∶3，且尽量以直伸形式布设，以减少转折角的个数，减弱边长误差和测角误差对隧道横向贯通误差的影响。

《城市轨道交通测量规范》（GB 50308—2008）3.1.2 条规定：平面控制网由两个等级组成，一等为 GPS 控制网，二等为精密导线网，并分级布设。

精密导线的测量技术要求与国家和城市现行规范中的四等导线基本一致，主要是缩短了导线总长度与导线边长，提高了点位精度。其主要技术要求见表 9.2。

表 9.2　精密导线测量主要技术要求

平均边长（m）	导线总长度（km）	每边测距中误差（mm）	测距相对中误差	测角中误差（″）	测回数		方位角闭合差（″）	全长相对闭合差	相邻点的相对点位中误（mm）
					Ⅰ级全站仪	Ⅱ级全站仪			
350	3～4	±4	1/60 000	±2.5	4	6	$\pm5\sqrt{n}$	1/35 000	±8

注：①n 为导线的角度个数，一般不超过 12；

②附合导线路线超长时，宜布设结点导线网，结点间角度个数不超过 8 个。

导线的内业计算一般采用严密平差法，对于一级以下导线也可采用近似平差计算。

导线法布设控制网已成为目前隧道施工中布设地面控制的主要方式，它选点、布网比较自由灵活，对地形的适应性较好，受中线位置的约束较小，特别是随着全站仪的普及应用，地面控制测量采用导线方法进行越来越显示出其优越性。

②三角测量法

利用三角测量建立隧道平面控制时，一般是布设成单三角锁，且沿两洞口连线方向尽量布设为直伸形式。三角网的水平角观测采用方向观测法，基线边长采用光电测距。经平差计算可求得各三角点和隧道轴线上控制点的坐标，然后以控制点为依据，确定进洞方向。三角测量的主要技术要求如表 9.3 所示。

表 9.3　三角测量的主要技术要求

等级	平均边长（km）	测角中误差（″）	测边相对中误差	最弱边边长相对中误差	测回数			三角形最大闭合差（″）
					1″仪器	2″仪器	6″仪器	
二等	9	1	≤1/250 000	≤1/120 000	12	—	—	3.5
三等	4.5	1.8	≤1/150 000	≤1/70 000	6	9	—	7
四等	2	2.5	≤1/100 000	≤1/40 000	4	6	—	9
一级	1	5	≤1/40 000	≤1/20 000	—	2	4	15
二级	0.5	10	≤1/20 000	≤1/10 000	—	1	2	30

三角锁形结构强、方向控制精度高，在测距技术手段落后而测角精度要求较高的时期是隧道控制的主要形式，进行三角锁可以避免大量距离测量工作。但由于三角锁的测角工作量大、

三角点的选点布设条件苛刻，一般很难建成理想的三角锁形，尤其在高层建筑集中的城市中受通视条件限制更难布设。

③GPS测量法

随着科学技术的发展测量技术飞速发展，测量仪器的价格不断下降，GPS测量技术广泛应用于国民经济的各个领域。

GPS点要求有良好的观测环境，如GPS上空要开阔，不能选在隐蔽或其周围有高大障碍物的地方，影响GPS信号的接收；要避开无线电发射台及高压输电线，防止磁场对卫星信号的干扰；要避开大面积水域及对电磁波反射强烈的物体，以减弱多路径效应的影响等。

但在工程测量中，相对于经纬仪、全站仪等常规测量仪器，GPS定位在观测时不要求点之间相互通视，而且对于网的图形也没有严格要求，因此选点较传统的控制测量简便，且GPS具有定位精度高、观测速度快、自动化程度高、全天候作业、经济效益高等优点，在隧道洞外平面控制测量中，其优点尤为显著，所以在地面控制测量中得到越来越广泛地运用。此外，GPS测量同样也可用于隧道地面高程控制测量。GPS测量的主要技术要求见表9.4。

表9.4　GPS的主要技术要求

等级	平均边长(km)	固定误差 A(mm)	比例误差系数 B(mm/km)	约束点间的边长相对中误差	约束平差后的最弱边相对中误差
二等	9	≤10	≤2	≤1/250 000	≤1/120 000
三等	4.5	≤10	≤5	≤1/150 000	≤1/70 000
四等	2	≤10	≤10	≤1/100 000	≤1/40 000
一级	1	≤10	≤20	≤1/40 000	≤1/20 000
二级	0.5	≤10	≤40	≤1/20 000	≤1/10 000

测量人员应根据测区地形和交通状况、GPS接收机数量、采用的GPS作业方法、设计的基线最短观测时间等因素综合考虑，编制观测计划表，按该表进行观测。同时依照实际作业的进展情况，及时做出必要的调整。外业观测成果应经有关部门的试验鉴定，并经业务部门批准的数据处理软件处理后，才能用于实际作业。

(2)高程控制测量

隧道洞外高程控制测量是按照设计精度施测各开挖洞口附近水准点之间的高差，以便将整个隧道的统一高程系统引入洞内，提供隧道施工的高程依据，保证隧道在高程方向按规定的精度正确贯通，并使隧道各附属工程按要求的高程精度正确修建。

洞外高程控制测量常采用水准测量方法。水准测量的等级取决于隧道长度、隧道地段的地形情况等。

水准路线应选择连接各洞口最平坦和最短的线路，以达到设站少、观测快、精度高的要求。高程控制点应选在不受施工干扰、稳定可靠和便于引测进洞的地方。每一洞口附近均应埋设不少于两个的水准点，以相互检核。两水准点的位置以安置一次仪器即可联测为宜。

高程控制测量的精度，应满足相应的规范要求。城市轨道交通工程高程控制网为水准网，且分两个等级布设：一等水准网是与国家和城市二等水准精度一致的水准网；二等水准网是加密的水准网，其精度介于城市二、三等水准测量之间。城市轨道交通工程的水准测量的主要技术要求见表9.5。

表 9.5　城市轨道交通水准测量的主要技术要求

<table>
<tr><td rowspan="2">水准测量等级</td><td colspan="2">每千米高差中数中误差(mm)</td><td rowspan="2">附合水准路线平均长度(km)</td><td rowspan="2">水准仪等级</td><td rowspan="2">水准尺</td><td colspan="2">观测次数</td><td rowspan="2">往返较差、附合或环线闭合差(mm)</td></tr>
<tr><td>偶然中误差</td><td>全中误差</td><td>与已知点联测</td><td>附合或环线</td></tr>
<tr><td>一等</td><td>±1</td><td>±2</td><td>35～45</td><td>DS1</td><td>铟瓦尺或条码尺</td><td>往返各测一次</td><td>往返各测一次</td><td>$4\sqrt{L}$</td></tr>
<tr><td>二等</td><td>±2</td><td>±4</td><td>2～4</td><td>DS1</td><td>铟瓦尺或条码尺</td><td>往返各测一次</td><td>往返各测一次</td><td>$8\sqrt{L}$</td></tr>
</table>

典型工作任务 3　联系测量

9.3.1　工作任务

1. 掌握联系测量的一井定向、两井定向方法，并能熟练地运用。
2. 掌握高程联系测量。

9.3.2　相关配套知识

在地下铁道隧道施工过程中，为保证隧道沿设计方向掘进，应通过地铁车站及竖井将地面的平面坐标系统及高程系统传递到地下，该项工作称为联系测量。

下面主要讲述将地面的平面坐标系统及高程系统经由竖井传递到地下的竖井联系测量。

竖井联系测量工作分为平面联系测量和高程联系测量。

1. 平面联系测量

平面联系测量又称定向测量，主要有导线定向、一井定向、两井定向、铅垂仪陀螺经纬仪联合定向四种方式。用导线定向精度最好且最方便，但是受竖井的长度和深度制约，一般很少用；陀螺经纬仪价格昂贵，且仪器的保养很麻烦，一般也很少用；通常使用一井、两井定向的方法即可很好地满足规范的要求，下面主要介绍这两种方法。

(1) 一井定向法

一井定向法又称联系三角形定向法，其工作原理如图 9.2 所示。在竖井内挂两条吊锤线，吊锤的重量与钢丝的直径随井深而不同。投点时，首先在钢丝上挂以较轻的荷重，用绞车将钢丝导入竖井中，然后在井底换上作业重锤，为了使吊锤较快地稳定下来，可将其放入盛有油类液体的平静器中。吊锤应自由地放在平静器中，不与容器壁及竖井中的其他物体接触。一井定向测量也可以采用激光铅直仪投点，它比吊锤线法方便。

在图 9.2 中，C 点为地面上的近井点，A、B 为两吊锤线，D 为地下的近井点，即地下导线起点。待两吊锤线稳定后，即可开始联系三角形的测量工作。此时，在地面上测量水平角 α 及连接角 ω，并测量三角形的边长 a、b、c，这样就可解算出 A、B 两点的坐标。我们认为钢丝是垂直的，钢丝上的点的平面坐标也是相同的。在井下测量水平角 α' 及连接角 ω'，测量三角形边长 a'、b'、c'。根据 A、B 两点坐标和测量结果解算井下联系三角形，进而计算地下导线起点 D 的坐标及起始边的方位角。

在一井定向中，需注意的问题有：

①注意联系三角形应为伸展形状，角度 α 及 α' 应接近于零，宜小于 1°；

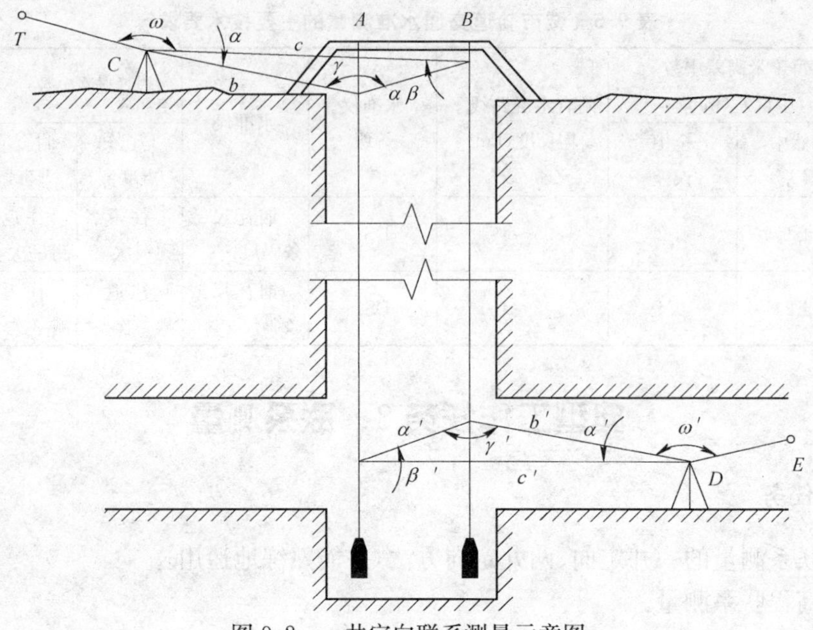

图 9.2　一井定向联系测量示意图

②竖井中悬挂钢丝间的距离 a 应视竖井情况尽可能长；

③b/a 的数值宜小于 1.5；

④联系三角形边长可采用光电测距或经检定的钢尺丈量，每次应独立测量三测回，每测回三次读数，各测回较差应小于 1 mm。

⑤在地面及地下所量得的吊锤线间距离之差不能超过±2 mm。按余弦定理计算的吊锤线间的距离($a^2=b^2+c^2-2bc\cos a$)与量得的同一距离之差应小于 2 mm。

⑥联系测量中的测距和测角工作应符合相关的规范的要求。

⑦进行一井定向，每次定向应独立进行三次，取三次的平均值为定向结果。实际操作时一般悬挂三根钢丝，组成两个联系三角形，这样既能提高精度又能校核成果。

(2) 两井定向法

两井定向就是在现有施工竖井搭设的平台或地面上钻孔，架设铅垂仪(钢丝)等向井下投点，进行定向测量。其工作原理如图 9.3 所示。在隧道施工过程中，在两相邻竖井间开挖的隧道贯通时，应采用两井定向。

两井定向是在两竖井(或通风孔)中分别悬挂一根吊锤线，利用地面上布设的近井点或地面控制点采用导线测量或其他测量方法测定两吊锤线的平面坐标值，在隧道中，将已布设的地下导线与竖井中的吊锤线联测，即可将地面坐标系中的坐标与方位角传递到地下去，经计算求得地下导线各点的坐标与导线边的方位角。

与一井定向相比，两井定向的优点有：由于两吊锤线间的距离大大增加了，所以减小了投点误差引起的方向误差，有利于提高地下导线的精度；外业测量简单，占用竖井的时间较短，有条件时可以把吊锤悬挂在竖井的设备管道之间，对生产的影响很小。

两井定向的外业包括投点、地面、地下连接测量及内业计算。

1)投点

投点所用设备及方法与一井定向相同。两井定向的投点与联测工作可以同时进行或单独进行。

2)地面连接测量

根据地面已知控制点的分布情况,可采用导线测量或插点的方法建立近井点,由近井点开始布设导线,与两竖井中的吊锤线 A、B 连接,从而测量吊锤线 A、B 的坐标。

3)地下连接测量

在隧道中布设导线,连接两竖井中的投点。布设导线时,应根据现场实际情况尽可能布设长边导线,减少导线点数,以减小测角误差的影响。测量时,先将吊锤线悬挂好,然后在地面与地下导线点上分别与吊锤线联测。

在连接测量中,地面控制网的方向没有传递到地下导线,所以地下导线没有起始边方位角,这样的导线称为无定向导线。

4)内业计算

①根据坐标反算原理,利用竖井中吊锤线 A、B 的坐标,计算 A、B 连线的坐标方位角 α_{AB} 和两点间的距离 S_{AB}。

②如图 9.3 所示,设吊锤线 A 为坐标原点,A_1 边为 X'轴,其方位角 $\alpha_{A1}=0°00'00''$。根据坐标正算原理,利用地下导线的测量成果,可计算各导线点在假定坐标系中的坐标 $x_{i'}$、$y_{i'}$,最终计算出 B 点坐标 $x_{B'}$、$y_{B'}$。

③用数学中坐标转换原理计算地下导线各点在地面坐标系中的坐标。

④根据坐标反算原理,利用 A 点坐标和 B 点坐标的计算值计算 A、B 连线的实测坐标方位角 α'_{AB} 和两点间的实测距离 S'_{AB}。由于测量误差的影响,$S_{AB}\neq S'_{AB}$,其差值为 $\Delta S=S_{AB}-S'_{AB}$。当 ΔS 符合规范要求时,即可按附合导线平差计算的方法进行平差计算,最终获得各地下导线点的坐标。

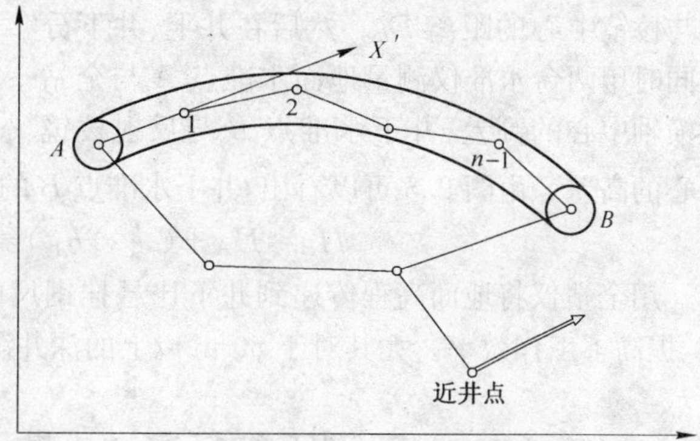

图 9.3　两井定向联系测量示意图

2. 高程联系测量

在隧道开挖过程中,可通过洞口、车站、竖井将地面高程传递到隧道内。通过洞口或横洞传递高程时,可由地面向隧道中布设水准路线,用水准测量的方法进行。通过斜井传递高程时,可用水准测量或三角高程测量的方法进行。经过竖井传递高程时,可采用悬挂钢尺或全站仪进行。

1)悬挂钢尺法

采用悬挂钢尺的方法一定要注意加温度和尺长改正,才能保证导入井下的水准点的精度

如图 9.4 所示,将钢尺悬挂在架子上,使钢尺零端向下垂入竖井中,并挂一和钢尺检定时同等重量的重锤,使钢尺静止时处于铅垂位置。在地面上和隧道中适当位置各安置一台水准仪。地面上的水准仪瞄准已知高程的水准点 A 上的水准尺,读数得 a,瞄准钢尺,读数得 l_1。隧道中的水准仪瞄准钢尺,读数得 l_2,瞄准隧道中水准点上水准尺,读数得 b。注意,l_1 和 l_2 必须在同一时刻观测,观测时应测量地面及地下的温度。

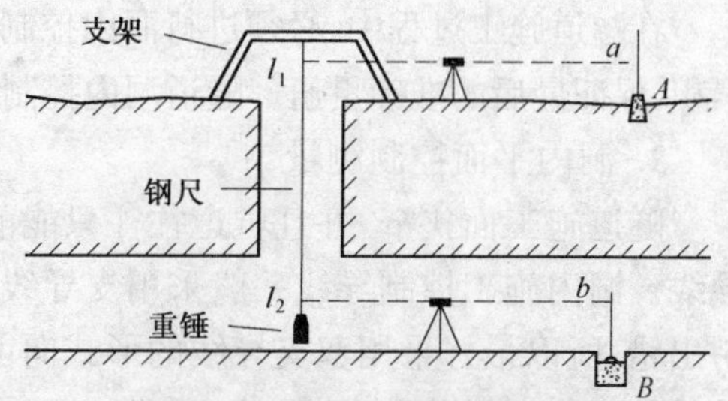

图 9.4　钢尺法竖井传递高程示意图

由图 9.5 中几何关系可以看出，隧道中水准点 B 的高程 H_B 的计算如式(9.1)所示。

$$H_B=H_A+a-[(l_1-l_2)+\Delta t+\Delta k]-b \tag{9.1}$$

式中 H_A——地面水准点 A 的高程；

Δk——钢尺尺长改正数；

Δt——钢尺温度改正数。

$$\Delta t=\alpha l(t_{均}-t_{\text{o}}) \tag{9.2}$$

式中 α—— 钢尺线膨胀系数，一般取 $1.25\times10^{-5}/℃$。

$t_{均}$——地面、地下的平均温度。

t_{o}——钢尺检定时的温度。

2)全站仪法

如图 9.5 所示，将全站仪安置在井口盖板上的特制支架上，转动望远镜，使视线处于铅锤状态(竖直度盘读数为 0°，即竖直角为 90°)，在井下安置反射棱镜，使棱镜中心位于全站仪视线上，用全站仪距离测量功能测量全站仪横轴中心与棱镜中心的距离 D_h。然后在井上、井下分别同时用两台水准仪测量地面水准点 A 与全站仪横轴中心的高差、井下水准点 B 与反射棱镜中心的高差。由图 9.5 可以看出，井下水准点 B 的高程可按式(9.3)计算。

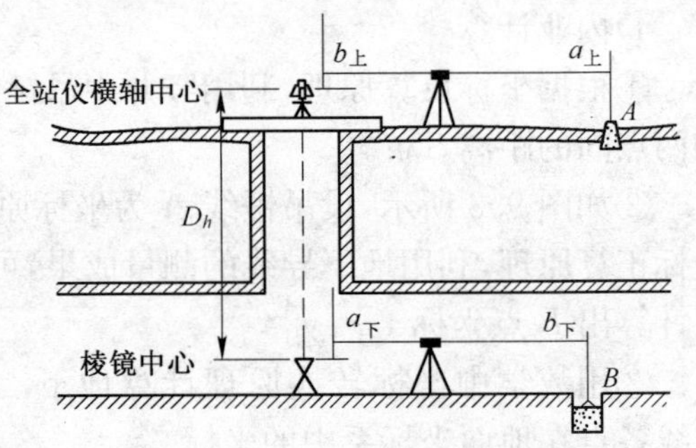

图 9.5 全站仪竖井传递高程示意图

$$H_B=H_A+(a_{上}-b_{上})-D_h+(a_{下}-b_{下}) \tag{9.3}$$

用全站仪将地面高程传递到井下比悬挂钢尺的传统方法快捷、精确，大大减轻了劳动强度，提高了工作效率。尤其对于 50 m 以上的深井测量，更显示出它的优越性。

典型工作任务 4 地下施工控制测量

9.4.1 工作任务

掌握地下隧道施工导线布设形式及测量方法。

9.4.2 相关配套知识

在隧道施工过程中，必须进行洞内控制测量。其目的是指导开挖的掘进方向并防止误差的累积，保证最后的准确贯通。隧道洞内控制测量包括洞内平面控制测量和洞内高程控制测量。

1. 洞内平面控制测量

隧道施工面狭窄，并且坑道往往只能前后通视，造成控制测量形式比较单一，仅适合布设导线。洞内施工控制导线一般采用支导线的形式向里传递。但是支导线没有检核条件，很容易出错，所以最好采用双支导线的形式向前传递。然后在双支导线的前面连接起来，构成附合导线的形式，以便评定测量精度。

洞内平面控制测量常用的方法有中线法和导线法。中线法是一种特殊的支导线形式，即把中线控制点作为导线点，直接进行施工放样。该法只适用于较短隧道，这里不做介绍。

洞内导线测量的作用是以必要的精度建立地下的控制系统。依据该控制系统可以放样出隧道中线及其衬砌的位置，从而指示隧道的掘进方向。

(1)与地面导线测量相比，隧道工程中的洞内导线测量具有以下特点：

1)由于受坑道的限制，洞内导线的形状取决于隧道的形状，通常形成延伸状。

2)洞内导线不能一次布设完成，而是随着坑道的开挖而逐渐向前延伸。

3)洞内的导线点位置容易受到隧道施工以及地质条件的影响，所以要经常复测。

4)洞内导线一般分级布设，首先布设精度较低的施工导线，然后再布设精度较高的基本控制导线、主要导线。如图 9.6 所示。

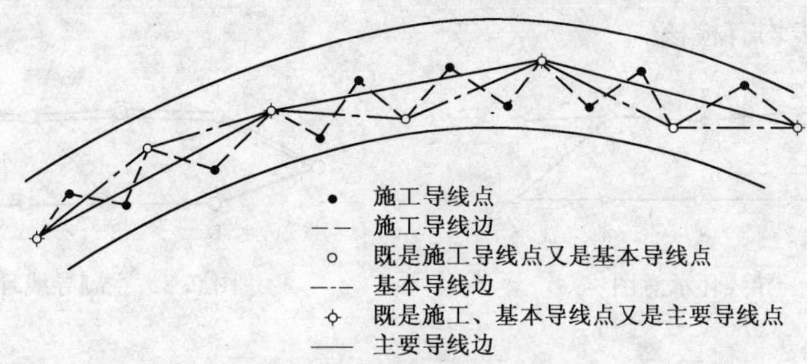

图 9.6　隧道洞内导线示意图

①开挖面每向前推进 25～50 m 后，应布设施工导线点，用以进行放样及指导开挖。

②当掘进长度达 100～300 m 时，为了提高导线精度，对低等级导线进行检查校正，检查隧道的方向是否与设计相符合，选择一部分施工导线点布设精度较高的基本控制导线。基本导线的边长为 50～100 m。

③当隧道掘进大于 2 km 时，选择一部分基本导线点布设主要导线，主要导线的边长一般为 150～800 m。

(2)在布设地下导线时应注意以下事项：

①隧道洞内导线应以洞口投点为起始点，沿隧道中线或隧道两侧布设成直伸的长边导线或狭长多环导线。导线的边长宜近似相等，直线段不宜短于 200 m，曲线段不宜短于 70 m，导线边距离洞内设施不小于 0.2 m。当双线隧道或其他辅助坑道同时掘进时，应分别布设导线，并通过横洞连成闭合环。导线点应尽量布设在施工干扰小、通视良好且稳固的安全地段。

②主要导线和基本导线的边长应按贯通要求设计，当隧道掘进至导线设计边长的 2～3 倍时，应进行一次导线延伸测量。对于长距离隧道，可加测一定数量的陀螺经纬仪定向。

③由于地下导线边长较短，因此进行角度观测时，应尽可能减小仪器对中和目标对中误差的影响。一般在测回间采用仪器和觇标重新对中，在观测时采用两次照准两次读数的方法。若照准的目标是垂球线，应在其后设置明亮的背景，建议采用对点器觇牌照准，用较强的光源照准标志，以提高照准精度。

④边长测量中，当采用电磁波测距仪时，应防止强灯光直接射入照准头，并经常拭净镜头及反射棱镜上的水雾。当坑道内水汽或粉尘浓度较大时，应停止测距，避免造成测距精度下降。洞内有瓦斯时，应采用防爆测距仪。

⑤凡是构成闭合图形的导线网(环)，都应进行平差计算，以便求出导线点的新坐标值。当隧道全部贯通后，应对地下长边导线进行重新平差，用以最后确定隧道中线。

(3)隧道洞内导线的布设形式

1)单导线

从洞外控制点开始，每掘进 20～50 m 增设一个新点。导线布设灵活，但缺乏检核条件。

为了防止错误和提高支导线的精度，每埋设一个新点后，都应从支导线的起点开始全面重复测量。复测还可以发现已建成的隧道是否存在变形，点位是否被碰动过。观测导线转折角时，半数测回测左角，半数测回测右角。观测短边的水平角时，应尽可能减少仪器的对中误差和目标偏心误差。

2)导线环

如图 9.7 所示，导线环是长大隧道洞内控制测量的主要形式之一，有较好的检核条件，而且每增设一对新点，例如 5 和 5′点，可按两点坐标反算 5 与 5′的距离，然后与实地丈量的距离比较，这样每进一步均有检核。

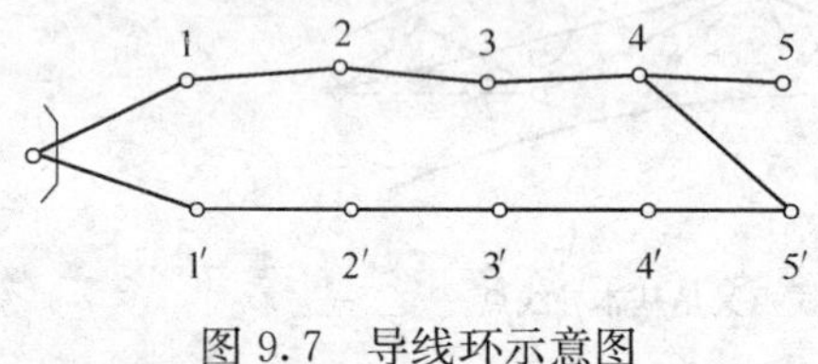

图 9.7　导线环示意图

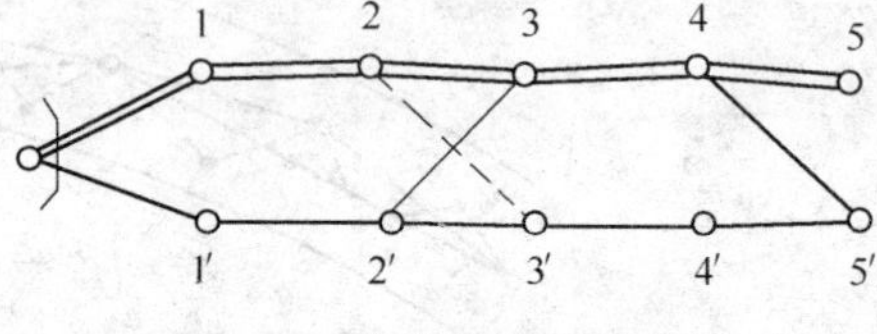

图 9.8　主副导线环示意图

3)主副导线环

如图 9.8 所示，双线为主导线，单线为副导线。主导线既测角又测距离，副导线只测角不测距离。按虚线形成第二闭合环时，主导线在 3 点处能以平差后的角度传算 3～4 边的方位角，以后均仿此形成闭合环。闭合环角度平差后，对提高导线端点的横向点位精度很有利，并可对角度测量加以检查，同时根据角度闭合差还可以评定测角精度，另一方面又节省了副导线大量的边长测量工作。

4)交叉导线

如图 9.9 所示，并行导线每前进一段交叉一次，每一个新点由两条路线传算坐标(如 5 点坐标由 4 和 4′点传算)，最后取平均值；亦可以实测 5 与 5′的距离，来检核 5 和 5′的坐标值。交叉导线不作角度平差。

5)旁点闭合环

如图 9.10 所示，A、B 为旁点。旁点闭合环一般测内角，作角度平差；旁点两侧的边长可测可不测。

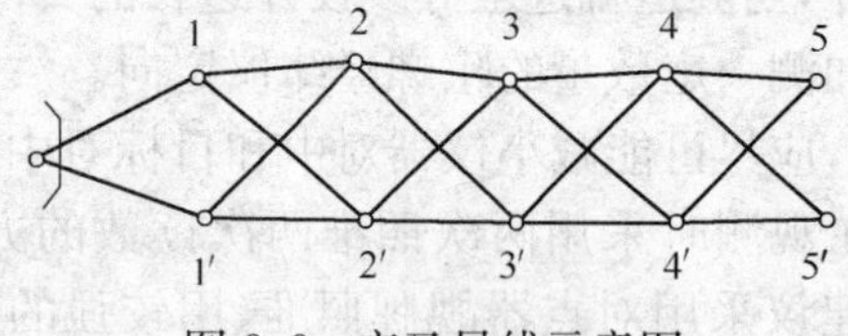

图 9.9　交叉导线示意图

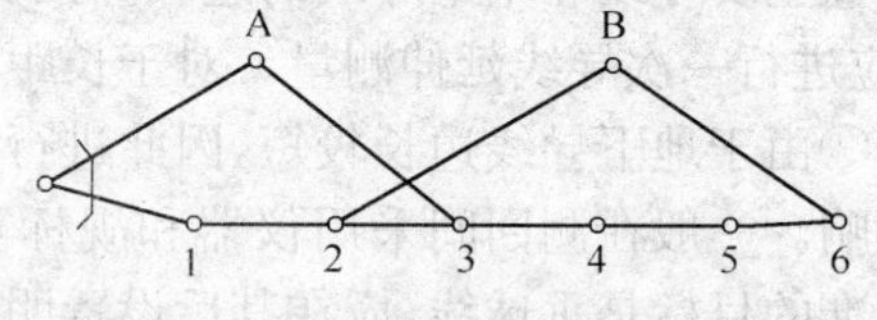

图 9.10　旁点闭合环示意图

2. 洞内高程控制测量

洞内高程控制测量的目的，是为了在隧道内建立一个与地面统一的高程系统，以作为隧道施工放样的依据，保证隧道在竖向正确贯通。

隧道洞内高程控制测量应以洞口水准点的高程作为起测依据，然后测定洞内各水准点的高程，作为施工放样的依据。

洞内高程控制测量一般采用水准测量的方法，也可采用光电测距三角高程测量的方法。

洞内高程控制测量等级的确定取决于隧道工程的类型、范围及精度要求等。

隧道洞内水准测量的方法与地面上水准测量相同，但根据隧道施工的情况，隧道洞内水准测量具有以下特点：

①洞内高程控制点可选在导线点上，也可根据情况埋设在洞顶、洞底或洞壁上，但必须稳固和便于观测。

②在隧道施工过程中，水准路线随隧道开挖面的进展而向前延伸。为满足施工放样的要求，一般先布设较低精度的临时水准点，然后再布设较高精度的永久水准点。永久水准点之间的距离一般以 300～500 m 为宜，最好按组设置，每组应不少于两个点，各组之间的距离一般为 200～400 m。

③隧道贯通之前，洞内水准路线均为支水准路线，因而需要进行往返观测，当往返测高差闭合差在允许范围内时，取往返测平均高差作为测量成果，用以推算水准点的高程。测量过程中，每一测站应采取多次观测的方法进行检核。由于洞内通视条件差，视线长度不宜大于 50 m；

④为检查洞内水准点的稳定性，应定期根据地面水准点进行重复的水准测量，将测得的高差成果进行分析比较。根据分析的结果，若水准点无变动，则取所有高差的平均值作为高差成果；若发现水准点有变动，则应取最近一次的测量成果。

典型工作任务 5　盾构施工测量

9.5.1　工作任务

掌握盾构机及管片姿态测量的主要原理和方法，掌握盾构机掘进测量换站的方法，了解盾构自动导向系统的应用。

9.5.2　相关配套知识

随着我国城市化步伐的加快，盾构法隧道施工以其速度快、安全性高、质量好、对周围环境影响小以及对各种复杂地层条件适应性好等优点，越来越多地在地铁、大型引水工程及城市市政建设中得到应用。

在盾构施工过程中，要能够实时确定盾构机的位置和姿态，以确保盾构机沿着设计的预定线路掘进，从而保证施工的质量，这就是盾构施工测量的工作内容。

盾构隧道测量技术已由原来人工测量方法为主发展到现在的全自动导向测量技术。自动导向测量技术可以全天候对盾构机姿态进行测量控制、实时计算并显示盾构机姿态，且具有人力投入小、测量频率高、对隧道掘进干扰小、测量速度高和数据处理快、数据和图像模拟能实时显示等优点，已成为盾构隧道测量技术的发展方向。

1. 盾构测量概述

我们可以将盾构机看作是一个圆柱形的刚体，这个刚体在地面下的运动就是盾构掘进。盾构机的姿态由其切面中心点和盾尾中心点决定，这两点的移动轨迹决定了隧道的最后成型，但这两个中心点不能直接观测，所以必须通过间接的方法来测得这两个点的坐标，不同的间接测量方法就产生了不同的盾构测量方法。

(1)如图 9.11，全站仪和后视棱镜是洞内精密导线点的位置，我们可以准确地测定全站仪和棱镜的三维坐标，再通过测量盾构机上点的距离以及水平角和垂直角，计算出盾构上的点的三维坐标。洞内导线点一般采用在管片最大跨度附近安装强制对中托架，测量起来非常方便，且可以提高对中精度，还不影响洞内运输。

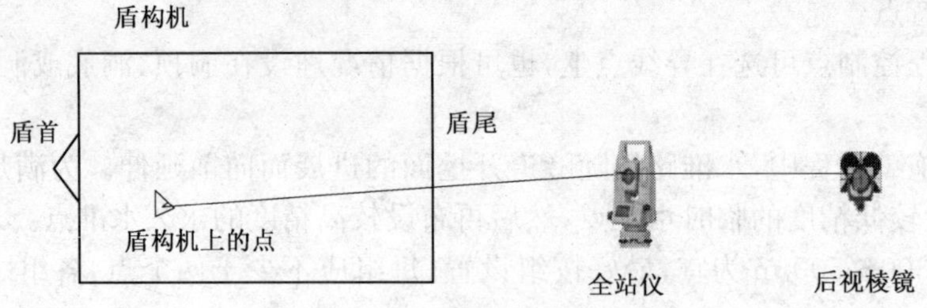

图 9.11　盾构测量示意图

(2)盾构机的姿态通常用滚动角、俯仰角和水平方位角这三个姿态角来描述。所以我们先来了解一下这三个角度。

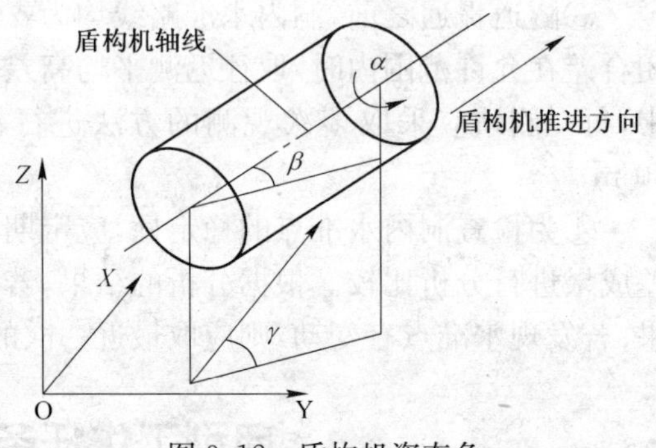

图 9.12　盾构机姿态角

如图 9.12 所示,盾构机滚动角用 α 表示,它是盾构机在推进过程中由于刀盘转动的反作用力,使得盾构机沿自身轴线旋转的角度。滚动角须控制在较小范围内,否则盾构无法正常推进。通常滚动角以沿着盾构机轴线顺时针方向为正,范围为(−5°,5°)。

盾构机俯仰角用 β 表示,它是盾构机轴线与水平面的夹角。隧道曲线的起伏变化不大,因此俯仰角变化范围也较小,在软土施工中,盾构机由于自重的作用,会呈现不断"低头"的趋势。通常俯仰角以盾构机仰起为正,范围为(−3°,3°)。

盾构机水平方位角用 γ 表示,它是盾构机轴线在水平面上的投影与测量基准坐标轴 X 的水平夹角,通常水平角以沿着 Z 轴负向的顺时针方向为角度增加方向,范围为(0°,360°)。

2. 盾构测量方法的介绍

前面介绍了盾构测量的基础知识,下面介绍几种盾构常用的测量方法。

(1)平杆法

平杆法也称为水平标尺法,是一种操作简单、计算快速的测量盾构机姿态的方法,其原理是利用测量盾体内壳内径的部分数据间接推算盾构机的姿态参数,该方法适用于盾构机始发和掘进过程中的姿态检测。测量前先制作一截面为矩形的刚性测量标尺,长约 4 m,带管水准气泡,在标尺上精确标定标尺中点线,并在中点线左右对称标定 L、R 点,如图 9.13 所示。

1)盾构机姿态检测步骤

①测量:先把标尺水平置于距盾构机铰接千斤顶面附近,标尺面与铰接面平行等距,并与盾壳内壁光滑接触,测量标尺中点 F 及 L、R 的三维施工坐标;再把测杆水平置于盾构机盾尾处,测杆左右到盾尾横截面等距,测出此时测杆中点 B 的三维施工坐标。滚动角和俯仰角可以利用坡度板或坡度仪测量。

②姿态推算:根据 L、R 点坐标算出平杆的方位角 ϕ,再根据盾体方位角 γ 与 ϕ 角的几何关系推算盾体方位角 $\gamma=\phi\pm 90°$。通过 F、B 点直线的方位角检核盾体方位角偏差,根据以上数据和盾构机尺寸参数就可计算出盾构机刀盘、中体和盾尾中心的坐标;最后,再与盾构设计中心轴线进行对比,得到刀盘、中体和盾尾的水平和垂直偏差。此方法实测过程中应注意测杆水平放置和定位要准确,应该根据盾构机设计图纸在盾壳内壁作永久测杆置放位置的标记,保证每次检核时测杆安置同一位置。

平杆法易理解和操作,但需要在施工间隙进行,不能够实现自动连续测量,故一般只用于

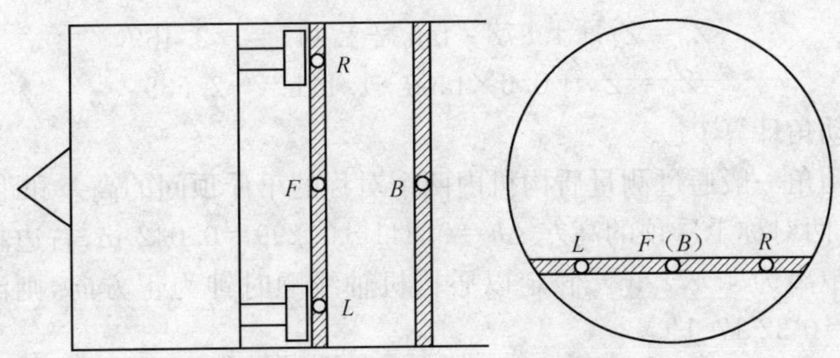

图 9.13 平杆法测量盾构姿态示意图

盾构机的姿态复测或是已成型的管环的姿态的复核，不用于指导盾构掘进。

2)用平杆法计算盾构机姿态实例

【例 9.1】 如图 9.13 所示，已知在盾构机始发前测得盾构机前端到前杆中心点的距离为 4.878 m，盾构机中体到前杆中心点的距离为 0.6 m，盾构机中心到前杆中的高差为 1.441 m；某一位置使用平杆法测得盾构机姿态坐标(单位为 m)数据如下：

前杆中心点(即图中 F 点)坐标：$X_F=29\ 456.375$；$Y_F=32\ 590.025$；$Z_F=-3.990$

前杆左侧点(即图中 L 点)坐标：$X_L=29\ 456.367$；$Y_L=32\ 592.586$；$Z_L=-3.957$

前杆右侧点(即图中 R 点)坐标：$X_R=29\ 456.376$；$Y_R=32\ 587.830$；$Z_R=-3.948$

后杆中心点(即图中 B 点)坐标：$X_B=29\ 458.096$；$Y_B=32\ 590.031$；$Z_B=-4.018$

同时，使用水准仪测得盾构机内左下与右下的两对称千斤顶顶部标尺读数分别为 $L_{左}=0.299$ m，$L_{右}=0.341$ m，用钢尺直接量得两千斤顶间的距离为 4.472 m。试根据以上数据计算盾构机方位角、俯仰角、滚动角及盾构机刀盘中心和中体的三维坐标。

解：计算步骤如下所示。

①计算盾构机的方位角

首先根据前杆左右两侧点的平面坐标计算前杆的方位角，假设这个角度为 ϕ，根据反正切函数计算出的角度为 ϕ'，则 $\phi'=\arctan((Y_R-Y_L)/(X_R-X_L))$，代入数据，可以计算得 $\Phi'=-89°53'29.7''$。因为 $\Delta X>0$，$\Delta Y<0$，所以 Φ 应在第四象限，即 $\Phi=\Phi'+360°=270°6'30.3''$。

根据前面的叙述，盾构机方位角和前杆方位角存在 $\gamma=\Phi\pm 90°$ 的关系，如果以盾构机的掘进方向来区分左右侧，则有 $\gamma=\Phi-90°=180°6'30.3''$。即盾构机的方位角为 $180°6'30.3''$。

②计算盾构机前端及中体平面坐标

设前端平面坐标为(X_n, Y_n)，中体平面坐标为(X_m, Y_m)，则根据盾构机的方位角及盾构机前端和中体到前杆中的距离，可计算得：

$$X_n=X_F+4.878\times\cos\gamma=29\ 451.497$$

$$Y_n=Y_F+4.878\times\sin\gamma=32\ 590.016$$

$$X_m=X_F+0.6\times\cos\gamma=29\ 455.775$$

$$Y_m=Y_F+0.6\times\sin\gamma=32\ 590.024$$

③盾构机的俯仰角计算

先计算前后杆间的距离，设这个距离为 D，则 $D=\sqrt{(X_F-X_B)^2+(Y_F-Y_B)^2}=1.721$ m。

则盾构机的俯仰角 $\beta=\arctan((Z_F-Z_B)/D)=0°55'55.6''$。

④计算前端、中体中心高程

假设盾构机前端及中体中心高程分别为 Z_n，Z_m，则由已知的数据可计算得：

$$Z_n = Z_F + 4.878 \times \tan\beta + 1.441 = -2.469$$

$$Z_m = Z_F + 0.6 \times \tan\beta + 1.441 = -2.539$$

⑤盾构机滚动角计算

盾构机的滚动角一般通过测量盾构机内两个对称的千斤顶间的高差和距离来确定。根据上面的数据，左右两对称千斤顶的高差 $\Delta h = 0.341 - 0.299 = 0.042$ m，右边相对要低一些，又知道两千斤间的距离为 4.472 m。假定以盾构机轴线顺时钟为正方向，则滚动角 $\alpha = \arctan(0.042 \div 4.472) = 0°32'17.1''$。

3)平杆法在管环姿态检测中的应用

由于在盾构掘进过程中，刚拼装的管环还没有来得及注入双液浆加固，因此还不稳定，经常发生管环位移现象。有时位移量很大，特别是上浮位移量大常常引起管环限界超限。为了防止管环的侵限，首先应提高控制测量的精度，其次应提高导线系统的精度，最后通过每天的管环测量，实测出管环的位移趋势，然后采取措施尽量减小位移量。当然，管环测量还起到复核导向系统的作用。

图 9.14 是管片姿态测量的示意图，测量时，先用水平尺把标尺精确整平，接着利用全站仪测出 F 点的三维坐标，再根据管片的设计几何尺寸以及平杆的长度，推算出管环中心 O 点的三维坐标，将其三维坐标与隧道轴线的设计三维坐标相比较，就可得出管片的姿态以及偏差。每次管环测量时，应重测 5 环已经稳定了的管环，这样就可以减少出错的可能。

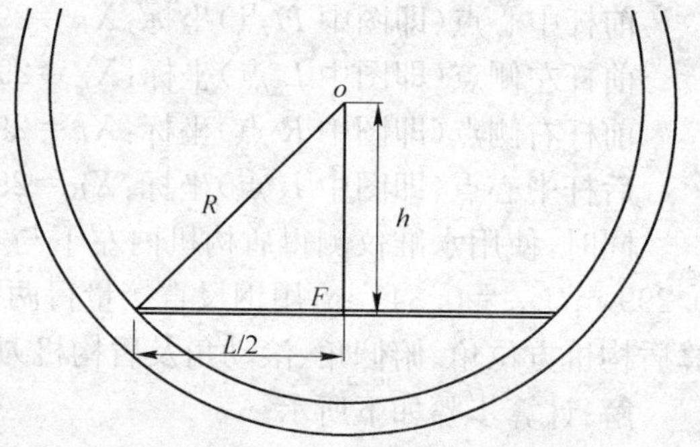

图 9.14 管片姿态测量示意图

(2)三点法

1)三点法原理

在隧道施工前，在盾构中体壳面上安装 3 个以上棱镜，通常选择投影到中体横截面上点间距较大且形成空间四边形几何图形较好的点位，且要保证全站仪通视情况较好。在一个临时的任意坐标系内，测得棱镜坐标和盾构特征点的坐标，特征点包括盾构中心点和盾尾中心点。因为棱镜与盾构固连在一起，在盾构掘进过程中，其内部关系不会变化，通过观测任意时刻的棱镜坐标，就可求出盾构特征点的坐标，将其与设计值比较，便可得出盾构与设计轴线的偏离，从而指导施工。

如图 9.15 所示，控制点 B、C、D 是在盾构机中体上选定的控制点，这些点和盾构切口中心 O 点形成一个空间四边形，这个空间四边形的形状在盾构机掘进过程中是确定的。在盾构始发前，在一个任意的坐标系中精确测定这些点和盾构切口中心和盾尾中心的坐标，并记录下来作为始发的原始参数。在盾构机掘进过程中，四面体中的六条边长是不变的常量，通过测量 B、C、D 三点的三维坐标就可计算出 O 点的三维坐标。同理，B、C、D、O' 四点也构成一个四面体，相应地求得 O' 点的三维坐标。由 O、O' 两点的三维坐标就能计算出盾构机的水平方位角和俯仰角，由 B、C、D 三点的三维坐标就能确定盾构机的滚动角，从而达到检测盾构机姿态的目的。

三点法能够利用多个测量点进行盾构机位置的解算，测量精度高，但三点法也需要在施工间隙进行，不能够实现连续测量，且操作时间长，计算复杂，所以该方法目前常作为自动测量的辅助手段，用于对自动测量结果进行校核。

2)三点法解算盾构姿态

对于三点法测量盾构姿态的解算有许多种方法，可以利用解析几何的方法计算，也可以利用CAD等作图工具。

①根据两点之间的距离公式

我们假设切口中心坐标为$O(X,Y,Z)$，某一时刻测得的B、C、D点的坐标分别为(X_b,Y_b,Z_b)、(X_c,Y_c,Z_c)、(X_d,Y_d,Z_d)。又设B、C、D和O点间的距离分别为S_b、S_c、S_d。所以可得方程组(9.4)。

$$\begin{cases}(X_b-X)^2+(Y_b-Y)^2+(Z_b-Z)^2=S_b^2\\(X_c-X)^2+(Y_c-Y)^2+(Z_c-Z)^2=S_c^2\\(X_d-X)^2+(Y_d-Y)^2+(Z_d-Z)^2=S_d^2\end{cases} \tag{9.4}$$

根据上面的方程组就可推算出切口中心O点的三维坐标，这里不再讲述计算过程，有兴趣的读者可自己推算。

②通过AutoCAD作图求解盾构姿态

通过几何解算盾构姿态方法的缺点是在内业计算时，如果用人工手算，其工作量相当大，而且难免出错，因此在进行解算时，还可利用AutoCAD进行作图求解，相对于用几何方法解算，速度要快很多。其操作过程如下：

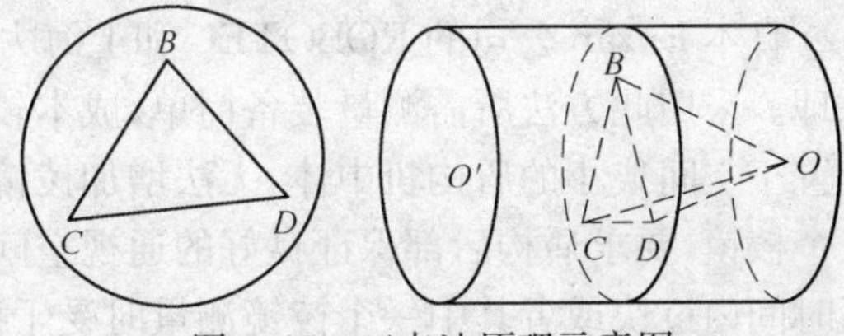

图9.15　三点法原理示意图

首先把隧道中心线(三维坐标)通过建立CAD脚本文件输入CAD中，这个工作一个工地只要做一次。然后把所测控制点B、C、D的坐标(三维)输入到CAD里面。分别以B、C、D为球心，以B、C、D到前点O的距离为半径画球，求三个球的交集，其交集就是前后两个端点，然后根据盾构掘进的方向，舍去其中一个点。同样方法把O'在CAD里画出来。这样，就确定了盾构机切口中心和盾尾中心的三维坐标，也就确定了盾构机的姿态。

(3)自动导向系统测量

上面介绍的方法都不具备实时性和自动性，因此设想用一台全站仪按一定的频率自动对盾构机的状态进行测量，并将测得的数据传送给控制计算机，由控制计算机实时计算出盾构机的姿态，并实时显示出来，指导盾构机的掘进。这就是自动导向系统的设计思想。

目前国内外隧道施工中大多都已采用盾构机自动测量系统，主要产品包括德国VMT公司的SLS-T APD激光电子标靶自动导向系统、英国ZED公司的ZED261激光导向系统、日本演算工房(Enzan)公司的ROBOTEC棱镜法自动导向系统、上海力信RMS-D自动导向系统、日本东京计器株式会社(TOKYO-KEIKI)的TMG-32B和Tellus陀螺仪导向系统等。下面分别对这几种位姿测量系统的工作原理进行介绍。

1)陀螺仪导向系统

该导向系统是在盾构机中体顶部安装一个陀螺仪，同时安装两个倾斜仪用来测量盾构机的滚动角和俯仰角。陀螺仪的作用是提供一个真北方向，用来确定盾构机的方位角。盾构机内部同时还安装有一个反射棱镜，该棱镜与盾构机切口中心和盾尾中心的相对位置已被标定。在施工测量过程中，施工人员通过全站仪测量得到该反射棱镜坐标，并通过盾构机的三个姿态角，计算得到盾构机切口中心和盾尾中心坐标。

日本东京计器株式会社开发的TMG-32B和Tellus导向系统就是采用此测量原理。可以看出，该方法的不足是测量精度依赖于陀螺仪的测角精度，而陀螺仪的精度受机械加工和装配的影响，并且在施工中产生的振动和温度的变化也会影响其测量精度。因此国内施工采用陀螺仪导向只是起辅助参考的作用。

2)棱镜法自动导向系统

棱镜法导向系统和人工测量的三点法相类似,如图 9.16 所示,在盾构机内部安装了三个反射棱镜,全站仪在一次测量过程中依次搜索三个棱镜,并进行坐标测量,利用所得结果,通过几何关系换算,可得到盾构机切口中心和盾尾中心坐标。

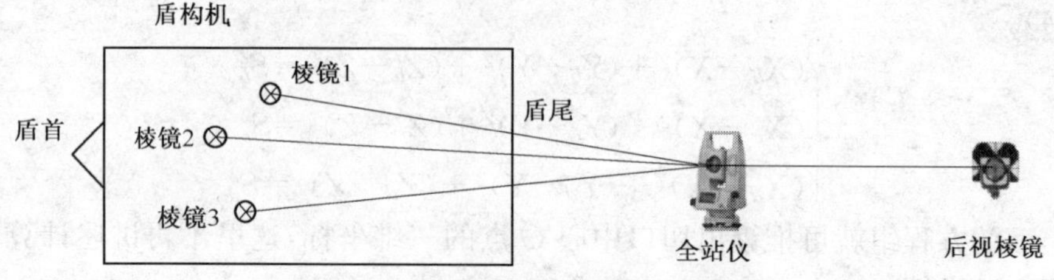

图 9.16　棱镜法盾构位姿测量原理图

日本 Enzan 公司的 ROBOTEC 和上海力信 RMS-D 自动导向系统就是基于棱镜法的测量原理。采用此方法所需测量装备简单,成本较低。但该方法也有不足之处,测量系统的三个棱镜置于空间狭小的盾构机中体,无法增加棱镜形成多余观测条件。同时为使全站仪能够瞄准三个棱镜,要求盾构后部保证良好的通视空间。在测量过程中,系统可能会由于盾构移动速度短时间内过快或者其中一个棱镜测量时受干扰而误差较大,需要重新进行测量。另外,为了提高棱镜法的测量精度,测量系统通常需要使用高精度全站仪。

3) 全站仪 ELS 靶导向系统

全站仪激光标靶导向系统是由激光全站仪(TCA)、中央控制箱、ELS 靶、黄盒子和计算机及掘进软件组成。图 9.17 是德国 VMT 全站仪 ELS 靶自动导向系统示意图。

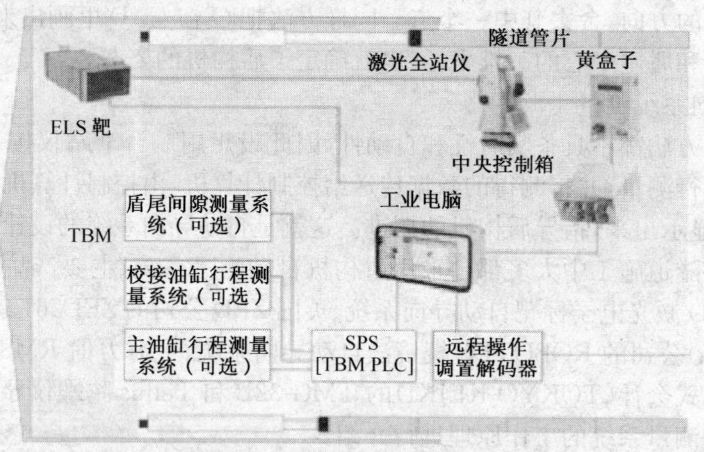

图 9.17　VMT 全站仪激光标靶测量导向系统

①激光全站仪(TCA)

具有伺服马达,可以自动照准目标和跟踪,并可发射激光束,主要用于后视定向,测量距离、水平角和竖直角,并将测量结果传输到计算机。

②ELS 靶

也称激光标靶,是一台智能型的传感器。ELS 接收全站仪发射的激光束,测定水平和垂直方向的入射点。偏角由 ELS 上激光的入射角确认,坡度由该系统内的倾斜仪测量。ELS 在盾构机体上的位置是确定的,即对 TBM 坐标系的位置是确定的。

③中央控制箱

主要的接口箱，它为黄盒子(继而为激光全站仪)及 ELS 靶提供电源。

④黄盒子

它主要为全站仪供电，保证全站仪工作和与计算机之间的通信和数据传输。

⑤计算机及掘进软件

SLS-T 软件是自动导向系统数据处理和自动控制的核心，通过计算机分别与全站仪和 ELS 通信接收数据，盾构机在线路平、剖面上的位置计算出来后，以数字和图形在计算机上显示出来。

全站仪 ELS 靶导向系统的主要测量仪器部件是全站仪和 ELS 靶，ELS 靶安装于盾构机内部，由盾构机切口中心和盾尾中心的位置确定。ELS 靶的内部安装有两个倾角传感器，可以实时测量盾构机的滚动角和俯仰角。同时，ELS 接收入射的激光定向光束，即可获取激光站至 ELS 靶间的方位角、竖直角，通过 ELS 棱镜和激光全站仪就可以测量出激光站至 ELS 靶间的距离。ELS 靶将各项测量数据传向主控计算机，计算机将所有测量数据汇总，就可以确定盾构机在施工坐标系统中的精确位置。将前后两个参考点的三维坐标与事先输入计算机的 DTA (隧道设计轴线)比较，就可以显示盾构机的姿态了。图 9.18 为 VTM 导向系统的姿态显示。

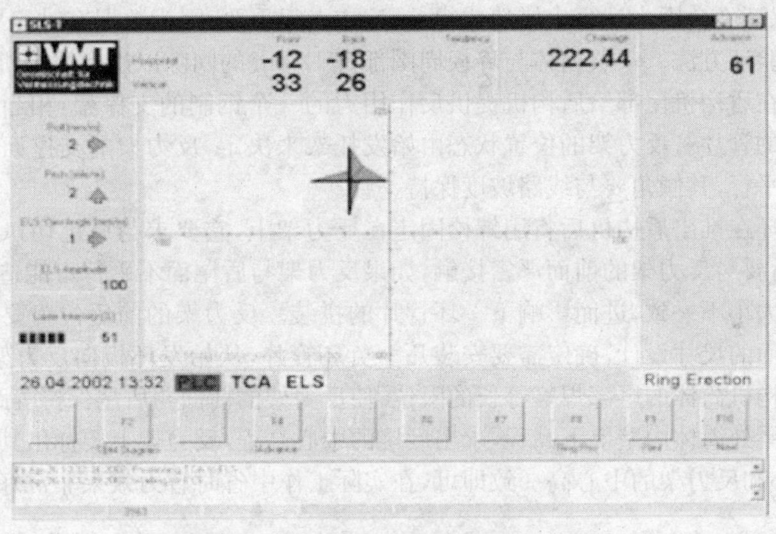

图 9.18　VMT 导向系统盾构姿态显示

不同的盾构机水平方位角测量原理，ELS 靶会有所不同。VMT 公司采用的电子标靶是采用阴屏来接收与全站仪激光同轴的导向激光，并旋转内部光栅使得透光光强最大，通过记录旋转角度来得到盾构机水平角。ZED261 导向系统的电子标靶是利用安装在标靶内部侧面和底面的传感器检测入射激光在标靶平面的入射点，与经过透镜折射后的汇聚点的不同位置，确定盾构机的水平角。

3. 盾构测量的实际应用

(1)始发环板中心的确定

环板中心可采用坐标法来测定，如图 9.19 所示。该法根据环板的几何尺寸和环板处隧道设计轴线的三维坐标，先推算出环板左右两端切线点的坐标，并放样出这两个点或者切线位置；待环板安装后，测量环板左右切线之切点坐标，取中数求得中心坐标，做进一步的检核。

(2)始发托架和反力架的定位

始发托架就是安放盾构机的一个支撑平台，上面有两根轨道，盾构机可以在千斤顶的作用下在轨道上滑动前进。反力架是在盾构机尾部给盾构机提供反作用力的一个钢制的支撑架。

始发托架和反力架的安装是始发前很重要的一步，它直接决定了盾构机的姿态，如果进洞姿态不好，直接的后果就是拉坏帘板，如果地质条件不好还可造成漏水漏沙甚至发生塌方等险情。因此始发托架和反力架的定位在整个盾构施工测量过程中就显得格外重要。

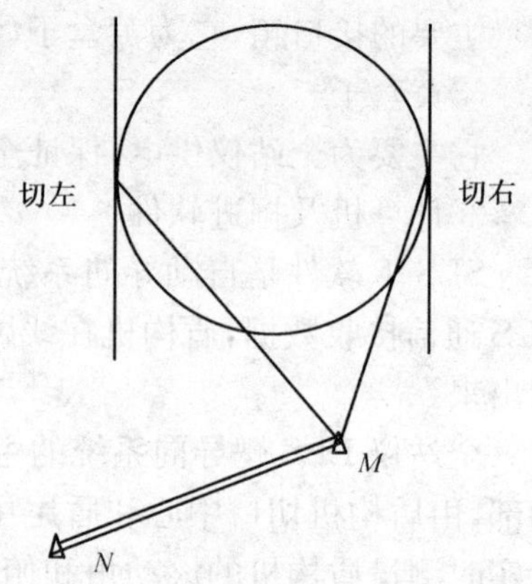

图 9.19 始发环板中心确定示意图

始发托架的定位测量首先根据联系测量得到的地下近井点，放样出始发托架的中心轴线，接着就是按照盾构机中心到托架底的高度和盾构井处底板的标高及坡度，采取一定的措施，使盾构机的轴线高度和隧道轴线设计高程基本一致。根据经验，始发托架的高程最好是比设计提高约 1～5 cm，以消除盾构机入洞后"栽头"的影响。

始发托架放好后要沿着轨面向前目测一下，观察轨面离环板的内边缘是否在允许的范围内，这样可以保证不会因为计算出错造成粗差，这一点很重要，因为数据有时容易出现错误，而这是最直观的验证方法。一般筒体与环板周围都有 12 cm 的间隙以确保盾构机顺利进洞。

反力架是在盾构机尾部给盾构机提供反作用力的一个钢制的支撑架，相当于盾构掘进过程中已拼装好的管片。反力架的位置状态由始发托架来决定，反力架的支撑面要与隧道的中心轴线的法线平行，其倾角要与线路坡度保持一致。

管片的负环在推出盾构机后将用螺栓固定在反力架上，它要求与盾尾切口面保持平行关系，负环推出后要与反力架的前面严密接触，如果反力架与盾尾面不平行可能造成管片拼装后盾尾间隙上下大小不一致，进而影响下一环管片的拼装。反力架的前后位置要根据 0 环管片预留在环板外面的尺寸设计，确定需要安装几个负环管片，从始发环板向反力架方向排，确定好位置后在盾构机筒体的尾部焊好等长的限位，使反力架的前面与盾尾保持等距离即可，还要实际测量出盾尾处筒体内壁上下高程，求出后尾的中心高程，反力架上要标出其几何中心的位置，使后尾圆心和反力架的中心高一致即可，在实际工作中省时省力效果非常好。

(3)移站

盾构机掘进时的姿态控制是通过激光全站仪实时测设 ELS 靶的坐标，反算出盾构机切口中心、盾尾中心的实际三维坐标，通过比较实测三维坐标与 DTA 三维坐标，得出盾构姿态参数。随着盾构机的向前推进，由于洞内施工条件以及曲线段不通视的限制，所以每隔规定的距离就必须将激光全站仪前移，也就是移站。由前面的学习可以看出，移站的主要任务就是确定移站后的激光全站仪和后视棱镜的三维坐标。下面以 VMT 公司的 SLS-T APD 激光电子标靶自动导向系统为例，讲述盾构机测量的移站过程。

1)激光站人工移站

激光全站仪的支架一般是用角钢和钢板做成可以安装在管片螺栓的托架，托架的底板中心焊上仪器连接螺栓。如图 9.20 所示，托架一般安装在隧道右侧顶部不受行车影响和破坏的地方。安装时，用水平尺大致调平托架底板后，将其固定好，然后安装前视棱镜或仪器。测量时采取强制对中，以减少仪器对中误差。

一般在后视靶托架即将脱出盾构机最后一节台车后进行移站，这样就可以直接站在盾构机上移站，不需要搭楼梯，既安全又方便。首先，把前视棱镜安装在后视托架上，测量出棱镜中心到托架底板的高程，之后直接从下面的测站采用极坐标测量方式测出托架的三维坐标。之后在后视靶托架上设站，前视直接采用极坐标测量方式测出激光站托架的三维坐标；把后视棱镜安装在后视靶托架上，把激光全站仪安装在激光站托架上整平，把黄盒子固定好，给全站仪接上电源，手动把全站仪瞄准后视棱镜，瞄准的精度在±10 cm左右，关闭全站仪电源。接着在主控室里，启动SLS-T，按"编辑器—F2"进入编辑器窗口，进入激光站编辑窗口，输入激光全站仪中心和后视靶棱镜中心的三维坐标，按"保存"键保存，然后关闭编辑器窗口；再按"定位—F5"键，给激光全站仪定位；定位完成后，再按"方位检查—F5"键，检查激光站和后视棱镜的坐标有无错误。如果超限，将会显示差值，如果不超限，那么将不显示；最后再按"推进—F4"，完成激光站的人工移站全过程。

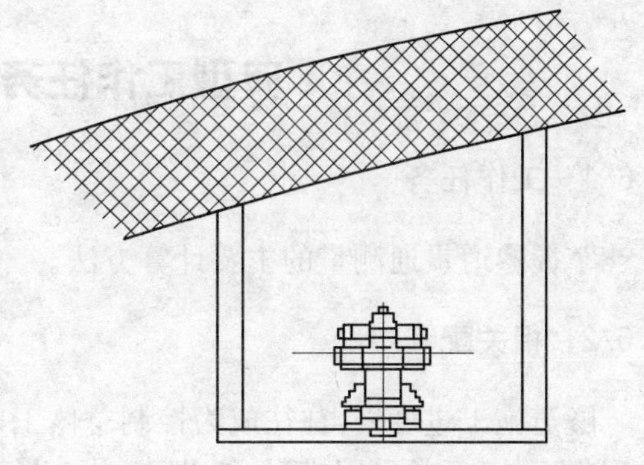
图9.20　激光站的托架示意

2)激光站自动移站

VMT导向软件SLS-T有激光站自动移站功能，移站的过程除了托架和全站仪及后视棱镜的安装，其他测量工作都可以通过此功能完成。

程序的启动及后续测量工作在主控室进行。此时SLS-T软件处于"管片拼装"状态，按功能键F3，关闭测量后，通过功能键"激光站移站—F6"来启动程序。在初始窗口中，按下按钮"测量开始—F2"，启动方位检测程序。方位检测被成功的执行后，显示检测结果，在得到理想的结果后，按下F2确认后方位检测的结果。在测定新激光站点坐标前，事先在信息输入窗口中输入如下信息：水平与垂直方向上偏移的近似值及新激光站点的大致里程，当前棱镜的高度及仪器的高度，新站点的点位编码。在信息输入窗口下，按下F2键启动程序。全站仪自动搜索到前视棱镜(即新激光站点)后，自动瞄准棱镜进行测量，屏幕显示计算出来的新激光站点坐标。在测定新激光站坐标时，为避免获得错误的数据，需遮盖住其他的反射棱镜。新激光站点的坐标测定后，将全站仪和后视棱镜转移到新的位置。全站仪和后视棱镜转移到新的位置后，主控室按功能键F2进行确认，新的信息窗口会显示新激光站点三维坐标，然后将新激光站点上的全站仪手动转向新的后视点即原先的激光站，按下F2，重新调整定位全站仪上的刻度。成功执行上述的步骤后，出现一新的信息窗口，通过按下F2功能键完成激光站移站程序。

3)激光站的人工检查

在推进的过程中，可能会由于安装托架的管片出现沉降、位移或托架被碰动，使激光站点或后视靶的位置发生变化，从而使全站仪测得的盾构机姿态信息产生错误。为了保证激光全站仪的准确定位，在SLS-T软件的状态为"推进"时，通过功能键F5对全站仪的定位进行检查，如果测得的后视靶的值超过了在编辑器中设定的限值时，需要对激光站进行人工检查。检查的方法是利用洞内精密导线点对激光站点及后视靶点位置进行测量，重新确定两点的三维坐标。设站导线点尽量选择在右侧管片侧壁上的强制对中导线点，这样建测站时能够一次建站测算出两个点位的坐标，避免误差的积累。当不满足上述建站条件时，从隧道内主控制导线点引测至后视靶托架上，在托架上建立测站，测定激光站点的三维坐标。

典型工作任务 6　隧道贯通测量

9.6.1　工作任务

掌握隧道贯通测量的主要计算方法。

9.6.2　相关配套知识

隧道施工进度慢,往往成为控制总体工期的工程。为了加快施工进度,除了进出口两个开挖工作面外,还常采用横洞、斜井、竖井、平行导坑等来增加开挖工作面。两个相邻的掘进面按设计要求在预定地点彼此接通,称为隧道贯通。在隧道施工中,由于地面控制测量、联系测量、洞内控制测量以及细部放样的误差,使得两个相向开挖的工作面的的施工中线不能理想地衔接,产生错开的现象,即所谓的贯通误差。如图 9.21 所示,贯通误差在线路中线方向的分量称为纵向贯通误差(简称纵向误差),在水平面内垂直于中线方向的分量称为横向贯通误差(简称横向误差),在高程方向的分量称为高程贯通误差(简称高程误差),又称竖向贯通误差。

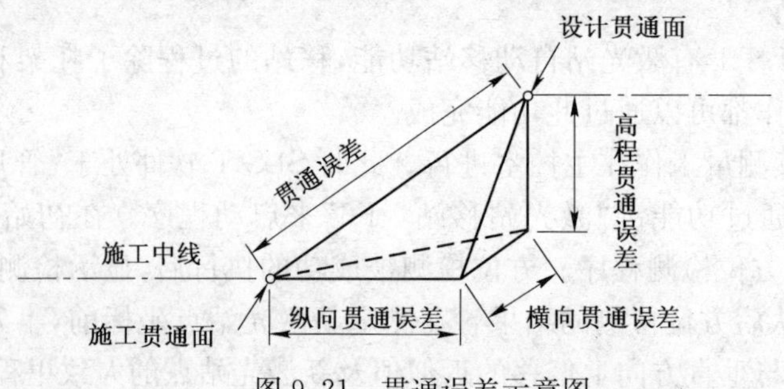

图 9.21　贯通误差示意图

1. 隧道贯通误差及其限差

隧道测量的关键问题是如何保证隧道在贯通时,两相向开挖的施工中线的贯通误差不超过规定的限值。纵向贯通误差影响隧道中线的长度,只要它不低于线路中线测量的精度,就不会对线路坡度造成有害影响。高程贯通误差对隧道的纵向坡度有影响,一般用水准测量的方法测定既可满足精度要求。横向误差的大小直接影响隧道的施工质量,倘若横向贯通误差过大,就会引起隧道中线几何形状的改变,严重时会使衬砌部分侵入到建筑限界内,影响施工质量并造成巨大的经济损失。所以,规范中一般只对隧道横向贯通误差和高程贯通误差做出规定,而对隧道纵向误差不作规定。

表 9.6 为《工程测量规范》(2007 版)对隧道工程的相向施工中线在贯通面上的贯通误差的规定。

表 9.6　隧道工程的贯通误差规定

项目	横向贯通误差							高程贯通误差
相向开挖隧道长度(km)	$L<4$	$4\leqslant L<7$	$7\leqslant L<10$	$10\leqslant L<13$	$13\leqslant L<16$	$16\leqslant L<19$	$19\leqslant L<20$	
洞外贯通中误差(mm)	30	40	45	55	65	75	80	18
洞内贯通中误差(mm)	40	50	65	80	105	135	160	17

续上表

项目	横向贯通误差							高程贯通误差
相向开挖隧道长度(km)	$L<4$	$4\leqslant L<7$	$7\leqslant L<10$	$10\leqslant L<13$	$13\leqslant L<16$	$16\leqslant L<19$	$19\leqslant L<20$	
洞内外综合贯通中误差(mm)	50	65	80	100	125	160	180	25
贯通限差(mm)	100	130	160	200	250	320	360	50

注:①本表不适用于利用竖井贯通的隧道;

②相向开挖长度大于 20km 的隧道应做特殊设计。

2. 隧道贯通误差的测定

隧道贯通后应及时进行贯通测量,测定实际的横向、纵向和高程贯通误差。

由隧道两端洞口附近的水准点向洞内各自进行水准测量,分别测出贯通面附近的同一水准点的高程,其高差即为实际的高程贯通误差(竖向贯通误差)。

洞内平面控制应用中线法的隧道,当贯通之后,应从相向测量的两个方向各自向贯通面延伸中线,并各钉设一临时桩 A 和 B,如图 9.22 所示。测量出两临时桩 A、B 之间的距离,即得隧道的实际横向贯通误差;A、B 两临时桩的里程之差,即为隧道的实际纵向贯通误差。以上方法对于直线隧道与曲线隧道均适用,只是曲线隧道贯通面方向是指贯通面所在曲线处的法线方向。

应用导线作洞内平面控制的隧道,可在实际贯通点附近设置一临时桩点 P,分别由贯通面两侧的导线测出其坐标,如图 9.23 所示。假设由进口一侧测得的 P 点坐标为 x_i、y_i,由出口一侧测得的 P 点坐标为 x_j、y_j,则实际贯通误差为:

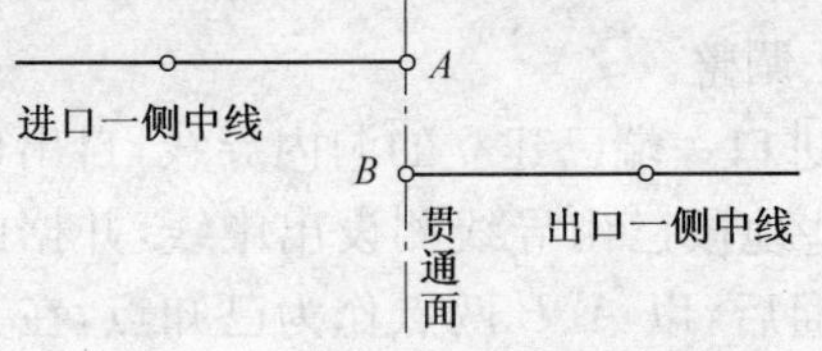

图 9.22　中线控制的贯通误差示意

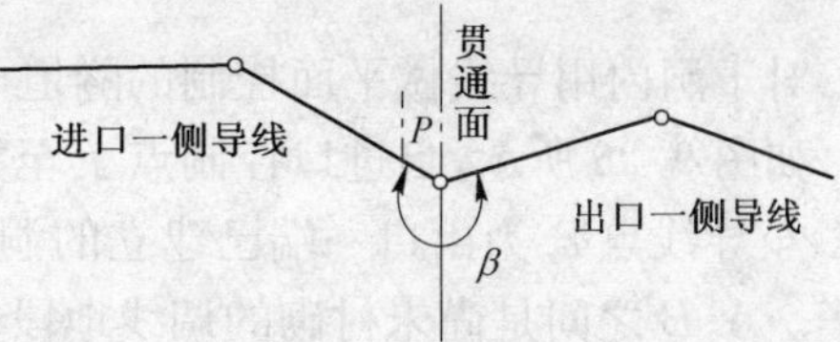

图 9.23　导线控制的贯通误差示意图

$$f=\sqrt{(x_j-x_i)^2+(y_j-y_i)^2} \tag{9.5}$$

对于直线隧道,通常是以路线中线方向作为 x 轴,此时横向、纵向贯通误差分别为:

$$\begin{cases} f_{横}=y_i-y_j \\ f_{纵}=x_i-x_j \end{cases} \tag{9.6}$$

对于曲线隧道,其贯通面方向是指贯通面所在曲线处的法线方向。如图 9.24 所示,$\alpha_{贯}$ 为贯通面方向的坐标方位角,可根据贯通点在曲线上的里程计算获得,α_f 为实际贯通误差方向的坐标方位角,可根据坐标反算原理利用进口一侧坐标(x_i、y_i)和出口一侧坐标(x_j、y_j)计算出来,φ 为贯通面方向与实际贯通误差 f 的夹角。从图中可以看出,

$$\varphi=\alpha_f-\alpha_{贯} \tag{9.7}$$

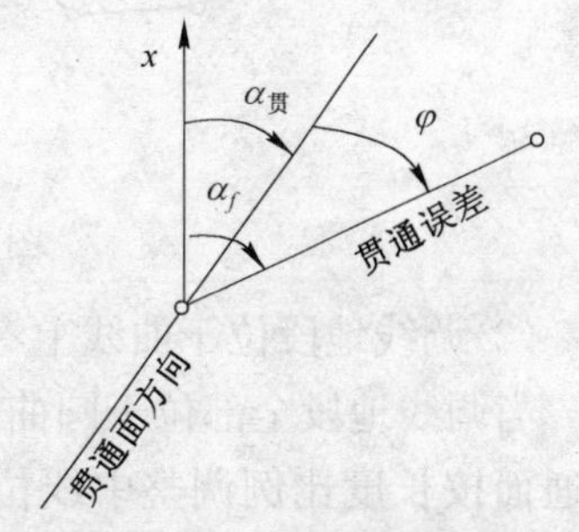

图 9.24　曲线隧道贯通误差示意图

计算出 φ 角后,即可计算隧道横向、纵向贯通误差:

$$\begin{cases} f_{横}=f\cos\varphi \\ f_{纵}=f\sin\varphi \end{cases} \tag{9.8}$$

3. 隧道贯通误差的调整

如果隧道贯通误差在容许范围之内，就可认为测量工作已达到预期目的。然而，由于贯通误差将导致隧道断面扩大及影响衬砌工作的进行，因此，要采用适当的方法将贯通误差加以调整，进而获得一个对行车没有不良影响的隧道中线，作为扩大断面、修筑衬砌以及铺设道床的依据。

调整贯通误差，原则上应在隧道未衬砌地段上进行，一般不再变动已衬砌地段的中线，以防减小限界而影响行车。对于曲线隧道还应注意尽量不改变曲线半径和缓和曲线长。

(1)调线地段位于直线上

当调线地段位于直线上时，可在未衬砌地段采用折线法调整。

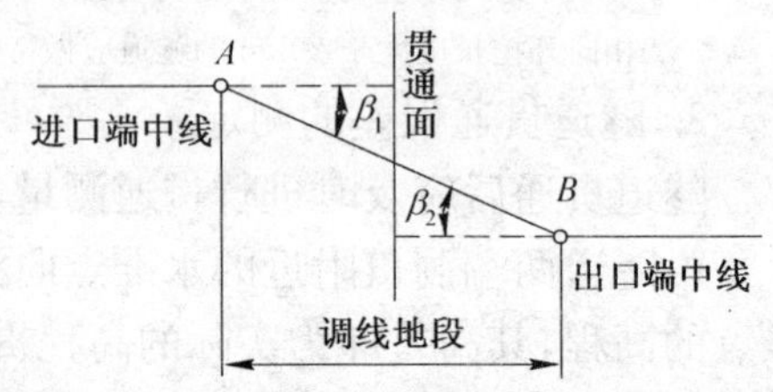

图 9.25　直线段隧道贯通误差调整示意图

如图 9.25 所示，在调线地段两端各选一中线点 A 和 B，连接 AB 形成折线。如果由此而产生的转折角 β_1 和 β_2 在 5′之内，即可将此折线视为直线；如果转折角在 5′～25′时，可不加设曲线，按表 9.7 中的内移量将 A、B 两点内移；如果转折角大于 25′，则应以半径为 4 000 m 的圆曲线加设反向曲线。

表 9.7　各种转折角的内移量

转折角(″)	内移量(mm)	转折角(″)	内移量(mm)
5	1	20	17
10	4	25	26
15	10		

对于洞内用导线做平面控制的隧道可用如下方法调整。

如图 9.26 所示，自进口控制点 J 至导线点 A 为进口一端已建立的洞内导线；自出口控制点 C 至导线点 B 为出口一端已建立的洞内导线，这些地段已由导线测设出中线，并据此衬砌完毕。A、B 之间是尚未衬砌的调线地段。在隧道贯通后，以 A、B 两点作为已知点，在其间构成含贯通点 E 的附合导线。用附合导线平差的方法计算各导线点的坐标，作为洞内未衬砌地段隧道中线点放样的依据。

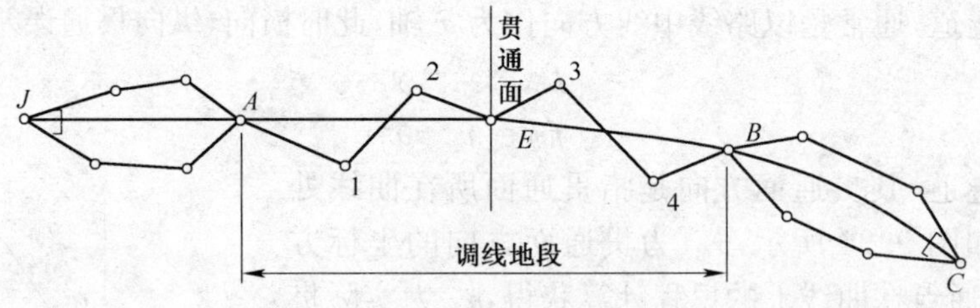

图 9.26　用洞内导线调整贯通误差示意图

(2)调线地段位于曲线上

当调线地段全部位于圆曲线上时，应根据实际横向贯通误差，由调线地段圆曲线的两端向贯通面按长度比例调整中线位置，也可用调整偏角法进行调整。也就是说，在贯通面两侧每 20 m 弦长的中线点上，增加或减小 10″～60″的切线偏角值。

由于贯通误差的存在，当贯通点在曲线始、终点附近时，调线地段既有曲线又有直线，曲线的切线与贯通面另一侧的直线既不重合，也不平行。如图 9.27 所示，进口端曲线的 HZ 点在贯通面附近，过 HZ 点的切线与出口端为直线的中线相交于 K 点，其交角为 β。为使曲线切线平行于出口端中线，可保持缓和曲线长度不变，将圆曲线增加或减少一段弧长，使这段弧长所对的圆心角等于 β。这样，YH 点移至 YH′点，HZ 点移至 HZ′点，过 HZ′点的切线由原切线方向旋转一 β 角，与出口端中线平行，而 JD 移至 JD′，转向角由 α 变为 α'，切线长也相应增加。

将图 9.27 中贯通面部分放大，可得到如图 9.28 所示的图形。

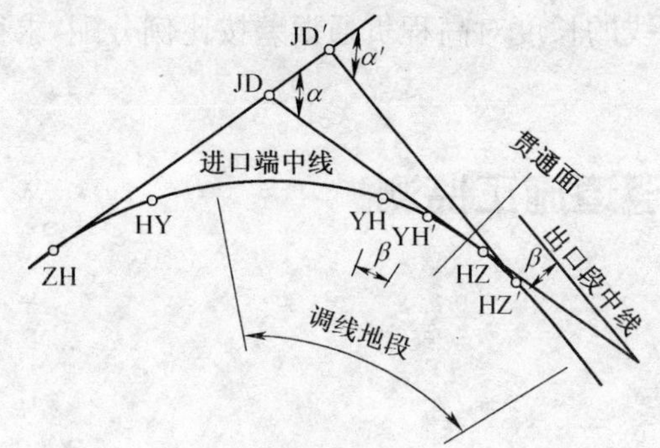

图 9.27　调整圆曲线长度示意图

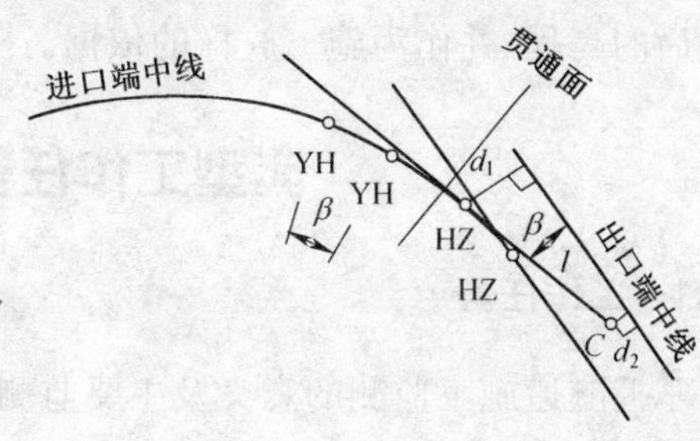

图 9.28　计算 β 示意图

将过 HZ 点的切线适当延长至 C 点，测量 HZ 点至 C 点的距离为 l，由 HZ 点和 C 点分别量出至出口端中线的垂距 d_1 和 d_2，则 β 角为：

$$\beta=\frac{d_1-d_2}{l}\times\frac{180^\circ}{\pi} \tag{9.9}$$

β 角的精度取决于 l 的长度及距离测量的精度。要使 β 角达到 10″的精度，l 应不短于 60 m；要使 β 角达到 30″的精度，l 应不短于 20 m；要使 β 角达到 1′的精度，l 应不短于 5 m。一般情况下，d_1 和 d_2 的测量中误差应达到 ±1 mm，而测量 l 时精确到 cm 即可。

设圆曲线半径为 R，圆曲线长度的变化值为：

$$\Delta L=\frac{\beta\times R\times\pi}{180} \tag{9.10}$$

需要注意的是，当 $d_1>d_2$ 时，$\beta>0$，$\Delta L>0$，圆曲线增长；当 $d_1<d_2$ 时，$\beta<0$，$\Delta L<0$，圆曲线减短。

将曲线的切线与贯通面另一端为直线的中线调整平行后，应进行检核。延长过 HZ' 点的切线 20 m 以上，测量延长切线两端点至出口端中线的垂距应相等。

以上调整方法称为“调整圆曲线长度法”。

调整圆曲线长度后，曲线的切线已经与贯通面另一端的为直线的中线平行，但仍不重合，此时可用“调整曲线始、终点法”进行调整。

如图 9.29 所示，将曲线的 ZH 点沿过 ZH 点的切线方向连同整个曲线向 JD 方向平移一段距离 m，此时，ZH 移至 ZH′，JD′移至 JD″，HZ′移至 HZ″，这样，过 HZ 点的切线与出口端中线就完全重合了。m 值可按式(9.11)求得：

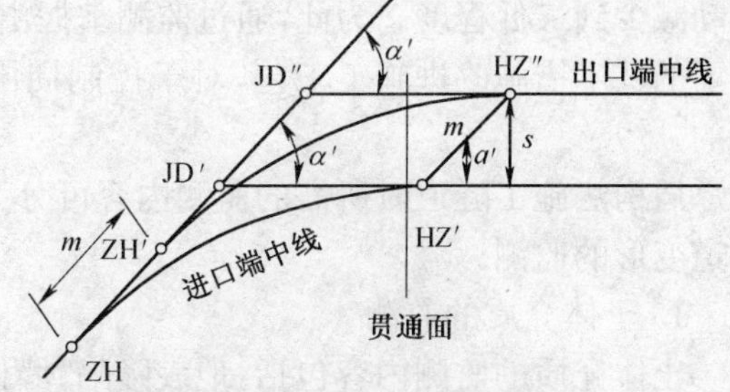

图 9.29　调整重合示意图

$$m=\frac{s}{\sin\alpha'} \tag{9.11}$$

式中　s——调整平行后的切线与出口端中线的距离；

α'——调整平行后的转向角。

实际操作时，将 ZH 移至 ZH′，然后以 ZH′为曲线起点，测设曲线。

所有未衬砌地段的工程，在中线调整之后，均应以调整后的中线指导施工。

(3)高程贯通误差的调整

贯通点附近的水准点高程采用由贯通面两端分别引进的高程的平均值，作为调整后的高程。洞内未衬砌地段的各水准点高程，根据水准路线的长度对高程贯通误差按比例分配，求得调整后的高程，并作为施工放样的依据。

典型工作任务 7　隧道施工监测

9.7.1　工作任务

掌握隧道施工监测的意义及主要监测内容。

9.7.2　相关配套知识

地下工程监测技术历来受到隧道与地下工程界的高度重视，并作为施工不可分割的重要组成部分。与地面建筑相比，地下构筑物处于土层介质之中，这使得后者在变形特性、物理结构、初始应力场分布、温度和水侵蚀效应等众多方面具有明显的非均质性、离散性、非连续性和非线性特点；致使地下建筑在施工、使用阶段表现出相当独特和复杂的力学特征，其变形规律和受力特点很难以纯理论的方法加以描述。因此，施工中应结合施工环境、工程地质和水文地质条件、施工方法和工艺等制定监控量测方案。从场地地层水文地质和工程地质物理力学特性实验，到开挖和支护过程中的施工同步监测，以及地下构筑物建成投入使用运营期的长期变形和沉降观测，监测技术在地下工程建设中起到十分重要的作用。一方面，作为工程建设预测预估的依据，用以保证建筑物和土层的安全和稳定；另一方面，为今后的工程实践提供有价值的经验和第一手资料。

盾构法施工是在地表面以下暗挖隧道的一种施工方法。近年来，由于盾构法在技术上的不断改进，机械化程度越来越高，对地层的适应性也越来越好。由于其埋深可以很深且不受地面建筑物和交通的影响，因此在水底公路隧道、城市地下铁道和大型市政工程等领域均被广泛应用。在软土层中采用盾构法掘进隧道，会引起地层移动而导致不同程度的沉降和位移，即使采用先进的土压平衡和泥水平衡盾构，并辅以同步注浆技术，也难以完全防止地面沉降和位移。随着城市隧道工程的增多，在道路、桥梁、建筑物下进行盾构隧道施工，就必须要求将地层移动减少到最低程度。为此，通过监测掌握由盾构施工引起的周围地层的移动规律，及时采取必要的技术措施改进施工工艺，对于控制周围地层位移量，确保邻近建筑物的安全是非常重要的。

盾构法施工隧道时所需的监测内容可分为三大类：土体介质的监测、周围建筑物的监测和隧道变形的监测。

1. 土体介质的监测

土体介质的监测内容包括：地表隆陷、墙体沉降和位移、土体应力和孔隙水压力等项目。

(1)地表隆陷

地表隆陷量测是在沉降测量区域埋设地表桩，采取常规的水准测量方法测量。地表桩设置一般沿盾构隧道的轴线每隔 3～5 m 设一测点，适当布置几排横向地表桩，测量盾构施工引起的横向沉降槽的变化。道路隆陷量测必须将地表桩埋入地面下的土层里，才能比较真实地测量道路的隆起或沉降。

(2)土体沉降和位移

监测盾构施工引起的深层土体沉降和位移量可了解土层被振动的范围和影响程度，土体沉降测量采用分层沉降仪、土体深层位移测斜仪，两者可共用一个测孔和测管。当测管埋设深度低于隧道底部标高时，可把测管底作为初始不动点。埋设在隧道顶部的测管一般以管顶为不动点，但必须测量管顶的水平位移值并进行修正。

(3)土体应力和孔隙水压力

盾构掘进对土体的作用破坏了土体结构，使土中应力和孔隙水压力增大。通过对土应力和孔隙水压力的量测，能了解盾构的施工性能、对土层的扰动程度及预测固结沉降量。量测数据反馈后，可及时调整施工参数，减少对土层的扰动。土应力和孔隙水压力量测元件的埋设采取钻孔埋设法，测点埋设在隧道外围。

2. 周围建筑物和管线的监测

(1)相邻房屋的变形观测

对盾构直接穿越和影响范围内的房屋、桥梁等必须进行保护监测，建筑物的变形观测可以分为沉降观测、测斜观测和裂缝观测三部分内容。沉降点设在基础上或墙体上，在构筑物外的地表上和构筑物底板上也设一些测点，用水准仪测量。构筑物倾斜监测可采用经纬仪测量方法，也可在墙体上设置倾斜仪，连续监测墙体的倾斜。构筑物的裂缝可用裂缝观测仪测得。

观测前，必须收集和掌握以下资料：

①建筑物结构和基础设计资料，如受力体系、基础类型、基础尺寸和埋深、结构物平面布置及其与隧道的相对位置等。

②地质勘探资料，包括土层分布及土层的物理力学性质、地下水分布等。

③隧道工程的施工计划、盾构平衡压力设定值和同步注浆情况等。

(2)相邻地下管线的沉降观测

城市地区地下管线网是城市生活的命脉，与人民生活和国民经济紧密相连，隧道相邻地下管线的监测不仅关系到隧道工程本身的安全，也维系着国家和人民的利益，关系重大。城市市政管理部门和煤气，输变电、自来水和电话公司等对各类地下管线的允许沉降量制定了十分严格的规定，工程建设的所有相关单位必须遵循。相邻地下管线的监测内容包括垂直沉降和水平位移两部分，其测点布置和监测频率应在对管线状况进行充分调查，与管线单位充分协商后确定，对重点保护的管线应将测点设在管线上，并砌筑保护井盖，一般管线则可在其周围设置地表桩进行监测。

3. 隧道变形监测

隧道施工过程及竣工后运营过程都会产生变形，这种变形在一定限定之内时，可认为是正常的现象，但如果超出了规定的限度，就会影响隧道的正常使用，严重时还会危及隧道的安全，因此，在隧道施工和运营期间，必须对隧道进行监视观测。对于盾构施工隧道的变形监测，主要是隧道的沉降监测。

隧道施工时，改变了地下原有的状态，对于隧道的地基施加了一定的外力，这就必然引起地基及周围地层的变形，而隧道本身及其基础也会由于地基及其外部荷载与内部应力的作用产生沉降变形。

隧道沉降观测的观测点标志可设置在衬砌环连接螺丝上，这样既不易被破坏，又便于观测，一般每隔五环设置一个观测点。

隧道沉降观测应采用二等或三等水准测量，最好使用 DS1 或 DS05 级的精密水准仪及与之相配套使用的水准尺，仪器距水准尺距离小于 35 m。观测各观测点时，最好不设置转点，即安置水准仪后视水准点后直接观测观测点。沉降观测点的首次观测高程值是以后各次观测用以进行比较的依据，因此，首次观测必须认真仔细，并以同期两次观测决定每个观测点的首次高程。观测时前后视距离尽可能相等，当不可能做到前后视距离相等时，其距离差不得大于 10 m。隧道沉降观测必须由固定测量人员观测和整理成果资料、固定使用水准仪和水准尺、固定使用水准点和固定测站位置转点来进行。

隧道沉降观测周期：

$$T=10/V\times\sqrt{2}m_h \tag{9.12}$$

式中　T——沉降观测的周期；

m_h——沉降点的高程中误差；

V——沉降点的沉降速率。

实际工作中，可根据下面规定确定观测周期：

①连续三个月平均沉降量小于 1 mm 时，每季度观测一次，否则，每个月观测一次；

②连续季度平均沉降量小于 2 mm 时，半年观测一次；

③交工时应进行一次沉降观测。

典型工作任务 8　隧道竣工测量

9.8.1　工作任务

掌握地铁隧道竣工测量的主要内容及归档资料要求。

9.8.2　相关配套知识

隧道竣工后，为了检查主要结构物及线路位置是否符合设计要求并提供竣工资料，而且为将来运营中的工程维护和设备安装等提供测量控制点，应进行竣工测量。

1. 隧道线路中线复测

隧道竣工后应对隧道内线路中线进行复测，以确保线路中线位置的精度，并恢复丢失的线路中线点。

对于采用中线形式控制的隧道，先检测竣工时仍保存的中线点，然后根据已检测的中线点恢复丢失的中线点。

对于采用导线形式控制的隧道，先检测竣工时仍保存的导线点，检测可靠后即可据此测设中线点；在丢失导线点地段，先在原导线点间加设新点，再按原测量精度施测并进行局部平差计算，最后根据平差后的导线点测设中线点。

检测中线时，应从一端洞口测至另一端洞口。检测的同时，在直线每隔 50 m，曲线每隔 20 m、洞身变换断面、衬砌类型变换以及其他需要测净空断面的里程处打临时中线桩或加以标志，供测绘断面用。中线复测合格后，在直线地段每 200 m～250 m、曲线主点埋设永久性中线桩。隧道竣工时洞内仍保存的中线点，其间距和埋石均符合永久中线点的要求时，不再埋设新点。永久中线桩埋设以后，应按工程统一编号在边墙上绘出标志。标志设在高于轨面 50 cm

处，标志框内以白漆打底、红漆书写，上写中线点的名称，中间写里程，下写标志距中桩的距离。

2. 洞内永久水准点设置

隧道竣工后，应在高程复测的基础上每公里埋设一个永久水准点，短于1 km的隧道，应至少埋设一个或两端洞门附近各设一个，并在隧道边墙上做出标记，注明高程点的编号和高程。永久高程点设立后，应与两端洞口附近的高程控制点构成附合水准路线进行联测，平差后确定各点的高程。施工时使用的水准点，当点位稳固且处于不妨碍运营的位置时应尽量保留，不必另设新点，但其高程必须加以检测。

3. 永久净空断面测绘

隧道竣工后，应在直线地段每50 m、曲线地段每20 m以及其他需要加测断面处，测绘隧道的实际净空断面。隧道净空断面测绘的依据是线路中线和轨顶高程。隧道净空断面测绘所需的临时中线点在中线复测时设出，轨顶高程根据永久高程点测出。断面测绘可采用支距法或摄影测量的方法。测绘隧道的实际净空包括拱顶高程、半拱宽度、起拱线宽度、内轨顶面线左右侧宽度、铺底或仰拱顶面高程(填充混凝土前测)，最后应绘出断面净空图。

隧道竣工测量结束后，根据测量成果编绘相关的图表作为竣工资料，供将来运营中工程维修、养护和设备安装时使用。

4. 成果整理及技术总结

(1)各阶段应整理和提交的测量资料

各阶段测量成果的整理必须做到真实、明确、整洁、格式统一并装订成册。各导线点、中线点、高程点的名称必须记载正确，同一点名在各种资料中必须一致。测量成果资料应妥善保管。

1)洞外控制测量应整理和提交的资料

①控制测量说明。包括隧道名称、长度、平面形状、布网情况、施测方法、仪器型号，平差方法、施测日期以及特殊情况与处理等。

②布点示意图。

③角度、边长和高程的实测精度及其计算方法，平差后的精度。

④控制网的边长、坐标和方位角计算成果。

⑤曲线转角、曲线的计算以及曲线始终点实测里程。

⑥控测里程与定测里程的关系。

⑦控测水准点高程计算成果及其与定测水准点高程的关系。

⑧洞口投点的进洞关系计算成果。

⑨洞外控制测量误差对贯通精度的影响值以及对洞内测量的要求。

2)洞内控制测量应整理和提交的资料

①洞内控制测量说明。包括布点情况、施测日期、测量方法和仪器型号、实际贯通里程、平差方法、特殊情况及其处理。

②洞内控制测量示意图。

③角度、边长和高程的实测精度和计算方法。

④对洞外控制点的检测及联测情况。

⑤洞内导线点坐标以及水准点计算成果。

⑥在三个方向上的实际贯通误差。

⑦贯通误差的调整方法。

3)施工测量应整理备查资料

①中线测量手簿

中线测量手簿包括永久中线测量记录和临时中线测量记录。永久中线测量记录包括方向测量记录、距离测量记录、点之记、点间关系附图。临时中线测量记录包括设角或串线记录、距离记录、点之记、点间关系附图。

②高程测量手簿

高程测量手簿包括洞内高程点(水准点)往返或对向观测记录、永久中线点和临时中线点高程测量记录。凡用于衬砌放样的中线点其高程不少于两次测量且应相符。

③衬砌放样测量手簿

衬砌放样测量手簿包括以下内容:

a. 以里程冠号的断面高程测量:内轨顶、边墙底、起拱线、拱顶、底或仰拱的高程测量及标志。

b. 断面支距测量:绘出某种断面支距的图示及该种断面的起讫里程,断面变换时的过渡处理。

c. 断面方向线(十字线方向)测设。

4)竣工测量应提交资料

①以隧道进出口轨顶高程处的洞门起讫里程为准的隧道长度表。

②中线基桩表。列出施工里程与统一里程相对照,并附施工断链表。

③曲线表。列出曲线要素及曲线的起讫里程。

④坡度表。列出坡度、坡段长及各坡度的起讫里程。

⑤水准点(或高程点)表。列出点名、高程、位置。

⑥隧道净空表和净空断面图。

(2)技术总结

凡使用新技术、新仪器和新方法以及通过竖井进行测量的隧道,都应编写测量技术总结。主要内容有基本情况,洞外、洞内的施测方法及实测精度,实际贯通误差及其调整方法,实施过程中发生的重大问题及其处理情况,引进和使用新技术的经验、教训和体会。

典型工作任务 9　隧道施工测量误差分析

9.9.1　工作任务

掌握地铁隧道施工的测量误差主要来源及误差计算的方法。

9.9.2　相关配套知识

隧道施工及隧道施工测量的关键技术指标是隧道贯通误差。贯通误差限值是决定不同阶段测量精度的依据。地下铁道限界裕量规定,地铁车辆运行限界裕量不大于 100 mm,这就决定了地下铁道相向开挖隧道施工中线在贯通面处(在区间隧道中部、或在区间隧道一端与车站中线衔接)的允许横向误差不超过 100 mm,即允许横向贯通中误差不超过±50 mm。高程允许误差不超过 50 mm,即允许高程贯通中误差不超过±25 mm。为保证贯通误差小于设计值,需从贯通误差的限差出发,对各阶段的精度指标进行整体设计,给出各阶段的测量精度要求,从而既能让各阶段的测量工作顺利进行,又能保证最终的工程质量。如果没有测量精度的整体分析,则可能由于测量精度要求偏低造成质量事故,或是由于测量精度要求过高,使得测量工作量大大增加,造成人力物力的浪费和工期的延误。

隧道贯通误差主要受地面控制测量、联系测量和地下导线测量的误差的影响。上述测量阶段是三个独立过程,所以可将其对于贯通误差的影响作为相对独立的因素予以分别研究。则隧道横向贯通中误差 $M_{q贯}$ 存在表达式(9.13)。

$$M_{q贯}^2 = m_{q控上}^2 + m_{q联系}^2 + m_{q控下}^2 \tag{9.13}$$

式中 $m_{q控上}$——地面控制测量误差影响值;

$m_{q联系}$——联系测量误差影响值;

$m_{q控下}$——地下导线测量误差影响值。

常规的隧道施工测量误差分配原则是"等影响"原则,即认为各个独立因素误差相同,于是每个独立因素对于横向贯通误差的影响值 m_q 可由式(9.14)求得。

$$m_q^2 = M_{q贯}^2 / N \tag{9.14}$$

式中 $M_{q贯}$——隧道横向中误差允许值;

N——独立误差因素的个数。

由于现代测量技术及仪器设备的进步,使得有些测量工作能够以较小的代价达到很高的精度。比如地面控制测量采用GPS技术达到毫米级精度是比较容易的;地下导线测量的精度也随全站仪测角、测距精度的提高有了较大的提高;而联系测量的方法尽管有所改进,但带来的好处主要体现在降低劳动强度和提高工作效率上,其精度与传统方法几乎没有差别。如果现在仍然采用"等影响"原则,一方面无法发挥先进技术的优势,另一方面也不能照顾到技术的薄弱环节。所以在隧道施工测量中,需要按照隧道工程测量不同阶段的技术特点,或者说需要按照不同的误差因素的特点进行贯通测量误差的分配。

为了达到这一目的,就需要对各阶段的测量误差对横向贯通误差的影响进行分析,从而得到合理、高效的测量技术方案。下面对各误差因素对于横向贯通误差的影响分别进行分析,并逐步阐述根据"按需分配"原则进行允许误差分配的方法。

1. 地面控制测量对于横向贯通误差的影响

地面控制测量是隧道施工测量的第一步,后续各阶段的测量工作均以此为基础逐步展开。影响隧道横向贯通误差的地面控制测量误差可以分为两部分。

(1)洞口(近井)点坐标的误差

洞口(近井)点坐标的误差将通过联系测量与地下导线传递到贯通面,严格地讲,它对贯通误差的影响在数值上等于同一隧道开挖段两洞口(近井)点的相对误差椭圆在贯通面上的投影。影响隧道贯通误差的是控制网的相对误差,而不是其绝对误差。对问题作进一步的简化:若把隧道一端的洞口点视为固定点,则另一洞口点相对于该点的误差不会超过整个控制网最弱点的点位误差。因此,可以把最弱点的点位误差近似地看作为控制网的点位坐标误差对于贯通误差的影响。

(2)地面控制网边的方向误差

这种误差表现为联系测量或地下支导线的起始方位的误差。不论联系测量采用何种形式,地面控制网边起始方位误差对贯通误差的影响都是一样的。设地下单侧支导线的总长度在贯通面的垂直方向上的投影为 S_0,则地面控制网边的方向误差对横向贯通误差的影响值为起始方向误差与 S_0 的乘积。控制网中某边的方向误差可以看作为其垂直方向上控制网的边长误差。若以相对误差计,则其数值不大于控制网最弱边的相对误差,故可对控制网最弱边的相对误差作精度要求。

地面控制测量误差对横向贯通误差的影响就是上述两部分误差的合成。如果认为隧道在中间贯通,则有

$$m_{q控上}^2 \approx m_p^2 + (2bL)^2 \tag{9.15}$$

式中 $m_{q控上}$——地面控制测量对于横向贯通误差的影响值;

m_p——最弱点的点位误差;

b——最弱边相对误差;

L——隧道全长在贯通面的垂直方向上投影长度的一半。如果是通过竖井贯通的隧道,L 为两个竖井间长度在贯通面垂直方向上的投影。

在上述讨论中,是基于假定洞口(近井)点为地面控制网点。如果洞口(近井)点是通过加密得到,则须考虑加密误差,或者采用联合平差的方法,将首级网点与加密点进行整体分析。

2. 竖井联系测量对隧道横向贯通误差的影响

竖井联系测量的误差对隧道贯通的影响是由坐标和方向传递两方面来体现的。其中坐标传递的误差将使地下导线的各点产生同一数值的位移,对隧道贯通的影响是一个常数。如图 9.30 所示,O_1、O_2 为地面点经竖井在隧道内的投点,A、B、C、D 为地下导线的正确位置,由于坐标传递的误差使起点 A 产生坐标误差 m_x 和 m_y,因而使导线平行移动后的位置为 A'、B'、C'、D'。

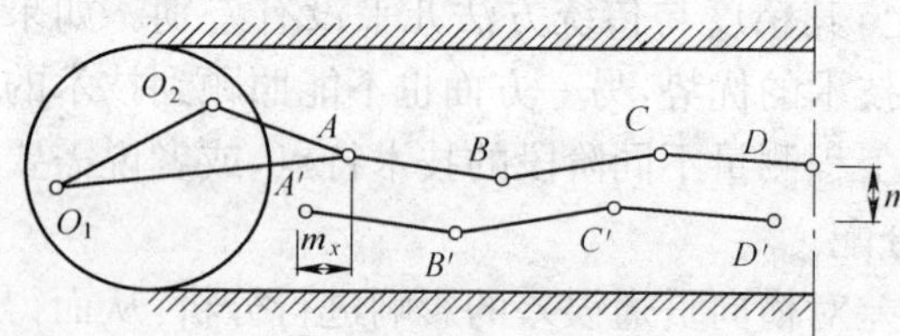

图 9.30 坐标传递对贯通误差的影响

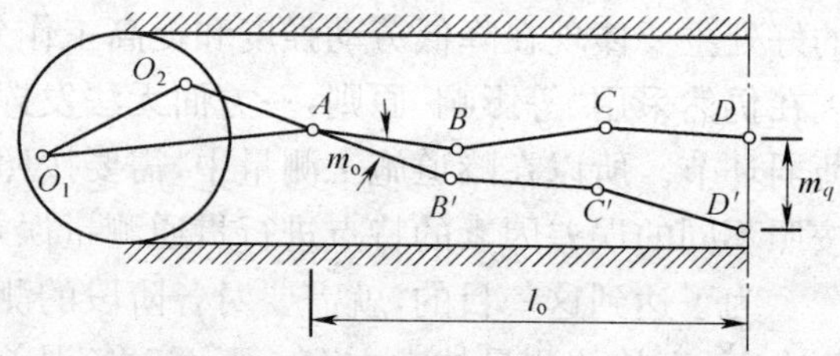

图 9.31 方位角传递对贯通误差的影响

方位角传递的误差将使地下导线各边方位角转动同一个误差值,它对贯通的影响将随着导线长度的增加而增大。如图 9.31 所示,A、B、C、D 为地下导线的正确位置,由于起始边方位角误差 m_o 使导线位置发生扭转而位于 A'、B'、C'、D'。此时,贯通面处由于起始方位角误差所引起的横向误差为

$$m_q = m_o \times l_o \tag{9.16}$$

现在假设方位角传递的误差为 $2''$,两竖井间的距离为 2 km,则由方位角传递误差所引起的贯通误差为 19.4 mm。可以看出,很小的方位角误差经过导线距离的放大,最后会产生很大的误差,所以,对于联系测量的方位角传递一定要特别注意。隧道贯通前的联系测量工作不应不少于 3 次,宜在隧道掘进到 100 m、300 m 以及距贯通面 100～200 m 时分别进行一次。当贯通面一侧的隧道长度大于 1 500 m 时,应增加联系测量次数或采用高精度联系测量方法等提高定向测量精度。

3. 地下导线测量误差对于横向贯通误差的影响

地下导线测量误差对横向贯通误差的影响可表示为:

$$m_{q控下}^2 = m_{q\beta}^2 + m_{ql}^2 \tag{9.17}$$

式中 $m_{q控下}$——地下导线测量对于横向贯通误差的总影响;

$m_{q\beta}$——地下导线转角测量误差引起的横向贯通误差;

m_{ql}——地下导线边长测量误差所引起的横向贯通误差。

隧道贯通前地下导线为支导线，所以式(9.17)可以写成：

$$m_{q控下}^2 = \frac{m_\beta^2}{\rho^2}\sum R_x^2 + \frac{m_l^2}{l^2}\sum d_q^2 \tag{9.18}$$

式中　$\sum R_x^2$——测角的各导线点至贯通面的垂直距离的平方和；

$\frac{m_l}{l}$——导线边长的相对中误差；

$\sum d_q^2$——各导线边长在贯通面上的投影长度的平方和；

ρ——取 206 265。

直线型隧道通常布设等边直伸导线，其横向贯通误差完全由测角误差引起。设直线隧道总长度为 $2L$。在隧道的中间位置贯通，贯通长度为 L。采用等边直伸导线，导线平均边长为 l，简单起见，设 L/l 为整数，于是隧道单侧布设导线边的数量 $N=L/l$，由于 $\sum d_q^2=0$，所以贯通点横向中误差全部由测角误差引起，即式(9.19)：

$$m_q = \frac{m_\beta \cdot l}{\rho}\cdot\sqrt{\sum_{i=1}^N l^2} = \frac{m_\beta \cdot l}{\rho}\cdot\sqrt{\frac{N(N+1)(2N+1)}{6}} \approx \frac{m_\beta \cdot l}{\rho}\cdot\sqrt{\frac{N+1.5}{3}} \tag{9.19}$$

式中　m_q——单侧导线测量引起的横向贯通误差影响值；

m_β——等精度测角中误差。

若隧道为曲线，则测角误差与测距误差都会影响贯通。本书不做介绍，有兴趣的读者可以参阅有关文献。

不论是直线型隧道还是曲线型隧道，导线各边长测量误差对于贯通的影响是独立的，影响值与该边在贯通而上的投影成正比，但与该边在导线中的位置无关。导线转角测量误差对于贯通的影响则与其所处的位置有关，离隧道贯通面越远，转角测量的误差对贯通误差的影响越大，其数值与该角顶点到贯通面的垂直距离成正比。尽量加长导线边并适当提高靠近洞口的导线转角测量精度，可大幅度减小贯通误差。当精度要求较高时，可以采用不等权的方式设计地下导线的观测方案，适当提高靠近起点的转角的测量精度。

相关规范、规程与标准

[1] 中华人民共和国国家标准．工程测量规范 GB 50026—2007。

[2] 中华人民共和国国家标准．城市轨道交通工程测量规范 GB 50308—2008。

[3] 中华人民共和国国家标准．铁路工程测量规范 TB 10101—2009。

项目小结

隧道是交通线上的重要组成部分，是国家重要的基础设施。隧道施工测量的主要任务，是保证隧道相向开挖的工作面按照规定的精度在预定位置贯通，并使各项建筑物以规定的精度按照设计位置和尺寸修建。

本项目主要介绍了地下隧道施工测量技术及盾构施工测量技术。要求读者能够了解隧道施工各个阶段的测量方法及手段，能够运用学习的知识解决现实施工中的问题。由于盾构施工越来越广泛地运用，所以盾构施工测量是本项目的重点。盾构机的 VMT 导向系统必须有控制测量的支持才能运作，所以控制测量是盾构隧道测量的基础。为了保证隧道的顺利贯通，首先要做好控制测量，然后要保证导向系统的正常运行，定期对盾构姿态进行人工检测，保证导向系统的正确可靠。加强管环姿态检测，及时发现管环的位移趋势，防止管环安装侵限。加强管环姿态的检测同时也是对导向系统的复核。

复习思考题

1. 隧道施工测量的主要内容有哪些？
2. 隧道洞外平面控制测量常用的方法有哪些？
3. 隧道洞内平面控制测量导线的布设方式有哪些？
4. 采用一井定向法进行联系测量时有哪些注意事项？
5. 某次联系三角形的测量数据如下表所示，根据所给的数据解算联系三角形。

井上三角形观测值		井下三角形观测值	
α	13′42.7″	α'	41′39.2″
a	11.437 1	a'	11.436 4
b	3.738 2	b'	5.942 3
c	15.174 4	c'	17.377 2

6. 某次盾构姿态测量的原始数据如下表所示，请分别用几何距离法、CAD 图解法求出切口中心和盾尾中心在施工坐标系下的坐标，并求出盾构机的姿态参数。

点号	盾构机坐标系下的坐标			施工坐标系下的坐标		
	x	y	z	X	Y	Z
1	−3.721 8	−1.948 2	1.726 6	9 517.626	47 467.427 5	−4.178
2	−3.600 5	1.904 1	1.540 2	9 517.714	47 463.576 0	−4.397
3	−4.223 2	1.699 6	1.366 3	9 518.324	47 463.817 5	−4.572
切口中心	0	0	0			
盾尾中心	−7.72	0	0			

7. 隧道贯通误差包括哪些误差？对隧道贯通有什么影响？
8. 为什么要进行隧道竣工测量？隧道竣工测量主要包括那些内容？

项目 10　隧道维护管理内容

项目描述

隧道及地下结构物属地下岩土工程结构物，是一个广泛的工程领域。这些结构物在使用过程中，由于自然条件(地下水、地震、冻害等)的变化以及材料本身的劣化，而发生较其他结构物更为严重的变异(病害)现象(如开裂、错位、冻结、震灾、崩塌等)，从而大大缩短了结构物的使用寿命。因此，研究自然条件、变异现象与结构物使用寿命之间的因果关系，就是维修养护管理的基本内容。本项目介绍隧道维护管理的一些基本知识，主要介绍隧道维护管理的原则和目的、隧道维修管理的基本模式，隧道检查、状态评估、养护维修。

拟实现的教学目标

1. 知识目标

- 能够对隧道进行检查，并进行状态评定；
- 能够根据隧道状态评定结果提出养护维修措施。

2. 知识目标

- 掌握隧道检查内容，会填写相应隧道检查表格；
- 掌握隧道状态评定项目；
- 掌握隧道养护维修的具体内容。

3. 素质目标

- 养成全面考虑问题的习惯；
- 养成分工协作的意识；
- 具备一定协调组织能力。

相关案例——秦岭隧道

秦岭隧道是 1995 年开工的，位于西安至安康的两条相互平行的标准轨距铁路单线隧道，其中Ⅰ线隧道长 18.456 km，隧道穿越混合片麻岩、花岗岩等岩脉，形迹复杂。由进口开始以 11‰上坡 14 789 m，经过 9‰、3‰(各长 200 m)两次变坡，然后以 3%下坡 3 267 m 出洞，隧道两端洞口均位于半径为 500 m 的曲线地段。全隧道海拔最高点约 1 034 m，最大埋深 1 646 m，处于六度地震烈度区。隧道内径为 ϕ8.5 m 的圆形断面和马蹄形断面，衬砌为复合式和湿喷钢纤维混凝土衬砌。

隧道内线路采用整体道床、采用新型穿靴式弹性支承块(64 965 个)，其上预埋铁座、弹条式扣件。一次性铺设 PD3 全长淬火 60 kg/m 钢轨超长无缝线路，进出口由Ⅲ型轨枕连接。

洞内附属设施有隧道通长中心排水沟、双侧排水沟，右侧每隔 420 m 设横通道，计 43 个，设有 3 个休息室，左侧设通信电缆槽、右侧设电力电缆槽，左右侧交替间隔 70 m 设避车台，每侧每隔 420 m 设置大避车洞，Ⅰ线进口段设置射流通风机 7 组，右侧设置 ϕ200 mm 消防管道、每 75 m 设消防栓，隧道通长范围内右边墙上每隔 30 m 设固定照明设备(含横通道内照明)。

秦岭隧道目前处于临管运营阶段，由于西康线为国家一级干线，为入川的分流主通道。所以，开通运营在临管阶段运量就达 4 600 万 t，远超过繁忙干线运量标准。

秦岭隧道是我国目前最长的铁路山岭隧道，亦为亚洲同类特长隧道之首。在世界特长隧道中也居于前列，是我国铁道隧道建设史上的里程碑。由于工期、进度等原因，秦岭隧道在施工中分段施工，有先进的 TBM 法施工、也有钻爆法施工。各段施工手段、工艺及衬砌均不相同。秦岭隧道还首次采用了大量新型设施和装备。

所以，其维修养护管理工作是全新的、庞大的、也是细致的，因此，研究其维修养护管理问题，为运营阶段的维修养护管理工作创造良好的条件是非常重要的。

典型工作任务1　隧道维护管理的原则和目的

10.1.1　工作任务

了解隧道维护管理的原则和目的。

10.1.2　相关配套知识

1. 隧道维护管理的原则

①预防为主、防治结合，日常保养和综合维修相结合。

②检查是养护维修和病害整治的依据，检查工作要形成制度，由专人执行。

③维修和病害整治要有计划、有准备地进行，技术、资金要落到实处。

④隧道管理机构应高效精干，管理人员应该具备高素质、高技能，并应由一定数量和比例的高、中、初级技术人员和技术工人组成，专业应涉及结构、建材、测量、机械、电器、通讯等。

⑤制定并不断完善一套安全、高效、有质量保证的制度，以保证按规定要求以及国家和行业有关规定、规程、标准等能全面顺利的贯彻执行，做到规范管理。

⑥建立和不断充实、完善隧道工程技术档案系统，为隧道养护维修和安全评估提供依据。该系统应包括隧道设计、检测、养护维修及营运管理等内容。

⑦建立管理养护维修数据库，不断引进新材料、新技术，提高工艺水平，以最经济、最有效的方式保证隧道及其设施经常处于完好状态。

2. 维护管理的目的

①确保隧道始终安全、畅通，满足地铁运营需要。

②有计划地改善隧道结构技术状态，提高结构安全性与耐久性。

③最大限度地延长隧道的使用寿命。

典型工作任务2　隧道维修管理的基本模式

10.2.1　工作任务

了解地下隧道工程维修管理的基本模式，掌握结构物劣化预测的评价方法和判定依据。

10.2.2　相关配套知识

从隧道及地下工程使用过程中的经验看，各国采取的维修管理基本上是：检查→发现变异→推定变异原因→明确变异后的结构物健全度→制订相应的整治措施→整治。也就是采用“早期发现—及时维护”或者说是“勤检查、早发现、少维修”的维修管理模式。这也是应该建立的隧道及地下工程维修管理模式。

一般来说，结构物的耐久性和耐用时间是未知的，因此在设计阶段就规定维修管理的级别，编制在使用期间内把结构物要求的性能维持在容许范围内的维修管理计划，构筑进行检查、劣化预测、调查、评价、判定及对策等的维修管理体制。

1. 作为维修管理的第一步，对结构物进行检查。在新建结构物中就是在开始使用前对结构物进行初次检查，如工程最后的竣工验收就是这种检查形式；在既有结构物中则是对结构物的日常检查情况。检查是实现“预防为主”的基础，也是以后分析结构变异和整治的依据。

2. 从检查出来的变异中选定劣化现象，并根据结构物的特征、基于劣化因素的外因和变异的特征进行劣化机理的推定。劣化机理的推定应根据适当的步骤实施。

(1)新建结构物的场合，应考虑设计、施工、使用材料等的记录和结构物的环境条件及使用条件，推定劣化机制。

(2)对于既有结构物，应考虑结构物的环境条件和使用条件，并考虑变异特征等推定劣化机制。

(3)根据环境条件、使用条件及变异特征不能推定劣化机制的场合，应采用代表评价项目的劣化指标推定劣化机制。

3. 对检查中发现的劣化现象要进行劣化预测，推定结构物的性能是否达到满足要求的水准，推定结构物残存的使用期间是否需要采取进一步查检和对策。

(1)劣化预测应掌握结构物各部位、各构件的性能和劣化的关系，明确各种劣化对各种性能有怎样的影响。

(2)劣化预测应对劣化机制和劣化因素进行分类，推定相关挑衅化机制，采用适当的模式进行劣化预测。

(3)劣化预测的精度应根据劣化模式的精度、结构物的部位、构件或结构物的重要度等确定。

4. 在劣化预测的同时进行预定使用期间的评价和判定

(1)结构物性能的评价。应根据检查结果，考虑劣化机制和状态，对检查时和预定使用期间完了时的劣化发展状况和性能降低采用适当方法进行评价。

(2)对结构物性能降低的判定。在评价结果中采用规定的判定基准确定是否需要采取对策，包括必要时采取紧急措施的判定。

(3)评价和判定要按初次检查、初次检查以后的检查等分别对应进行。

(4)初次检查以后的劣化评价和判定，原则上分为基于目视检查结果的评价和判定，和基于详细检查结果的评价和判定两个阶段进行。

5. 根据初次检查、劣化预测、调查、评价及判定的结果，进行对应的设计和施工，治理结构物的变异。

(1)对结构物性能降低而采取对策的场合，应考虑维修管理级别、残存使用期间、维修管理的难易程度等采取适当的对策。

(2)对结构物进行对策施工时，要考虑隧道内的交通量和路线的重要性及对周边环境的影响等。

(3)对结构物进行对策施工时,应采用观察、量测的方法对施工中和施工后的状况进行监视,以确认对策的效果。特别是对地压等外力产生的变异,施工中和施工后的监视格外重要。

施工中,隧道周边的条件常常为不稳定的状态,为了确认能够安全地施工,希望用量测的方法继续进行监视。施工后在一定时间内也要继续监视,以确认对策的效果;万一没有出现预计的效果,就要根据调查结果研究立即追加对策的措施。

典型工作任务3　隧道检查

10.3.1　工作任务

掌握地下隧道检查的分类,掌握隧道检查的内容。

10.3.2　相关配套知识

隧道的检查是为了掌握隧道的现状,发现对隧道安全和功能有影响的病害,为隧道进行合理的养护管理收集和积累资料,建立隧道养护维修的数据库,为决策提供基础数据,以便尽早采取防治病害的措施,确保隧道安全畅通。隧道的检查分为日常检查、定期检查、专项检查和应急检查。

1. 日常检查

日常检查是为及时了解和掌握隧道状态及变化程度,对隧道进行的经常性的巡视检查活动。日常检查主要检查各结构部件的功能是否完好、有效,运行是否正常,是否有影响列车通行等情况;发现需改善的设施缺陷和对通行有影响的设施缺陷应做好检查记录,并及时处置;并对日常维修养护状况进行检查。

日常检查的主要内容包括:隧道内设备、材料是否有起拱、脱落现象;变形缝是否有损坏情况;横截沟、边沟是否有积泥堵塞现象;隧道内联络通道门、人防门是否完好;隧道内的渗漏水状况;内部通风状况;内部照明状态等。

2. 定期检查

定期检查是为定期掌握隧道设施状态及变化程度对隧道进行的综合的、全面细致的检查活动。定期检查一般按规定周期对区间隧道的主体结构、附属结构及附属设施进行全面细致的检查,主体结构主要检查行车隧道;附属结构主要检查联络通道、迂回风道、区间风道及活塞风道等;附属设施主要检查防排水设施、通道门、人防门、疏散平台等。

定期检查以目测为主,配以简单或专用的测试仪器(工具),以日常管理养护资料为依托,对隧道主体和附属、结构、设施进行定期的详细测定和检查。其内容虽然包括了日常检查,但更加深入、更加详细、更加全面。定期检查需填写《隧道定期检查记录表》(详见表10.1和表10.2)。并对各分项进行状态评定,以全面掌握区间隧道的状态,将其作为制定养护维修计划工作的依据。

(1)主体结构检查

①检查管片开裂情况,是否存在压溃、错台、张裂现象,并使用钢尺、比尺、折尺等工具检查,记录宽度5 mm以上的结构裂缝的分布、位置、走向、宽度及深度。并应对裂缝长度大于等于5 mm、宽度大于3 mm,或是拱部压溃范围大于0.5 m^2、掉块厚度大于6 mm的情况做出标记。

表 10.1　隧道定期检查记录表

检查部门			检查日期		
线路名称			区间名称		
序号	检查项目	数量	病害位置	病害分布、类型、尺寸	病害照片编号
1	结构空鼓情况				
2	宽度 0.5 mm 以上的结构裂缝				
3	结构渗漏水				
4	结构钢筋是否外露、锈蚀				
填表说明：结构裂缝要记录分布、位置、走向、宽度、长度及深度，结构渗漏水记录渗水、漏水、洇水。 检查人：＿＿＿＿＿＿　技术负责人：＿＿＿＿＿＿					

表 10.2　隧道定期检查记录表

检查区间		里程(墩号)		线别	上行	下行
检查项目						
出现问题						
检查方法						
意见建议						
检查人		检查日期		责任人：		
备注						

②检查管片拼装缝宽有无缝宽变化、错位情况，并使用钢尺、比尺、折尺等工具测量缝宽。缝宽变化值大于设定的限值时应做出标记。

③检查管片螺栓孔、注浆孔填塞物有无脱落。

④检查洞体结构有无渗漏水现象，重点检查变形缝、盾构隧道管片螺栓孔、注浆孔和管片接缝处、衬砌开裂和腐蚀等部位。

⑤检查衬砌混凝土是否发生起毛、酥松、麻面蜂窝、起鼓、剥落等腐蚀现象，并使用钢尺等工具测量腐蚀深度和面积。

⑥检查衬砌是否有局部小掉块、钢筋外露、锈蚀现象，并做出标记。

⑦检查整体道床与底板结构间是否存在间隙。

(2)附属结构检查

联络通道、迂回风道、区间风道及活塞风道的检查一般参照地铁车站主体结构执行。

(3)排水设施检查

①检查排水设施结构物是否完好，重点检查排水沟、排水管、集水井有无开裂、漏水、淤积、堵塞、沉沙、滞水等现象，钢水管有无锈蚀。

②检查隧道变形缝及衬砌防水设施是否完好，有无渗漏水。

(4)通道门、区间人防门检查

检查通道门、区间人防门能否开关自如正常使用。

(5)疏散平台

疏散平台主要检查疏散平台板上有无杂物，结构是否完好；固定螺丝是否松动及是否有掉角开裂等现象。

3. 专项检查

专项检查是根据隧道状态的需要，通过专业技术手段对隧道设施损害进行的专门的、深入的特殊检查和检测。专项检查主要针对较为严重的衬砌开裂、渗漏水、掉块等病害进行。

(1)衬砌开裂

使用裂缝测量计、设置标点等方法对裂缝长度、宽度、错台的发展变化情况进行监测，并记录各次观测结果。当裂缝宽度达到 5 mm 以上，压溃面积达到 1 m^2 以上，掉块厚度达到 10 mm以上时应进行专项检查，查明原因，及时处理。对衬砌贯通裂缝或发展变化的裂缝，应重点分析其原因。

(2)渗漏水检查

对滴水、淌水、涌水病害进行以下检查：

①检查漏水的流量，淌水、涌水时可用秒表和计量容器等测定；

②若漏水浑浊，应检查漏水中是否混有砂土，并测定砂土流出量；

③使用温度计、pH 值测定器、导电计等工具测量漏水的温度、pH 值和导电度，判断漏水是否对混凝土结构存在劣化作用。

(3)材质检查

出现严重病害时应该进行混凝土碳化深度检查，使用超声波、电磁波等方法对剥落部位衬砌的厚度进行测量。

4. 应急检查

应急检查是在运营隧道出现异常事件(如地震、台风、火灾、洪水、电击、车辆撞击等)后，为及时得到结构物状态的信息，对遭受影响的部位必须立即进行的详细检查。

典型工作任务 4　状态评估

10.4.1　工作任务

掌握隧道状态劣化评定方法和内容，根据隧道检查结果能够进行状态评定工作。

10.4.2　相关配套知识

隧道结构通过日常检查、定期检查、专项检查、应急检查，掌握实际的工作状态后，还需进一步进行科学分析判断，采取有针对性的维修加固措施。

1. 状态劣化评定

隧道在运营过程中，承受荷载作用和环境侵害，必然会引起结构功能的变化，构成对行车安全的影响，也即隧道状态的劣化。由于荷载作用和环境侵害的程度不同，影响结构功能和行车安全的程度也不相同，因此，隧道的劣化程度也是不同的。

《城市轨道交通设施养护维修技术规范》(DB11/T 718—2010)将病害分为五级，一级为轻微病害，二级为中等病害，三级为较重病害，四级为严重病害，五级为极严重病害。对应的养护维修标准为：评为一级时应进行日常养护维修；评为二级时应进行日常养护维修，并加强检查；评为三级时应加强监视，必要时进行中修；评为四级时应尽快进行中修或大修；评为五级时应立即进行大修。

主体结构及附属结构的分项评定可从裂损劣化、渗漏水、材料劣化三个方面分别进行分项评定，具体项目可参见表 10.3。

表 10.3 病害分项评定表

序号	类别	检查项目	一级	二级	三级	四级	五级
1	主体结构	洞体裂缝	一般龟裂或无发展状态	钢筋混凝土衬砌裂缝宽度 $\delta<0.3$ mm；普通混凝土衬砌裂缝宽度 $\delta<3$ mm且长度 $L<5$ m	钢筋混凝土衬砌裂缝宽度 0.5 mm $\geqslant\delta\geqslant$ 0.3 mm；普通混凝土衬砌裂缝宽度 5 mm $\geqslant\delta\geqslant$ 3 mm，长度 $L<5$ mm 且裂缝有发展，但速度不快	衬砌出现贯通裂缝；钢筋混凝土衬砌裂缝宽度 $\delta>0.5$ mm；普通混凝土衬砌裂缝宽度 $\delta>5$ mm，长度 10 m $\geqslant L\geqslant$ 5 m 且裂缝密集	钢筋混凝土衬砌裂缝裂缝宽度 $\delta>0.5$ mm；普通混凝土衬砌裂缝宽度 $\delta>5$ mm，长度 $L>10$ m，且变形继续发展；拱部开裂呈块状，有可能掉落
		洞体变形	主体结构洞体有变形，但不发展，而且对使用无影响	有变形，但速度 $V<3$ mm/年	变形或移动速度在 10 mm/年 $\geqslant V\geqslant$ 3 mm/年，而且有新的变形出现。限界不能变小，保证不能侵入限界	变形或移动速度 $V>10$ mm/年	衬砌变形、移动、下沉发展迅速，威胁行车安全
		变形缝	变形缝压条牢固、完整无破损	基本完好、无破损，个别空鼓、有裂缝、剥落	变形缝压条轻微翘起破损、残缺部分空鼓、有裂缝、剥落残缺严重	变形缝压条翘起、脱落破损残缺严重	变形缝压条大部分翘起、脱落破损残缺严重
		渗漏水	有漏水，但对行车安全无威胁，并且不影响隧道的使用功能；混凝土表面有轻微腐蚀现象	漏水使钢轨腐蚀，养护周期缩短，继续发展将会升级为三级；混凝土表面容易变酥、起毛	隧道滴水、淌水、渗水及排水不良引起洞内局部道床状态恶化；在短时间内混凝土表面凹凸不平	隧底冒水、拱部滴水成线，边墙淌水，危害正常运营；水泥被溶解，混凝土可能会出现崩裂	隧道涌水，危及行车安全
		仰拱压溃	个别位置	压溃范围很小	压溃范围 $S<1$ m² 剥落块厚度 <3 cm	压溃范围 3 m² $>S>$ 1 m² 或有可能掉块	压溃范围 $S>3$ m² 危及行车安全
		材料劣化	混凝土有起毛或麻面蜂窝现象，但不严重	混凝土有剥落，材质劣化，但发展较慢	混凝土剥落，材质劣化，衬砌厚度减少，混凝土强度有一定的降低	(1)材料劣化，稍有外力或震动，即会崩塌或剥落，对行车产生重大影响； (2)腐蚀深度 10 mm，面积达 0.3 m²； (3)衬砌有效厚度为设计厚度的 2/3 左右； (4)孔蚀或钢筋表面全部锈蚀	材料劣化严重，经常发生剥落，危及行车安全；衬砌厚度为原设计厚度的 3/5，混凝土强度大大下降；由于锈蚀，钢筋断面明显减小，结构物功能受到损害

续上表

序号	类别	检查项目	一　级	二　级	三　级	四　级	五　级
2	附属结构	联络通道	同主体结构	同主体结构	同主体结构	同主体结构	同主体结构
		迂回风道	同主体结构	同主体结构	同主体结构	同主体结构	同主体结构
		区间风道	结构完好	存在裂缝和渗水，不影响使用功能	裂缝较多；出现滴水现象	裂缝密集，出现淌水现象	裂缝密集，导致混凝土起层、剥落；出现涌水现象
		排水设施	结构完好	结构破损小于3%	结构破损在3%～10%	结构破损在10%～20%	结构破损达20%以上
		疏散平台	结构完好	结构破损小于3%	结构破损在3%～10%	结构破损在10%～20%	结构破损达20%以上

2. 病害诊断及剩余寿命评估

隧道在运营检修的寿命周期内，可根据状态变化和健全衰退的程度进行适时的修理，使其最大限度的恢复原有功能。但随着时间的推移，其健全度（指结构物完成其特定功能的健康安全度或损伤度）必将逐渐损失，以致失去应有的功能而报废。因此，在隧道运营过程中，科学地诊断病害，有效地整治病害，对确保行车安全，充分发挥隧道功能的潜力，最大的限度的延长使用寿命，取得最佳的技术经济效益，具有十分重要的意义。

3. 状态评估专家系统

随着计算机技术的发展，人们运用专家知识和模拟专家行为进行计算机编程，解决了较为复杂的疑难问题，这就是所谓的专家系统。我国铁路部门的铁路局已经使用的桥梁损伤评估专家系统、隧道病害（变异）诊断专家系统（简称 TDD 专家系统）和隧道整治专家系统等，取得了良好效果。地铁部门也应该引入相应的专家系统，将使隧道状态评估更为简捷、准确。

典型工作任务 5　养护维修

10.5.1　工作任务

了解隧道养护维修的分类，掌握隧道养护维修的内容。

10.5.2　相关配套知识

1. 日常养护维修

日常养护维修是根据隧道设施状态评定的结果，对设施进行的经常性、局部性、预防性的养护维修工作。日常养护维修工作可在检查过程中或检查后及时进行，主要内容包括经常性、预防性的养护工作和对轻微破损部分的维修工作。

(1)主体结构

主体结构的日常养护工作具体包括以下内容：

①对于衬砌混凝土疏松、起鼓、剥离、掉块、露筋的情况，应先凿去松动混凝土，清除钢筋锈迹，然后进行修补处理。

②对于变形缝以及盾构隧道的管片螺栓孔、注浆孔填塞物脱落的情况，修补填塞物。

③隧道主体结构出现小的渗漏水情况时，应进行引流，避免淤积；检查衬砌是否有局部小掉块、钢筋外露、锈蚀现象，并做出标记；对衬砌出现局部小掉块的部位进行修补。

④清理变形缝中的杂物。

(2)附属结构

联络通道、迂回风道、区间风道的日常养护维修工作与主体结构相同。

(3)防排水设施

防排水设施的日常养护维修工作主要是清理、疏通排水沟和修复排水设施的破损部位。

(4)通道门、区间人防门

通道门、区间人防门的日常养护维修工作主要是一般故障排查、修理。

(5)疏散平台

疏散平台的日常养护维修工作主要是清理平台上的杂物和修复平台破损部位。

2. 中修

中修是根据隧道状态评定的结果，对单项或多项设施进行的有针对性的维修整治工作。

主要包括对隧道衬砌裂损裂缝的整治、变形缝的修补、渗漏水的处理、材料劣化的整治及附属结构的维护维修工作。

(1)裂损裂缝整治

当隧道裂损裂缝出现宽度大于 5 mm 的纵向裂缝或宽度大于 3 mm 的环向裂缝时需查明原因进行整治,必要时可采取专项评估、专项设计和专业施工队伍施工的方式进行病害整治。

(2)变形缝

对于较严重的变形缝填塞物脱落应在清除变形缝内杂物后进行修补。

(3)渗漏水

对于隧道渗漏水采用引流等方法止水排水;对隧道渗漏水引起的混凝土表面变疏松、起毛,先除去表面松动混凝土再进行修补,对于凹凸不平的部位用水泥砂浆抹平。

(4)材料劣化整治

材料劣化中修方法需查明原因进行整治,必要时可采取专项评估、专项设计和专业施工队伍施工的方式进行病害整治。

(5)附属结构

联络通道、迂回风道、区间风道养护维修与主体结构相同。

3. 大修

大修是根据隧道状态评定的结果,对设施进行的更新、改造工作。一般委托专门的检测、设计单位,对隧道病害应采取先评估再进行专项设计的方式进行大修和验收。

项目小结

1. 地铁隧道维护管理工作的主要原则是:预防为主、防治结合,并应制定相应的维护管理规章制度及技术措施,通过日常保养和综合维修相结合办法,保证隧道良好的功能和运营环境的质量。其目的就是要保证隧道良好的运营条件和结构物的使用功能,不断延长结构物的使用寿命。

2. 隧道的检查主要包括日常检查、定期检查、专项检查和应急检查。检查对象为隧道的主体结构、附属结构及附属设施。

3.《城市轨道交通设施养护维修技术规范》将隧道状态分为五级:一级为轻微病害,二级为中等病害,三级为较重病害,四级为严重病害,五级为极严重病害。主要根据裂损劣化、渗漏水、材料劣化三个方面分别进行评定。

4. 隧道养护维修分为日常养护维修、中修、大修三种,对象主要为隧道的主体结构、附属结构及附属设施。

复习思考题

1. 隧道维护管理的原则和目的是什么?
2. 隧道检查的分类及隧道检查的项目有哪些?
3. 隧道状态劣化评定的级别与主要根据是什么?
4. 隧道养护维修的主要分类及主要内容?

项目 11　隧道主要病害与防治

项目描述

自 20 世纪 60 年代起，我国就开始修建地铁，地铁线从开始运营至今，已经经历了相当长的运营时间，不可避免的出现了一些病害。其主要类型有水害、冻害、衬砌裂损和衬砌侵蚀等病害，为地铁安全运营埋下了隐患。本项目主要针对运营地铁隧道的主要病害及防治措施展开，主要介绍了隧道水害、衬砌裂损、衬砌侵蚀、隧道冻害及其防治措施。

拟实现的教学目标

1. 能力目标

- 能够识别主要类型的病害，并分析造成病害的原因；
- 能够对不同的病害提出防治措施。

2. 知识目标

- 掌握隧道水害的危害及其防治措施；
- 掌握隧道衬砌裂损的类型及其防治措施；
- 掌握隧道衬砌侵蚀的种类及危害；
- 掌握隧道冻害的危害及其防治措施。

3. 素质目标

- 养成全面考虑问题的习惯；
- 养成分工协作的意识；
- 具备一定协调组织能力。

相关案例——上海地铁二号线区间隧道渗漏水病害及处理措施

上海地铁二号线区间隧道采用盾构法施工，隧道的衬砌为钢筋混凝土预制管片，外径为 6 200 mm，壁厚 350 mm，环宽 1 000 mm，管片混凝土 C50、P8，龙东路—中央公园隧道采用遇水膨胀橡胶止水带，中山公园—江苏路隧道采用加厚型氯丁橡胶止水带。隧道穿越淤泥质粉质黏土层、灰色淤泥质松土层和灰色黏土层三种地层。

1. 病害情况

在隧道渗漏情况的调查中发现，隧道渗漏病害情况主要表现在以下几个方面：

(1)在隧道的进出洞口处，存在较为严重的渗漏水现象，主要表现为衬砌接缝间的滴漏渗漏，个别接缝甚至是线漏。原因是施工进出洞时一般不进行同步压浆，待盾构推进到一定距离后，才压注快硬水泥砂浆，因此管片与土体间的缝隙很容易充满地下水。对进出洞口衬砌虽然做了整环嵌缝,但由于缝隙宽度不均匀,嵌入工字条后互相不能黏贴牢靠,加封的水泥层较薄,达不到防水目的。

(2)衬砌C块和B块接缝处漏水情况较多。经查施工记录,主要是由于管片拼装时错位破碎而引起。

(3)衬砌C块底部漏水较多。由于隧道底淤积水,操作不当使遇水膨胀止水带和螺栓垫圈在拼装前遇水预膨胀或变形,从而引起漏水。

2. 处理措施

根据渗漏水的不同形式进行分析,同时核查施工记录,在弄清漏水原因后,有针对性地采取了具体处理措施。

(1)对于进出口连续几环集中漏水且漏水量较大的区段,采取壁后注浆,在钻穿管片压浆孔后压入水泥和粉煤灰浆液,使浆液在管片外形成防水层。浆液量一次性压足,压力孔控制在0.5 MPa。浆液配比为:水泥∶水∶粉煤灰∶(水玻璃)=1∶0.9∶0.6∶(0.03)。

施工工艺流程:材料、机具准备→凿孔、安装球阀→连接注浆管→压浆→关阀及清理注浆管→拧紧塑料罩。

(2)对环缝、螺孔处渗漏、点漏、线漏,宜在漏水处埋入注浆嘴(用快凝水泥封缝),其周围环纵缝采用工字型水膨胀腻子条加封氯丁胶乳砂浆做整环嵌缝处理;或者采用快凝水泥抽管封缝处理后,压入防水浆材,使浆液充满整个环缝,浆液遇水发生反应凝固或自身反应凝固,堵住渗水通道从而达到止水效果。对于螺孔还应先将螺帽拧下,将水放掉后,重新换上新的密封圈。

施工工艺流程:材料、机具准备→钻孔、埋设压浆嘴、安装止水阀→抽管嵌缝(或工字型腻子条加氯丁胶乳砂浆整环嵌缝)→压浆→关阀及清理注浆管→拔除压浆嘴→封口找平。

该法通常采用的防水浆材有聚氨酯浆材和丙凝浆材。前者遇水发生反应,后者主、附剂间发生反应。防水浆液在压入的同时发生反应,当生成的胶凝物充满环缝,堵塞注浆通道时,压力立刻会上升,此时即可停止压浆。需要注意的是,在压浆过程中有时会出现环缝和螺孔漏浆,需及时用快干水泥进行封堵,完毕后及时清理管片污迹。

(3)对管片碎裂、边角缺损部位,可清除碎裂部分,清洗干净,采用高强、快凝、黏接性良好的材料(如环氧树脂)修补。必要时可采用钻孔埋管注入环氧树脂的办法堵漏。

(4)当管片出现潮湿或微渗漏时,说明裂缝很小,可以采用无机水性高渗透密封剂涂刷封闭处理。如AS混凝土墙面涂料、SWF水泥密封材料、K11刚性防水材料等。

(5)部分环缝渗水量不大的缝隙,可以采取抽管封缝处理的办法,将水引导到底部,流入排水沟。抽管的作用是在环缝内形成一条通道,使水顺着通道向下流淌,达到引流的目的。

典型工作任务1 隧道水害及防治措施

11.1.1 工作任务

通过隧道水害及防治措施的学习,能够辨别隧道水害的种类及其产生原因,并根据隧道不同水害情况确定防治措施。

11.1.2 相关配套知识

隧道水害是指在隧道的运营过程中遇到的水的干扰和危害。水害是隧道中常见的一种病害，调查资料表明，大部分的隧道存在不同程度的水害。水害不仅本身对隧道结构产生危害，降低衬砌结构的可靠性，导致衬砌失稳破坏，而且还会引发其他病害，对隧道整体结构的稳定影响很大。

1. 水害的种类及其危害

(1)隧道漏水

隧道衬砌的漏水现象一般表现为渗、滴、淌、涌几种："渗"是指地下水从衬砌外向内润湿，使衬砌内出现面积大小不等的润湿，但水仍附着在衬砌的内表面；"滴"是指水滴间断地脱离衬砌落入隧道；"淌"是指漏水现象在边墙的反映，指水连续顺边墙内侧流淌而下；"涌"是指有一定压力的水外冒。以上四种漏水现象其出露部位与水量不同，对隧道产生危害的不同：

①对电力牵引区段和电力配线，使电绝缘失效，发生短路、跳闸等事故，危及行车安全。

②洞内空气潮湿，影响养护人员身体健康，使洞内设备(通讯、照明、钢轨等)锈蚀。

③混凝土衬砌风化、腐蚀、剥落，造成衬砌结构破坏。

④涌水病害造成衬砌破坏，隧底积水造成道床基底被软化或掏空，使道床翻浆冒泥或下沉开裂，中断行车。

⑤有冻害地段的隧道漏水会造成衬砌挂冰侵限和冻融破坏。

(2)衬砌周围积水

衬砌周围积水主要是指运营隧道中地表水或地下水向隧道周围渗流汇集。如果不能迅速排走就会引起病害：

①水压较大时会导致衬砌破裂。

②使原完好的围岩及围岩的结构面软弱夹层因浸水而软化或泥化，失去承载力，对衬砌压力增大而导致衬砌破裂。

③使膨胀性围岩体积膨胀，导致衬砌破坏。

④在寒冷地区发生冰胀和围岩冻胀，快速导致衬砌破坏。

(3)潜流冲刷

潜流冲刷主要是指由于地下水渗流和流动而产生的冲刷和溶蚀作用。其危害有：

①衬砌基础下沉，边墙开裂或者仰拱、整体道床下沉开裂。

②围岩滑移错动导致衬砌变形开裂。

③对超挖回填不密实或未全部回填者，引起围岩坍塌，导致衬砌破坏。

(4)侵蚀性水对衬砌的侵蚀

2. 水害产生的原因

水害产生的原因很多，归纳起来可分为以下几种。

(1)勘测与设计

在防水设计之前，设计人员对工程地质和水文地质情况就了解得不够仔细，对衬砌周围地下水源、水量、流向及水质情况掌握不准；在隧道修建前后由于各种因素的影响，隧道所处的水文地质情况发生了变化等，所有这些因素导致了隧道的防排水设计很难在隧道的使用期内完全满足防排水的要求。

(2)施工

施工不当也可产生水害。如某些隧道和地下工程由于其光面爆破效果不佳，喷射混凝土表面不平整，加上防水板焊缝不均匀、不牢固，使防水板很容易产生空鼓开裂；局部超挖过量，回填不密实，使塑料防水板的防水性能无法发挥；锚杆孔眼和衬砌悬挂设备扎眼的防水处理得不够好等。有的施工单位一味追求施工速度，忽视二次衬砌质量，造成混凝土内部空隙、衬砌表面粗糙极不光滑。另外对排水设施不按施工规范要求操作等，使地下水丰富地区的隧道形成严重的渗漏水。

(3)材料

如果所选用的防水材料达不到国家质量标准，也会导致隧道的渗漏水病害。

(4)监理

监理工程师应对防水材料的选择和使用、铺设基层的处理、铺设工艺等进行跟踪检查，确保防水质量。

(5)验收

工程竣工后，从衬砌表面往往看不出什么问题，管理单位缺乏检验手段，有时又接近运营期限，往往对交验前的渗水情况缺乏进一步查验，只好按竣工报告及施工总结勉强验收，导致运营后渗漏水逐渐严重。

(6)技术匹配

防水技术的匹配就是指防水设计、防水材料和防水施工工艺与防水工程相适应的问题。从已有的工程实例看，不少工程渗漏水是由于防水材料与基面粘结不良或不适应造成的，因而近年来搞好防水技术的匹配引起了人们的广泛关注。

3. 水害防治

隧道治水的具体措施就是“防、排、截、堵结合，因地制宜、综合治理”，使之既能自成体系，又能互相配合，形成一个完整的隧道治水体系。

(1)隧道的排水

1) 在衬砌外面设置排水设施。在衬砌外面设置排水设施施工难度较大，常用的做法有以下几种：

①岩石暗槽。适用于围岩坚实稳定、水流清澈、不含泥沙的地段，一般沿主要含水裂隙的走向开凿。

②盲沟。按设置方向与隧道轴线的关系分为竖向盲沟、纵向盲沟和环向盲沟。主要适用于：

a. 浅埋隧道地表潮湿、有积水，无法以地表排水疏干时；

b. 衬砌背后有集中的地下水出露；

c. 有水地段但无明显的集中出水位置，应间隔 2～5 m 设置竖向盲沟，并与纵向盲沟相连；

d. 在衬砌的伸缩缝、沉降缝、断面变化处设置竖向盲沟。

③围岩排水钻孔。在衬砌背后的岩体内布置一排或多排钻孔，使之形成一个或多个集渗幕，用以疏干围岩。它不必拆除旧衬砌，可利用辅助坑道或把避车洞延伸而将集渗幕设在岩体内。一般用于Ⅳ级以上围岩较好. 如用于Ⅳ级以下围岩时，宜在孔内设过滤器，以防塌孔或淤塞。

④纵向排水沟。一般设在隧道两侧或地下水来源侧，也可设在隧道中心。

⑤横向排水沟。当隧道纵向排水沟只设在一侧或位于中心时，需用横向排水沟作导引排水，即将盲沟汇集的水引入纵向排水沟排除。

2)在衬砌内面设置排水设施。在衬砌内面设置排水设施，其主要优点是可以不开凿衬砌，工程量小、施工简单；缺点是不易对准地下水露头位置，疏干围岩范围小，在冬季发生冰冻的地段不能采用。在衬砌内面设置排水设施的主要形式有：

①引水管。主要用于衬砌湿痕或背后积水较高位置的积水，一般采用铁管、胶管、硬塑管和竹管，并将其固定在拱墙内表面。

②泄水孔。主要作用是排出衬砌背后的积水，将水引入洞内排水沟。泄水孔位一般不高于水沟盖板或人行道，否则应作引水管或引水暗槽。

③引水暗槽。衬砌凿出小槽，表面用砂浆封闭，将多个泄水孔的水引入一个槽中排入水沟内。暗槽以竖槽为主，不得采用纵向水平的暗槽，如图 11.1 所示。

(2)衬砌自防水

衬砌自防水是以衬砌结构本身的混凝土密实性实现防水功能的一种防水方法，该方法适用于更换衬砌情况下。

混凝土是一种微孔结构材料，各种裂隙及混凝土自身收缩形成的开裂是造成渗漏水的主要原因。防水混凝土通过加入少量外加剂或高分子聚合物材料，并通过调整水泥、砂、石及水的配合比，抑制混凝土孔隙率，改善孔结构，增加原材料界面的密实性，达到防水的目的。防水混凝土除用于防水外，更主要的是防渗。

(3)外贴防水层

对运营隧道更换衬砌和在其他一些适合的条件下，施作外贴防水层，并结合洞内排水设施，使之相辅相成，结合良好，从而达到防治水害的目的。

(4)内贴防水层

内贴防水层不用凿开衬砌，比外贴防水层施工简便、成本低，可随时检修，因此在运营隧道养护维修中是整治水害最常用的方法之一。

1)喷浆防水层

在一定压力下用机械把水泥砂浆直接喷射到衬砌内表面成型，既可作为结构层缺陷修补，又可以防水，特别是在外贴防水卷材或使用防水混凝土等措施效果都不太理想时，作为一种补救措施，应用比较多。防水层总厚度为 12～40 mm，最大不宜超过 50 mm，砂浆配合比一般为 1∶1～1∶3(质量比)，水灰比为 0.5～0.6，并适当掺入防水剂和速凝剂，以提高抗渗性和固结强度。

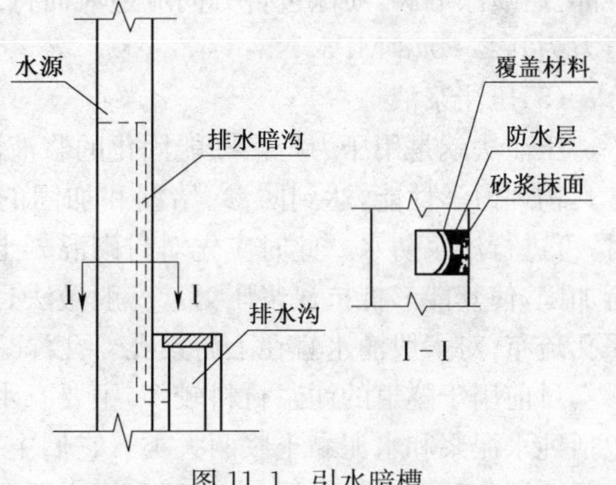

图 11.1　引水暗槽

防水砂浆一般分两层喷射，施工完后要注意保护，特别是早期养护。要使砂浆中的水分蒸发，保证水泥达到充分水化的要求，应每天均匀养护，只有在潮湿环境认真养护 3 d 以上，才能达到防水抗渗的目的。

施工时应保证原材料质量，严格按配合比施工，施工温度应不低于 5 ℃，不高于 35 ℃，低温施工时应采取保温防冻措施。

水泥砂浆防水层应与基层黏结牢固，不得有裂缝、空鼓和渗漏水等缺陷存在。

2)喷射混凝土防水层

由于喷射混凝土的水泥用量大，水灰比小，并采用较小尺寸的粗骨料，这样有利于在粗骨料周边形成足够数量和良好质量的砂浆包裹层；使粗骨料被此隔离，有助于阻隔沿粗骨料互相连通的渗水孔网，还可以减少混凝土中多余水分蒸发后形成的毛细孔渗水通路，因而有较好的抗渗性，其抗渗指标一般在 0.7 MPa 以上。

喷射混凝土用水泥强度等级一般不低于42.5级，砂宜用中粗砂，细度模数大于25，小于0.075 mm的颗粒不多于2.0%，石子宜用卵石，粒径不宜大于20 mm。水泥与骨料比（胶骨比）为1∶4～1∶4.5，砂率为45%～55%，水灰比为0.4～0.5。

混凝土防水层的施工要求基本与防水砂浆防水层的施工要求相同。

3)砂浆抹面防水层

目前主要采用特种水泥（双快、早强水泥）抹面。将渗、漏水处的基层凿毛清洗干净，处理好堵漏点与引导出水点，然后进行水泥浆抹面，其厚度为2～3 mm，水灰比为0.38～0.4，初凝时间控制在10～20 min。接近初凝时，在其面上撒些中细砂，达到一定强度后抹砂浆层，其配合比为1∶1.2～1.5，水灰比为0.4～0.45，厚度为6～10 mm。接近硬化时用排刷放出细条，终凝后在其面上刷一层水泥净浆，厚度为0.5～1.0 mm，然后再抹上5～6 mm厚砂浆层，其配合比为1∶1.5～1.2，水灰比为0.4～0.45。在初凝前必须在其面上多次抹磨，挤出砂浆中的泥浆，反复2～3次，使其表面光滑。硬化后加强养护，一般不少于3 d。

4)喷涂乳化沥青乳胶防水层

采用该材料施工时，应用专用工具及压力设备进行喷射，其施工顺序为：由上而下，先喷涂拱部，后喷涂墙脚，喷涂进行方向应逆风而行。喷嘴与喷设面的距离一般在50～120 cm，喷射压力为0.2～0.3 MPa。

(5)压注浆液

压注法就是用压力把某些能固化的浆液注入隧道围岩及衬砌混凝土的裂缝或孔隙，以改善其物理力学性能，达到防渗、堵漏和加固的目的。当隧道围岩破碎、节理发育、地下水丰富时，可进行注浆防水。此时应先对衬砌混凝土质量进行调查，若衬砌破坏严重，则应先对其进行加固，使其能够抵抗注浆压力。一般做法是对大范围的渗水采用浅孔密布；对裂隙渗漏采用深孔疏布；对大股涌水宜在上游设孔。孔深一般深入围岩且大于20 cm，孔径ϕ42 mm。

目前用于隧道的注浆材料较多，主要有水泥浆材、水玻璃类和化学浆材。水泥类浆材主要包括纯水泥浆和水泥黏土浆两大类。它们主要是由水泥、水及各种外加剂组成。水泥可根据工程选用各种性质的水泥，水一般采用生活用水，为改善水泥浆的性质，以适应不同的自然条件，可掺入各种外加剂，加速凝剂、缓凝剂、引气剂、膨胀剂等。水泥类浆材的优点是能形成强度较大和渗透性较小的结石，防渗效果较好，而且原材料成本低、材源广，没有毒性和环境污染问题；缺点是浆液稳定性差，析水性大，凝结时间长，当地下水流速较大时易受冲刷和稀释。

水玻璃类浆材主要有水玻璃-水泥浆及水玻璃与一些酸、盐、有机物配置成的浆液。水玻璃-水泥浆是以水玻璃、水泥为主加入一定比例的缓凝剂，两者按一定的比例采用双液方式注浆。水玻璃-水泥浆的特点是浆液凝结时间可控制，结石体抗压强度较高，结石率可达100%，同时施工技术简单，成本较低，能够有效的用于地下水的截流，抗冲刷能力较高，其注入性与水泥类浆材相同。水玻璃类的其他浆液主要有水玻璃-氯化钙浆液、水玻璃-硫酸钠浆液、水玻璃-硫酸浆液。这些浆液的主要特点是：浆液黏度小，可注性好，适于各种中、细砂的注浆加固，胶凝时间可调控，对地下水和环境无污染，耐水性、抗渗性好；但抗压强度低，技术要求相对较高。

化学浆材品种较多，主要有环氧树脂类、中基丙烯酸酯类、丙烯酰胺类、木质素类等。化学浆材的特点是：可注性好，适应广泛，胶凝时间可准确掌握，抗渗性较好；但其成本一般较高，施工上要求技术高，设备复杂，部分浆材有一定毒性。

(6)施工缝、变形缝防水

当隧道更换衬砌时，变形缝、施工缝的防水可随混凝土浇筑同时施工，采用的主要材料有：

①止水带。分为塑料止水带、橡胶止水带、复合止水带等，其中塑料止水带耐久性好。橡胶止水带弹性、耐磨性、耐撕裂性较好，但硬度、强度较差。

②遇水膨胀橡胶。主要有制品型和腻子型两种，其特点是具有橡胶的弹性、延伸性和抗压缩变形能力，通水后膨胀率为 100%～500%，耐水性好，膨胀后仍能保持弹性。

③各种密封材料。主要是改性沥青密封材料和合成高分子密封材料。

对于运营隧道整治接缝漏水，一是可以根据不同情况采用以上材料重新施作接缝的防水；二是做接缝压浆或衬砌堵漏处理。

(7)衬砌漏水封堵

对某些隧道衬砌的渗漏水，除采用排水措施外，还可以用堵漏材料进行封堵。所谓堵漏材料就是一种能在几十秒或数分钟即开始速凝的材料。堵漏材料品种繁多，常用的有：

①无机高效防水粉。它是一种硬性无机胶凝材料，主要有堵漏王、堵漏停、堵漏灵、确保时等，其终凝时间在 2.5～6.0 h之间，其特点是无毒、无味、无污染、耐高温、抗低寒，可在潮湿结构上施工，并有较好的固结性。

②水泥类堵漏材料。主要有双快水泥、石膏-水泥材料和水泥-防水浆等堵漏材料。

(8)截水设施

截水就是截断流向隧道的水源，或尽可能使其流量减小，从而使隧道围岩的水得不到及时补充，达到疏干围岩、根治水害的目的。

①地表截水。地表截水就是在地表截断流向隧道围岩的水。

②地下截水。当隧道衬砌周围地下水有明显集中的来水通路，导致地下水流量很大，可采取下列地下截水设施截断水源：泄水洞、钻孔截水、拦截暗河、防渗帷幕截水等。

总之，隧道的水害治理是一个完整的治水系统，要排、堵、截相结合，不能只强调其中一方面。只有防、排、截、堵互相配合，相辅相成，共同发挥作用，才有可能根治水害。

典型工作任务 2　衬砌裂损及防治措施

11.2.1　工作任务

通过本任务学习，能够辨别隧道裂损的种类及其产生原因，根据隧道裂损情况，确定防治措施，并能完成相应施工作业。

11.2.2　相关配套知识

1. 衬砌裂损类型

隧道衬砌裂损的类型主要有衬砌变形、衬砌移动、衬砌开裂三种。

(1)衬砌变形

衬砌变形有横向变形和纵向变形两种，其中横向变形是主要变形。衬砌横向变形是指衬砌由于受力原因而引起拱轴形状的改变，基本形态如表 11.1 所示。

(2)衬砌移动

衬砌移动是指衬砌的整体或其中一部分出现转动(倾斜)、平移和下沉(或上抬)等变化，也有纵向与横向移动之分，其基本形态如表 11.2 和表 11.3 所示。

表 11.1　隧道衬砌横向变形基本形态

变形种类		变形形态示意（对称变形）	变形形态示意（非对称变形）	变形特征
整体变形	竖向压扁	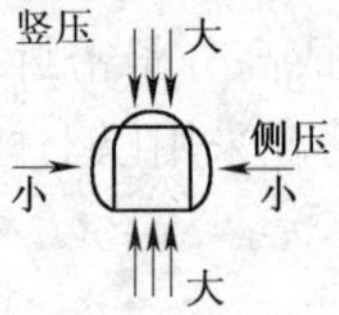 竖压 大 侧压 小 小 大	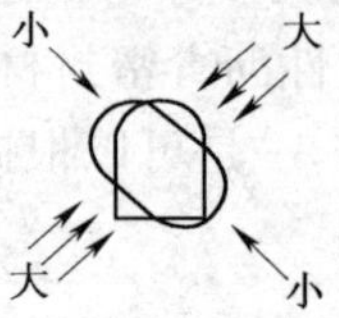 小 大 大 小	1. 隧道内轮廓高度减小，宽度增大； 2. 非对称形也称斜向偏压； 3. 也可能出现部位对称，变形大小不等的情形
整体变形	横向压扁	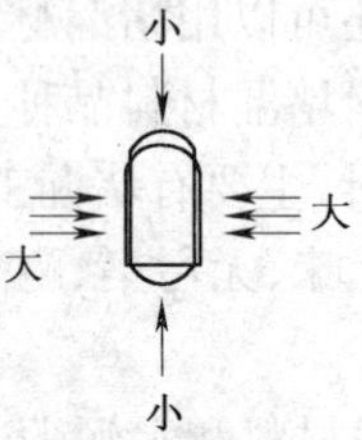 小 大 大 小	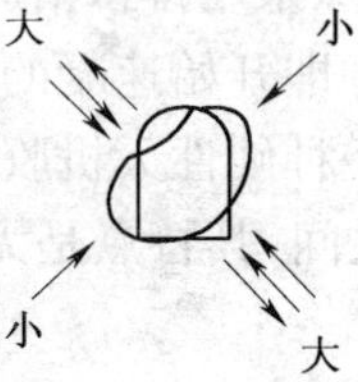 大 小 小 大	1. 隧道内轮廓高度增大，宽度减小； 2. 非对称形也称斜向偏； 3. 也可能出现部位对称，变形大小不等的情形
局部变形	拱顶下弯、仰拱上拱、边墙内敛	围岩侧（外） 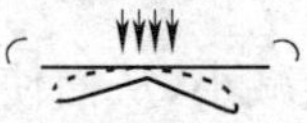 隧道净空侧（内）（上下或左右成对出现）	只发生在一侧，如左墙腰，或左拱腰出现，右墙腰，右拱腰出现等。如左右或上下相对变形范围相同，但变形大小不等。属于变形部位对称，变形区不等	1. 隧道内净高或净宽变小； 2. 除拱顶墙腰外，其他部位都可能发生
局部变形	拱顶上拱、仰拱下弯、边墙外鼓	围岩侧（外）  隧道净空侧（内）（上下或左右成对出现）		1. 隧道内净高或净宽变大； 2. 除拱顶墙腰外，其他部位都可能发生

表 11.2　隧道衬砌纵向移动基本形态

移动类型	移动形态示意	移动特征
阶段移动	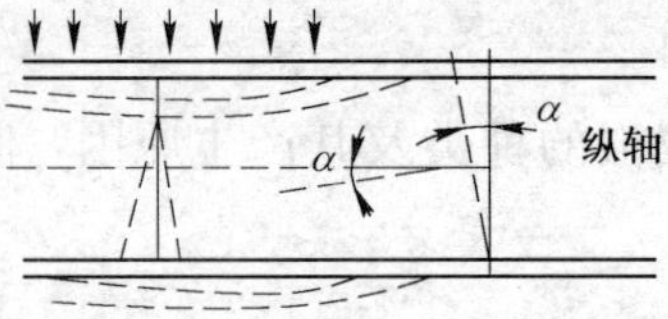 α　α　纵轴	1. 隧道纵轴发生 α 角； 2. 节段竖向接缝出现∨形或∧形（上下宽度不等）
阶段平移	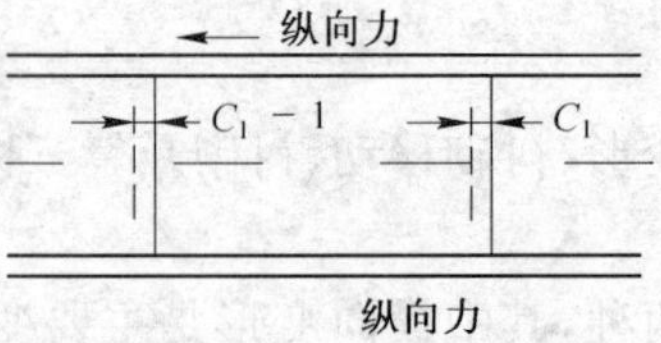 纵向力　C_1-1　C_1　纵向力	1. 隧道纵轴不发生转动； 2. 节段竖向接缝变宽，但上下变化量相等； 3. C_1 与 C_{1-1} 可能不等
阶段下沉（或阶段上抬）	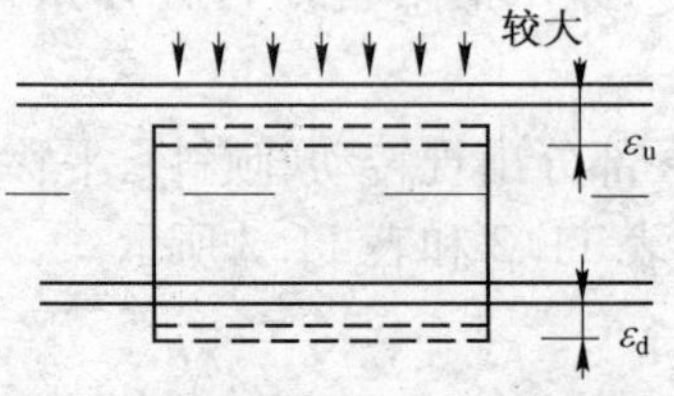 较大　ε_u　ε_d	1. 隧道纵轴不发生转动； 2. 阶段竖向接缝为避改变； 3. 当 $\varepsilon_u \neq \varepsilon_d$ 时，说明隧道有变形

表 11.3　隧道衬砌横向移动基本形态

移动类型		移动形态示意	移动特征
整体移动	转动	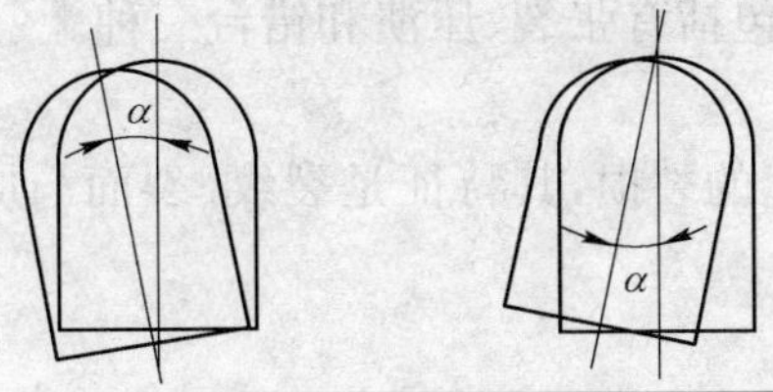	1. 隧道竖轴产生移动； 2. 转动中心可能出现在不定的高度； 3. 移动方向视围岩岩体的变形和移动情况而定
	平动	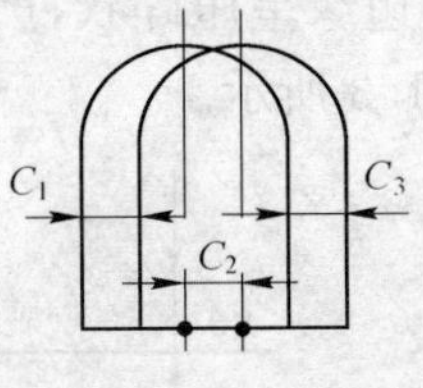	1. 隧道竖轴产生平移； 2. $C_1=C_2=C_3$，否则 C_1 或 C_3 既有变形又有平移同时存在； 3. C_2 在不同高度应相等，否则 C 应同时含有转动影响
	下沉或上抬	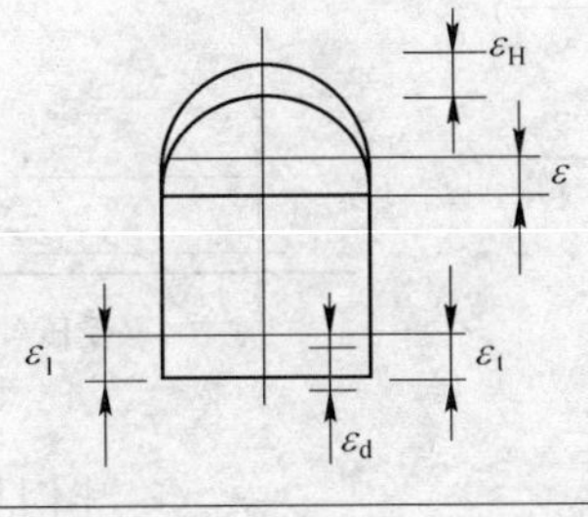	1. 隧道横轴产生垂直位移； 2. $\varepsilon_1=\varepsilon_r=\varepsilon_u=\varepsilon_d=\varepsilon$，否则除 ε 外，均含有转动和衬砌变形影响； 3. ε 沿横轴处处相等，否则隧道同时发生转动
局部移动	转动	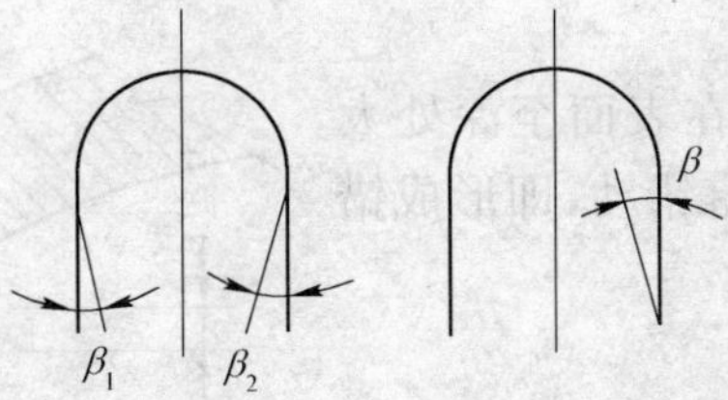	1. 隧道横轴没动，仅衬砌一部分（半侧拱墙）发生转动； 2. β 指不包括拱轴变形的影响（如边墙的倾斜角）； 3. 既可能一侧发生，也可能两侧发生
	平动	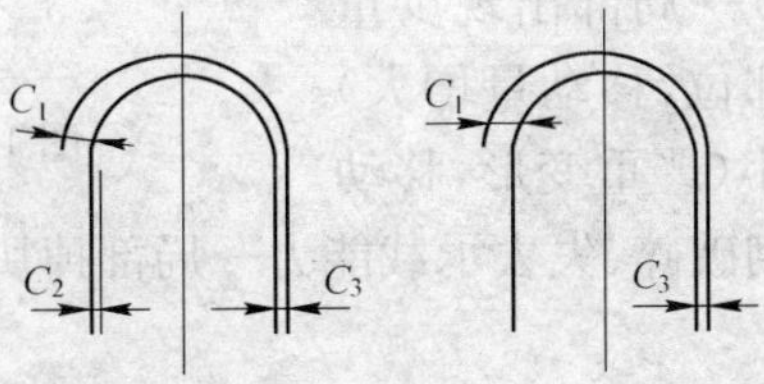	1. 隧道竖向无转动； 2. 或拱部发生平移，或墙体单独平移，或两者兼而有之； 3. C_1、C_2、C_3 各值都未必相等
	下沉或上抬	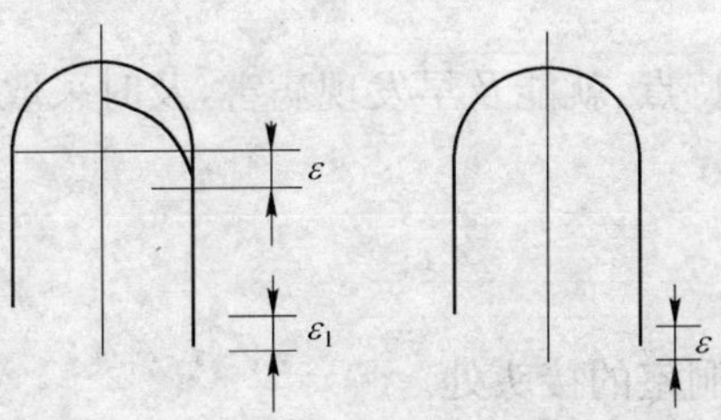	1. 隧道竖没动，仅衬砌一部分（半侧拱墙）发生垂直位移； 2. $\varepsilon_1=\varepsilon$ 时，说明墙身有变形或裂缝存在

(3)衬砌开裂

衬砌开裂是衬砌表面出现裂纹(或龟裂)和裂缝(宽度较大)或贯通衬砌全部厚度的裂纹的总称,是衬砌变形的结果。衬砌开裂包括有张裂、压溃和错台三种。

1)张裂

张裂是弯曲受拉和偏心受拉引起的裂损,其特征是裂纹、裂面与应力方向正交,缝宽由表及里逐渐变窄。如图 11.2 所示。

2)压溃

弯曲或偏心受压引起的衬砌裂损。裂纹边缘呈压碎状,严重时受压区表面产生鱼鳞状碎片(中间厚,四周薄)剥落掉块等现象,如图 11.3 所示。

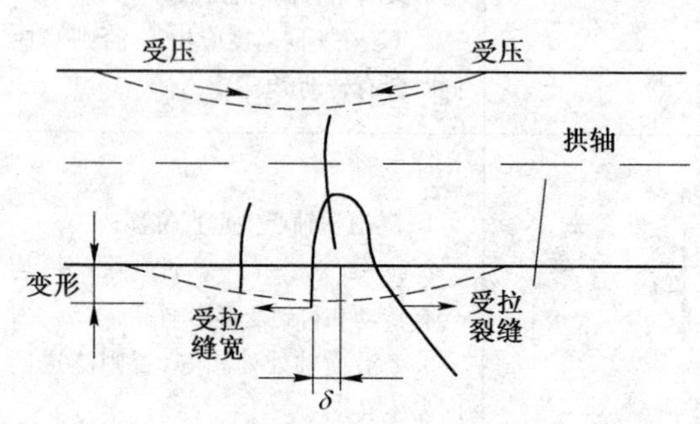

图 11.2　张裂示意图

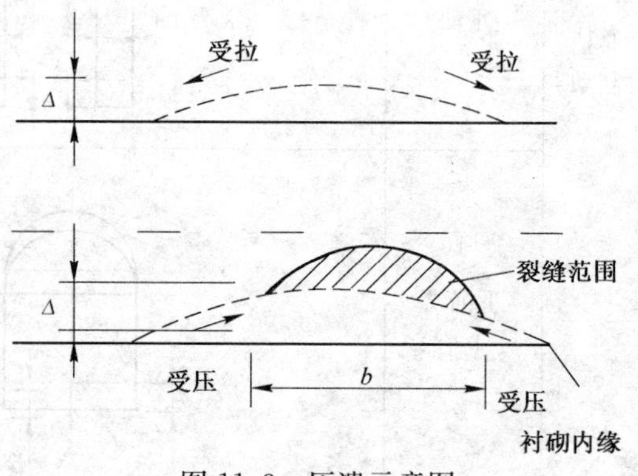

图 11.3　压溃示意图

3)错台

由剪切力引起的裂缝,裂缝宽度在表面至深处大致相同,衬砌在裂缝两侧沿剪切方向有错动,即形成错台,如图 11.4 所示。

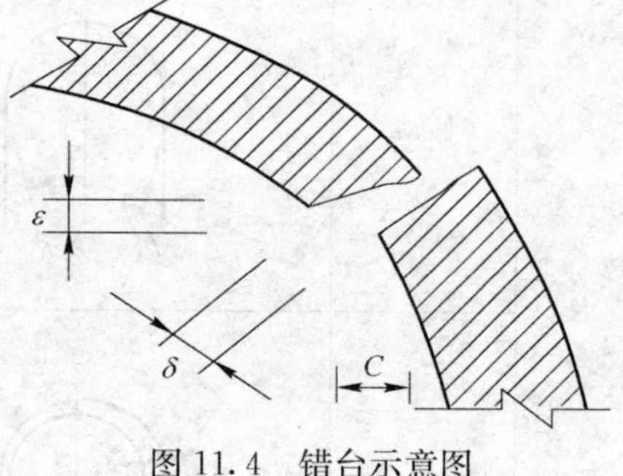

图 11.4　错台示意图

2. 衬砌裂损的特点

(1)裂损的自然发展过程

衬砌结构受力(轻微变形、移动)→局部出现少量裂纹(变形范围,变形量增大;移动部位,移动量增大)→裂纹宽度、密度增大,隧道净空变小(严重变形,移动显著增大)→隧道净空严重缩小、衬砌破碎、失去承载能力→局部掉块、失稳、甚至拱坍墙倒。

(2)裂损发展的主要规律

衬砌的裂损发展一般有缓慢变化、急剧变化、相对稳定等三个不同的阶段,往往是交替呈周期性地出现。

(3)裂损的分布特点

了解和掌握了衬砌裂损的分布特点,就能及早发现病害,及时采取对策。衬砌裂损的分布一般有以下特点。

1)按纵向节段分布:

①洞口与洞口段。

②设有大型洞室的节段或各种洞室的接头处。

③洞身穿过断层、构造破碎带、接触变质带等岩体不稳定的节段。

④洞身穿过软弱围岩的节段。

⑤偏压隧道没有采用加强衬砌或偏压衬砌的节段。

⑥衬砌实际厚度不足或圬工强度过低的节段。

⑦施工中超挖过大没有回填或回填不密实及施工中发生大塌方的节段。

⑧施工中已经发生裂损的节段。

2)按横断面分布

①洞口附近。

②衬砌断面对称,实际荷载分布不对称的变形、移动和裂损的部位也不对称。

③衬砌的变形、移动和裂损多沿施工期间出现过的裂缝和施工缝发展。

④衬砌背后存在没有回填或回填不密实处易出现较大的移动和外鼓。

⑤衬砌背后临时支撑未能全部拆除的,在支撑部位会出现较大的集中荷载,此处衬砌内缘易出现张裂和错台。

⑥由于各种原因(如坍方、拱架下沉、施工困难等)造成衬砌厚度不足,则此处衬砌容易发生变形和裂损。

3. 衬砌裂损的防治

(1)衬砌裂损的防治原则

衬砌裂损的预防包括未裂损混凝土怎样防治裂损发生,已裂损混凝土怎样控制裂损部位的增加、范围的扩大及其危害程度的加剧。整治衬砌裂损病害首先要消灭已有的衬砌裂损带来的对结构及运营的一切危害,并防止再加大裂损。其次是采取以稳固围岩为主,稳固围岩与加固衬砌相结合的综合治理措施。

(2)稳固岩体的工程措施

1)治水稳固岩体

地下水的浸泡与活动对各种围岩的稳定性削弱最大。通过疏干围岩含水,坚决地采取治水措施是稳固岩体的根本措施之一。

2)锚杆加固岩体

对较好的岩体(小于Ⅴ级),自衬砌内侧向围岩内打入一定数量和深度(3～5 m)的金属锚杆、砂浆锚杆,可以把不稳定的岩块固定在稳定的岩体上,提高破碎围岩的黏结力,形成一定厚度的承载拱;在水平层状的岩石中部分岩层串联成一个组合梁,与衬砌共同承受外荷载。对松散破碎的岩体采用锚杆加固不仅可以有效地控制岩体的变形和提高其稳定性,而且可以使岩体对衬砌的压力大小和分布图形产生有利的转化。

3)注浆加固岩体

通过向破碎松动的岩体压入水泥浆液、水泥-水玻璃浆液和其他化学浆液(如铬木素、聚氨酯等),加固围岩,疏散地下水对围岩的浸泡和渗入衬砌,使衬砌背后形成一个1～4 m厚的人工固结圈,就能有效地稳固岩体,防止地下水的侵入,甚至使作用在衬砌上的地层压力大小和分布图形产生有利的转化,有利于衬砌结构的受力和防水。

4)回填与换填

如果衬砌外周围存在着各种大小空隙(如超挖而没有回填等),不仅使地层压力分布图型产生不利影响,而且使得衬砌结构失去周边的有力支撑条件,不能使衬砌的承载力得到更大的发挥。因此要采取回填措施,用砂浆或混凝土将围岩空隙回填密实。如果隧底存在厚度不大的软弱不稳定的岩体或有不稳定的充填物,可以采取换填办法处理。

(3)衬砌更换与加固

已裂损的衬砌一般均有相当大的支护潜力，可以充分利用，仅在没有加固的可能条件与经济上不合理的情形下，或者根据长远技术改造规划的要求才能采取更换衬砌的办法。加固工程的主要方法如下。

1)压浆加固

①圬工体内压浆加固

衬砌裂损发展非常缓慢或者已呈稳定，可以进行圬工体内压浆，一般以压环氧树脂浆为主，并选择无水季节施工。

②衬砌背后压浆加固

主要是针对衬砌的外鼓和整体侧移。在拱后压浆，增加拱的约束，可以起到提高衬砌刚度和稳定性的作用，所以一般可以局部应用，主要应用在发生外鼓变形的部位。

如果一环衬砌同时存在外鼓和内鼓部位，应首先采取临时措施控制内鼓继续变形，然后在外鼓变形部位压浆加固之后再对内鼓采取加锚措施，然后再对全断面进行整体加固。

2)嵌补加固

对已呈稳定暂不发展的裂缝，如果不能采取压浆加固者可以采取嵌补，即将裂缝修凿剔深，在缝口处用水泥砂浆、环氧树脂砂浆或环氧树脂混凝土进行嵌补。

对发展较快的裂损，为确保安全，可以采取钢拱架临时加固。只加固拱部时用上部拱架加固，拱架脚可以嵌入墙顶或支撑于埋在墙顶的牛腿上，并加纵向连结。如要全断面加固可用长腿钢拱架。无论哪一种拱架用多段组合安装时，安装完毕后尽量使节点变成刚性节点(一个断面内铰接点不应多于3个)。为了增加纵向抗弯能力，支撑纵向应加强连接。如果隧道内部净空条件不足，钢拱架可以嵌入被加固的圬工体内一部分(或全部).并在钢拱架之间再加纵向连结，然后灌筑混凝土做成薄套拱型，如图11.5所示。

此法在混凝土衬砌厚度太薄或衬砌严重破损碎裂时不能采用。

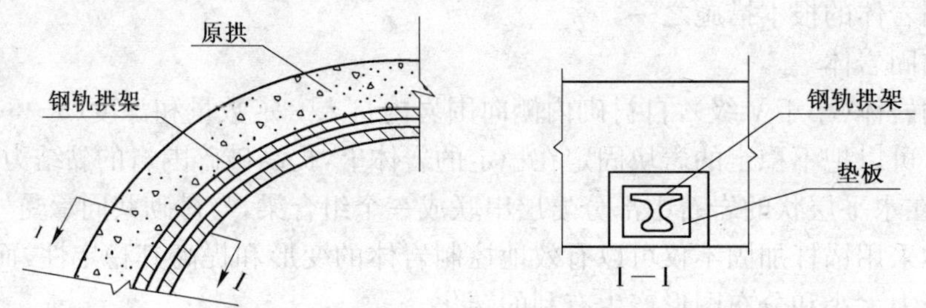

图11.5　嵌补加固

3)喷锚加固

对裂损衬砌的所有内鼓变形和向内移动的裂损部位，可采用(预应力)锚杆加固岩体(如图11.6所示)，此时锚杆既可沿内缘张裂纹的走向两边布置.作局部加固，也可按全断面加固，将衬砌与岩体嵌固在一起，形成一个均匀压缩带，以增强围岩的稳定性，提高支护结构的承载能力。采用此法时应查清衬砌厚度、背后超挖回填及围岩整体性状况。锚杆的设置应在衬砌背后压浆后两个星期进行。锚杆的锚固段应设在稳定围岩中。对于衬砌上的裂缝应及时嵌填。

喷混凝土可以使所有已裂损的圬工块体紧密结合，阻止这些块体的松动，同时在喷射压力作用下嵌入裂缝内一定深度，使裂缝重新闭合，增强裂损(包括原有施工缝)衬砌的整体性，较大幅度地提高裂损衬砌的承载能力，达到加固的目的。必要时也可以在喷层中加入钢筋网用于防止收缩裂纹，提高加固结构的整体性和抗震、抗冲击能力。

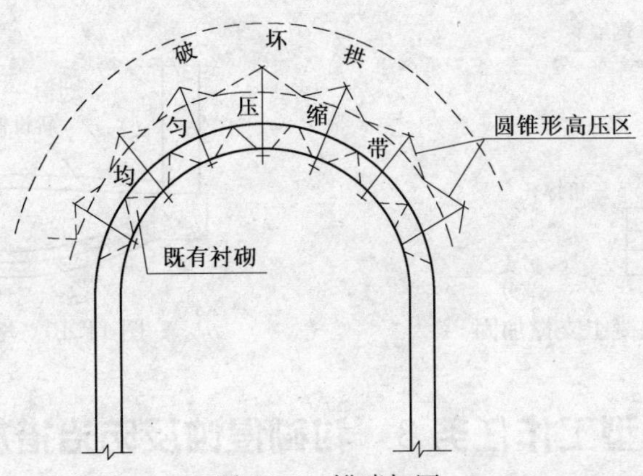

图 11.6　锚喷加固

目前一般把锚杆与喷射混凝土(包括加网与不加网)联合用于加固裂损衬砌,可以使锚杆、喷层喷层内的钢筋网三者互相发挥其优点和弥补缺点,使其加固效果更好,对增加裂损衬砌的刚度、稳定性,提高其承载能力效果特别显著,并且可以较厚衬砌没有裂损前大为提高。这是较为常用的加固衬砌裂损的措施。

4)套拱加固

如果混凝土质量差,厚度不够,或掉块剥落严重,并且拱顶净空有富余时,可对衬砌拱部加筑套拱(如图 11.7 所示)或全断面加筑套拱(如图 11.8 所示)。如果隧道内净空条件不足,可以采取落道加套拱的办法。套拱与原衬砌间用 ϕ16～18 mm 的钢筋钎钉锚接,钎钉埋入原拱 20 cm 左右作为钢筋的生根处。套拱中的主筋也可用钢拱架、格栅来代替,其间距为 50～80 cm,纵向用拉杆焊接。套拱用强度等级不低于 C20 的混凝土浇筑,其厚度为 20 cm。套拱拆模后要进行压浆,以充填其背后空隙,使新旧拱联成整体。当拱部浇筑混凝土难度较大时,可以采用喷混凝土、网喷混凝土和喷钢纤维混凝土进行加固。事实上,套拱加固已日益被喷锚加固所替代。

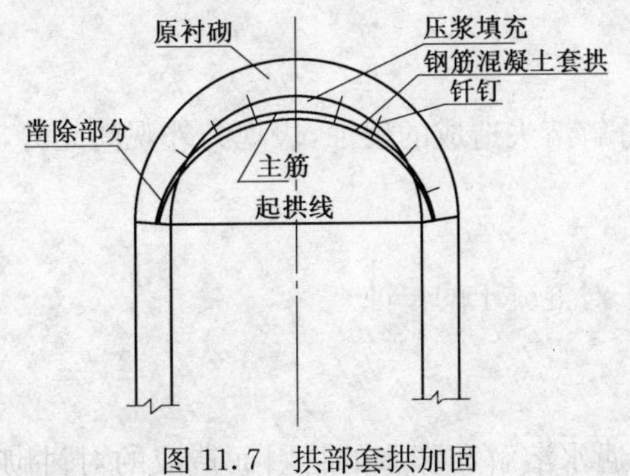

图 11.7　拱部套拱加固

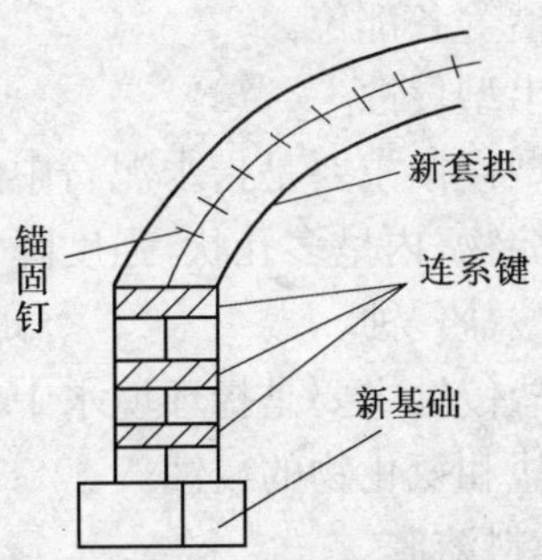

图 11.8　全断面套拱加固

5)更换衬砌

拱部衬砌破坏严重,已丧失承载能力,用其他整治补强手段难以保证结构稳定,或者衬砌严重侵入限界,采用其他整治措施有困难时,应采用全拱更换,彻底根除病害。

6)其他加固手段

当仅有墙脚内移而无下沉和隧底岩土隆起时,可在墙基处增设混凝土支撑以扩大基础,如图 11.9 所示。隧底围岩软弱下沉或隧底填充上鼓时,可加设仰拱,如图 11.10 所示。

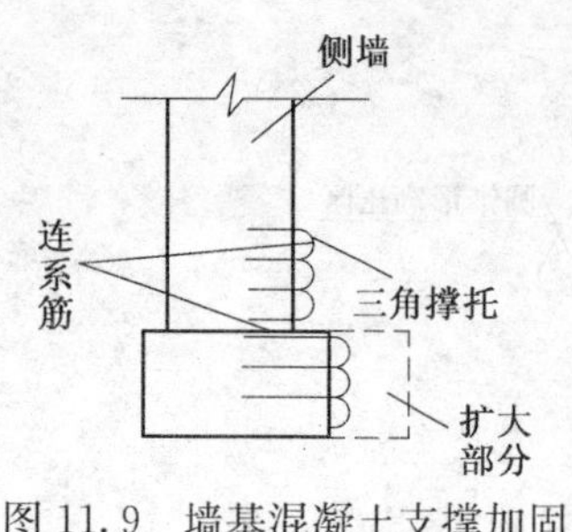

图 11.9　墙基混凝土支撑加固

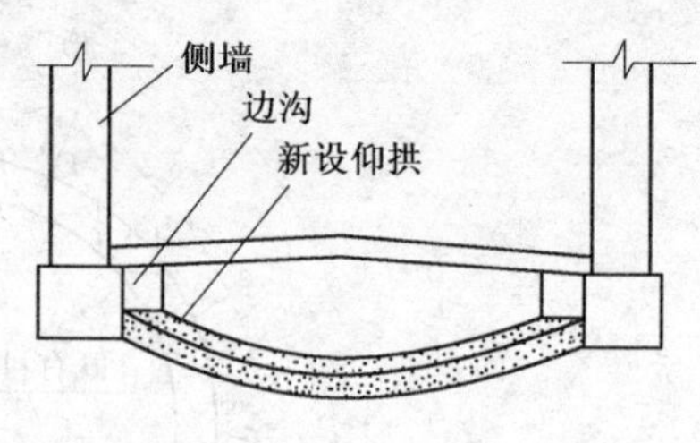

图 11.10　增设仰拱加固

典型工作任务 3　衬砌侵蚀及防治措施

11.3.1　工作任务

通过本任务学习，能够辨别隧道衬砌侵蚀的种类及认识其危害，并根据隧道侵蚀情况，确定防治措施，完成相应施工作业。

11.3.2　相关配套知识

1. 衬砌侵蚀的种类及危害

隧道内金属构件的锈蚀、混凝土衬砌的侵蚀破坏，都属于腐蚀病害。一般混凝土具有较好的耐久性、耐腐蚀性和较高的强度。但是，一旦由于地下水的侵入，衬砌受到侵蚀介质的经常作用，就会出现起毛、疏松、蜂窝麻面、起鼓剥落、孔洞露石、骨料分离等病害，导致材料强度降低，衬砌厚度变薄，渗、漏水严重，降低其使用寿命。隧道内混凝土衬砌的腐蚀按其种类不同，可分为水蚀、冻蚀、骨料溶胀及混凝土碳化等。

(1)水蚀

主要指衬砌受到地下水的作用而产生的腐蚀。一般发生在隧道的拱部、边墙、仰拱、排水沟和电缆槽等各部位。

1)溶出型侵蚀

溶出型侵蚀主要是指水泥石中的生成物被水分解溶失造成的侵蚀，表现为外观尚完善，常有白色沉淀物，内呈多孔状，强度降低。

2)硫酸盐侵蚀

硫酸盐侵蚀主要是指环境水中含有硫酸根离子对混凝土的侵蚀。

3)镁盐和氨化物的侵蚀。

(2)骨料溶胀

骨料溶胀指衬砌混凝土中的粗细骨料中含有遇水溶解和膨胀的材料而造成的对衬砌的侵蚀。

(3)冻蚀

冻蚀是指在严寒地区的隧道，混凝土衬砌由于冻融交替产生的侵蚀。

(4)混凝土碳化

混凝土的碳化是混凝土所受到的一种化学腐蚀。空气中 CO_2 气渗透到混凝土内，与其碱性物质起化学反应后生成碳酸盐和水，使混凝土碱度降低的过程称为混凝土碳化。碳化后的混凝土质地疏松，强度降低。

2. 混凝土侵蚀的防治

对于水蚀、骨料溶胀、冻蚀，水是主要的致害媒介，因此，防蚀必先治水，治水措施同水害处理措施，不再赘述。

对混凝土碳化的处理，首先应测定碳化深度，其步骤如下：

(1)在混凝土表面可采用适当的工具在测区表面形成直径约 15 mm 的孔洞，其深度应大于混凝土的碳化深度(大于 10 mm)；

(2)用洗耳球或小皮老虎吹掉灰尘碎屑，并不得用水擦洗；

(3)在凿开的混凝土表面滴或者喷 1%的酚酞酒精溶液；

(4)用游标卡尺或碳化深度测定仪测定没有变色的混凝土的深度。

碳化处理方法：对碳化深度过大，钢筋锈蚀明显、危及结构安全的构件应拆除重建；对碳化深度较小并小于钢筋保护层厚度，碳化层比较坚硬的，可用优质涂料封闭；对碳化深度大于钢筋保护层厚度或碳化深度虽小但碳化层疏松剥落的，应凿除碳化层，粉刷高强砂浆或浇筑高强混凝土；对钢筋锈蚀严重的，应在修补前除锈，视情况和结构需要加补钢筋。防碳化处理后的结果，要达到阻止或尽可能减缓外界有害气体进入混凝土内侵蚀，使其内部和钢筋一直处在高碱性环境中。

典型工作任务 4　隧道冻害及防治措施

11.4.1　工作任务

通过本任务的学习，能够辨别隧道冻害的种类，并认识其危害，并根据隧道侵蚀情况，确定防治措施，完成相应施工作业。

11.4.2　相关配套知识

隧道冻害是寒冷地区和严寒地区的隧道内水流和围岩积水冻结，引起隧道拱部挂冰、边墙冻结、洞内网线设备挂冰、围岩冻胀、衬砌胀裂、隧底冰锥、水沟冻塞、线路冻起等，影响到安全运营和建筑物的正常使用的各种病害。寒冷地区是指最冷月平均气温为－5～－15 ℃地区。严寒地区指最冷月平均气温低于－15℃地区。

隧道冻害会导致衬砌冻胀开裂，甚至疏松剥落，造成隧道衬砌结构的失稳破坏，减低衬砌结构的安全可靠，严重影响运输安全和正常运行。

1. 冻害的种类及其危害

(1)冰柱、冰溜子

渗漏的地下水通过混凝土裂缝逐渐渗出，在渗出点出口处受低温影响积成冰柱。尤其在接缝处，渗水点多，积冰明显，累积成十至几十厘米厚的冰溜子(又称为挂冰)。如不清理，冰溜子越积越大，侵入限界，危及行车安全。

拱部渗漏形成的冰柱(冰葫芦)会影响限界。对采用架空接触网方式供电的地下铁道，下垂的冰柱如果挂在接触网高压电线上会造成短路，也可能坠断电线造成放电、跳闸，严重时会危及人身安全。

隧道排水沟槽设施保温不良引起的冰冻称冰塞。因结冰堵塞，造成水沟地下排水困难，使水沟(管或槽)冻裂破损，衬砌周边因水结冰而冻胀，导致隧道内各种冻害接踵而来。

(2)衬砌发生冰楔

隧道衬砌背后与围岩之间总有空隙,因此渗透岩层的地下水就会在排水不通畅时积在衬砌与围岩之间积聚,结冰冻胀,产生冻胀压力.再传递给衬砌。经缓慢发展常年积累冰冻的压力就会像楔子似的,使衬砌发生破碎、断裂、掉块等现象。

(3)围岩冻胀破坏

隧道修筑在不良地质地段,若围岩层面及结构内含水较多,冬季就易发生冻胀破坏,主要有:

①隧道拱部衬砌发生变形与开裂。拱部受冻害影响时,拱顶下沉内层开裂,衬砌开裂严重时有错台发生,拱脚变形移动。冻融时又有回复(留有残余裂缝),多次循环后会危及结构安全。

②隧道边墙变形严重。边墙壁后排水不畅,积水成冰,产生冻胀压力,造成拱脚不动,墙顶内移,有的是墙顶不动墙中发生内鼓现象,也有墙顶内移致使多处断裂。

③隧道内线路冻害。线路结构下部无排水设施,在地下水丰富地区,水在冬季冻结,道床隆起。在水沟之处因保温不好,与线路一样有冻结,这样水沟全长也会高低不平。由于冻融使线路和道床翻浆冒泥、水沟断裂破坏。水沟破坏后排水困难,渗入线路又加大了线路冻害范围。

④衬砌材料冻融破坏。隧道混凝土设计强度较低,抗渗性差,在地下水丰富地区水就渗入混凝土内部。冬季时水在混凝土结构内冻结,膨胀产生冻胀压力,多年冻融循环使结构变酥,强度降低,造成冻融破坏。洞口段冻融变化大,衬砌除结构内因含水受冻害外,岩体的冻胀压力也促使衬砌发生纵向裂纹和环向裂纹。

2. 冻害的成因

(1)寒冷气温的作用

隧道冻害与所在的地区气温(低于0℃或正负交替)有直接关系。

(2)季节冻结圈的形成

沿衬砌周围各最大冻结深度连成的一个圈叫做季节冻结圈。当衬砌周围超挖尺寸大小不等、超挖回填用料不当及回填密实不够产生积水时,形成冻结圈。

隧道的排水设备如埋在冻结圈内冬季易发生冰塞。在冻结圈范围内的岩土由于受强烈频繁的冻融破坏,风化破碎程度与日俱增,也是冰害成因之一。

(3) 围岩的岩性对冻胀的影响

隧道的季节冻结圈内如果是非冻胀土,就不会发生冻胀性病害。冻结圈内冻土的分布情况决定了发生冻害的部位。如果隧道围岩全是冻胀性土且均匀分布,则冻胀沿衬砌外围对称均匀分布;如果是冻胀性土与非冻胀性土成层状分布,就可能出现陈胀部位不对称和非均匀分布。

(4) 隧道设计和施工的影响

隧道在设计和施工时对防冻问题没有考虑或考虑不周,造成衬砌防水能力不足,洞内排水设施埋深不够,治水措施不当,加上施工单位未能按规范认真施工等,都会造成和加重运营阶段隧道的冻害。

3. 冻害的防治措施

严寒及寒冷地区隧道冻害的防治与整治的基本措施是综合治水、更换土壤、保温防冻、结构加强、防止融塌等,可根据实际情况综合运用。

(1)综合治水

隧道冻害的根本原因就是围岩地下水的冻结,如果能将水排除在冻结圈以外,杜绝水进入冻结圈,就能达到防治冻害的目的,即综合治水是防治冻害的最基本措施。

为防治冻害而采取的治水措施主要是:消灭衬砌漏水缺陷,保证衬砌圬工不再充水受冻,同时加强结构层和接缝防水(所用防水材料要有一定的抗冻性);对有冻害的段落要设置防、排水系统,不允许衬砌背后积水,并防止冻结圈外的地下水向冻结圈内迁移,衬砌背后空隙用砂浆回填密实;排水设施或泄水沟应保证在任何季节、任何条件下不冻结。

(2)更换土壤

把冻结圈内的围岩更换或改造,将冻胀土变为非冻胀性土,从而达到防治冻害的目的。

更换土壤就是将强冻胀土(主要是细粒土)更换为透水性强的粗粒土。换土厚度为:允许保留总冻胀量不大于允许值的冻胀土时,可取为冻深的 0.8～0.9 倍;若充分发挥排水设施的作用时,可为冻深的 0.7 倍。

把冻胀性土改造为非冻胀性土的方法主要有:向冻结圈内注入水泥浆液或其他化学浆液,使围岩固结而消除冻胀性;向冻结圈内注入憎水性填充材料,使之堵塞所有孔隙、裂隙,从而通过阻止土中水分迁移和聚冰作用来消除围岩冻胀。

(3)保温防冻

保温防冻就是通过控制温度,使围岩中的水分达不到冰点,达到防治冻害的目的,采用的类型主要有保温、供热、降低水的冰点。

1)隧道内加筑保温层

在消除隧道渗、漏水的基础上,隧道衬砌的内缘(或外缘)或双层衬砌之间加筑一层保温衬层,防止衬砌周围形成季节冻结圈,以消除冻害。

2)降低水的冰点

在对隧道局部范围的冻害作临时处理时,可向围岩注入丙二醇、氯化钙、氯化钠等,使水的冰点降低,从而降低围岩的起始冻结温度,达到防冻的目的。

3)供热防冻

供热防冻方式采用不多,一般只在紧急状况下使用,主要的方法有红外线融冰、电热、锅炉采暖等。

(4)防止融塌

洞内要防止基础下沉和道床翻浆。前者可以将边墙加深至冻土上限以下或冻而不胀层,后者可加强底部排水,疏干底部围岩含水或采用换土法。两者只要能防止冬季冻胀就可同时解决春季融沉问题。

(5)结构加强

结构加强是防治冻害不可缺少的措施和内容,对于因冻害而开裂的衬砌,应采取减轻冻害因素的措施,结构加强的主要措施是:

①加大侧向拱度,使拱轴线能更好地抵抗侧向冻胀。

②拱部衬砌厚度增加,一般加厚 10 cm 左右。

③提高衬砌混凝土强度等级或采用钢筋混凝土。

④隧底增设混凝土支撑。

项目小结

1. 隧道水害主要包括隧道漏水、衬砌周围积水、潜流冲刷和侵蚀性水对衬砌的侵蚀。水害的防治措施主要有：隧道排水、衬砌自防水、外贴防水层、内贴防水层、压注浆液、施工缝(变形缝)防水设施、衬砌漏水的封堵、截水设施等。

2. 隧道衬砌裂损的类型主要有衬砌变形、衬砌移动、衬砌开裂三种。衬砌裂损主要分布在洞口段、与车站的接头段、不良地质段、施工中超挖过大段、施工缺陷段等。衬砌裂损的防治主要从加固围岩和衬砌两方面实施。

3. 隧道衬砌侵蚀主要包括水蚀、骨料溶胀、冻蚀、混凝土碳化。水是导致衬砌侵蚀的主要的媒介，因此，防蚀必先治水，治水措施同水害处理措施。

4. 隧道冻害主要有冰柱、冰溜子、衬砌发生冰楔、围岩冻胀破坏等。隧道冻害的防治与整治，其基本措施是综合治水、更换土壤、保温防冻、结构加强、防止融塌等。

复习思考题

1. 隧道病害有哪些类型?
2. 隧道水害的种类、产生原因及整治措施有哪些?
3. 随道衬砌裂损的类型及整治措施有哪些?
4. 隧道衬砌侵蚀的种类及整治措施有哪些?
5. 隧道冻害的种类、产生原因及整治措施有哪些?

参考文献

[1] 周晓军,周佳媚.城市地下铁道与轻轨交通.成都:西南交通大学出版社,2008.

[2] 刘钊,佘才高,周振强.地铁工程设计与施工.北京:人民交通出版社,2004.

[3] 张庆贺,朱合华,庄荣 . 地铁与轻轨.北京:人民交通出版社,2009.

[4] 毛红梅.地下铁道.北京:人民交通出版社,2008.

[5] 中华人民共和国建设部,国家质量技术监督局.GB 50299—1999 地下铁道工程施工及验收规范.北京:中国计划出版社,1999.

[6] 关宝树.隧道工程维修管理要点集.北京:人民交通出版社,2010.

[7] 张凤祥,朱合华,傅德明.盾构隧道.北京:人民交通出版社,2004.

[8] 地盘工学会.盾构法的调查·设计·施工.牛清山,陈凤英,徐华,译.北京.中国建筑工业出版社,2008.

[9] 张庆贺,朱合华,庄荣.地铁与轻轨.北京:人民交通出版社,2009.

[10] 王梦恕.地下工程浅埋暗挖技术通论.合肥:安徽教育出版社,2004.

[11] 张海舟. 地铁工程盾构机选型实例及 WIRTH 盾构机的性能特点.铁道工程学报,2004,83(3):37—41.

[12] 靳世鹤. 南京长江隧道盾构机选型分析. 建筑机械,2007.

[13] 周文波. 盾构法隧道施工技术及应用. 北京:中国建筑工业出版社,2004.

[14] 刘建航,侯学渊.盾构法隧道.北京:中国铁道出版社,1991.

[15] 王梦恕.中国隧道及地下工程修建技术.北京:人民交通出版社,2010.

[16] 任光明,赵志祥,聂德新,等. 深埋长隧道有害气体发生的地质条件初探.山地学报,2002,20(1):122—125.

[17] 阳东升.盾构隧道施工中盾构机姿态控制.科技信息,2007.

[18] 赵小辉.杭州浅层有害气体对地铁建设的影响.西部探矿工程.2010,9:203—207.

[19] 张苏.轨道交通盾构穿越铁路施工技术.中国市政工程.2008,133(3):80—81.

[20] 李术希,汤池.盾构机在高水压环境下的盾尾刷更换技术.科技创新导报.2008,(26).

[21] 刘晓文,唐小萍,李术希,等.广州地铁 5 号线急转弯段盾构掘进及管片选型.施工技术.2010.

[22] 李术希,李靖坤.地铁盾构隧道地表塌陷分析与对策.长沙铁道学院学报.2007.